FOR2

FOR pleasure　FOR life

佛經地圖 百經卷

The Guide to Reading Sutras

洪啟嵩 著

目錄

前言

第一部

使用佛經地圖之前

第一章 什麼是佛經 019

第二章 為什麼要讀佛經 049

附錄　佛經地圖表

前言

一個佛弟子的經典人生

我與佛經一直有很深刻的因緣。

一九五五年東初老和尚所在中華佛教文化館鳩合眾力，發起倡印《大正大藏經》，共一百鉅冊等。父親知道後，不惜以三分利借貸了五千元助付印（當時的基本工資每月約為三百元），因此，我們家除了尚未初生的我，都列在助付印功德名錄中。一九五八年三月《大正大藏經》「正藏」五十五冊，共八日部，出版齊全；歷時凡二年四個月。而，我就這麼幸福地在藏經圍繞中出生。

記憶中，在還不識字時，這部《大正藏》就是我的童話書，雖然看不懂，但時常翻來摸去，當成圖畫書看著、摸著，倒也就這麼成了我的啟蒙書。我也從小就養成了「翻閱」藏經的習慣。

識字後，閱讀藏經、閱讀《菩提樹》雜誌中的佛經故事和童書成了我每日生活的一環；當然，當時就算認得幾個字，我還是看不懂藏經到底在說什麼。只是那樣的翻閱，仍然讓我歡喜、安心，也結下了一生與佛法、藏經甚深法緣。可說閱讀佛經對我一生影響至深。

及長，我漸漸能讀懂經，從讀經中，我慢慢認識不同的佛菩薩，看到了佛經中寬廣的世界，各式各樣以不同型態存在的佛土，不同樣貌的生命體，無形中擴展了視野與打破了許多的思惟與框架；又見到佛菩薩浩瀚無邊的智慧與深廣無邊的慈悲，讓我深深感動也願隨學。

在十歲時，我開始摸索學習各種禪修的方法，開始打坐修禪。

記得學生時代，《六祖壇經》成了我的床頭書，不論開心、不開心，隨手翻閱都能從中汲取智慧，讓我不被心緒波濤所沒。就這樣每日在六祖的諄諄教示中，我了解到一切法皆是緣起，也體悟了所有學程都是緣起，也看懂了數學的緣起性，從此學習不再是我的難題，我也印證了佛法的真實性。

上了大學，由於深受佛法的恩德，及讀經的重要，希望讓更多人能受此法益，開始推廣佛法及整理經典教法的事業，從此一生不敢或忘此心。

大二那年，因為佛學社的因緣，我認識了藍吉富老師，而後，與藍吉富老師一起合作印行《國譯一切經》。

出了社會，創辦「文殊」出版社。當時，鑒於大眾取得佛經之不易，以及閱讀傳統經藏無標點之時代隔閡與困難，開始有系統地將佛典以現代人更易閱讀的方式，加以新式標點、電腦打字排版，並籌畫出版《文殊大藏經》，原預計出版一百七十四部，可惜只完成三十七部，即因自身福德因緣不具足，不得不黯然終止，慚愧至極，亦對當初對此部藏經寄予厚望之大眾，深感抱歉，此乃畢生之憾。

現實的挫折並未阻擋我推廣佛法經教的腳步，之後，依然在經中行來、經中行去，除了講經、推廣禪法，最為著力的，便是整理教法以及經典現代化與推廣，寄望地球能進入普覺、共覺新紀元。

為了方便大眾修行取得相關經典方便，陸續出版新式標點的常行經典三昧經典系列以及佛菩薩經典系列，而為了讓大家能隨身方便攜帶經典閱讀，除了早期推出隨身佛典之外，後來又推出了更小的手冊書經「捷運經典」，讓大家可以在捷運上、旅程中隨時閱讀。又將《大般若經》兩百卷，標點完成付梓。在一九九三年將八十華嚴以白話語譯，出版《白話華嚴經》共八冊，有學生父親年高八十，即依之寫經，花了好幾年時間，才將整部一百多萬字的《白話華嚴經》抄寫圓滿。我在二〇〇九年參訪華嚴經譯者佛陀跋陀羅（覺賢，三五九—四二九，四〇六至長安）曾留居的廬山東林寺，由於寺方知道我是《白話華嚴經》譯者，特別開啟平時不開放的「佛陀跋陀羅尊者塔院」領我們入內參禮。佛陀跋陀羅這位來自佛陀故鄉迦毗羅衛的印度僧人，為譯經傳法志業與禪法推廣，漂泊一生零落異鄉，我與他因同閱、同譯《華嚴經》結緣，不期相遇於一千六百年後，何妨相偕同行華嚴重重無盡行願海。

二〇一〇年帶領學生至印度禪旅，在印度王舍城那爛陀寺玄奘紀念堂時，館長取出典藏之刻版《大般若經》分享玄奘大師的巍巍功德，我即告知《大般若經》約兩百萬字的新式標點版，為我用覺音的筆名所作，他感覺十分的有緣歡喜。

這些屢屢恰恰巧遇，讓我對因緣的宛然有更深的領會，同時也深感欣慰，對經典現代化、系統化持續推廣整理，對現代有心者讀經、深入經藏，卻有實然之幫助。而這些年所作所行所言所思，即使在最困頓艱辛、命懸一線時，也不曾片刻或離經教，經教即我思、我言、我行，我以全然身、口、意經中行來，經中行去。

選經與編輯概念

很高興與大塊文化合作，出版這一本《佛經地圖》。

我希望能經由這本書，和大家分享我對佛經的了解，節省許多人摸索的時間，也能體會閱讀佛經的樂趣與受益。

這本書主要分三個部分：

第一部，是「使用佛經地圖之前的介紹」。

我們既然對佛經感興趣，需要先了解佛經是怎麼出現的，佛經到底是什麼，我們可以如何使用。所以此部分主要有四章：「什麼是佛經」、「為什麼要讀佛經」、「如何選擇適合自己的佛經」、「如何閱讀佛經」。

其中，尤其在「如何選擇適合自己的佛經」的部分，分為「已經有線索者」與「毫無線索者」。

第二部，是「百部佛經地圖」，介紹一百部佛經。

最前面一至十經，是最基礎的入門書。

首先，我們從浩瀚佛典中精挑細選最基礎、最核心、最能彰顯佛法要旨的十部經典，推薦給大家，作為佛法的入門書，包括了《心經》、《金剛經》、《阿彌陀經》、《圓覺經》、《維摩詰經》、《藥師經》、《雜阿含經》、《法華經》、《華嚴經》、《楞嚴經》。

我們的首選是《心經》，《心經》是所有經典的核心，短短兩百餘字，直指修行觀修之法與最深心法，若能依經中所述觀修行持，至無片刻間斷行深般若波羅蜜多時，照見色、受、想、行、識等五蘊皆空，即能度一切苦厄。玄奘大師國學底蘊深厚，精通漢、梵兩種語言，文字洗練優美、富音樂性，即使日日只是吟誦、書寫、背誦，也能有安心、薰習之效。

至於《金剛經》也是大家背誦不斷，從佛陀平凡的日常——「爾時，世尊食時，著衣持鉢，入舍衛大城乞食。於其城中，次第乞已，還至本處。飯食訖，收衣鉢，洗足已，敷座而坐。」拉開序幕。說的是修行最核心之「發阿耨多羅三藐三菩提心，應云何住？云何降伏其心？」佛弟子發心修行後、如何修行、降伏自心？這也正是我們要向佛陀請問的問題。

至於《阿彌陀經》及《藥師經》，並列淨土行人東西兩淨土，供歆羨淨土行人對淨土有概略認識，進而思索如何效法之，使地球也能早日成為淨土，乃淨土行人必閱書選。

《法華經》與《華嚴經》一從因地說明眾生本具佛性本覺現成、一從始覺果地彰顯成佛之無盡莊嚴。《維摩詰》經則是在家修行典範，維摩一家，不但富而樂施，足為現今幸福企業之表率，且從父母到兒女皆是大修行者，辯才無礙，父親、兒、女一人盡寫一部經典，堪稱佛化家庭之典範。

四部阿含之一的《雜阿含經》，是佛對四眾弟子、天子天女等之雜說，可見原始部派佛典風貌。

《圓覺經》因文殊師利等十二大菩薩次第請問，而依次宣說圓覺的義理和觀行，同為禪密所重，並列入華嚴部，可見其要。

十部經中最後一部《楞嚴經》則生命如何從一念無明到整個世界生成，讓行者對生命的生死輪迴流轉、世界的生住異滅有清楚講說，亦是修行之基。

此十部經典所涵蓋的方向，即代表本書選書之概念邏輯，此後三十部、五十部、百部即依此理脈向外擴增。

最後一個部分，則是「佛經地圖表」，共整理了歷代中外「講經處」、「譯師」、「譯經處」、「刻經處」四個表。

從自身因緣為啟始點↓線↓面↓全觀

《佛經地圖》希望讓完全沒有接觸過佛法的讀者可循著線索，依著自己的興趣為啟始點出發，一步一步慢慢進入佛法殿堂，窺見佛法之堂奧。

對於對佛法有初步認識，卻不知如何更進一步深入者，我們經由對百部經的介紹，以及每部經都提供延伸閱讀經目，希望能協助讀者持續找到適合自己再前進一步的佛經指引。

至於對已經在佛法各自法門有一定修行者，這一百部經從常見到不常見，從核心到旁及，不只提供更綜觀的視野，並且可以相互勾連，讓自己對所修法門的脈絡及佛法的縱度、深度與高度有更清楚的認識，協助成為系統性學習的參考。

而不論是對哪一個層次的讀者，我們都希望閱讀這本《佛經地圖》能有助於大家真正進入佛菩薩的心海，閱讀佛菩薩的心，同時也以身、口、意心行，一生讀一經、一心寫一經，每個人在日常寫下自己的《金剛經》、以《華嚴》海印，彰顯生命與生命間量子交映的重重無盡莊嚴與華麗。自覺的同時也幫助所有人走上覺性之路，邁向無憂無惱的幸福彼岸，乃至所有人類及所有生命都一起共善、共覺。

在《千手千眼觀世音菩薩廣大圓滿無礙大悲心陀羅尼經》中，觀世音菩薩回答大梵天王所問，如何是大悲咒的形貌狀相：

> 爾時，大梵天王，從座而起，整理衣服，合掌恭敬，白觀世音菩薩言：「善哉！大士！我從昔來，經無量佛會，聞種種法、種種陀羅尼，未曾聞說，如此無礙大悲心、大悲陀羅尼神妙章句。唯願大士，為我說此陀羅尼形貌狀相，我等大眾，願樂欲聞！」
>
> 觀世音菩薩告梵王言：「汝為方便利益一切眾生故，作如是問。汝今善聽，吾為汝等，略說少耳！」
>
> 觀世音菩薩言：「大慈悲心是，平等心是，無為心是，無染著心是，空觀心是，恭敬心是，卑下心是，無雜亂心，無見取心是，無上菩提心是。當知如是等心，即是經典相貌。汝當依此而修行之。」
>
> 大梵王言：「我等大眾，今始識此陀羅尼相貌。從今受持，不敢忘失。」

閱經亦如是，不管經典內容說的是甚麼，修的是何法門，是何宗派，雖然各有手段、蹊徑、各有風光，但經典究竟的真實形貌狀相是一樣的，佛佛祖祖皆同觀世音菩薩所說的「當知如是等心，即是經典相貌」。

最後，我們以心經中觀世音菩薩對我們的殷殷咐囑與祝福，作為我們打開經典、閱讀經典、走進經典、與所有佛菩薩結緣、與佛同住、同願、同行、同息的啟始與究竟：

揭帝　揭帝　般羅揭帝　般羅僧揭帝　菩提僧莎訶

來吧　來吧　讓我們一起到涅槃的彼岸

第一部

使用佛經地圖之前

佛經就像我們的眼睛或ＧＰＳ導航，指引著我們，讓我們從經典的字裡行間照見佛陀與菩薩、諸聖者之間的互動、對談、行事與智慧、悲心、願力，知道要如何依著佛陀的一言一行來提升、圓滿我們的身心，並將之生活化，把我們的身、口、意清淨化，佛的身、口、意就是我們的身、口、意。不只如此，也由我們作因為緣，把我們所生活的世界及因緣，整個轉變成淨業，整個淨土化。

第一章　什麼是佛經

在正式閱讀佛經前，我們先來了解佛經到底是什麼，以及佛經的作者等等基本認知。

佛陀是什麼人

佛經記錄的是佛陀所傳的教法，因此，要讀誦、學習佛教的經典，首先我們要認識這位偉大的說法者——釋迦牟尼佛。

出生

大約在西元前五百餘年（佛陀誕生年間有多種不同說法），佛陀出生於北印度的迦毗羅衛城，為該城城主淨飯王的太子。姓喬答摩，名悉達多，成道後，被尊稱為「釋迦牟尼」，意思是「釋迦族的貴人」。

據說佛陀的母親摩耶夫人在懷孕之前，做了一個特別的夢，她夢到天人們為她沐浴更衣，鋪好榻。一隻如雪般白淨的大象，鼻子捲著一朵白蓮華，在摩耶夫人榻的周圍繞了三匝，然後從夫人的右脅進入她的胎中。於是她發現自己有了身孕。

成長

佛母摩耶夫人在太子出生後不久就去世了，釋迦太子由姨母波闍養育。及長之後，學習文武各種技藝，都能完全通曉。十七歲時，迎娶拘利城主善覺王的女兒耶輸陀羅為妃。

世尊在當太子時，曾到王城的四門出遊，遇到老、病、死者以及沙門，又見到蟲鳥相食，感受到世間無常的痛苦，不可依恃，所以他時常一人獨自安坐禪定。

當妃子耶輸陀羅生下子嗣羅睺羅時，釋迦太子認為世事已了，出家專志修行的時機到了。於是在二十九歲（一說十九歲）時，悄悄的離開王宮，成為出家修行的沙門。

出家修行

出家之後，太子到處參訪求道，努力依著當時大師所教導的方法，修學到究極時，卻發現這些教法都不是真正能解決身心煩惱的解脫之道。於是他渡過尼連禪河，來到伽耶附近的森林，思惟修行，決心依靠自力，來達到究竟解脫。

在這之前，淨飯王曾派遣使者，勸請太子返鄉。但是世尊寧願精進於解脫之道，也不願回國。因此，使者憍陳如等五人，便隨從太子共修，成為修行的伴侶。

此後數年之間，太子在苦林中，實行減食、斷食等苦行，日食一麻、一粟。但是最後，他體悟到苦行並非得道之因，修苦無法證道，便結束苦行，離開苦行林，然而此時的太子身體因長期苦行已經非常羸弱，為了恢復氣力來繼續精進修行，他進入尼連禪河中沐浴，並接受牧羊女乳糜的供食，以滋養身體。

證道成佛

世尊後來獨自到菩提樹下，在金剛座上鋪上吉祥草，面向東方安坐，下定決心若不成證無上正覺，則不起此座。經過七日（一說四十九日）後，在黑夜黎明之際，釋迦菩薩在看到東方一顆燦爛明星升起時，他廓然大悟，證得阿耨多羅三藐三菩提，即無上正等正覺，時年三十五歲（一說三十歲）。此後，他遂以「佛陀」（覺者）、「世尊」等名號，為世間所知。

傳法

佛陀成道之後，仍暫時停留在菩提樹下，受用解脫之樂。然後思惟，是否應當對其他人宣說他自覺的勝法？當時娑婆世界的主宰大梵天王前來勸請佛陀住世說法。佛陀受請之後，經過觀察，首先前往鹿野苑，為憍陳如等五人說法，使他們得道，此即為「初轉法輪」，也就是佛陀在人間最初的說法。

根據佛典中的記載，初轉法輪時，佛陀演說了四聖諦及八正道等法要，教導眾生如何觀照生命與宇宙的實相，遠離愛欲及苦行二邊，而實行中道。

之後，佛陀教化了長者耶舍等。又前往尼連禪河附近的優婁頻螺聚落，度化信奉拜火教的優婁頻螺迦葉、那提伽葉、伽耶迦葉等三兄弟，及其弟子一千人。又入王舍城，為摩揭陀國王頻婆娑羅說法，並接受他的皈依。當時有伽蘭陀長者，願將所擁有的竹園獻給佛陀，國王就在園中建立精舍，迎請佛陀前來居住，這就是有名的迦蘭陀竹林精舍。

後來佛陀又教化刪闍耶外道，及住在王舍城附近的舍利弗、大犍連及其徒眾二百五十人，都皈依佛陀成為其弟子。到了此時，佛陀共有弟子一千二百五十人，形成了具規模的僧團。

隨後，佛陀因為父親淨飯王的迎請，而回到迦毗羅衛城，為父王、妃子等說法。當時以佛陀的異母弟弟難陀為始，羅睺羅、阿㝹婁陀、阿難陀、提婆達多等釋迦貴族子弟，和釋迦族的理髮師賤民優婆離等，同時出家成為佛弟子。在種姓階級制度嚴格分明的古印度，佛陀讓賤民出家成為比丘等於是一場大革命，然而佛陀卻極平和而堅定的實踐一切眾生平等的主張，對當時的印度社會造成極大的衝擊。

後來，佛陀又前往王舍城，為舍衛城的長者須達多說法，長者聽法後極為感動，回國後就買下太子祇多所擁有的園林，在林中建立精舍獻給佛陀，這就是著名的祇樹給孤獨園。

佛陀應須達多長者之請，遊行舍衛城，教化國王波斯匿王。又應毗舍離國王之請，遊化該國。後來為了調停迦毗羅衛城和拘利城之間有關水利的諍論，再回迦毗羅衛城，適逢父王崩逝，因此參與其葬。當時姨母波闍波提及太子妃耶輸陀羅等，都出家成為佛弟子，從此才開始有了比丘尼的教團。後來佛陀遊行各國說法，教化覺悟無數的眾生。

世尊一生的弘法生涯，大約有四十餘年，最後在世壽八十歲時，於拘尸那羅入於涅槃。

他以無比的悲、智、願、行、力、慈，為眾生在迷昧生死苦海中，用自身作證，開創出一條覺性、解脫之路，也為所有生命樹立起自覺覺他、覺行圓滿的偉大典範。

為什麼佛陀說法叫做「轉法輪」

轉法輪一詞源自印度傳說中的「轉輪聖王」。據佛教經典記載，轉輪王以正法統御世界，即位時由於福德善業的召感，有輪寶自空中飛來，他國或怨敵見王轉動此輪寶不戰歸服，因此稱之。轉輪王擁有輪、象、馬、珠、女、居士、主兵臣七寶，具足長壽、無疾病、容貌出色、寶藏豐富四德，在位時國富強、民安樂。

據《大智度論》卷二十五、《大毗婆沙論》卷一八二所載，轉輪聖王轉金輪可降伏四洲，而佛陀說法，可摧破眾生的無名煩惱，所以將佛所說的教法喻為「法輪」，說法比為「轉法輪」。

在佛陀初次說法的鹿野苑聖地，阿育王曾立一石柱，並在柱頭上雕刻四頭獅子和法輪，就是象徵佛陀轉法輪。現今印度紙幣仍以此為圖案。

想更了解佛陀生平？

《普曜經》／共八卷

梵名：Lalitavistara

別名：《方等本起經》

譯者：西晉月氏三藏竺法護

譯經時地：晉懷帝永嘉二年（三〇八年）在天水寺譯出

內容：記載世尊從投胎、降生、修行……證道成佛的生平事蹟。

《佛本行集經》／共六十卷

梵名：Abhiniṣkramaṇa sūtra

別名：《本行集經》

譯者：隋天竺三藏闍那崛多

譯經時地：隋文帝開皇七年到十一年（五八七—五九一）

內容：從釋迦牟尼佛過去世如何發心，到此世降生、學習、證道等等生平，一直到證道後傳法生活及弟子一些因緣紀錄。以曇無德部所傳《釋迦牟尼佛本行》之佛傳為主，再彙整摩訶僧祇、薩婆多、迦葉惟、彌沙塞四部，加上《譬喻經》等雜糅各種異傳內容而成，所以稱為

「集經」。是諸記錄佛傳經本集大成者，同時也是研究當時印度社會與佛教史的重要文獻。

佛經是用哪種語言、又由哪些人所說

早期的經、律，只用口傳並未形諸文字。佛陀開許所有的人，用各自的母語、方法傳法。如《四分律》卷第五十二載：「佛言：『聽隨國俗言音所解，誦習佛經。』」也就是說，只要不違佛意，是允許佛弟子用各自慣用的語言來誦讀、學習佛經，或是傳法的。所以《五分律》卷第二十六：「佛言：『聽隨國音讀誦，但不得違失佛意！不聽以佛語，作外書語，犯者偷蘭遮！』」所謂「偷蘭遮」為巴利語 thullaccaya 的音譯，在《善見律毗婆沙》卷九解釋「偷蘭遮」是大罪的意思。

因此，用哪種語言說法、學習佛法都是可以的，重點是不能違背佛陀所教授的法義。

在這些佛典中，並不只包含佛的直接說法，同時還包含一些出家與在家的佛弟子、仙人、梵天與帝釋等神祇、夜叉、鬼神乃至幻化人等等所說的法。如《大智度論》卷二云：「佛法有五種人說：一者、佛自口說，二者、佛弟子說，三者、仙人說，四者、諸天說，五者、化人說。」而這些佛陀之外天人等眾生所說的法，必須經過佛陀的印可證明，是正確的教法，如此也可以視之為佛說。

什麼是「化人」

化人又稱為化身、權者，指以神通力所化現的人身，例如，佛菩薩為了化導利益有緣的眾生而因應當時因緣變現之人身即是。

在《大智度論》卷二十六中記載：「如聲聞法，化人說法，化主不說。化主說，化人不說。佛則不爾，化人、化主俱能說法。」這是說佛神通如意自在，其所化現的人可以和佛同時說法，聲聞眾就無法做到，化人與化主同時說法。此外，一些鬼神、天龍八部眾等等也可變化成為人身，如《四分律行事鈔》卷上之三所載：「八部鬼神，變作人形而來受具，律中五分天子、阿修羅子、犍闥婆子化為人等。」

若是幻師所幻化的人形，則稱為幻化人或幻人。

佛經是如何集結出來的

口誦佛經結集

釋迦牟尼佛在世時，並不曾親手將自己的教說寫成經典，當時的弟子依印度習慣也沒有用文字將教法紀錄下來，都是憑記憶與理解口耳相傳。

佛陀入滅之後，對僧團造成極大的衝擊，隨著佛陀離世，全憑個人記憶、師徒間口誦耳傳的教法，本就容易出現錯謬疏漏。因此，隨著教團的發展，確實需要對教法作有系統的分類、整理、統一。這使得僧團中的長老意識到必須將佛陀教法結集、統整，作為後世學人依止於是以摩訶迦葉為上首，召集了佛弟子中五百位開悟的大阿羅漢，進行佛陀遺教的結集，也就是佛經的結集。

結集是「合誦」或「會誦」的意思，也就是集合僧眾，誦出佛陀遺教，並加以審訂、編次的集會，又稱「集法」、「集法藏」、「結經」。佛陀滅度以後，諸弟子以集會，各誦出其所親聞之教法的方式，甄別異同，辨明邪正，以集成佛所說之法藏，如此一方面可防止遺教之散失，互補各自受學記憶校正，又可確立教權。

結集的過程，大致經過以下三個階段來審定：

誦出：由聖弟子就其記憶所及誦出教法。

共同審定：將誦出的文句，經與會大眾共同審定，以判定是否為佛陀所說，是否為合乎佛法。阿難在參與結集的過程中，曾如是對大眾說：「對我所誦出的佛陀教法，若是如法者願大眾隨喜，若不如法，應當遮除，若不相應也當遮除，千萬不要因為敬重我而不遮除，我所誦出之法，是否合乎法義，願諸位長老告知。」

編成次第：經過大眾的審定之後，再將佛陀所說的教法分成說法的「經」及戒律的「律」兩大部分，即將誦出的經與律分為部類，編成次第，甚至結為「溫柁南」（即所謂的「偈頌」，十句經為一偈）以便記憶奉持。

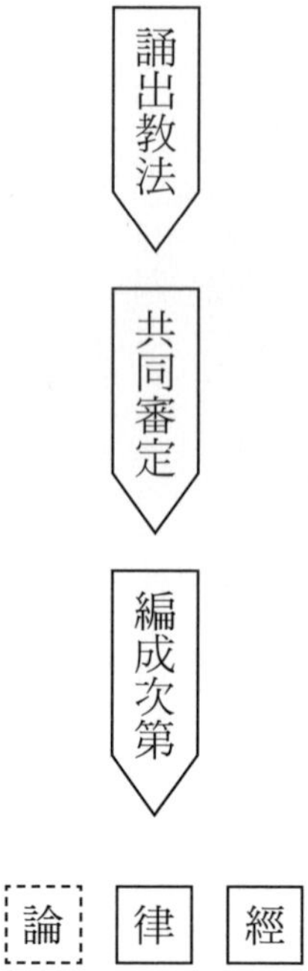

歷史上佛經結集大致上有四次

第一次結集是在佛陀入滅之後，在阿闍世王的護持之下舉行。當時五百阿羅漢會集於摩揭陀國王舍城外的七葉窟，以摩訶迦葉為上首，由多聞第一的阿難誦出經藏，持戒第一的優婆離誦出律藏。

此次結集又稱「五百集法」、「五百結集」、「五百出」。《有部毗奈耶雜事》卷三十九記載有當時結集的情形。

第二次結集，是在佛滅百年時，毗舍離附近的跋耆族比丘就戒律事與耶舍長老產生異見，為此，七百比丘集會於毗舍離城，以耶舍為上首而舉行結集，就十事進行討論是否合於戒法，以維護戒法的清靜與正確性；後經代表表決認為「十事非法」不應做。此次結集稱為「七百集法」、「第二集法藏」、「第二集」。

第三次結集，相傳係於佛陀滅度之後的二三六年舉行。當時由於阿育王的護持，一千比丘會集於摩揭陀國波吒釐子城（梵名 Pāṭaliputra，意譯為華氏城，今之巴特那〔Patnā〕）阿育僧伽藍，以目犍連子帝須為上首。然而此次結集，僅記載於南方所傳的經典。

第四次結集，相傳是在佛陀入滅後四百年舉行。在迦膩色迦王護持下，會集迦濕彌羅國之五百阿羅漢，以脇尊者、世友二人為上首，共同結集三藏，並附加解釋。當時所集論藏的解釋即現存的《大毗婆沙論》，所以又稱之為「婆沙結集」。在玄奘《大唐西域記．迦濕彌羅國》中記載：「迦膩色迦王，遂以赤銅為鍱，鏤寫論文，石函緘封，建窣堵波藏於其中。命藥叉神，周衛其國，不令異學，持此論出，欲求習學，就中受業。」

除了第四次集結的經過有文字記載，前三次都僅是口誦耳傳。

文字經典形成

佛陀一生的教法，在佛滅度後雖然經過弟子們結集，陸續形成經、律、論三藏的型態，但仍是以口耳教授傳承，尚未形成以文字記錄的佛經型態。直到西元前後，才逐漸開始用文字記錄佛法。

在毘普拉瓦佛塔遺址發現的舍利容器，由上面的銘文，可證明久遠以前即有文字。至今發現最早佛教文獻乃是以犍陀羅語書寫佛教文本。在一九九四年，大英圖書館獲得八份從一世紀到二世紀的犍陀羅語原稿。原稿以犍陀羅語佉盧文書寫在樺樹樹皮及泥陶罐上。目前陸續發現了約七十七份，分藏於大英圖書館、美國國會圖書館、西雅圖華盛頓大學、法國巴黎、俄國聖彼得堡等地。到了阿育王時代雖然曾下令以梵書體和佉盧虱底體，將法敕刻在摩崖及石柱上，但此時仍未發現有用文字記錄佛典的跡象。殊勝的佛典，仍完全由嚴謹的長老口傳弟子，這是中印度的傳統精神。

然而南方佛教，傳說在西元前一世紀，也就是錫蘭阿跋耶婆茶迦摩尼王時，已開始用巴利語（受摩揭陀語影響）記錄佛典，這是南方上座部教團用巴利語記錄三藏的起源。北方的佛教，到第二世紀的迦膩色迦王時代，則有《大毘婆沙論》的結集。據傳，他們將此經文錄刻在紅銅片上面，並放在石函中。這雖然不是佛典紀錄的起源，但由以上各點，可以推知印度佛教到西元前後，可能是由邊境地帶的教團，開始用文字記錄佛法。

由於阿育王以後，佛教已傳遍印度全土；隨著教團的社會性發展，波斯人、希臘人等國人也皈依佛教，參加教團。尤其，西北印度的邊境地帶已成為印度佛教的一個中心，該地新製作佛像、新紀錄經典的工作，不久就越過國境，而有向國外發展的前兆與趨勢。佛陀教法從口耳相授到形成文字紀錄，可以說是佛教廣大傳布到世界各地的重要因素。

佛經四次集結	集結時間	集結地點	經過
第一次集結（五百集法、五百結集、五百出）	佛陀入滅之後	摩揭陀國王舍城外的七葉窟	召集者：摩訶迦葉為首，召集五百阿羅漢共同 主誦者：阿難誦出經藏；優婆離誦出律藏 護持者：摩揭陀國阿闍世王
第二次結集（七百集法、第二集法藏、第二集）	佛滅後百年	毗舍離城	召集者：耶舍，領七百比丘 起因：毗舍離附近的跋耆族比丘就戒律產生異見，行「十事非法」。為此，七百比丘集會於毗舍離城，以耶舍為上首而舉行結集。

第三次結集	相傳佛陀滅後二三六年	摩揭陀國波吒釐子城阿育僧伽藍	召集者：目犍連子帝須為上首，領一千比丘集結護持者：阿育王（印度孔雀王朝的第三代君主） 此次結集，僅見於南方所傳的經典。
第四次結集（婆沙結集）	相傳是在佛滅後四百年	迦濕彌羅國	召集者：脇尊者、世友二人為上首，領五百阿羅漢 護持者：迦膩色迦王 成果：結集三藏、造《毘婆沙論》

什麼是佛經的「三藏」

佛經是指記載佛陀所說法及佛陀教法的典籍，內容大分包含了「經」、「律」、「論」三大類，這三類教法又合稱為「三藏」。

教法第一次結集，對「經」和「律」都做了分類整理。「經」，就是佛陀所說的種種「法」（dhamma）。「律」，則是出家僧眾教團的日常生活規範總集，由於這些規範都是佛所制定的，所以可包含於廣義的佛說之中。

此外，教法集結的時候，也將難解的語句加以定義說明，並且對「經」（法）進行了種種研究與說明，對「律」也進行種種研究，同時予以體系組織化。

然而，在對「經」（法）的研究逐漸發達以後，不久就產生了無法納入佛經的不同的文體形式。這種獨立的文獻就被稱為「阿毗達磨」（abhidharma，阿毗達磨），即「論書」。將這些「阿毗達磨」文獻集錄起來，就成為「論藏」。至此，佛教聖典的「經」、「律」、「論」三藏的體系具體確立，為後世留下豐富的智慧寶藏。

總之，在世尊時代，只有大分為「法」與「律」兩大部分。「論」是佛入滅後，後來才逐漸分立出來的。然而，南傳上座部的赤銅鍱部，在《律藏》及覺音論師的《清淨道論．說神變品》等則認為論藏也是佛陀所說。

三藏	內容	相關佛典列舉
經藏	由佛陀所說的教法集結而成，而所謂的「法」（dhamma）就是經的內容。	一般說的佛經如《阿含經》、《金剛經》、《阿彌陀經》等等就歸屬此類。
律藏	佛教出家僧眾教團的日常生活規範總集。由於這些規範都是佛陀所制定的，所以可包含於廣義的佛說之中。	以出家眾戒律為中心，各部派後來有不同論本，如法藏部的《四分律》、化地部的《五分律》。
論藏	又稱阿毘達磨藏，即對教法詳加分析研究、說明論述。其中對經藏中教法義理的規整、研究，稱為「對法」（阿毗達磨）；對於律的研究稱為「對律」（阿毗毗奈耶）。「對律」附加在律藏後面當附錄；但「對法」由於文體不同，在逐漸發展中，被分立成為「論書」。「論藏」即是由這些論書集結而成。	《大毘婆沙論》，《大智度論》

誰是唐三藏

拜西遊記流行之賜，一提及「唐三藏」幾乎無人不知是指唐朝玄奘大師，甚至以為唐三藏是其名也。確實，玄奘大師在當時名動天下，深受尊崇，為避其名諱，僧俗二眾咸尊稱為「大唐三藏」；但事實上，「唐三藏」原是指唐朝「三藏法師」——通曉三藏聖典或一切聖典的大師，若是只通一門，比如只鑽研通曉律藏者則稱為「律師」。因此「三藏」並非玄奘大師專屬，有許許多多三藏法師，如後漢安息三藏安世高、姚秦天竺三藏鳩摩羅什、唐三藏法師義淨、于闐國三藏實叉難陀等等都可稱之。

佛法的三乘與二乘

在佛教的分類中，常見的有「三乘」及「二乘」。這裏的乘（yānā），指的是交通工具的意思。佛教是將人們從無明的此岸渡到覺悟的彼岸的交通工具，所以用「乘」來比喻。

「三乘」（梵語 trīni yānāni），就是指三種交通工具，比喻運載眾生渡越生死到涅槃彼岸之三種法門。因應眾生的鈍、中、利等不同根機，佛陀相應而宣說聲聞乘、緣覺乘、菩薩乘等三種教法。

（一）聲聞乘（梵語 śrāvaka-yāna），原來主要指的是佛陀在世時，因為聽聞佛陀親身聲教而得悟道的人，所以稱為聲聞。以苦、集、滅、道四聖諦的修持為乘。

（二）緣覺乘（梵語 pratyeka-buddha-yāna），又稱作辟支佛乘、獨覺乘。以觀察生命流轉的十二因緣覺悟真諦，所以稱為緣覺。

（三）菩薩乘（梵語 bodhisattva-yāna），又稱作大乘（梵語 mahā-yāna）、佛乘、如來乘。志求無上菩提，願度一切眾生，修六度萬行，以此六度為乘。

佛經中以「三獸渡河」的比喻來說明三者對空的體悟程度。據《優婆塞戒經》卷一載，有兔、馬、香象三獸俱渡恆河之水，兔不至底，浮水而過，馬或至底或不至底，而香象則盡底。恆河水比喻生死流轉的十二因緣法，聲聞渡時猶如彼兔，緣覺渡時猶如彼馬，如來渡時猶如香象。所以佛乘能徹底拔除一切煩惱習氣的根源。

二乘，則是更簡化的一種分法，只分「大乘」及「小乘」。

「小乘」（Hīnayāna），是「大乘」（mahā-yāna）的對稱。

所謂「小乘」，意思是指採用比較小的交通工具，只想專心致力於自己的道業，讓自己馳向涅槃之彼岸。通常的說法，把「聲聞乘」和「緣覺乘」都算進「小乘」。

「大乘」則相反，指不以個人之覺悟為滿足，心心念念繫於救度眾生，就如同巨大的交通工具，可以乘載無量眾生到涅槃的彼岸，通常指的就是「菩薩乘」、「佛乘」。事實上，在原始佛教的經典《阿含經》中，即已尊稱佛陀之教說為「大乘」。

然而，「大乘」、「小乘」之分，很有爭議。「聲聞乘」和「緣覺乘」的人，認為那是對他們的貶稱，因此從來不承認自己是「小乘」。

所以，如果以歷史角度來看，則對小乘佛教的正確稱呼，應該稱之為「部派佛教」。這可以放在「原始佛教」、「部派佛教」、「大乘佛教」的脈絡來看。

從原始佛教、部派佛教到大乘佛教

依照佛教教理展開的時代來區分，可以分為原始佛教、部派佛教、大乘佛教三種。

原始佛教

這是指從釋迦牟尼佛在世時代開始，到佛滅後百年左右為止的初期佛教而言。在這期間，佛教教團不曾分裂，沒有分派，全部以最初的形態為根本，和合為一體。

這個初期佛教又可以分成兩種，前半期是根本佛教，後半期是狹義的原始佛教。根本佛教是以純粹、根本的世尊教法為中心，這是指從世尊在世時一直到佛滅三十年左右的佛教而言。

部派佛教

佛教教團在佛陀滅後百餘年間，一直都是和合一致的，後來因為發展到印度各地，而在經典與教理的解釋上產生異說，日常之戒律生活也受各地氣候風土與風俗文化影響，發生變化。

到了西元前兩百至三百年間，佛教逐漸分裂，而進入所謂的「部派佛教」的時期。佛教教團首度分裂成「上座部」及「大眾部」兩根本部派。不久，大眾部再分裂成七至八部，上座部分裂成十一至十二部，至紀元前後，兩部共計分裂成為十八部或二十部的部派佛教。

印度在阿育王時代開始時，佛教即產生部派分裂，各部派均傳持各自的三藏，特別是論藏方面，往往可顯示出自派的教理特質。

部派佛教，一般又被稱為「小乘佛教」，是「大乘佛教」的對稱。其爭議一如前述，這裡就不再多說。

大乘佛教

大乘佛教是在印度在部派佛教之後所發展出來的新興佛教運動。而大乘佛教的興起的因緣，早在部派佛教時期「上座部」與「大眾部」的分裂時就開始萌芽。

大乘佛教運動興起於西元前一世紀左右，當時《般若經》、《法華經》、《華嚴經》、《阿彌陀經》、《寶積經》〈普明菩薩會〉、《維摩經》、《勝鬘經》等初期大乘經典也相繼出現。

大乘佛教的經典，有四點共通的基本思想：

（一）諸佛以救度眾生為其本願，建立佛土以攝受眾生。佛陀是多面性的；所以有十方諸佛的示現因緣。而在佛身觀上，呈現了更完整的身相，既有為救度眾生而顯現的色身，也有為悟道菩薩所顯現的報身，也有實相象徵的法身。

（二）諸法緣起性空。從開悟者的眼中觀察，存在世界的染　是來自於分別心，在寬廣的實相中是清淨的，是平等的法性、真如。

（三）為證得佛所證之實相，同臻於佛的境地，必須修習菩薩行。六波羅蜜就是修行的主要內容，十地則是主要的修行過程。

（四）眾生皆有佛性，皆能成佛（印度唯識學派認為少分的「一闡提」不能成佛）；眾生自己也要確信自己有成佛的可能。

初期大乘經典出世之後，大乘經典仍不斷的陸續成立。但自從二、三世紀間，龍樹著成《中論》、以緣起與空解釋大乘思想之後，大乘佛教就進入以論書為主的時代，而龍樹也成了所有大乘教派的共祖，唯識學派亦深受其影響啟發。到了四 五世紀時，無著、世親從認識論、實踐論的立場重新解釋緣起與空，建立了唯識學說。這時的大乘佛教分成兩大系統：

（一）傳承自龍樹的「中觀派」

（二）傳承自無著、世親的「瑜伽行派」（唯識派）。

此外，五世紀的陳那、七世紀的法稱，承襲瑜伽行派所說，而進行論理學的研究。由於兩派思想的交互影響，八世紀時期的大乘佛教，乃呈現中觀思想與瑜伽行思想相互統合的局面。自七世紀後半期起，密教興起，而《大日經》、《金剛頂經》等密教經典，也成為後期大乘佛教的重要部分。

中期大乘佛教的經典，可分為三個系統：（一）如來藏思想系統，有《如來藏經》、《勝鬘經》、《大般涅槃經》等。（二）屬阿賴耶思想系統的《解深密經》等。（三）綜合兩種思想的《楞伽經》等。

這些經典對大乘佛法的教義及思想，有了深刻的體究。因此，以這些經典為基礎，後來又產生了許多論著，例如：阿賴耶識系統的《瑜伽師地論》、《攝大乘論》、《成唯識論》等；如來藏系統則有《寶性論》、《佛性論》等；兩者的綜合則有《大乘起信論》等。此一時期的代表人物有：無著、世親、陳那、護法等人。

部派佛教與大乘佛教的不同

（一）部派佛教以證得阿羅漢為最高理想；大乘佛教則以志求佛乘、成證佛果為最高目標。

（二）部派佛教以解脫業報輪迴之苦為主要目標之一；大乘佛教則為廣度眾生，誓願成為菩薩深入一切世界乃至惡趣。

（三）部派佛教主要在追求自我的解脫；大乘佛教則以實踐六度萬行，幫助一切眾生開悟成佛為主。

（四）部派佛教較執著於聖典之文句；大乘佛教則以「空」為核心，遠離教相執著，對聖典文句之解釋，較為靈活。

（五）部派佛教以出世的出家佛教為主；大乘佛教除了出家佛教外，更兼顧了勝義的入世佛教。

經典如何傳布

以梵書體記錄

西元四世紀以後，印度笈多王朝成立，當時的梵書體（Brahmi）已分為草書體和寫經體，並開始盛行書寫經典。但是，當時各部派的僧團似乎還沒有用梵文寫的三藏，師徒之間口頭傳承教法的風氣還是很盛。可是，為了向外國傳播佛教，正確記錄的梵本與貝葉經典是基本的條件，正確文字記錄的經典，可以說是佛法長住久存、普及傳播的重要因素。

後來，佛教流行的地方，用梵書體這一系統的笈多文字成為梵文書寫的主流，並受到尊重。這種寫經體文字，隨著地域、年代，有些微小的變化，在西域的于闐、龜茲都曾被使用過，並經中國傳到日本，這也就是後世所謂悉曇文字的源流。傳到日本的大乘經典的梵本，是在九世紀以前的唐朝，由入唐僧帶回日本的。

大乘佛教與漢文經典

佛教從印度傳入中國之後，許多梵文經典也隨之傳入，第二世紀中葉開始有佛典的漢譯出現。以後，由六朝的舊譯時代，進入唐宋的新譯時代，其間約一千年持續努力的結果，乃完成了許多漢文大藏經。這個輝煌的成果與強調寫經功德的大乘佛教信仰，以及中國紙筆墨等文具的發達等客觀條件，都有密切的關係。

佛教傳入中國時，雖然已發明了造紙術，但並不普及，漢譯的佛典還是以書寫在縑、帛上居多。印度佛教一進入文字記錄時代，即在古來所主張的誦持之外，又重新強調書寫的功德，就像在造塔的功德之外，又加上了造像的功德。第二世紀後半，支婁迦讖譯出的《般舟三昧經》中，就提到了造佛像及在白絹書寫經典的功德。

在《高僧傳》中，曾提到朱士行將《放光般若經》寫在十四匹縑上。多年前，法國教授伯希和在敦煌石窟發現了在帛上書寫的《無量壽經》下卷，根據考證，這是五世紀的寫經，也可以說是佛教傳入中國時，在縑、帛上寫經的證據。

用新發明的紙來書寫漢文經典，從六朝開始到隋唐漸漸興盛。由於造紙技術與筆、墨等日益改良，也造成了「裝飾經」的發達。「裝飾經」是指在黃紙或紺紙上，用金銀泥書寫的經典，西域吐魯蕃出土的古寫經中，有許多六朝時代的斷片殘簡，可惜都沒有記載寫經的年代和時間。由東吳甘露元年（二六五）的《譬喻經》；西晉元康六年（二九六）的《諸佛要集經》；西涼建初七年（四一一）的《法華經》等著名經典，可以看出中國佛教初期寫經的形式。

這些寫經的行間和天地線都很粗，而且是用古雅的隸書體文字，仍留有很多木簡和帛書的痕跡。當時的寫經格式，行間字數並沒有嚴格規定，大約每行在十九字左右。每行以十七個字的楷書體書寫的經典，則都是第五世紀末到第六世紀的作品。

隨著大乘經典的廣布，經中常稱誦書寫與讀誦經典的功德，再加上文具紙筆墨的改良，不僅書寫佛典的風氣盛行，也造成了寫經體文字的發達。中國寫經的字體，大都用嚴謹的楷書體抄寫，以每行十七個字寫成。

「黃卷赤軸」是中國佛典的型態，「黃卷」是用黃檗染白紙，如此能防止蟲蛀，後來則發展成用金銀泥字在紫紙和紺紙上書寫，並附上七寶軸作裝飾的華麗經典，也就是所謂的「裝飾經」，這時的寫經目的不同於原始讀誦流傳的功能，而傾向供奉、莊嚴的方面。這和社會各階層支持佛教，以及尊重法寶的熱忱，都有密切的關係。

漢傳《大藏經》的特色

一、傳承最長遠

漢傳佛教譯經歷史最悠久，擁有最長遠而不間斷的傳承。

在佛教各系之傳譯經典中，以漢譯《大藏經》翻傳最早，部帙亦最龐大，起自後漢，迄於元代，是由梵語、巴利語、胡語等譯出。

最早期之經典翻譯，以東漢桓帝建和二年（一四八）至洛陽之安世高為代表，主要翻譯小乘經典。桓帝末年之時，大月氏國之支婁迦讖亦至洛陽，主要翻譯大乘經典。經典翻譯之初，僅是各自書寫傳持，至苻秦道安（三一二—三八五），始將譯經加以蒐集分類，編成目錄，此即《綜理眾經目錄》一卷，是中國第一部之佛典目錄，也是《大藏經》的雛型。

二、內容最完整

漢文《大藏經》內容多元豐富，涵蓋了佛教各教派：原始佛教、部派佛教、大乘佛教、秘密佛教等各教派最完整的內容。

而中國撰述之抄集、傳記及著述等亦相繼入藏，更使三論、天台、華嚴、唯識、律宗、密法、淨土等諸宗論述完整組織。總計歷代所編藏經目錄，多達六、七十部，現存者有二十餘部。

漢文《大藏經》，在隋唐時代即有纂集，但是當時尚未有印刷術，凡有編集，皆賴書寫，直到宋代，才開始有刊本。而漢文《大藏經》的刊印，以宋太祖在四川成都雕刻（木版印刷）全部《大藏經》為嚆矢，此即為官版的蜀版開寶藏。此後，藏經印刻的事業陸續興起。光是宋朝就有：遼版的契丹藏、金版的金藏、福州版的萬壽藏、毘盧藏、湖州版（浙版）的圓覺藏、資福藏、磧砂藏等藏經。

三、譯經最嚴謹

中國古代的譯經，大多是由朝廷護持設置譯經院以完成譯業，此類譯經，稱為「奉詔譯」。精通梵漢語言，並精通經、律、論三藏，從事譯經的法師，稱為「譯經三藏」，略稱為「三藏」或「三藏法師」。

中國古來的譯經之大業，很少有獨自一人完成者，都是在主譯者譯經三藏之下，有眾多輔助者從旁協助譯業，後來發展成專為譯業所設的種種官制。

根據佛祖統紀卷四十三載，譯場所置的譯官有下列九職：

（一）譯主：坐於正面宣述梵文者，稱為譯主。

（二）證義：負責評量（評判、審查）梵文者，或判斷譯文正確與否者。

（三）證文：負責審查譯主所讀梵文之正誤者。

（四）書字梵學僧：負責聽受梵文而將梵音如實寫成漢字者。

（五）筆受：負責將梵音翻譯成漢文者，稱為筆受。
（六）綴文：負責連綴文字成句者，稱為綴文。
（七）參譯：負責對照梵文與漢文之正誤者。
（八）刊定：負責削刪冗長之文以定句義者。
（九）潤文：負責潤飾譯文者。

在譯經事業鼎盛的時期，譯場人員多達數千人，儼然佛教大學一般，在譯經的過程中，同時是弘法師資的培訓。

四、譯經與留存數量最龐大

根據唐代智昇的《開元釋教錄》記載，當時漢文《大藏經》所收錄的佛經已有五千零四十八卷。在漢傳佛教兩千年間，其經典經過歷代的翻譯、流通，數量日益增多，最後彙編成「藏」的，中國可考的有十餘次（宋及遼金八次、元二次、明五次、清三次）；國外可考的，高麗三次、日本八次。漢文《大藏經》從開始的五千多卷，發展到後來的一萬卷以上。

漢傳《大藏經》所譯的經典及現今文本留存數量最為龐大，遠超過其他各種《大藏經》，甚至許多梵文的原本都已佚失，僅留下漢譯本。

例如：龍樹菩薩所造的《大智度論》與說一切有部最重要的論藏《大毗婆沙論》，目前都僅存漢譯本，梵文原本已佚失。

高麗的麗本藏經（始刻於高麗顯宗二年，一〇一一），也是以宋代開寶藏為底本，加入貞元錄所收各本所雕。而文宗十三年（一〇五九），倣契丹本而刊刻高麗契丹藏仿刻本，現今則已全部佚失。

五、最具研究性

漢譯《大藏經》具有巴利三藏與西藏《大藏經》所沒有的某些特徵。尤其是若要從事佛教的思想性研究，更非根據漢譯經論不可。這是由於中國人是在對佛教充分理解後才譯出那些佛書的緣故。

還有，從二世紀以後之近一千年間的翻譯，原來形式的保存，也是漢譯的一大特徵。而且，中國佛教也具有與印度不同的獨特發展體系，凡此，都可知漢譯《大藏經》是佛教研究者不可或缺的資料。

現今世界佛學界公認最完整的日本大正新修《大藏經》（大正藏），也是建立在古來漢文《大藏經》的強大基礎之上，主體以古來漢傳《大藏經》中大、小乘的經律論為中心，加上中國佛教界的著作，綜合編集而成。

漢文以收錄完備、記述正確、分類合宜，而受到各時代學者之重視，其分類法亦為開寶藏以降大多數之藏經所沿用。

南方佛教和巴利語經典

不同於北方大乘佛國流行的漢譯經典，現今流行於東南亞的錫蘭、緬甸、泰國、高棉、寮國等地，則是巴利文經典，而巴利語的《大藏經》，又稱為南方上座部的《大藏經》，以錫蘭所傳的為根本。

根據南方上座部的傳說，將佛教傳入錫蘭的，是西元前三世紀時，阿育王的王子摩哂陀（Mahinda）。巴利文經典所使用的語言，是以西印度古代語為中心，受各種語言影響而成立的聖典用語，和特定地域、種族沒有直接關係。因此，這種語言稱作「巴利語（聖典語）」。

巴利語《大藏經》，是依律、經、論、藏外的順序編成的，這表示巴利語《大藏經》中，是以律藏為最中心的部分，也是最古老的部分。

律藏是由經分別、犍度別、附錄三部組成。經藏則分為五部，即長部、中部、相應部、增支部、小部。論藏含有七論。此外，還有藏外文獻，即三藏的註釋書、綱要書、歷史書、文法書等數十部。

西藏的佛經

西元七世紀，隨著吐蕃王朝的建立，從印度經尼泊爾到西藏的內陸交通為之大開，也形成佛教傳播的路線之一。近年來，在尼泊爾發現了許多的貝葉和紙本經典。紙本經典的用紙有粗糙的黃褐色，以及表裏分為白黃二色者二種。其中所使用的文字，是梵書體的笈多文字，但比日本保留的悉曇文（九世紀左右）還新。

印度佛教滅亡以後，佛教經典、藏書也慘遭焚毀消滅，其邊境的尼泊爾就成為佛典梵文的寶庫。傳入西藏的佛教，是接受印度最後的大乘佛教而成立的西藏密教。西藏大藏經是長年累月，將梵文佛典翻譯成西藏語而成立的。

西藏密教的布教線，在晚唐以後，從青海漸漸延伸到外蒙古，其頂端則從華北地方到達我國東北南部。喇嘛教傳播於亞細亞內陸高原地帶，成為遊牧民族的宗教，並大放異彩。其與中國及日本佛教（屬於古代由絲路東漸，弘揚於遠東的農耕民族的宗教）相比，有顯著的差別。

現在的佛教傳布，是以亞洲世界為中心的佛教文化圈之成立，這可說是印度佛教徒在各時代，用已開發的交通路線，從事布教傳道的結果。

印度佛教傳布到印度本土之外的最早路線，是西域的陸路，也就是著名的「絲路」。第二世紀時，貴霜王朝的迦膩色迦王，建立了犍陀羅佛教國，自西北印度地跨越中央亞細亞。因此，佛教的中心地點，就從原先的恆河流域，轉移到印度河上游。東西貿易的路線絲路列入佛教圈中，也是印度佛教傳佈的路線延伸到中國洛陽的結果。

經典的演變

- 傳承模式　口誦集結／耳傳→文字
- 語言——犍陀羅語佉羅文
  - 巴利文
    - 巴利文大藏經
    - 傣文大藏經
    - 日文大藏經（南傳）
    - 漢文南傳大藏經（由日文譯出）
  - 梵文
    - 漢文（漢文→藏文）
      - 漢文大藏經
      - 西夏文大藏經
      - 日文（國譯一切經）
      - 韓文大藏經
    - 藏文
      - 藏文大藏經
      - 蒙文大藏經
      - 滿文大藏經
- 記錄載體——石刻、泥陶、貝葉→縑帛→紙→數位網路
  - →金木玉石漆等藝術展現
- 作用——教法傳承／傳播／弘揚
  - →寫經積福／裝飾經→藝術／典藏
  - →修行靜心、攝心、淨心
- 技術——手寫→雕版→活字印刷→數位影音多媒體
  - →刺繡等

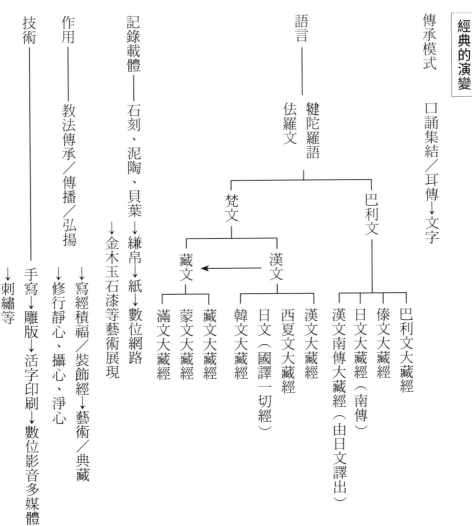

第二章　為什麼要讀佛經

指月之指

要達到「經典即生活、生活即經典」的目標，首先自然要先熟讀經典，透過讀經來了解經義，才能將經典教授的智慧內化到生活中。

佛陀宣說每一部經典，都是為了導引眾生離苦得樂、去妄證覺而宣說的金言，也是諸佛如來的成佛心要。每一部佛經也都因應著不同眾生的緣起，來指示大眾修證成佛的妙道。

而我們研讀佛經最終的目的，也正是要汲取經中所示智慧、體悟所顯的萬法真實樣貌，能依經修持成就，達到沒有煩惱、沒有罣礙，隨時隨地都能自在、自主的境地。

因此掌握讀經的心要，讓經典在生活中真實運用實屬必要。

以佛經為眼目

佛經就像我們的眼睛或ＧＰＳ導航，指引著我們，讓我們從經典的字裡行間照見佛陀與菩薩、諸聖者之間的互動、對談、行事與智慧、悲心、願力，知道要如何依著佛陀的一言一行來提升、圓滿我們的身心，並將之生活化，把我們的身、口、意清淨化，佛的身、口、意就是我們的身、口、意。不只如此，也由我們作因為緣，把我們所生活的世界及因緣，整個轉變成淨業，整個淨土化。

佛所欣喜的事，不是聽我們每天讀誦佛經給他聽，而是看到我們證得了與他同樣的境界。好比《法華經》裏所說：「諸佛以一大事因緣出現於世，開示悟入眾生佛之知見。」

其實每一部經都是要「開、示、悟、入眾生佛之知見」的，依佛經修持，就是要大家二十四小時對諸佛開放頻道，與佛經的清淨因緣共振共鳴，影響所及，不只是我們一個人與諸佛之間的關係，每天二十四小時，由自己一個點的自覺開始，一念與經中教法、諸佛產生相應，再一層一層影響家庭、公司、團體、國家、地域乃至整個地球、整個宇宙，從點到線到面到全法界，層層重重相互因緣。

不要以為自己一個人力量微薄，小小蝴蝶纖弱的翅膀，在無心微動下，都能隔著萬重山海在遙遠彼岸掀起一場颶風，何況是有心、有願、有力、有為的我們。

這也是我們對有緣的眾生及對這國土的報恩，正是所謂「上報四重恩」：三寶恩、國土恩、父母恩、眾生恩，這種功德比供養或法事更有意義，因為我們已直觀人間為淨土了。

真正究竟的佛經修持法，就是以全然的身心投入佛經，依教奉行。於初始時，我們就學習法會中的一個問法者的生活，這就是佛、法、僧三寶裏面的「僧寶」，依法奉行，最後證得經典中的法。成就佛境之後，還要回到人間，幫助眾生成就，圓滿「佛境菩薩行」。

經典是扇通往解脫的任意門

經典是扇通往解脫的任意門，是與聖眾約會的祕徑，就這樣打開，就這樣走進去，就這樣參與經中佛菩薩的盛會，就這樣和佛經中所有生命相會、結下淨因善緣

佛法是因緣法，龍樹菩薩《中觀》〈觀四諦品〉中說：「以有空義故，一切法得成；若無空義者，一切則不成。」論述以有空義故，一切世間出世間法皆悉成就。所謂「空義」無關我們慣性思維中的「有」、「無」，而是相互因緣的因緣法。

都曰「佛度有緣人」，無緣者不是佛陀不慈悲有分別心不濟度，而是無因緣能度。《大智度論》第九卷記載一則故事：

佛與阿難入舍衛城乞食，是時有一貧老母立在道頭。

阿難白佛：「此人可愍，佛應當度。」

佛語阿難：「是人無因緣。」

阿難言：「佛往近之，此人見佛相好光明，發歡喜心，為作因緣。」佛往近之，迴身背佛；佛從四邊往，便四向背佛，仰面上向；佛從上來，低頭下向；佛從地出，兩手覆眼不肯視佛。

佛語阿難：「復欲作何因緣？」有如是人無度因緣，不得見佛。以是故佛言：「佛難得值，如優曇波羅樹華。」譬如水雨雖多，處處易得，餓鬼常渴，不能得飲。

由此可知，「結緣」的重要，若是無因緣，即使佛立在前，亦是枉然。

《法華文句記》卷二（下）解釋結緣之義：「結謂結構、立機之始；緣即緣助，能成其終。則為未來修得三德之先萌也。無前三益，故云結緣。」《摩訶止觀》卷六（下）云：「為作父母、師長，世世結緣……略……和光同塵，結緣之始。」說的就是如來以神通妙用與眾生結緣。《法華文句》卷二則解釋四眾中之結緣眾「作未來得度因緣」云：「結緣者，力無引導擊動之能，德非伏物鎮嚴之用，而過去根淺，覆漏污雜，三慧不生，現世雖見佛聞法，無四悉檀益，但作未來得度因緣。」

事實上，自古至今，先賢先德也為我們立下許多結緣方便，如造立寺塔、印贈經書、喜捨財物、結緣諷經、回向等以結法緣；又，日本佛教有所謂「結緣灌頂、結緣八講、結緣經、結緣供養、結緣授戒」的結緣五重。據說參拜日本神社，一般傳統都是投五円到賽錢箱，因為日文五円發音正象徵「結緣」。

所有生命，都有佛性，一念迷即眾生，一念覺即佛；廣結善緣，即是與諸多未來佛種下淨因善緣，未來，他若先我們成佛，我們與他有緣，或能受其教法，或得生其淨土；若我們先成佛，他們與我們有緣，也將成為我們淨土的功德眷屬。這樣的結緣，小則常遇貴人，龍天護法善神守護，大則自然常生佛前、常隨佛學，蒙佛慈護直至我們也證成佛果。

因此，在讀經的過程中，我們不只在汲取經中的智慧與慈悲，同時也要善巧了知，我們正以閱經、淨信為緣，透過經典，打開一條祕徑，穿梭時空，與十方三世諸佛菩薩及經中所現的生命相會，結下甚深法緣。

這正是為什麼我們接下來在後面會提醒大家，在翻開經典讀誦時，最好能以情境導引方式來讀經，觀想自己就在法會現場，成為法會中的一分子，即是與所有參與這場法會的生命相會，成就往後互相因緣。

《華嚴經》一開場〈世主妙嚴品〉描述，「有十佛世界微塵數菩薩摩訶薩所共圍遶，其名曰：普賢菩薩摩訶薩、普德最勝燈光照菩薩摩訶薩……如是等而為上首，有十佛世界微塵數。此諸菩薩……復有佛世界微塵數執金剛神，所謂：妙色那羅延執金剛神……復有無量主山神，所謂：寶峰開華主山神，復有佛世界微塵數主城神，所謂：寶峰光耀主城神、妙嚴宮殿主城神……復有無量主水神，所謂：普興雲幢主水神、海潮雲音主水神……復有無量諸大龍王，所謂：毘樓博叉龍王、娑竭羅龍王……復有無量月天子，所謂月天子：華王髻光明天子……爾時，如來道場眾海，悉已雲集；無邊品類，周匝遍滿；形色部從，各各差別；隨所來方，親近世尊，一心瞻仰……如是皆以毘盧遮那如來往昔之時，於劫海中修菩薩行，以四攝事而曾攝受……」

這些無量無數的諸佛菩薩、聖眾、龍天善神護法們，不管是以何種樣貌出現，只要我們願意，打開經典，讀了，信了，那麼都將成為我們菩提道上的善眷屬、善知識，伴著我們、守護著我們生生世世直至成佛。真是令人歡喜無限！

女力覺起

舍利弗言：「汝何以不轉女身？」

天曰：「我從十二年來，求女人相了不可得。當何所轉？譬如幻師化作幻女，若有人問：『何以不轉女身？』是人為正問不？」

舍利弗言：「不也！幻無定相，當何所轉？」

天曰：「一切諸法亦復如是，無有定相，云何乃問不轉女身？」

即時天女以神通力，變舍利弗令如天女，天自化身如舍利弗，而問言：「何以不轉女身？」

舍利弗以天女像而答言：「我今不知何轉而變為女身？」

天曰：「舍利弗！若能轉此女身，則一切女人亦當能轉。如舍利弗非女而現女身，一切女人亦復如是，雖現女身，而非女也。是故佛說一切諸法非男、非女。」

即時天女還攝神力，舍利弗身還復如故。天問舍利弗：「女身色相，今何所在？」

舍利弗言：「女身色相，無在無不在。」

天曰：「一切諸法，亦復如是，無在無不在。夫無在無不在者，佛所說也。」

舍利弗問天：「汝於此沒，當生何所？」

曰：「佛化所生，非沒生也。」

天曰：「眾生猶然，無沒生也。」

——《維摩詰所說經》卷中〈觀眾生品第七〉

這段摘自《維摩詰所說經》中，舍利弗隨文殊菩薩去探視示疾的維摩詰菩薩時，與維摩詰家中的天女之間的一段關於男女相的精采對話，直截說明佛法對男性、女性性別的最真實要旨——幻無定相，求女人相了不可得——根本無男女相可得，所謂男相、女相是緣起法，只是因緣所顯，並無高下、尊卑之分，所有生命平等無二。在佛法實相中，連眾生相都不可得，何況是男女相？而說此為「男」、此為「女」也只「假名」如《中論》所云：「因緣所生法，我說即是空，亦名為假名，亦是中道義。」

在佛法的觀點裏，性別議題，是世間生滅因緣，因為我們無明慣性，讓習慣二分法、習慣分別異同的我們，從本來無分別中，分立有男有女。事實上，男、女二分也只是簡約之別，性別是多元的，並非絕對二分法，地球上許多生命更以「無性」或是「不確定性」存有。我們人類由父精母血和合而來，同時承繼父母雙方基因，早就是男性中有女性基因，女性中有男性基因，無法一切為二。

在佛法中，與其說「男女有別」毋寧說是「尊重緣起」，雖然實相上，無男女之相，但緣起上，男女在生理、心理上，卻可能有特性上的差別，不論此差別來自先天不同或是後天養成，既有所差別就予以尊重——尊重個體差異，也尊重當時既成的社會文化，卻不為所限。

因此，佛陀面對男女議題，是溫柔的，他安住在實相無差別中，觀察到當時社會男尊女卑的文化因緣，除了為尊重當時文化因緣、不引起大眾煩惱，予以女性出家眾比男性出家眾更多一些規範外，對女性修行者在修行上，採完全開放態度。而事實證明，歷來女性修行者相較於男性修行者，在修證上半點也不遜色。

佛典中，記載勝鬘夫人說法的經題《勝鬘師子吼一乘大方便方廣經》，就這樣大落落地彰顯女性修行者，超越世俗框架，凜立法界，擔起如來家業，發大誓願，做無畏「師子吼」。記載於佛典中像勝鬘夫人一樣的女修行者有許許多多，不論在家出家，不論年長年幼，咸具洞澈智慧與慈悲溫柔，辯才無礙，足為人天之眼目，像是《中阿含經》中的法樂比丘尼，就是許多在家出家眾問法的對象；《寶積經》中〈妙慧童女會〉的妙慧童女，才八歲即能於眾多菩薩、賢聖匯集的法會中問法於佛，並與文殊菩薩對答無礙；〈恆河上優婆夷會〉的優婆夷「恆河上」，在前往祇園向佛陀請益佛法時，世尊問他：「汝從何來？」恆河上反問佛言：「世尊！若問化人汝從何來？如是問者當云何答？」就此展開一場精采的問法；而維摩詰菩薩的女兒月上女更是不讓其父專美於前，有部《月上女經》記錄她的事蹟；又如《華嚴經》善財五十三的善知識參中，也有如慈行童女、師子嚬呻比丘尼等等女成就者。

在禪宗，成就的女禪者更是不知凡幾，只可惜在當時父權文化下，多未留下紀錄，只能從隻字片語、一點細微線索供後人欣仰，像是達摩祖師門下弟子總持比丘尼，就為達摩祖師認許為得到他的肉；又如唐時一個在茶店平凡不過的賣燒餅婆子，都能冷不防地，以《金剛經》三心不可得，究竟「點那個心」，問得自認《金剛經》讀透的德山大師連心都不敢點狼狽而去，卻也刺激他在修行上更向上一。

為了讓更多人體悟學習這些女成就者的智慧與慈悲，同時向這些偉大女修行者、成就者致敬，留下他們精采的身影，多年前即輯錄《華嚴經女性成就者》一書，並將經文白話語譯；且竭力從諸多典籍留下的蛛絲馬跡，描繪出二十位女禪者的風光成《女禪師的開悟故事》，寄望人間無問男女都能向他們學習。尤其在二十一世紀，當資本主義發展至只剩瘋狂掠奪，當科技發展至踰越了人類能取的分際，當網路智能取代了我們的思惟讓我們在虛實間迷失了自我，更期待女力溫柔的智慧力與兼容的慈悲力，能成為地球覺起的希望，女力覺起成為地球覺起的有力支點，轉動地球朝向光明覺性的紀元。

最後謹以此《法華經》龍女須臾成佛的故事，向所有女修行者致敬，雖作女相，處於長期以來男尊女卑之社會中，卻能超越所限，開啟自覺覺他之路，在安住究竟實相無可得之際，又以溫柔包容之心，一面示現本覺同始覺成佛時速，一面尊重此人間緣起法，轉男身往他方世界成佛而去。

時舍利弗語龍女言：「汝謂不久得無上道，是事難信。所以者何？女身垢穢，非是法器，云何能得無上菩提。佛道懸曠，經無量劫勤苦積行，具修諸度，然後乃成。又女人身猶有五障：一者、不得作梵天王，二者、帝釋，三者、魔王，四者、轉輪聖王，五者、佛身。云何女身速得成佛？」

爾時龍女有一寶珠，價直三千大千世界，持以上佛。佛即受之。龍女謂智積菩薩、尊者舍利弗言：「我獻寶珠，世尊納受，是事疾不？」

答言：「甚疾。」

女言：「以汝神力，觀我成佛，復速於此。」

當時眾會，皆見龍女忽然之間變成男子，具菩薩行，即往南方無垢世界，坐寶蓮華，成等正覺，三十二相、八十種好，普為十方一切眾生演說妙法。

第三章　如何選擇適合自己的佛經

如果人生是一趟旅程，目的地是那傳說中無憂無惱、幸福光明的涅槃彼岸，那麼佛經就是我們這趟旅程的地圖與攻略指南，曾經到過彼岸、知道路徑的諸佛菩薩、善知識就是我們的嚮導。我們依其指引，邊走邊學他們教授的攻略技巧，就能翻山越嶺、渡海穿漠，超越一次又一次途中的險阻挑戰，走向解脫涅槃的彼岸。

抵達的路有千千萬萬條，各有不同的風險，各有不同的風光。佛陀慈悲，將安全抵達的線索都留在經典裏。又為了旅人有各自的性情、喜好與因緣，為親水的人留下走海路的地圖以及渡海的船隻、為愛山的人留下植物圖鑒、山線全導覽，以及山林求生必備裝備，為只愛繁華都市景致的人，留下了適合都市穿梭的城市旅遊攻略等等，這一切都在那裏靜待有緣，只等我們伸出手、拿起來、打開、閱讀、照著走起……就這麼簡單。

那麼如何從上千部的佛經中，選擇適合自己的佛典，讓自己可以開始邁向令人期待的旅程呢？

選擇讀什麼經，首要就是從自己的志趣著手，就像我們讀大學前，面對諸多學校、各種科系選填志願時的考量，可以先從自己歡喜、有興趣的開始，當然，也可聽取周遭親友、善知識的建議，再加以揀擇，或是本就有仰慕的佛菩薩，就選擇相關經典，這都是很良善的擇經緣起。

已經有線索者

可依現有的緣起來選擇。如前所述，平日就有親近的佛菩薩、聞法的善知識、相應的宗派法門者，就從此入手試試看。

若平時就有喜愛、親近的佛菩薩，選擇他們主講的經典或是相關的經典來閱讀，是最容易相應的。因為在未打開經典之前，我們的心就已經先打開接納這尊佛菩薩、喜愛這尊佛菩薩，那麼他教導的話，我們自然就容易聽進去。而我們會喜愛某尊佛菩薩，通常代表我們認同他們的行願、想要成為和他一樣的樣貌，無形中，就容易效法、學習。例如，喜愛觀世音菩薩的人，可以選擇和觀音相關的經典，像是大家耳熟能詳的《心經》或是大悲咒的出處《千手千眼大悲心陀羅尼經》。而觀音菩薩的故鄉是彌陀的極樂世界，所以也可以擴大來閱讀彌陀相關經典，深入了解觀音菩薩的來處，待以後此世和地球的因緣盡了，就可以熟門熟路到觀音菩薩的家鄉去。

毫無線索者

多聞廣閱後再做選擇

可隨順因緣從我們生活周遭常聽到的，比如《心經》、《金剛經》、《觀世音菩薩普門品》、《地藏菩薩本願經》等等先廣泛閱讀看看，再做抉擇。

如何判斷經典和自己相不相應呢？若一翻閱就心生歡喜、起淨信者，或是讀誦後，在日常生活中，會時不時想起經句法要，用起來也很有感受，那自然就是跟自己有緣的經典。

依宗門特性和自己的志趣來選擇

以下臚列目前大乘漢傳佛教的八大宗門簡介，讀者可依自己的志趣來選擇適合依隨讀誦的經典。

漢地大乘八宗

宗名	別稱	創宗者	經論依據	適合對象 順向思考 選擇和自己志趣相合者
淨土宗	蓮宗、念佛宗	晉·廬山慧遠	•以一心念佛往生淨土為主要修持法門，與此土較有緣淨土有彌陀與彌勒兜率內院、藥師淨土，而地球上也有靈山淨土、觀音淨土等等，如玄奘大師即往生彌勒兜率內院，但後來多以往生彌陀淨土為主流。 •依止經典為淨土三經即《無量壽經》、《觀無量壽經》、《阿彌陀經》及西方淨土相關佛典，如世親的《往生論》等。	1覺得地球是五濁惡世，很亂不適合居住，想要移民極樂世界外星系者。 2極樂淨土乃喜歡建構宜居環境者必要參訪之地。

漢地大乘八宗

宗名	別稱	創宗者	經論依據	適合對象 順向思考 選擇和自己志趣相合者
禪宗	佛心宗、達磨宗、無門宗	梁・菩提達摩	•以菩提達摩為初祖，盛於六祖惠能。本以《楞伽經》印心，六祖以來則強調「以心傳心」、「教外別傳」、「直指人心，見性成佛」。 •建議經典如《金剛經》、《楞嚴經》、《六祖壇經》、《維摩詰經》、般若系經典、禪宗祖師大德的語錄行傳、著述等。	1 不喜歡太繁瑣事務者。 2 喜歡現觀智慧者。 3 喜愛寫意派、抽象派者。 4 凡事喜歡質疑為什麼者。 5 常懷疑自己是誰、人生意義為何者。
天台宗	法華宗	隋・智顗大師	以《妙法蓮華經》為其根本依據，另外，還有同列為法華三經的《無量義經》、《觀普賢菩薩行法經》，以及《大智度論》、《中論》也是天台宗所依止。此外，還有智者大師的法華三大部《法華玄義》、《法華文句》與《摩訶止觀》等祖師著作。	1 喜歡架構性、細密思惟者，因天台智者大師對教法、判教建構了一套非常繁複的體系。 2 喜歡禪修者。 3 喜歡研究學問，並對深究經典有深刻興趣者。
三論宗	不真宗、無相宗、	姚秦・鳩摩羅什	以《中論》、《十二門論》、《百論》及般若經典、《大智度論》為根	1 喜歡觀察宇宙萬物的真實現象者。

	中觀宗、般若宗		本依據。	2 喜歡超越性思考，不被現前現象、概念思想所蒙蔽者。 3 喜歡買買買、囤積東西者。 4 希望能斷捨離，而不老是悲秋傷春者。
律宗	四分律宗、南山宗	唐・道宣律師	著重在研究佛教戒律，以《四分律》為根本依據，並及於四律、五論（見備註1）等一切律典。	1 凡事嚴謹一絲不苟，有條不紊者。 2 認為無規矩不成方圓者。 3 或是逆向思考，認為自己太散漫放逸，希望讓自己能嚴以律己者。
法相宗	唯識宗、慈恩宗	唐・玄奘大師	認為一切「唯心所現、唯識所變」，屬於瑜伽行唯識學派。以《解深密經》及《瑜伽師地論》、《百法明門論》、《二十唯識論》、《三十唯識論》、《攝大乘論》等「一支十本」（見備註2）加上《成唯識論》為根本依據。	1 對心識活動有深刻興趣，並想探索一切潛意識者。 2 對宇宙萬象及身、心活動狀態的相互關係，想完全釐清者。 3 想把一切無意識及不覺知的潛意識狀態，轉成清明智慧者。

漢地大乘八宗

宗名	別稱	創宗者	經論依據	適合對象 順向思考 選擇和自己志趣相合者
華嚴宗	賢首宗、法界宗等	唐·賢首大師（法藏）	核心教理乃「法界緣起」，認為宇宙萬法，色心緣起時，諸緣依持，相即相入，無礙圓融，如因陀羅網，重重無盡。以《華嚴經》為所依經典。	1 對宇宙萬象深感興趣，想統攝一切宇宙、身心眾相，達到完全圓融，相攝無礙，自由自在者。 2 想把包含宇宙一切萬法及身心境界的無盡多元結構，清楚了知者。 3 對時間、空間、多元宇宙有興趣的人。 4 喜歡以和為貴，廣結善緣，萬事圓融者
密宗	有真言宗等諸多不同別稱	唐密—開元三大士：善無畏、金剛智、不空 東密—空海大師	在緣起性空基礎上，側重與本尊三密相應、四曼不離等等諸曼荼羅、本尊瑜伽等事修，實踐「當相是道，即事而真」的觀行方便，以期現證悉地成就。以《大日經》、《金剛頂經》、《蘇悉地經》等為根本依據。	1 對宇宙萬象及自我身心的系統化、結構化有興趣者。 2 對一切萬法與象徵形相的交互關係深感興趣，對體悟表象與本質間的自由轉換的狀態，極有興趣，並希望自在掌握

		藏密—蓮花生大士		者。 3想引用一切萬法的力量，在空性中相互融攝者。 4視覺系者，對影像很有感者。

以上讀者，在考量時，也可逆向思考，就如右腦發達者就多訓練右手，來發達左腦；選擇與習性相違者，來調練自己的心性、習氣，說不定能有意外之喜。

備註：

1 四律五論：四律、五論乃律宗重要典籍。

四律為：《十誦律》、《四分律》、《摩訶僧祇律》、《五分律》。

五論為：《毘尼母論》、《摩得勒伽論》、《善見論》、《薩婆多論》、《明了論》。

2 一本十支：「一本」是指以《瑜伽師地論》為本；「十支」指以《百法明門論》、《五蘊論》、《顯揚聖教論》、《攝大乘論》、《雜集論》、《辯中邊論》、《二十唯識論》、《三十唯識論》、《大乘莊嚴經論》、《分別瑜伽論》為支。法相宗（唯識宗）即以此「一本十支」為典據，闡揚法相、唯識的義理。

依自己的志趣選擇志同道合的菩薩

左頁表格依菩薩特德、志趣，及行願側重重點不同，略分為悲行者、智行者、願行者、行行者、力行者、慈行者、福行者，七大面向，最後再因應現代女力覺起的因緣，與佛陀平等相待一切本懷，以佛典中不讓鬚眉、能做無畏獅子吼、雨大法雨的勝鬘夫人為女力勝行代表，總而大分為八大修行趣向，供讀者選擇志同道合之菩薩作為隨學之典範，以及選讀經典時之參考。

但這只是方便閱眾依止選擇相應之法門，並不代表以悲行為核心的觀音菩薩就沒有智慧，因為無智的悲，只會落入無用、疲累的情緒作用，觀音菩薩能有如此廣大悲行，正是因為具足空性智慧，才能於六道中以種種方便、示現來因應不同需求予以拔苦濟度。因此，觀音與以智慧著稱的文殊菩薩，差別只在前者是寓智於悲，後者是寓悲於智，以及濟度手段不同罷了。

連連看、想想看，我和哪尊菩薩志同道合呢？

我是……的人	行願特徵	代表菩薩	特色／法門	代表經典
*熱心助人、見不得別人苦 *先天下之憂而憂；以天下苦不苦為己任，管遍天下事者 *總是在危難現場、最前線救人 *較感性者	悲行者	觀世音菩薩	·寓智於悲的代表；是一切諸佛菩薩悲心總集所顯。 ·發願循聲救苦；眾生應以何身得度即示現何身予以求度。 ·《千手千眼觀世音菩薩廣大	《心經》 《無量壽經》、《觀無量壽經》、《阿彌陀經》 《妙法蓮華經‧觀世音菩薩普門品》、《千手千眼觀世音菩薩廣

*社工、志工 *希望以後從事太空旅行、移居極樂淨土者	悲行者	觀世音菩薩	圓滿無礙大悲心陀羅尼經》教授持誦大悲咒的十種心，此十心也適用於持誦一切真言。 ・《楞嚴經・觀世音耳根圓通》教授如何和觀音菩薩一樣，由耳根入道。	大圓滿無礙大悲心陀羅尼經》 《楞嚴經・觀世音菩薩耳根圓通章》 《悲華經》
*善於教導別人、帶新人者 *看別人做事不順眼，覺得別人做什麼都不夠完善者 *喜歡邏輯思考、能說善辯 *喜歡快刀斬亂麻，利索解決問題 *希望增長智慧、有決斷力 *喜歡占卜星象之學者	智行者	文殊菩薩	・寓悲於智的代表，具有智、慧、證三種妙德。修習一切大智法門。 ・比較特別的是，由《文殊師利菩薩及諸仙所說吉凶時日善惡宿曜經》可知，文殊菩薩智慧明利，因此在占卜、曆算、星宿法上特別有所教授，甚至有文殊占卜法流傳於世，對此有興趣者不可錯過。	《文殊般若經》 《文殊師利所說不思議佛境界經》 《文殊師利普超三昧經》 大、小品般若經等般若系經典
*喜歡發大願做大事者 *願意在最底層，最黑暗處幫助人 *適合監獄監管輔導人員、社工 *想為父母祈福	願行者	地藏菩薩	・曾發大願：「我今盡未來際不可計劫，為是罪苦六道眾生，廣設方便，盡令解脫，而我自身，方成佛道。」因此被	《地藏菩薩本願經》 《大乘大集地藏十輪經》 《占察善惡業報經》

我是……的人	行願特徵	代表菩薩	特色／法門	代表經典
＊希望自己像地藏菩薩一樣，堅毅、安穩、如大地一般寬容厚藏，無所動搖者	願行者	地藏菩薩	尊稱為大願地藏王菩薩。 ·《地藏十輪經》形容地藏菩薩：「安忍不動，猶如大地，靜慮深密，猶如密藏」，故知地藏菩薩擁有大地特德，承載、容受一切而安忍不動。 ·前世曾為救母出地獄，廣設方便，奮不顧身，所以被視為孝順父母的典範，以及度亡時的主尊之一。 ·但他同時也有大地含藏特德，因此手持寶珠，也被列為財寶尊	
＊希望修習增長定力者 ＊願意發心覺悟自己也幫助別人覺悟者 ＊對佛陀有堅定的信心，願意永遠學習佛陀行止，並把所有功德分享	行行者	普賢菩薩	·在《華嚴經》中有〈普賢行願品〉，教導十種廣大行願，故尊為行願代表。 ·在《觀普賢菩薩行法經》中教授「云何復當不斷煩惱、不	《佛說觀普賢菩薩行法經》、《普賢菩薩行願讚》、《大方廣佛華嚴經普賢行願品》、《法華經》

普賢菩薩	離五欲、得淨諸根、滅除諸罪？」等六根清淨懺悔法門。 ・《法華經》最後有〈普賢菩薩勸發品〉，在經中普賢菩薩表示將守護受持此經者。世尊也表示：「我當以神通力，守護能受持普賢菩薩名者。」		行行者	其他的人 *希望學習更具執行力 *希望學習六根清淨懺悔法門
大勢至菩薩	・為彌陀淨土的脅侍菩薩。 ・據《觀無量壽經》所載，此菩薩「以智慧光普照一切，令離三塗，得無上力，是故號此菩薩名大勢至」。又說「此菩薩行時，十方世界一切震動」，可見威勢力不可思議。 ・《楞嚴經．大勢至菩薩念佛圓通章》教授念佛法門。	《無量壽經》、《觀無量壽經》、《阿彌陀經》 《楞嚴經．大勢至菩薩念佛圓通章》	力行者	*希望自己具足威勢大力者 *希望自己以後移居極樂淨土者 *希望能更深入了解念佛法門者 *希望具有智慧光明、幫助大家永遠遠離苦痛 *希望實踐環保、清淨大地，使世界成為淨土
彌勒菩薩	・以慈心著稱，予一切眾生樂。 ・現位於兜率天彌勒內院，未來將降生娑婆世界成佛；玄奘	《彌勒菩薩所問本願經》、《佛說觀彌勒菩薩上生兜率天經》、《彌勒下生經》、《彌勒大成佛經》、《瑜伽師地論》	慈行者	*希望自己更開朗喜樂者 *希望能帶給別人快樂者 *希望改善人際關係者 *希望所有的人歡喜開悟，高高興

我是……的人	行願特徵	代表菩薩	特色／法門	代表經典
興學佛，快快樂樂成佛者 ＊希望人間早成圓滿，地球環保永續成為清淨樂土，迎請彌勒菩薩早日成佛下生地球者	慈行者	彌勒菩薩	大師圓寂後即生彌勒淨土。 ·代表法門有「慈心觀」。	
＊希望家庭和樂圓滿，配偶、父母、子女、親友都快樂開悟者。 ＊希望具有財富、智慧，或是成為最慈悲的地球企業家，讓公司成為幸福企業，讓地球環保永續，幫助地球上所有的人。 ＊希望在家修行，如維摩詰菩薩一樣具足大福大智，辯才無礙。 ＊身體不太好，想學習如何正確面對身體的病痛。	福行者	維摩詰菩薩	·維摩詰菩薩是佛世時毗耶離城的長者，不僅自身福智無雙，其妻子（無垢）、兒子（善思）、女兒（月上）亦皆深悟佛法，可說是在家修行、佛化家庭代表，受人尊崇。 ·在《維摩詰經》中，維摩詰示疾，佛陀欲派弟子前往探病，卻無人敢去，因維摩詰智慧明利，眾弟子行事都曾受其指正，最後由文殊菩薩領眾前往探視，在各說不二法門之後，文殊反問維摩詰如何是不二法門，維摩詰默然以應。遂	《維摩詰經》等般若系經典《善思童子經》、《佛說月上女經》等維摩詰家族經典

	福行者	維摩詰菩薩	有「維摩一默聲如雷」之公案。 ·維摩詰菩薩富而好施，廣種福田，為能福者，故以之為福行者的代表。	
*認為女性修行能力不遜於男性，可以修行圓滿，開悟成大覺佛陀者 *致力於性平運動者 *認為女性不遜於男性，可以做大事，對人類幸福有卓越貢獻者 *認為人類應該超越性別限制者 *相信一切有情皆有佛性，體悟佛法超越一切分別，性別、種族、身分都是虛幻，每一個人都能圓滿成就，乃至成佛	勝行者	勝鬘夫人 月上女 龍女	·勝鬘夫人為中印度舍衛國波斯匿王及末利夫人之女，同時也是為阿踰闍國國王的夫人。見其父母來信介紹佛陀的功德即生起淨信，感得佛陀現身為其授記，他發下三大誓願「以此實願安隱無量無邊眾生，以此善根於一切生得正法智，是名第一大願。我得正法智已，以無厭心為眾生說，是名第二大願。我於攝受正法，捨身、命、財，護持正法，是名第三大願」，作獅子吼。	女性修行者的經典如：《勝鬘獅子吼一乘大方便方廣經》、《佛說七女觀經》、《佛說月上女經》、《須摩提女經》、《寶積經》中的〈妙慧童女會〉、〈恆河上優婆夷會〉等；《大集經》中的〈寶女品〉、《佛說給孤長者女得度因緣經》、《佛說玉耶女經》、《銀色女經》、《得無垢女經》、《佛說龍施女經》、《法華經．卷四》等等

依照經典所授的辦法來抉擇

在此提供幾種經典中記載的抉擇本尊、修行法門方法，這些方法，不論出自顯密經典，都可運用來作為我們選擇依止經典的參考。

1. 密教抉擇本尊／法門的方便：先結緣灌頂再抉擇喜愛本尊

密教將修行分為五種階段：（一）初見三昧耶，（二）入睹三昧耶，（三）具壇三昧耶，（四）傳教三昧耶，（五）祕密三昧耶。所謂三昧耶即「誓言」、「不可違越」或「戒」之意。又將此中「三昧耶」，引申為五種受灌頂者的階次。《大日經》卷五〈祕密漫荼羅品〉：

「正等覺略說五種三昧耶：初見漫荼羅，具足三昧耶，未傳真實語，不授彼密印。第二三昧耶，入睹聖天會。第三具壇印，隨教修妙業。復次許傳教，說具三昧耶，雖具印壇位，如教之所說，未逮心灌頂，祕密慧不生。是故真言者，祕密道場中，具第五要誓，隨法應灌頂。」

將此五種三昧耶配以現行的軌式，第一是漫荼羅供，第二是結緣灌頂，第三是受明灌頂或學法灌頂，第四是傳法灌頂，第五相當於以心灌頂。

其中第二「結緣灌頂」即是為了與密教曼荼羅中的諸尊結緣而舉行的灌頂。這種灌頂無需揀擇根器，有發菩提心求入壇者，為結緣而將其引入灌頂壇，授以一印一明，使其獲益。如《金剛頂瑜伽中略出念誦經》卷一：

「其中，且入壇者，為盡一切眾生界救護利樂，作最上所成事故，於此大壇場應入者，不應簡擇器、非器。所以者何？世尊，或有眾生造大罪者，是等見此金剛界大壇場已，及有入者，一切罪障皆得遠離。」

根據《大日經疏》卷十五解釋，第一三昧耶，只是讓前來結緣者在壇場外遙見曼荼羅，禮拜、供養香花等，並不傳授真言及手印。但即使只是如此，也因得見法會故，無量罪業皆得滅除。

・投花：選擇和自己有緣的佛菩薩（本尊）

在結緣灌頂時，還為結緣者巧設方便，用「投花」儀式來選擇與自己有緣的本尊佛菩薩。《大日經疏》卷十五：「第二見曼荼羅坐位。謂引彼入於壇中，禮拜供養，投花散於本位。師告彼，汝花墮某尊位上。為說本尊名號，並得入壇門內，悉見諸位也。此人說名第二三昧耶也。」

上述以「投花」來選擇本尊的辦法稱為「初夜一座法」。儀式很簡單，即灌頂教授阿闍梨從初夜到後夜，先用布巾蒙覆受者之面，授印明、執印端，引入壇中，跨越香象（象形香爐）令趨向大壇，在印端插一華，使投於壇上的敷曼荼羅上，依華所著之尊而得本尊。接著教授阿闍梨取去受者的覆面，令目視本尊所在，而後唱本尊的尊號，以瓶水灌受者之頂三次，然後授以其本尊的一印一明即成。

受此結緣灌頂者，即可依佛的加持力不墮入三惡趣，一切罪障頓時滅除，得無量功德。若有適合密教的根機想更深入修行，阿闍梨再依其學習程度而授以傳法灌頂。

據載，唐玄宗天寶五年（七四六），不空三藏由師子國回國，不久奉詔入宮，建壇為帝王灌頂，此即是中國行結緣灌頂之始。

在還不知道自己要選擇哪個本尊成為修法依止時，這類結緣灌頂不妨多多參加，讓自己有更多選擇。

・經過多次結緣灌頂、投花後，誰才是真正具緣本尊呢？

首先，可以細細觀察自己在領灌前、領灌後有何變化，助緣有增加嗎？有沒有得灌的感應？吉祥夢兆？或修持時的覺受有無不同？等等，由此來抉擇最相應者為本尊。當然，若實難辨析，也可請教具德善知識。

在選定本尊後，對已受結緣灌頂也有些感應諸尊，可每晚加修百字明以補缺憾；若無暇兼修他尊，則應依佛佛同體無二，不一不異，一多相即，現觀本尊與諸尊同體而合修之。

2. 圓覺經：依結開示法

在《大方廣圓覺修多羅了義經》教授如何從菩薩二十五種修學方法中，選擇和自己相應的法門，讀者雖非修此經中所言菩薩二十五輪法門，亦不妨借鏡作為抉擇有緣經典的參考。據經所載：

「善男子！是名菩薩二十五輪，一切菩薩修行如是。若諸菩薩及末世眾生依此輪者，當持梵行，寂靜思惟，求哀懺悔，經三七日。於二十五輪各安標記，至心求哀，隨手結取；依結開示便知頓漸，一念疑悔即不成就。」

圓覺二十五種清淨定輪—抉擇辨法

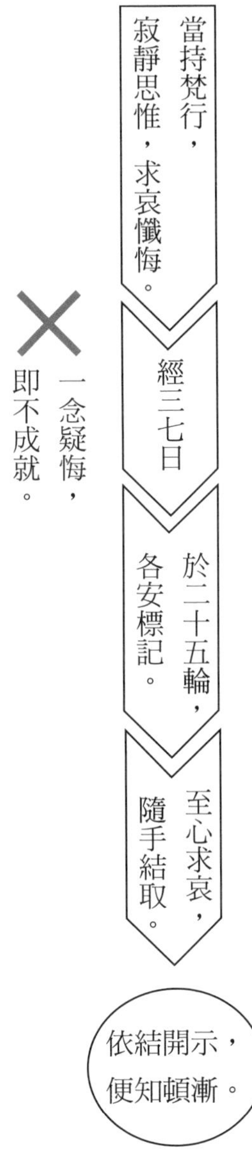
當持梵行，
寂靜思惟，求哀懺悔。
經三七日
於二十五輪，
各安標記。
至心求哀，
隨手結取。
依結開示，
便知頓漸。
一念疑悔，
即不成就。

此辨法最末說：「一念疑悔即不成就」，這是非常重要的警醒，任何事情，最怕三心二意，反反覆覆，猶疑不決。既然決定以此方式來做抉擇依據，那麼就信了，就做了，就決定了。若是抉擇了，卻一直無法下定決心，總覺得也許另一個會更好，像俗諺說的「吃著碗裡，又看著別人碗裡」，那麼即使本尊分明有緣到現立在前，也無可奈何。永遠處在選擇的茫然中，待驚醒，一生也就過了。

因此，不論我們透過什麼方法來選擇有緣佛典作為讀經依止，一旦抉擇了，就腳踏實地的開始持續有恆的讀誦，日久功深，自然水到渠成。

3. 占察善惡業報經：木輪相法

在《占察善惡業報經》地藏菩薩對於有選擇障礙的人說「木輪相法」：

「於三寶功德種種境界，不能專信。於三乘中，皆無定向。如是等人，若有種種諸障礙事，增長憂慮，或疑或悔，於一切處心不明瞭。多求多惱，眾事牽纏，所作不定，思想擾亂，廢修道業。有如是等障難事者，當用木輪相法，占察善惡宿世之業、現在苦樂吉凶等事……。

「善男子！欲學木輪相者，先當刻木如小指許，使長短減於一寸，正中令其四面方平，自餘向兩頭斜漸去之。仰手傍擲，令使易轉，因是義故，說名為輪。又依此相，能破壞眾生邪見疑網，轉向正道，到安隱處，是故名輪。其輪相者，有三種差別。何等為三？一者，輪相能示宿世所作善惡業種差別，其輪有十。二者，輪相能示宿世集業久近，所作強弱、大小差別，其輪有三。三者，輪相能示三世中受報差別，其輪有六。

「若欲觀宿世所作善惡業差別者，當刻木為十輪。依此十輪，書記十善之名。一善主在一輪，於一面記……若欲占此輪相者，先當學至心總禮十方一切諸佛。因即立願：『願令十方一切眾生，速疾皆得親近供養，諮受正法……次當稱名，若默誦念。一心告言：『南無地藏菩薩摩訶薩。』如是稱名，滿足至千。經千念已，而作是言：『地藏菩薩摩訶薩！大慈大悲！唯願護念我及一切眾生，速除諸障，增長淨信，令今所觀稱實相應。』作此語已，然後手執木輪，於淨物上而傍擲之。如是欲自觀法，若欲觀他，皆亦如是……」

由於原經文所述略長，以上僅節錄片段供參考，有興趣的讀者可進一步翻閱此經細覽。以此方法來占察自己與經典的因緣。

4. 其他

在《千手千眼觀世音菩薩姥陀羅尼身經》有乞夢法：「若欲乞夢，則誦此咒並結印印眼，令所念事隨夢見之。」（此咒篇幅長，不在此錄，請見此經「千手千眼觀世音菩薩廣大無畏印第十六」段（T20, No. 1058）。

《不空羂索神變真言經》卷第十九〈神變真言品第三十八〉也有真言。

此外，藏密寧瑪派蔣貢密彭（Jamgon Mipham, 1846-1912）法王，依據諸佛密續而編纂的「妙吉祥占卜法」（西藏密宗占卜法），是以大智文殊師利菩薩為本尊，本占卜法，依六字文殊心咒，各刻於骰子一面，占卜出三十六卦，每卦包含家宅、財富、謀望、人事、仇怨、行人、疾病、魔祟、失物、請託、婚姻與其他十二項目，除可知所占卜的事之吉凶休咎，亦給予改善補強的方法與修行指示。

不論用何種方式抉擇，當回歸佛法根本——緣起性空，雖然決定了就去做，卻不執著，知道這只是因緣條件和合，最終自覺、自決才是真正的核心，否則事事依賴，不免本末倒置，失卻佛法本懷。

依人生需求選擇經典

我們還根據人生不同的需求，來尋找相對應最適合入手的佛經。

因為疾病纏身、愛情或婚姻不如意、貧窮或財富不足、對逝去家人與親人的思念、自覺生不如死而嚮往西方世界、對前世今生和因果關係的好奇、體會到神祕經驗而對神通好奇、想知道宇宙的實相、想求得智慧、只是對佛經好奇等等，各種不同的需求，都可以從佛經中找到探索的入口。

這裡有一個整理出來的表單：

	依需求分類		建議經典
1	因為疾病纏身的痛苦	疾病／健康	藥師琉璃光如來本願功德經（百經編號：6） 藥師琉璃光七佛本願功德經（百經編號：98） 大悲心陀羅尼經（百經編號：26） 坐禪三昧經（百經編號：27）
2	因為愛情或婚姻不如意的苦惱	愛情／姻緣	妙法蓮華經（普門品）（百經編號：8） 大悲心陀羅尼經（百經編號：26） 楞嚴經（百經編號：10） 勝鬘經（百經編號：16）
3	因為財富不足的苦惱	財富	維摩詰所說經（百經編號：5） 藥師琉璃光如來本願功德經（百經編號：6） 地藏菩薩本願經（百經編號：14） 佛說海龍王經（百經編號：43）

4	因為對逝去的家人、親人的思念	死亡	觀無量壽經（百經編號：13） 地藏菩薩本願經（百經編號：14） 大般涅槃經（百經編號：37） 地藏十輪經（百經編號：66） 佛說盂蘭盆經（百經編號：78）
5	因為自覺生不如死，嚮往西方世界	死亡／淨土	佛說阿彌陀經（百經編號：3） 觀無量壽經（百經編號：13） 藥師琉璃光如來本願功德經（百經編號：6） 彌勒菩薩所問本願經（百經編號：20） 阿閦佛國經（百經編號：44） 佛說無量壽經（百經編號：54）
6	因為對前世今生、因果關係的好奇	因果	菩薩瓔珞本業經（百經編號：42） 佛說海龍王經（百經編號：43） 十善業道經（百經編號：65） 優婆塞戒經（百經編號：40） 六度集經（百經編號：69）
7	因為體會到神祕經驗，對神通的好奇	神通／感應	楞嚴經（百經編號：10） 大日經（百經編號：12） 大悲心陀羅尼經（百經編號：26） 禪祕要法經（百經編號：97） 藥師琉璃光七佛本願功德經（百經編號：98）

	依需求分類		建議經典
8	因為想知道宇宙的實相	宇宙實相	金剛經（百經編號：2） 心經（百經編號：1） 雜阿含經（百經編號：7） 妙法蓮華經（百經編號：8） 大方廣佛華嚴經（八十卷）（百經編號：9）
9	因為想求得智慧	智慧	金剛經（百經編號：2） 維摩詰所說經（百經編號：5） 雜阿含經（百經編號：7） 妙法蓮華經（百經編號：8） 楞伽經（百經編號：18）
10	只是對佛經好奇	了解佛經／佛法	般若波羅蜜多心經（百經編號：1） 金剛經（百經編號：2） 妙法蓮華經（百經編號：8） 八大人覺經（百經編號：33） 法句經（百經編號：83）

第四章　如何閱讀佛經

認識一篇佛經的架構

被鳩摩羅什推崇為「東方聖人」，有「彌天釋道安」美譽的東晉高僧道安法師（三一二—三八五），為了讓佛經更容易閱讀、掌握經文層次，將佛經內文加以解構，劃分為序分、正宗分、流通分三大部分，相類於我們現在所謂的目錄、大綱。當時，許多人對他如此科判經文頗為質疑，認為他只是在標新立異，並不採納。

直到後來唐玄奘大師譯出《佛地經論》，與道安法師之見不謀而合，證明法師所為非妄，而三分科經之說始有本有據：

「於此經中總有三分：

一、教起因緣分；

二、聖教所說分；

三、依教奉行分。

總顯已聞及教起時，別顯教主及教起處，教所被機即是教起所因所緣故，名教起因緣分。

正顯聖教所說法門品類差別故，名聖教所說分。

顯彼時眾聞佛聖教歡喜奉行故，名依教奉行分。」

這一模式成為後代規範，在後繼者的詳究下，經文被分析得愈來愈細緻，在三分科經的架構下，有些大經又進一步細分成品、章、節、段等等不一，使經文結構更層次條理分明。茲將三分科經臚列如表：

三分科經		
道安法師	**《佛地經論》**	**說明**
序分	教起因緣分	經文啟始，通常會說明本經宣講的因緣背景，如：此經是佛陀在哪裏，為了什麼因緣、受什麼人所請而宣講等資訊。 一部經文的序，又可依性質分為兩種： **通序**：具共通性，乃通則，故稱為通序。也就是所謂的「六成就」——每部經經文在一開始就必須載明「信、聞、時、主、處、眾」六事（六種資訊），才代表本經真實可信，故又稱「六成就」、「證信序」。又因此是所有經典都必須在一開頭的序就言明的通用規範，所以稱為「通序」。

		當然，有些譯師為了讓佛經更易於傳誦，會視狀況將序分與流通分加以省略，如玄奘法師所譯之《心經》即是。 **別序：**指每部經在序分裡講述的，都是個別不同因緣，所以稱為別序。又稱為「發起序」。
正宗分	聖教所說分	正宗分是一部佛經最主要、重要內容，亦即正文，是講述闡明教義、論證或是修行法門的主要段落。
流通分	依教奉行分	在經末，通常會頌揚信受奉行及流布此經的功德，修行此法門的利益，或者與其他法門進行比較。此時，也可能會記載有哪些護法眾發心護持此經，同時守護受持此經之大眾。由於本部分旨在揚助本經流傳世間，故稱之為流通分。又通常以「大眾聞佛所說，皆大歡喜，信受奉行」作結，故《佛地經論》判為「依教奉行分」。

至明代，淨土宗祖師藕益大師（一五九九—一六五五）言：「念佛法門別無奇特，只是深信、切願、力行為要耳。」因之，淨土宗行人將正宗分又細分為「信、願、行」三部分：

信：即起信，相信依經一心念佛即能投生極樂世界。

願：即發願，願生彌陀淨土。

行：即立行，告訴信眾如何實際修持能生淨土。

六成就

關於六成就，在唐圭峰宗密（七八〇—八四一）述《盂蘭盆經疏》卷下：

「一切經初皆云：如是我聞，一時佛在某處與某眾若干人俱。諸經多具六種成就，文或闕略，義必具之，謂一信、二聞、三時、四主、五處、六眾。六緣不具，教則不興，必須具六，故云成就。」

我們現在就以《金剛經》為例，看看什麼是六成就，經文一開始：

「如是我聞：一時，佛在舍衛國祇樹給孤獨園，與大比丘眾千二百五十人俱。」

經文中「如是」，是信成就；「我聞」，是聞成就；「一時」，是時成就；「佛」，是主成就；「舍衛國祇樹給孤獨園」，是處成就；「與大比丘眾千二百五十人俱」，是眾成就。具此六緣則教興，故名六成就。

六成就

通序	別序
信成就	如是
聞成就	我聞
時成就	一時
主成就	佛
處成就	在舍衛國祇樹給孤獨園
眾成就	與大比丘眾千二百五十人俱

沉浸式讀經：參與經典盛會

我們在讀經時，甚至可以用「情境導引法」來導引我們進入經典中的盛會，沉浸在所描述的場景中，更親切感受到佛陀的說法。

例如，當我們讀到《金剛經》：

如是我聞：一時佛在舍衛國祇樹給孤獨園，與大比丘眾千二百五十人俱。爾時，世尊食時，著衣持缽，入舍衛大城乞食，於其城中次第乞已，還至本處，飯食訖，收衣缽，洗足已，敷座而坐。

時長老須菩提，在大眾中，即從座起，偏袒右肩，右膝著地，合掌恭敬而白佛言：「希有世尊，如來善護念諸菩薩，善付囑諸菩薩。世尊！善男子、善女人，發阿耨多羅三藐三菩提心，應云何住，云何降伏其心？」

佛言：「善哉！善哉！須菩提，如汝所說，如來善護念諸菩薩，善付囑諸菩薩，汝今諦聽，當為汝說，善男子、善女人，發阿耨多羅三藐三菩提心，應如是住、如是降伏其心。」「唯然！世尊，願樂欲聞！」

我們可以想像自身是在場佛弟子之一，如果覺得「在經典中列名的佛弟子，那可都是大阿羅漢，不然就是大菩薩，我怎麼敢當？」若不敢當，那也可以想像自己是祇樹給孤獨園林中，搬東西、整理清潔道場的小小護法，甚至是幫佛陀遮蔭的樹枝，或是眾多樹葉中的一小片樹葉，看佛陀帶著聖弟子從舍衛大城乞食完畢，回到祇樹給孤獨園，大眾安靜的用完餐後，將乞食的缽洗淨，洗淨雙足，在樹下寂靜的盤腿而坐，準備進行飯後修行的討論與開示。

這時我們看見大眾裏有一位長老站起來，他是佛弟子中以解悟空的義理著稱的須菩提尊者。須菩提穿著偏袒右肩的僧衣，以右膝著地，合掌恭敬的請問如來：「稀有世尊！如來善護念諸菩薩，善咐囑諸菩薩，善男子、善女人，發阿耨多羅三藐三菩提心者，應云何住？云何降伏其心？」

我們聽了須菩提的問題，也許會贊同的想：「對呀！一個發菩提心的人，應該如何安住，如何降伏煩惱的心呢？」——這不正是長久以來我心中的疑惑、想問的問題嗎？須菩提代替我們問法呢！於是我們就這麼參與了經典中盛大法會，不管是扮演法會中聽法大眾的一者，或是場中的一片樹葉，佛陀座下的一根小草……是什麼不重要，重要的是我們都在現場、參與了這場盛會，一起在現場聽受佛陀宣說無上妙法。

扮演哪一個角色，和我們修行的深淺沒有關係，不是想像自己是佛菩薩的人修行就比較高，想像自己是小草的人，修行境界就比較低劣，兩者是不相干的，那只是我們參與盛會的因緣，我們都同樣以謙卑虔敬的心融入經中情境，恭聆佛陀開示。不用擔心會因此冒犯了佛菩薩，如來佛性和眾生的佛性無二無別，《法華經》裏有個「窮子喻」，正可以說明此意：

本來我們都是佛的兒子，是法子，就好像本是個王子、貴子，但因從小遺落民間，忘了自己本是王子。有一天，我們的國王父親或長者看到了認出：「啊，這是我失散多年的兒子！」便想把我們帶回宮去，好好補償。可是這個窮孩子，一看見國王或長者來找他就嚇死了，腿都軟了，連聲叫：「你不要抓我啊！」

這怎麼辦呢？他的父親就想一個辦法，應該找個與這孩子現在的境界、生活習慣相同的事來訓練他，於是就讓他先來皇宮做挑糞的工作。雖然只是挑糞的工作，但是在皇宮裏挑糞，看見出入的都是達官顯貴，也會感受到與其他地方不一樣，心裏自然會產生變化。

等挑糞挑得不錯了，就叫他掃地，掃地自然與挑糞所處的環境又更不一般了，過陣子再升級做園丁，園丁做完做管家，管家做完了晉級當個小官，慢慢升到大將軍去打仗立功，回來後當宰相，最後國王才告訴他：「其實你是我的兒子，是王子。」如此循序漸進，慢慢接納、回歸王子身分。

這是佛陀的慈悲，其實我們本來是高貴的王子。眾生原本皆是佛子，心都是法身的光明，我們的佛性跟佛陀的佛性沒有兩樣，只是明鏡蒙塵，忘失本心。

只要不執著於此，認為只有自己有佛性，其他人都是「眾生」，以為自己是佛菩薩的化身，或是以佛經中的智慧來檢視、要求別人所言所行，徒增自己和別人的煩惱。既不妄自菲薄，又不被慢心所障礙，就放心地走進佛經場景，與佛同住、同行、同息吧！就算不敢一下子扮演太尊貴的角色，那麼不妨扮演一個小角色、一朵花、一株可愛小草來莊嚴道場。

這種情境導引、角色扮演，可以幫助我們打破與經典間的那條線，走入經典、與經典中的生活合而為一，不再讀誦完經典闔上了，就彷彿也把心扉關閉了，繼續過著煩煩惱惱的生活。進而幫助我們無論在行為（身）、言語（語）、心念（意）這三者都融入經典，逐漸清淨，開啟如來的無上智慧，圓滿清淨光明的世間。

甚至家中若有小孩，在親子互動的空閒時間，還可以經典作劇本，父母、小孩各自扮演喜愛的角色，一人分飾多角，用有趣的方式讓孩子從小薰習了解經義，這樣輕鬆有意義的智慧家庭劇場，不但可增進家人情感，還可引導全家一起邁入智慧的菩提之路，互為善眷屬，實踐佛化家庭，讓家就是全家人的淨土。不亦善哉！

閱讀經典的三個階段：指月之分的三種般若

一般我們會以為「閱讀」是閱讀一本書籍裏的文字，事實上，文字只是幫助我們閱讀的工具，我們真正要閱讀的，是文字背後的智慧。佛法裏有關這方面的說明，特別深刻。

禪宗說：「依經解義，三世佛怨，離經一字，如同魔說。」這句話是強調閱讀佛經的時候，需要透脫文字的表義，追求內在的真義，裏面有兩個意思。「依經解義，三世佛怨」是說，閱讀佛經，如果只是拘泥於文字，就容易落於考古、訓詁，與佛法要傳達的生命智慧無涉了。「離經一字，如同魔說」則是說，但如果就此誤以為可以不需要對佛經文字的深刻體認，而任憑想像自由發揮，那就更容易誤入歧途。

在佛法中極為有名的「指月之喻」，要我們「以指見月」，而不要「以指代月」，講的也是類似的意思。如《楞伽經》中說：「如愚見指月，觀指不觀月。」就如同有人伸指指出月亮出現的方位，愚笨的人卻專注在看人家的手指，而不順著手指指向去看月亮。手指的目的，只是為了導引我們望向月亮，進而真實親見月亮，手指再美終究非月。佛經的文字就好像手指，真正的智慧則是月亮。如果只是執著在佛經裏的文字，那就是錯把手指以為是月亮了；但如果沒有用手指去指，或許就連看到月亮的機會也沒有了。

不過，有些人對「指」與「月」的區分和掌握，十分直觀，令人驚異。

六祖就是一個最好的例子。六祖本身並不識字，但在《六祖壇經》中有一段他指導無盡藏尼讀經的故事：

「無盡藏，常誦大涅槃經。師暫聽，即知妙義，遂為解說。尼乃執卷問字。師曰：『字即不識，義即請問。』尼曰：『字尚不識，焉能會義？』師曰：『諸佛妙理，非關文字。』尼驚異之。」

無盡藏的疑問，可能也是許多人的疑問：連字都不認識了，怎麼可能體會其中的義理呢？然而六祖卻直截了當的回答：「諸佛妙理，非關文字。」

文字是閱讀的方便，有助於我們解悟實相，但，並不是必然。佛法是生命的智慧，這個世界，就像一本活的書，生命的閱讀，並不一定要透過文字，六祖就是直接閱讀這本活的書。

但除非你有六祖的直觀之力，否則就應該走另一條路：從讀經來了解佛陀的教示，再將從經典中學到的方法與義理，在現實中實踐、印證，最終與佛陀同證實相之理。

這條結合「閱讀」與「實修實證」的路，可以分為三個階段，或者說三種「般若」（相當於「智慧」的意思）。這三種「般若」分別是：「文字般若」、「觀照般若」及「實相般若」。

第一個階段的「文字般若」，就是對經文文字的了解，能貫穿文字的含義。這個階段，就好比我們擁有一張正確的地圖，可以幫助我們到達目的地。

第二個階段的「觀照般若」，這時不僅止於文字了解，更進一步能統攝經文中的觀念，並與生活相應，生活中就依照經典的精神來實踐。這樣日漸深化，最後我們的心念、言語、行動，都不離經中的智慧。這就好比我們依照地圖，實際行動，日漸趨近目的地。

第三個階段是「實相般若」，經過不斷的純熟、實踐，到最後經典中的境界現前，不必再經過意想分別，就是這樣如實的境界。這就好像我們按著地圖走到了目的地一樣。

總之，閱讀經典最終的目的是要悟入佛法的智慧，將佛法的知識內化成生命的智慧，如果只是將佛經當成讀誦的憑仗，那麼縱使讀誦幾千萬遍的經文，佛經還是佛經，生活還是生活，互不相干。

此外，誦經雖有功德，但若執著讀經功德，只在意讀誦次數，匆匆念誦，口到心不到、口誦心不行，那就失卻讀經的本意，本末倒置，猶如好不容易入得寶山，卻只忙著拍照打卡，忘了拾取真實有用之寶藏，又匆匆趕往下個網紅點繼續拍照、打卡、上傳炫耀到此一遊，實屬可惜。

智慧小故事：是讀經還是被經讀了？

在《六祖壇經》裏就記載了一位名為法達僧人，讀經不解經的真實意旨，被經轉的故事：有一個僧人名叫法達，七歲就出家了，日常習誦《法華經》。有一天，法達來參訪六祖，禮拜時卻頭不著地。六祖知道他心中驕慢，於是故意呵斥他：「禮拜頭不著地，不如不要禮拜！你心中定有驕慢之事。你平常學習什麼經論？」

法達回答：「弟子念誦《法華經》已達三千遍。」

六祖告訴他：「你就算讀誦了一萬遍，如果能真正體解經中的要旨，也不會執著『自己已經讀了三千遍』而生起了驕慢的心。你不但辜負了此經的功德，還不知道自己的過錯，反而沾沾自喜、得意如此。」

六祖問他名字，僧人回答：「法達」，六祖嘆了口氣說：「你名為法達，卻何曾達法呢？」

六祖對他說：「如果只是循聲讀誦，就如同無用的空誦一般。」

六祖為法達開示《法華經》的心要之後，又針對他對誦經的執著作了精要的開示。

六祖告訴法達：「如果勞勞執念，將讀經作為功課，執著讀經的功德，那麼和犛牛執著喜愛自己的尾巴有何兩樣呢？」

法達聽了就懺悔自己的過錯，並問：「如果是這樣，那麼了解義理就好了，也不必辛苦的誦經了嗎？」

六祖回答：「經有什麼過錯，誰礙著你念呢？只是迷悟在人，損益由己。如果能口誦心行，就是轉經；如果口誦心不行，即是被經轉。」

於是六祖就告訴他：

「心迷法華轉，心悟轉法華。誦經久不明，與義作讎家。

無念念即正，有念念成邪。有無俱不計，長御白牛車。」

法達聽了言下大悟，自嘆從昔已來，實在是未曾轉法華，而是被法華所轉了。

【延伸閱讀】

📖《六祖大師法寶壇經》(T48, N. 2008)

別稱：全稱《南宗頓教最上大乘摩訶般若波羅蜜經六祖惠能大師於韶州大梵寺施法壇經》、《六祖壇經》、《壇經》。

編者：風旛報恩光孝禪寺住持嗣祖比丘宗寶編。

內容：乃六祖弟子法海集錄六祖得法、傳法度眾生平事蹟，其中彙整編錄許多六祖與弟子、參訪學人的精采對答。

文字般若：讀經第一步——正確掌握經文意涵

了解了上述的道理，就掌握了讀經的根本心要，接著我們可以循序進入讀經的三個階段。

首先，在第一個「文字般若」的階段，我們要能正確了解經文字面上的意義，對經文中的專有名詞、用語要能了解。這時可以準備簡易的佛學辭典查閱，或是有專有名詞註釋的經文版本，都可以幫助我們掌握基本的經文意義。

此外，如果所讀的經字數不多，也可以將經文背熟，加深印象，便於思惟憶持，例如《心經》就是許多人都能琅琅上口的經典之一。但是背不起來的人也不必勉強，經常閱讀、熟誦也能產生很大的影響。

許多人一想到讀經，都會想到恭恭敬敬的跪在佛堂前虔心誦經、作早晚課的情景。其實，「誦經」只是讀經的一種方式，閱讀經典就好像閱讀智慧、勵志的書籍，是認真專注卻又活潑有趣的。

觀照般若：依佛經而行——人生即是一趟修行之旅

之前我們說的是讀經的心要，其實，沒有讀經的時候，正是檢測我們讀經成果的時候。讀經之後，還要進一步讓佛經引導生活，把修持佛經當成人生的修行之旅，我們的人生就在佛經裏修行！如此，我們生命的空間就太廣闊了！例如：我們參加法會，是佛經的修行之旅；我們到的某個寺院，就像到他方國土去旅遊，我們看到寺裏的佛，就為人介紹這佛的因緣故事等等，由於此佛的加持，而得以在此演說此法。

如果我們到美國的親戚家，就好像是到他洲去行法，如果他不了解佛法名詞，把佛法的意境用他聽得懂、能接受的方式說給他聽，不必以佛學用語來講，這就是「示現外道相，而行菩薩道」，這是《華嚴經》的境界，稱作「遍行外道」。

如果在上班的地方，公司就像是講法堂，《阿彌陀經》裏說，在極樂世界淨土連共命鳥的聲音，都是念佛、念法、念僧；所有的聲音，都是持咒的聲音，那麼在公司裏，打電腦的聲音、電話聲、同事說話聲……聲聲入耳聲聲都是念佛、念法、念僧。與朋友會面、LINE 彼此問候：「近來好嗎？」「身心安泰否？」如果對方剛好生病著，正好提醒了我們健康的重要，那麼他真是個菩薩。或者我們也可以用自己歡喜的本尊、經句設定成電腦的螢幕桌布，或是手機桌面，時時提醒我們，依著本尊的願、經句行事、思惟，就這樣在日常細微處自然將生活轉入佛法之中。

如此我們的人生就是一部經典的盛會，經典就是人生，在佛法中生活。

我們的行、住、坐、臥、飲食、沐浴，都是一部活生生的經典。佛經中的修行不必另外定義，而是在生活中發起菩提心，將其清淨化，而不是想像別立於生活之外的修行生活。

如果有時間、因緣具足的時候，到山上閉關、寺院清修當然是很好的修行生活；但如果現在沒有時間、因緣不具足，卻硬要去山上閉關，那就成了違緣，對修行反而造成障礙。

實際上，在人間修行，生活的每一部分都是功德事業，都是跟佛經相契的，「一花一世界、一葉一如來」，我們的眼、耳、鼻、舌、身、意所接觸到的，都是可以入定的經驗，佛經中的每一法句都是發我們深省的，所看到的一切都是佛的法身，我們生活在其中多麼幸福！

當我們尚未進入到這樣的境界時，可以先以一部經作為人生的修行之旅。比如說我今年或是今生都準備生活在《彌陀經》當中，在裏面作一個淨土行人，相信淨土、進入淨土、修行成就淨土，到最後成為阿彌陀佛，入滅時到極樂世界去成佛。這世若沒做完，下一世還要繼續做，生生世世還要繼續努力去完成，直到成就阿彌陀佛為止。

如果想結合各經心要者，可以這三年為《阿彌陀經》的行人，次三年做《金剛經》的行人，然後再會合。此時我們將會發現：各部經典中的果地是共通的，只是修行的時節因緣差異罷了。

如此說來，我們這一生，不必捨棄原來的路，就已走向成佛之道了。佛法不是改變我們這一生的因緣，去另外造一條路，這是很困難的！我們不必如此，只要將過去的因緣累積起來，轉向成佛的大道上去。所謂「出離心」也不是要我們拋家棄子，棄絕所有現世因緣，到偏遠山林與世隔離，心不執取不染著一切即是出離，若心不出離，跑到人煙荒蕪之地也是枉然。以前我們的觀念可能是：「我要走向某一條路，才能到佛的淨土。」現在則應該是「我現今所走的這條路就是菩提大道、就是走向成佛之路，因為我們已經把生活清淨化、把生活佛經化了」。

我們就是生活在佛經之中，佛經就是我們的生活，我們的一生就是一部經，就記錄在一部經之中，只是依各人因緣差別而有所不同。

實相般若：圓滿淨土現前

我們依著佛經修持，修持《金剛經》時，就投入《金剛經》的生活，在這段時間裏就展現《金剛經》的生活，在未成就以前，依止《金剛經》的教法，學習佛的生活。修持《華嚴經》時，依持其中的教法，像善財童子的修證生活，要歸向毘盧遮那佛的境界，修其他經典時也是如此。

到達圓滿佛的果地，在《金剛經》裏就是釋迦牟尼佛，在《華嚴經》裏就是毘盧遮那佛，在《法華經》裏就是久遠實成的釋迦牟尼佛，在《大悲心陀羅尼經》裏就是觀世音菩薩，在《觀普賢行法經》

裏就是普賢菩薩，在《阿彌陀經》裏就是阿彌陀佛。

依經修持，就是要行者投入一部經中，不論大部經或小品經，只要掌握經裏面的見地、修行、果位，全心投入：把生命《金剛經》化、《彌陀經》化、《無量壽經》化、《阿閦佛經》化、《華嚴經》化、《法華經》化，這才是佛陀要教導我們的生活。佛在宣講一部經之前，會先進入一種三昧境界，目的就是要把大家轉入這部經的境界裏面。現在，我們要自覺，要與經典相應。

阿彌陀佛累劫來已在極樂世界準備要度我們了，只是我們一直不肯把接收頻道打開。諸佛淨土就像在空中的各種頻道，如果我們不肯把自身的頻道打開，就永遠接收不到電波：如果我們不肯把身、口、意調向諸佛的三密，就不能與他們的三密相應，這是修行中最奧妙的趣向，在其中沒有我慢，只是投入佛經、依教奉行。

目前我們的確是染污的眾生，「依教奉行」就是要把我們整個生活依著諸佛所行過的軌跡前去。佛經就像我們的眼睛，指引著我們，把我們的生活佛經化，把我們的身、口、意清淨化，佛的身口意就是我們的身口意。不只如此，也把我們所生活的世界及因緣，整個變成淨業，整個淨土化。

佛陀所欣喜的事，不是聽我們每天讀誦佛經給他聽，而是看到我們依著經典所教的方法實踐，證得了與他同樣的境界，就好像《法華經》中所說的：「諸佛以一大事因緣出現於世，開示悟入眾生佛之知見。」

其實每一部經都是要開示悟入眾生佛之知見的，依佛經修持，就是要大家二十四小時對諸佛開放頻道，對佛經開放頻道，影響所及，不只是我們一個人與諸佛之間的關係，而是二十四小時，整個生活，都與諸佛產生相應，並擴及影響周遭有緣生命，走向更幸福圓滿的菩提大道。

真正究竟的閱讀佛經就是投入佛經、依教奉行，不但昇華個人，所有與我們相關聯的人事因緣網絡，都會隨之淨化、圓滿，乃至於我們圓滿成佛時，清淨光明的世界也現前圓滿了！

十種修持佛經的方式

對照閱讀佛經的三個階段，也該知道經中有所謂的「十法行」，就是受持佛經的十種方法。在《勝天王般若波羅蜜經》卷七〈付囑品〉中說：「受持此修多羅有十種法，何等為十？一者書寫、二者供養、三者流傳、四者諦聽、五者自讀、六者憶持、七者廣說、八者口誦、九者思惟、十者修行。」

又，《辯中邊論》卷下〈辯無上乘品〉中也說，修行十法行者，所獲福聚其量無邊。這十種法行分別是：「一書寫、二供養、三施他、四若他誦讀專心諦聽、五自披讀、六受持、七正為他開演文義、八諷誦、九思惟、十修習行。」

十法行　　**出自《辯中邊論》卷下〈辯無上乘品〉**

1	書寫	書寫、流通經典
2	供養	恭敬供養經典
3	施他	指為他人說法，或施贈他人經典，也就是法布施

4	若他誦讀專心諦聽	他人誦讀經典及說法時專心諦聽
5	自披讀	自己披閱、讀誦經典
6	受持	對經典的內容憶持不忘，領受奉行
7	正為他開演文義	為他人開演經典文義，使其生起信解
8	諷誦	諷誦、宣揚經文，令人樂聞
9	思惟	思惟經典文義
10	修習行	指常行佛所說教法而不退失

其中供養、施他、書寫、聽人講經、自披讀，是許多佛教徒都會做的，如佛經供養在佛桌上、拜經，早晚課誦、抄寫經典等等，因為佛經就是佛的法身舍利，所以供養佛經就如同供養佛的法身舍利；而助附印佛經來送人與人結緣、諷誦經典、為人說法更是法布施，是種種布施中最為殊勝的，功德都是至為廣大的。而抄寫、讀誦佛經、拜經，更可以靜心，乃至淨心，是遮止紛飛妄念很好的方法。

從見修行果→即見即修即行即果

讀經、抄經等等是進入佛經、了解法義的第一步，若只是把佛經當作是課誦、抄寫的對象，或是用來施贈與人成為增長福報的途徑，雖然功得也很廣大，但終究經是經、生活是生活，一天之中只有早晚課等時才與佛經有那麼點短暫關係，其他時間仍舊回到人世間的一般紛紛擾擾生活，隨波逐流，如此是無法深入汲取經典智慧為己所用。

因此，若能進一步在思惟、修習、實踐佛經上下工夫，就更能契合佛陀留下教法、先賢將之輯錄成佛典的核心要旨。如智者大師把《法華經》當作修持法門，並將其整理成一套實際的修行方法，我們在這個時代裏要把這種修持法復興起來，這才是深刻地「依教奉行」，把佛經的修持應用到生活的每一部分，就像《六祖壇經》裏面所說的「轉法華」，而不是「被法華所轉」。

這也是本套書出版的究竟心意，藉由一百部佛典的概略導覽，讓大眾能理解佛典是什麼，有哪些內容、不同面向，進而踏出第一步，選擇適合自己的佛典來閱讀、思性理解、乃至以佛經的見地為中心，實踐奉行，讓經典法義滲透到日常處處，內化成智慧生活，即見、即修、即行、即果。

希望所有有心想要改變自己、讓自己更具智慧、更有慈悲心的人，都能投入佛經當中，依見、修、行、果來達到佛經中所完成的最高境界；以果位的行法來實踐佛經裏所描述的生活。如果暫時無法以果地境界在人間中行持，就學習佛經當中的某位求法者的生活，例如《華嚴經》裏善財童子五十三參，我們就可以依止善財童子這樣的生活；將自身當作善財童子，成就了之後，就像文殊菩薩、毘如遮那如來那樣的果地行法。

佛應眾生種種煩惱需求，說八萬四千法門，在漫漫沒有盡頭的生死輪迴苦海中，指出一條條通向光明幸福沒有熱惱之境地，而這八萬四千法門，經由前人的努力，就收錄在一部部佛典中，本書要做的是給大家一些線索，讓大家循著線索快速找到與自己相應的法門，並解說開門的方法與門內風光，讓大家開啟各自的智慧之門，殊途同歸，一同行往無老死亦無老死盡的幸福彼岸。

人間佛教↓佛教人間

現在大家常聽到倡議「人間佛教」或是「人間淨土」，我更希望從此再提升到「佛教人間」、「淨土人間」。

這兩者有何不同呢？「人間佛教」是依人間的方式來展現佛法，把佛法攙入人間來運作，這是很了不起的。但是我們的理想應不止於此，「佛教人間」是要把人間所有現前的一切，都轉成佛法，「淨土人間」是讓這穢土人間直接轉成淨土。

我們的心，就是佛的法曼荼羅；我們的身，就是佛的三昧耶曼荼羅；我們所生活的世間、大環境，就是佛世界的曼陀羅，就是《法華經》、《金剛經》，就是《華嚴經》所顯現的蓮華藏世界；我們的生活就是一個小的曼荼羅或是其中的一品。在家庭裏，父母親扮演著類似佛經裏主尊的角色，孩子們就是善眷屬；在公司裏，總經理就是主尊，旁邊的人就是菩薩；朋友之間也是這樣。

所有的人都是佛菩薩，照這樣運作起來，每個地方都是曼荼羅裏的一會（如金剛九會一般），或是佛經裏的一品，在法會中講法。如此把人間生活的型態提升到佛經的境界，這才是「佛教人間」，徹底實踐了佛化生活。

有些修行人會認為：「我是修佛法的人，除了早晚課之外，其他的時間是在與人間產生交涉，雜務太多。」因而產生真俗二諦的對待。他認為自己在世間是在做雜行。但是現在如果我們把日常生活菩提化，就可以說我們現正在做「空華佛事」。

我們在世間的運作，就是在清淨的國土裏做的如幻善果，是如幻的，是自心如幻的供養，是自心如幻的運作；這樣了知，才不會產生心中的對立。如果心中有真俗二諦的對立，則其如幻行便不圓滿，不能成就諸佛的遊戲王三昧。

當我們自心還不能現觀如幻而無所執著之前，就是所做的還不夠圓滿時，我們應該要在見地上先建立，然後依見、修、行、果去實踐。見地確立之後，在生活上是不是就能圓滿呢？答案是不一定。但是如果見地上不先建立，那麼根本不可能實行。就像一台錄音機會唸「阿彌陀佛」，但它會成佛嗎？不可能。因為錄音機的唱誦沒有清淨的體解，沒有真實的見地。所以無知者不能夠成佛，無論嘴上唸得多麼勤快，都不能圓成佛果。佛的智慧，是「不執著」的智慧，這種「知」，不同於世間的分別了知；因此唯有從「知」開始，才能到達完全的智慧——佛智，如此才能成佛。

讀經常見問題

許多朋友剛開始接觸佛教時，看見眾多的佛教經典，常有茫然無從入手之感，如果又遇到眾多專有名詞，更是滯礙難行，看著佛教的智慧寶山，卻無法受用，非常可惜！有鑒於此，我們整理出一般人讀經時常遇到的疑問，希望幫助大家在尋寶的過程中能去除路障，順利取得智慧的珍寶。

1 讀經時，經文中有很多專有名詞看不懂，是否要讀白話文？

閱讀經典時，還是以閱讀原文為宜。如果有不懂的佛教專有名詞，可以查閱佛學辭典。如果對經義不了解，建議大家可以配合古來高僧大德的講經解說。由於經典的白話翻譯牽涉到對經典的修證及理解程度，因此現代一般的經典白話翻譯僅作為輔助的參考即可，而非作為閱讀的主體。

2 讀經時一定要讀誦嗎？一般人作課誦的意義何在？

讀經並不只限於課誦時讀，也不必得讀誦出聲。佛經隨時都可讀，尤其是現代交通舒適便利，例如在捷運上就是很適合的讀經時間。只要是清淨、適當的地方，虔敬閱讀，都是很好的。

讀經的最終目的是與經義相應，在生命中產生自覺；在讀經的同時，也能遮止我們紛飛的妄念，洗滌身心勞塵，讓心逐漸寂靜，因此，不管是用哪一種方式受持，只要是心思誠敬，都能具足無量的功德，並且讓智慧逐漸明利。

3 為什麼每一部佛經都說讀誦本經的功德最大？

讀經是一種因緣，某些人會與特定的經典相應，也有特定的因緣。這就好像在小巷子裏騎機車比較快，上高速公路就要開車比較適合，而要去美國就要搭飛機才到得了，這是因緣性的問題。

在菩薩的四弘誓願中說：「眾生無邊誓願度，煩惱無盡誓願斷，法門無量誓願學，佛道無上誓願成」，可見無量經典、法門的出現，是相應於眾生有無盡的煩惱，而其最終目的，都是要幫助我們成就無上菩提，因此，在經中會稱揚本經的功德，是為了鼓勵聽聞者對本經產生信心，進而一心專注依止此經而成就。無論是受持哪一部經而成佛，功德、智慧、慈悲都是同等廣大圓滿。

4 讀經時是否一定要整品讀完？

如果可以完整的讀完一品當然是很好，但可能也要看每部經典的章節大小，及個人的時間而定。例如《心經》、《阿彌陀經》等較短的經整品讀完當無問題，但是像《華嚴經》這樣的大經，對忙碌的現代人而言，每次要讀完一品是比較困難的。

二十幾年前，我曾講說過《華嚴經》，在課堂上我提到，一個人如果可以每天讀誦一卷《華嚴經》，也是一種不錯的修法。當時，有個學生聽到我這麼說，就從那天開始，每天讀誦一卷《華嚴經》，不論在家、出差、出國；平日、過節；生病、健康……無一日間斷。當年他約莫三十歲而立之年，如今已逾二十五個年頭，八十卷《華嚴經》讀過一百一十五遍，正在進行第一百一十六遍的閱讀，《華嚴經》成為他一生依止的經典，修行的指導。

因此，每部經的分量大小不一，我們可以視自己的時間，讀到恰當的地方告一段落即可。每日持續的閱讀，閱經時間就是我們與佛菩薩相處時間、接受佛菩薩教導的時間。

5 經文要背起來嗎？

如果是比較短的經，不妨背起來。唐代的玄奘大師到印度求法時，一路上遇見無數危險，他都誠心默誦《心經》而化險為夷。只是，印度人和中國人的文化不太一樣，古代印度人常一背就是數十萬字、百萬字，中國人並沒有這種專長。讀經最重要的目的是能在生活中運用，如果某部經我們讀純熟了，自然背起來，在日常生活中思惟，在歷緣對境時自在運用，這自然是很好的。

6 如果不懂意義，光是讀誦有用嗎？

剛開始讀經時，可能比較無法了解經文的意義，但是讀久了之後，智慧自然會慢慢開啟。而且我們現在會讀某一部經，也是與此經有緣，或許將來此經的修行法門會成為我們修行的主體。

即使是不了解經文意義的老婆婆，只是依於虔誠的仰信課誦經典，也會由於心的專注自然產生定力。「定」是有力的，經典是在解決生命問題的，當我們的心具足定力時，不容易被紛擾萬象拖著走，自然較能看清事物的本質，對經中的智慧也較容易體悟，如此自然與定力、智慧相冥合，輾轉互相增上。而這份虔誠的心念，也會受到經中諸佛菩薩，及發願護持本經的護法們加持護佑，同樣具足無量功德，不可輕忽。

7 專讀一部經比較好還是多部經比較好？

這兩者是可以並行不悖的。我們可以以一部經為主軸，以此經來指導我們的生活、修行，直到圓滿成佛。此外，我們也可以廣讀其他經典，這會幫助我們增進對佛法的體悟和理解，跳脫慣性思惟，成為自身專修法門的輔助因緣。

這就好像我們在山林中旅行，路線有很多條，雖然我們行走的時候只會選擇一條主要路線，但是我們可以先參考完整的地圖和其他路線，互相參照，掌握的資訊愈完整、愈多元，清楚自身所在方位，就不容易迷路，甚至能讓我們的旅程更豐富，幫助我們更快到達目的地。

因此，除了主要依止的經典之外，廣讀其他經典，能幫助我們更清楚掌握佛法的全貌，不但心中更為篤定踏實，也能避免「見樹不見林」的問題。

釐清了以上的問題，讓我們在讀經的根本觀念上先確立，接著就可以進入佛教的經典大海，總覽佛法智慧大觀！

讀經小幫手

拜數位網路發達之賜，現代讀經遇到不懂的專有名詞，透過關鍵字搜尋，往往能得到解答；但網路上的資訊良莠不齊，真偽實謬並陳，須參考多方交互比對、仔細辨明揀擇。在此推薦一蒐整了各佛學字辭典網站的入口網站「一行佛學辭典搜尋」，供讀經者參考。

此網站整合以下佛學辭典而成：

台大獅子吼站阿含經簡註、佛學大辭典（丁福保）、一切經音義（慧琳音義）、續一切經音義、新集藏經音義隨函錄、翻梵語、佛光阿含藏、阿含辭典（莊春江）、佛光大辭典、中華佛教百科全書、南山律學辭典、法相辭典（朱芾煌）、佛學常見詞彙（陳義孝）、國語辭典（教育部）http://www.muni-buddha.com.tw/buddhism/dictionary-google.html

第二部

百部佛經地圖

1 般若波羅蜜多心經
Prajñāpāramitā-hṛdaya-sūtra

簡名

《般若心經》、《心經》。

經名解釋

《般若心經》的「心」字，是指精髓、心臟的意思，在西藏也有所謂「心中心」。就是精妙、精髓，含有祕密的意義，因此《般若心經》也就象徵著整個《大般若經》的心髓。

版本

各種版本說明：《心經》在中國前後譯出多次，現在可讀到的尚有九種。從篇幅上分為廣、略兩系，略本僅有正宗分，而缺序分及流通分，廣本則三分齊全。茲列如下：

一、略本系

（一）後秦．鳩摩羅什譯《摩訶般若波羅蜜咒經》。

（二）唐．玄奘譯《般若波羅蜜多心經》。

（三）唐．義淨譯《佛說般若波羅蜜多心經》。

二、廣本系

（四）唐．法月譯《般若波羅蜜多心經》。

（五）唐．法月重譯《普遍智藏般若波羅蜜多心經》。

（六）唐．般若、利言共譯《般若波羅蜜多心經》。

（七）唐．智慧輪譯《般若波羅蜜多心經》。

（八）唐．法成譯《般若波羅蜜多心經》。

（九）宋．施護譯《佛說聖佛母般若波羅蜜多經》。

現存此經的梵本，即有在尼泊爾發現的大本和日本保存的各種傳寫模刻的小本兩類。一八六四年，比爾始據玄奘譯本譯成英文，一八八四年，馬克斯．穆勒共南條文雄校訂本經大小兩類梵本，一八九四年，穆勒重將本經譯成英文並編入《東方聖書》。

通用版本：本經為唐．玄奘所譯，全文共一卷，收於《大正藏》第八冊（T08,No.251）。

簡介

本經文旨，原出於大部《般若經》內，集合了有關佛陀與舍利子對話的各品，闡明般若行的意義、功德。因為本經即是從其中撮要單行，所以並沒有一般經典常見的開頭及結尾格式。

本經 述佛陀宣說觀自在菩薩實踐甚深的般若波羅蜜多時，觀照生命形成的五蘊（色受想行識）皆是空而不實，因而能度一切煩惱苦厄。此外，《心經》也是一部感應靈驗無比的經典，例如，唐．玄奘法師西行取經的過程中，屢經危難，都是持誦心經而得以平安渡過。本經是般若系統裏面，文字最少的一部經，也幾乎是華人佛教徒人人都會背誦的經典，影響極為深遠。

全經結構

《心經》的經文非常簡短，只有二百六十字。雖然是極短的經文，卻蘊含著般若智慧的深義。本經結構可以從如下分段掌握要領：

一、「觀自在菩薩，行深般若波羅蜜多時，照見五蘊皆空，度一切苦厄。」

本經一開始即點出核心所在「五蘊皆空」的實相，觀自在菩薩當下覺照到色身、感受、思想、心行、意識等五種生命身心現象的存有都是現空的，因此超越度脫了一切的苦厄。

本段是建立於觀自在菩薩所修行的功用，五蘊，就是色、受、想、行、識。「五蘊皆空」，在佛教的原始佛典《雜阿含經》中，即有佛弟子依於五蘊做正思惟而悟道的經文紀錄，甚而成為《雜阿含經》重要的一部分——五陰誦。可見，「五蘊皆空」雖是很簡單的方法，卻能悟道，是佛弟子所重視的。

二、「舍利子！色不異空，空不異色。色即是空，空即是色。受想行識，亦復如是。」

本段闡明「色不異空，空不異色」，是聲聞與緣覺二乘的修證過程。「色不異空」是體悟根本空性的修證過程，「空不異色」是證入二乘果地涅槃智的境界。

「色即是空」，是菩薩修證空性的過程，連「空」也無可執。「空即是色」，是菩薩證入空性，從真空出妙有，證得如幻三昧的境界。

三、「舍利子！是諸法空相，不生不滅，不垢不淨，不增不減。」

本段闡明諸法空相，超越生滅的對待，以「八不中道」，即「不生、不滅、不常、不斷、不一、不異、不來、不去」來呈現實相的相貌。

四、「是故空中無色，無受想行識，無眼耳鼻舌身意，無色聲香味觸法。無眼界，乃至無意識界；無無明，亦無無明盡，乃至無老死，亦無老死盡；無苦集滅道；無智亦無得。」

本段闡明「空」中沒有色、受、想、行、識五蘊；沒有眼、耳、鼻、舌、身、意等六根作用的主體，也沒有色、聲、香、味、觸、法等六塵外境現象的存在；沒有眼界，乃至沒有意識界等現象本質；沒有修道的十二因緣、也沒有四聖諦可得。沒有能知的智慧，也沒有所能得悟的對象。

五、「以無所得故，菩提薩埵。依般若波羅蜜多故，心無罣礙；無罣礙故，無有恐怖，遠離顛倒夢想，究竟涅槃。」

本段描寫菩薩依般若波羅蜜多，而臻至究竟涅槃之境。

六、「三世諸佛，依般若波羅蜜多故，得阿耨多羅三藐三菩提。故知：般若波羅蜜多是大神咒，是大明咒，是無上咒，是無等等咒，能除一切苦，真實不虛。」

本段讚嘆般若智慧的第一超越，是無上咒，是無等等咒。過去、現在、未來的三世諸佛，都是依止般若智慧而得證究竟無上平等圓滿的正等正覺。因而宣說體現般若智慧的咒語，也就是般若波羅蜜多咒，能祛除一切生命的苦厄，真實不虛。

七、「故說般若波羅蜜多咒，即說咒曰：揭諦揭諦，波羅揭諦，波羅僧揭諦，菩提薩婆訶。」

本段為此經之結尾、祝願。觀自在菩薩宣說了般若波羅蜜多咒，這段咒語的意思是：

去吧！去吧！到彼岸去吧！

完全到達彼岸去吧！
覺悟吧！謹願成就！

如何修持心經

修持《心經》時，我們可以依「文字般若」、「觀照般若」到「實相般若」的三個階段來進行：

一、文字般若

剛開始讀心經時，我們必須了知《心經》的文字，要能貫穿文字含義，也可以先將《心經》的文字內容背熟；然後，把《心經》裏的見地清楚的鞏固，以三法印為核心，再依《心經》的特殊緣起、特殊對象而產生特殊見地。辨別清楚之後再將見地消化，變成修持《心經》的正見，不只是記憶，還要清楚明白了知，到最後一點都不懷疑，並且用此正見思惟，運用在日常生活中實踐。

二、觀照般若

觀照般若是把修行的果地（果位，即最圓滿的境界）統攝起來，與生活相應。到最後我們的心意、行為乃至語言文辭一出口，皆不離佛經裏的境界，我們的生活形象，就像在電影一樣，它是如幻的，雖然演得真、演得切，心卻不會被外境所轉動。

如果能真實了悟《心經》，我們的生命就是在轉動《心經》；如果不能體悟《心經》，生命就是被輪迴的眾相所迷惑。所以在生活中，用心觀照《心經》，就參與了《心經》，使我們每天的生活，都如同觀自在菩薩一般，時時照見色、受、想、行、識五蘊皆是緣起性空，這就是《心經》的觀照般若。

三、實相般若

由觀照般若到最後三昧境界現前，就能體悟「實相般若」，此時不只是了悟而已，而是現觀一切皆空、如幻，不必經過意想分別，就是這樣如實的境界。

以上是「文字般若」、「觀照般若」、「實相般若」三個層次。

當我們修學《心經》時，《心經》就像我們的眼睛，指引著我們，將我們的生活《心經》化，把我們的身體、語言、心意清淨化，觀音菩薩的身體、語言、心意，就是我們的身體、語言、心意。不只如此，也把我們所生活的世界及因緣，逐漸淨化，讓世間淨土化。

其實，佛菩薩所欣喜的事情，並不是聽我們每天讀誦佛經給他們聽，而是看到我們證得與他們同樣的境界。每一部經典都是要開示悟入眾生佛的知見，依著《心經》修持，就是讓大家二十四小時都追隨著諸佛菩薩的腳步，親切地在《心經》中生活。

延伸閱讀

《金剛經》：更深入了解般若智慧的完整面貌，相互印證。

《大悲陀羅尼經》：了解觀世音菩薩的廣大功德與加持力。

《觀世音菩薩受記經》：了解觀世音菩薩修行到圓滿成佛的歷程。

2 金剛般若波羅蜜經
Vájra-cchedikā-prajñā-pāramitā-sūtra

簡名

《金剛經》。

經名解釋

金剛，梵語為 Vajra，金剛如同鑽石，其特色是堅硬、明亮、能斷。所以，本經的譯名有《金剛般若波羅蜜經》，也有譯為《能斷般若波羅蜜經》。鳩摩羅什的說法是說：般若是像金剛般堅硬的東西；而玄奘的說法是：般若是能斷金剛的。玄奘、鳩摩羅什兩位史上偉大的翻譯師對此有不同的看法，現今普遍流通則是鳩摩羅什的《金剛般若波羅蜜經》譯本。

《金剛經》像世間最堅硬的金剛一樣，能粉碎一切的不善、一切的迷執，徹徹底底將之粉碎，所以它有無雙的、光明的、金剛般的威力。

因為金剛石在人間器物中，是切割銳利、堅硬，萬物不能加以摧毀的，它是明淨、透明的，所以在佛教中「金剛」被廣泛地運用，有各種象徵意涵。像密教的法器：金剛杵，金剛代表不壞，也代表智慧，所以也稱為金剛智杵，堅固的智慧之杵，傳說金剛杵本來是帝釋天的金剛神或大力金剛所使用的武器，而在密教中則轉化成摧破無明煩惱而成就佛陀智慧。密教後期亦有「金剛乘」之稱，這也是代表著金剛道、無上之道。

有時候金剛是轉輪聖王的七寶之一，金剛極為堅固，任何物質都不能破壞。所以在佛經中，最高的禪定境界亦以金剛命名，稱為金剛喻定。

「般若」是「智慧」的意思，般若是一切諸法實相，不可破、不可壞。所以菩薩安住於般若波羅蜜，即是安住於實相般若當中。

般若是有力的，不是無力的，像金剛一樣，能運作、能荷負、不會毀壞。尤其是它能除去一切迷執、一切罪惡的根源、心的迷惘、心的無明。它能摧碎無明，因為摧碎無明之後，我們不再迷執，就能得到解脫，就能得到真實的快樂，永遠離苦得樂，這就是以金剛來比喻般若的意義。

本經經題有兩版譯本，一是鳩摩羅什所譯的《金剛般若波羅蜜經》；二是唐玄奘大師所譯的《能斷金剛般若波羅蜜經》。前者的意義是宛如金剛一般堅固不壞的般若智慧；後者是連金剛皆可斷的般若智慧。以上兩種說法都代表本經是一部堅固、能破除一切煩惱迷惘、現證般若智慧的經典。

版本

《金剛經》對中國佛教徒來說，是一本耳熟能詳的經典，也是讀誦最多、講說最廣、流行最為普遍的經典，而一般儒釋道流亦多讀誦《金剛經》，尤其在六祖惠能大師之後，這部經典對中國佛教的修行人產生了很深遠的影響。

在禪宗的歷史中，達摩初祖來中土以《楞伽經》來印證學人，教授開示禪者。到了五祖弘忍之後，就轉以《金剛經》來傳授印心，六祖惠能便是因為此經的經文而開悟，成為禪宗很重要的人物，於是乎《金剛經》就成為禪宗傳承中最重要的一本經典。

各種版本說明

此經在中國自古以來有六種譯本：

姚秦三藏法師鳩摩羅什的譯本，也就是我們現在所使用的版本。

北魏菩提流支所譯的譯本，也譯為《金剛般若波羅蜜經》。

陳代真諦的譯本，名稱也是《金剛般若波羅蜜經》。

隋代達摩笈多的譯本，名為《金剛能斷般若波羅蜜經》。

唐代玄奘大師所譯的版本，在《大般若經》卷五百七十七的能斷金剛中，稱為《能斷金剛般若波羅蜜多經》。

唐代義淨所譯的《能斷金剛般若波羅蜜多經》。

雖然有六種不同的譯本，但是在中國，不論讀誦、講說、註釋，向來主要依據鳩摩羅什翻譯的經本。本書的版本，亦是依於鳩摩羅什的版本。

此經與玄奘譯《大般若經》第九會第五七七卷〈能斷金剛分〉同本。

通用版本

本經為姚秦．鳩摩羅什三藏所譯，全文共一卷，收於《大正藏》第八冊（T08,No. 235）。

簡介

在鳩摩羅什所翻譯的《金剛經》中記載：「如是我聞：一時，佛在舍衛國祇樹給孤獨園，與大比丘眾千二百五十人俱。」描寫出佛陀在舍衛國祇樹給孤獨園宣講《金剛經》。

祇樹給孤獨園或稱為祇園精舍、祇園。祇樹是指波斯國王的太子逝多（祇陀太子）的園林，給孤獨是舍衛城的須達長者，此精舍的土地原是逝多太子所有，須達長者想要收購其地來建設精舍獻給佛陀，於是依太子所提的條件，以黃金布滿園中之地，太子感懷其誠心，於是布施園中所有林木，兩人合建精舍，所以名為祇樹給孤獨園。

祇樹給孤獨園位於中印度憍薩羅舍衛城南方，近於拉波提（Rapti）河南岸的塞赫特馬赫特（Sahetmahet）。佛陀曾在祇園精舍度過許多雨季，也曾在此園宣說多數經義法要。

《金剛經》是以講說空性智慧智慧著稱，解空第一的須菩提向佛陀啟問。

整部《金剛經》所敘述的是從發起無上菩提心直至成證無上正覺的過程。所以成證菩提與發起菩提心成為貫穿全經的核心；事實上，也是如來從無上正等正覺的立場，來護念、付囑教授發菩提心的菩薩，來成就如來大覺的佛果。

此外，《金剛經》也是一部真空出妙有，功德外現、福德妙有的經典，教導我們得到真實福德，具有深刻感應，能帶給持誦實踐者莫大的功德利益！

本經是中國佛教史上極為普遍，廣為國人所諷誦與研讀，而且具有許多持誦靈感事蹟的經典。中國唐朝受佛教影響而興起變文，其中《金剛經變文》、《降魔變文》都是以金剛經為主題。敦煌莫高窟中有金剛經變相，簡稱《金剛經變》，將金剛經文的內容畫在石窟牆壁上。莫高窟中的金剛經變相有十七窟，可分為中唐九窟，晚唐八窟。

當我們要深入《金剛經》，依經教而行，最重要的是確實地掌握《金剛經》的核心思想，也就是掌握本經的根本見地，所以當我們要修持、實踐《金剛經》的教義時，必須先明解其根本見地，並且與經義相配合來閱讀。當我們把《金剛經》的見地弄清楚，慢慢地在日常生活中隨手拈來都可以運用，然後漸漸進入《金剛經》所顯現的最圓滿的境界中。

經過讀誦、修持的階段，再慢慢地能夠在日常生活中實踐。我們不僅要深刻了解《金剛經》的深意，更要依《金剛經》的觀念來生活，將《金剛經》應用在生活的每一部分。當我們遇到困難、煩惱無法解決時，會適時憶起《金剛經》是如何處理這個部分，直接將《金剛經》實踐運用在生活中，處理我們生活中的問題，實踐《金剛經》所描述的生活，如此才能徹底實踐《金剛經》的生活。直接將《金剛經》實踐在生活中，將生活的境界昇華，那麼，我們所做所行都是《金剛經》的生活。

透過《金剛經》的修持，我們可以得到般若智慧、見到實相。即使尚未能徹見實相，也不必擔心，因為實相還是一樣；不會因為看不到，而使得我們沒有能力去獲得證悟實相的能力，所以我們證悟實相的能力，從來也是不生不滅，亦是不來不去，也是不增不減的。

全經結構

金剛經的核心在於「二道」、「三般若」與「五菩提」。

金剛經與三般若

《金剛經》以「無相」為其本體，「無相」即是實相，相應於三種般若的說法而言，即是屬於「實相般若」。

《金剛經》以「無住」為其宗旨，「無住」即是般若之體，能出生實相智慧與方便智慧，破除空與有雙邊，直至成證無上菩提，這就是「觀照般若」。

而在經中透過佛陀與須菩提的兩重問答，以降伏菩薩的心、來詮述諸佛菩提與般若智慧的教法，

《金剛經》｜二道五菩提

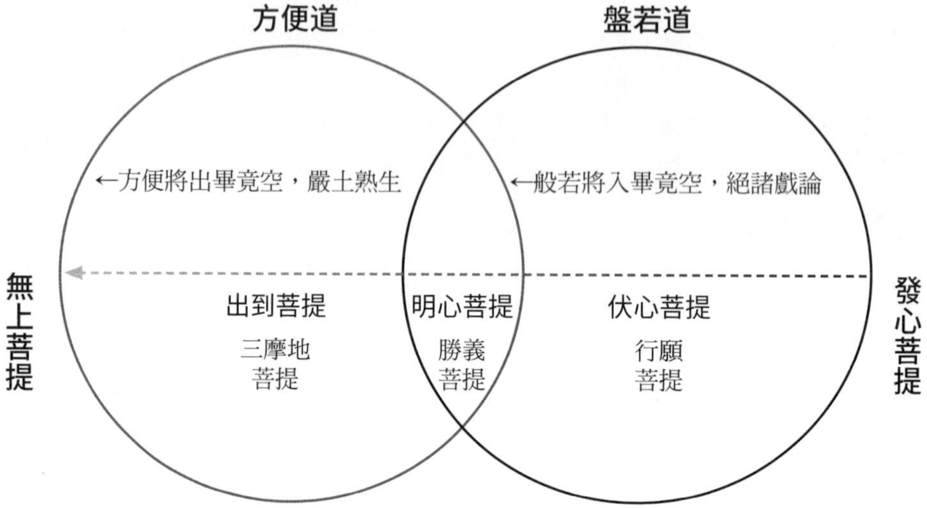

即是「文字般若」。

而般若的現觀即是「無住」，無住能遠離於一切相，而出生一切菩提。般若沒有定相，如《金剛般若疏》卷一中所說：「般若無有定相。隨緣善巧，義無不通。而正般若未曾境與不境、智與不智，乃至因與不因、果與不果。方便隨緣。在因名因、在果名果、在境名境、在智名智。故果、因、境、智必得名悉得。如肇師云：『原夫能境、智、因、果者豈境、智、因、果之所能，良以非境、非智、能境、能智，非因、非果、能因、能果等耳』。」

所以從初發心到究竟正覺，都是一如的實相—無相。而從無住生心，見一切諸相非相行於菩提道，而不住於「有」邊來成就「般若道」，而後再以方便力不住於涅槃，成就「方便道」，直至無上菩提。這也就是《金剛經》中佛陀所宣示的：「佛說般若波羅蜜，則非般若波羅蜜，」與「如來說：第一波羅蜜，非第一波羅蜜，是名第一波羅蜜。」

般若道是我們從初發心開始，到修學般若的一個歷程，最後悟入般若的歷程。方便道是從我們成就般若智慧到圓滿無上大覺的歷程。二者都可以說是般若道，是大般若道。

在修行的過程中，當我們脫掉無明、我執，產生智慧時，卻開始去執著智慧，就產生了智慧的執著，也就是般若執。

因為有般若的執著，所以要以大般若來出般若，這個叫做方便力，所以稱為方便出般若，因此才有兩道的分別。

以「二道」(般若道、方便道)，及「三般若」(文字般若、觀照般若、實相般若)，配合在《大品般若》中的「五菩提」，即構成完整的修道次第。

《大智度論》卷五十三中與《大乘義章》卷十二都總約說明以般若道配合一、發心菩提，二、伏心菩提，三、明心菩提為初發心直至六地。而方便道配四、出道菩提，五、究竟菩提，為七地直至佛地是十分合理的。

金剛經的福德觀

在諸多佛教經典中，《金剛經》是極為殊勝的一部經典。如經中說：「一切諸佛阿耨多羅三藐三菩提法，皆從此經出。」所以受持本經，所得的功德，實在不可思議。而且在本經中，前後就出現了八次校量功德，由此可見，受持《金剛經》的功德真是無比殊勝！且以七寶的財施而言，雖然可解決人們物質生活匱乏的痛苦，但是仍然無法解決根本的問題。再以生命的內施而言：如以生命布施，其功德當然比財施來得更大，但是，同樣的並不能真正解決眾生的根本問題。再從福德與智慧的角度來看：以七寶財物布施，這只屬於修福，受持、為人宣說《金剛經》，則是法施，自利亦利他，這樣的功德亦不是財施或內施的功德可比擬！因此，我們應該受持《金剛經》，並為他人宣說，其福德真是不可計量。

延伸閱讀

《心經》：能與《金剛經》的究竟智慧相互印證。

《阿彌陀經》：了解修行智慧的人，對佛的信心。

《小品般若經》：增長對般若智慧的更完整理解。

3 佛說阿彌陀經
Sukhāvatī(amṛta)-vyūha-sūtra

簡名

《阿彌陀經》。

版本

本經在朝鮮、日本的流傳也相當廣大，因此朝鮮、日本的古德亦對於本經做了許多的註疏。

各種版本說明：《阿彌陀經》在中國弘傳極為盛行，曾經有三次漢文的譯出。一是姚秦弘始四年（四〇二）二月八日鳩摩羅什於長安（逍遙園）譯出，名為《佛說阿彌陀經》。

第二次譯出是在劉宋孝建年中（四五四—四五六）求那跋陀羅於荊州辛寺譯出，名為《小無量壽經》，現在已經失傳。

第三次翻譯是在唐朝永徽元年（六五〇）正月一日玄奘大師在長安大慈恩寺譯出，名為《稱讚淨土佛攝受經》。此外，本經的藏文譯本，則由施戒與智軍共同翻譯（一作慧鎧日帝與智軍共譯）。

本經的梵文本，曾於一八八一年由英國的馬克斯．穆勒與日本南條文雄在倫敦加以刊行。之後於一八九四年將它翻譯為英文，收於由馬克斯．穆勒於一八七五年開始編輯出版的《東方聖書》第四十九卷中。又有南條文雄、荻原雲來、椎尾辨匡、河口慧海等依據梵、漢、藏文譯出數種日文版本。

通用版本：本經為姚秦．鳩摩羅什所譯，全文共一卷，收於《大正藏》第十二冊（T12,No.366）。

簡介

本經為描寫阿彌陀佛淨土功德莊嚴而勸發佛弟子念佛往生彼土的經典，和《無量壽經》、《觀無量壽經》並稱為「淨土三經」。是一部大信、大行的經典，雖然經文不長，但是在中國的影響卻十分深遠，所以認為《阿彌陀經》是與中國最有緣的一部經典也無可厚非。

《阿彌陀經》是釋迦佛在中印度的舍衛國祇樹給孤獨園所宣說的，應是釋迦牟尼佛晚年所說。祇園精舍是佛陀重要的講經地之一。佛陀安止於祇樹給孤獨園的時間很長，大約有二十五年，除了《阿彌陀經》外，佛陀在此亦宣說了很多重要的經典。

本經敘述阿彌陀佛的正報（佛身與果德）及依報（國土世間）二者的莊嚴美好，以及發願欲往生極樂世界者的身、口、意所造作的行為，以及所得的利益等。本經中，釋迦牟尼佛與十方諸佛都同聲稱讚阿彌陀佛的功德，舉出守護往生者及勸發行者修持阿彌陀佛法門的各種重要的真諦。

《阿彌陀經》不只與中國有緣，甚至與中國佛教文化傳播區域內的日本、韓國、西藏等地都相當有緣，影響相當廣大深遠。

全經結構

經典一般都是有特別的請問求法之人，佛陀依此因緣而宣說，然而《阿彌陀經》卻是佛陀無問而自說的經典，這樣甚深殊勝的因緣，是佛陀希望能夠提供一個明確而平易的淨土法門給娑婆世界的眾生。

佛陀不問自說這部經典是有著極深、極深的因緣。因為在這個娑婆世界中，有許多的眾生實在對於這個娑婆世界的染污與困頓，深深感覺到疲累；他們著實需要一個清淨的世界，能夠安和平穩地修學。因此釋迦牟尼佛在十方世界中，尋到了與娑婆世界眾生特別有緣的極樂淨土，廣大悲願的阿彌陀佛開啟了一條甚深方便的大道，讓此土眾生有緣得以到清淨的極樂世界。

當代中國佛教大師太虛在《佛說阿彌陀經講要》中，將本經的結構與宗旨，以體、相、用三個面向來說明：

一、以阿彌陀佛淨土為主體：本經以阿彌陀佛所成就正報佛身果德及依報佛土莊嚴的種種殊勝為主體。

二、以往生淨土修行不退轉為宗旨：依於對阿彌陀佛及極樂世界的欣慕嚮往，而顯示一種趨向目標，也就是以往生西方極樂，證得不退轉的修行階位為宗旨。因為極樂世界的國土環境、教授師資、國土居民的種種殊勝，不同於娑婆世間五濁惡世有著種種的煩惱誘惑，在極樂世界中可以安心修行，直到永斷生死煩惱，證得不退轉的修行果位。

三、以信、願、行為力用：信、願、行三者，可以說是淨土法門的核心。如果沒有信心，就無法和阿彌陀佛淨土相應，也不能信受本經意旨。所以修淨土法門，先從「信心」起。有了信心之後，還要發願，沒有堅決的志願，就不易往生淨土。有了信心、願力，同時還要有行，也就是修行實踐。這行，止惡行善，一心念佛，圓滿往生淨土，圓滿成就阿陀佛。

佛教在初期有所謂東、西兩大淨土，東方淨土是指阿　佛的妙喜國土，西方淨土則是阿彌陀佛的國土。這兩個淨土都是為了此世間的眾生而設立的。從古到今，我們可以看到這世界有著許多的混亂、許多的戰爭，為了讓有這些感受，而嚮往到一個清淨無染的世界專心修持的人，阿彌陀佛為他們開拓了一條通往極樂世界的「易行道」。相對於娑婆世界五濁惡世的菩薩行「難行道」，淨土行則稱之為易行道。往昔所來的諸大菩薩，有的發願出生於淨土，有的發願出生於穢土，不管在淨土或穢土的菩薩，都是令人讚嘆的！

延伸閱讀

《觀無量壽經》：完整理解往生極樂淨土的禪觀修行次第。

《佛說阿彌陀經》：擴大對極樂世界更深刻的理解。
《金剛經》：幫助你得到更深廣的智慧前往極樂淨土。

4 大方廣圓覺修多羅了義經

Mahāvaipulya-pūrṇabodhisūtra-nirūpitārtha-sūtra

簡名

《圓覺經》，又稱為《大方廣圓覺經》、《圓覺修多羅了義經》、《圓覺了義經》，古來多將此經略為《圓覺修多羅了義經》或《圓覺經》。

經名解釋

本經內容主要宣說如來圓覺的妙理和方法，所以稱為「圓覺」。「修多羅」為梵語「Sutra」的音譯，意思是「綖」，也就是線，就如同以線貫花，使其不會散落。這是指佛陀言教能貫穿法義，使其不散失，所以稱之為「修多羅」。在本經流通分中，佛陀為本經立下五個名稱：一、「大方廣圓覺經陀羅尼」；二、「修多羅了義」；三、「祕密王三昧」；四、「如來決定境界」；五、「如來藏自性差別」。

版本

有關《圓覺經》的譯者及翻譯年代，古來認為是唐代武周長壽二年（六九三）由佛陀多羅（覺救）所譯，但由於缺乏明確的史料記載，不易決定是否確實。

依據圭峰宗密所說，本經的翻譯有三種說法：一、引《開元釋教錄》：說為佛陀多羅所翻譯，年月不詳。二、引道詮法師與堅志法師的疏，說為佛陀多羅於長壽二年所翻譯。三、貞觀二十一年，羅曇犍所翻譯。

通用版本：本經為唐．佛陀多羅所譯，全文共一卷，收於《大正藏》第十七冊（T17, No. 842）。

簡介

本經敘述佛陀入於神通大光明藏三昧，回答文殊菩薩、普賢菩薩、普眼菩薩等諸位大菩薩，修行菩薩道的相關問題，並以長行和偈頌形式宣說如來圓覺的妙理和方法。

本經在禪宗的傳承中，是十分重要的一本經典，禪宗與華嚴宗的祖師圭峰宗密就是閱讀此經開悟的。

全經結構

全經分作序、正、流通三分，共十二章，主要內容是佛陀回答文殊菩薩、普賢菩薩、普眼菩薩、金剛藏菩薩、彌勒菩薩、清淨慧菩薩、威德自在菩薩、辯音菩薩、淨諸業障菩薩、普覺菩薩、圓覺菩薩和賢善首菩薩，修行菩薩道的相關問題，並以長行和偈頌形式，宣說如來圓覺的妙理和方法。

以下簡單介紹《圓覺經》各章的內容：

序分述說佛入「神通大光明藏三昧」，於圓滿的不二境界中，現諸淨土，諸大菩薩與其眷屬入於三昧，同住如來的平等法會。

〈文殊章〉演說如來因地法即是圓覺實相，開顯本有圓照清淨覺相，即知自性圓滿，永斷無明，成就佛道。

〈普賢章〉演說菩薩如幻三昧，一切眾生之種種幻化，皆生於如來圓覺妙心，宛如空華，從空而有；空華雖滅空性不壞。而依幻說覺或無覺，尚未離幻。只有知幻即離，不作方便；離幻即覺，無有漸次，即能永離諸幻。

〈普眼章〉演說實際修持的方法次第，以奢摩他如理作觀身心幻相，如是修持，一切清淨，圓覺普照，寂滅不二。由此得證一切眾生，本來成佛。

〈金剛藏章〉佛陀解答無明的生起，一切循迴往復，種種取捨，都是輪迴。輪迴宛如空華，空華滅時，不能說虛空何時會更起空華，因為空本無華。圓覺的本性，宛如在銷金礦，金並非由銷而有，是本來具足，如果成金之後，就不再為礦了。〈彌勒章〉演說一切眾生由於恩愛貪欲而起輪迴，欲脫離生死，免諸輪迴，應先斷貪欲。

〈清淨慧章〉演說圓滿菩提覺性中，本來無取無證，但以眾生迷惑，未能除滅一切幻化，便現起差別。因此而立修證階位：分別為凡夫隨順覺性、菩薩未入地者隨順覺性、菩薩已入地者隨順覺性、如來隨順覺性等。

〈威德自在章〉以眾生三性差別，而有三種修行禪法，即奢摩他、三摩鉢提及禪那。三種法門皆是隨順覺性，十方如來，因而成道。〈辯音章〉依前三種觀門，更細分別而有二十五種清淨定輪的修持。此中三種觀門或單修或配合，總有二十五輪。〈淨諸業障章〉謂一切眾生，無始以來執著我、人、眾生、壽命，認四顛倒為實我，明此為根本我執的妄想執著。〈普覺章〉言末世眾生欲發大心求善知識，當求正知見。所證妙法，當遠離作、止、任、滅四病。

〈圓覺章〉說明修行者安居修持的方法，立長期、中期、下期三種期限，又開示在道場中修持奢摩他、三摩鉢提、禪那之漸次修持方法。

流通分即說明本經的經名及宣說、書寫、修持之功德。

《圓覺經》的內容，分為序分，正宗分與流通分三段。正宗分有十一章，最後的賢善首章後有流通分，如果此章去除流通分加上前述十一章，則共有十二章。三段略列表如下：

- 序分
- 正宗分
  - 文殊章
  - 普賢章
  - 普眼章
  - 金剛藏章
  - 彌勒章
  - 清淨慧章
  - 威德自在章
  - 辯音章
  - 淨諸業障章
  - 普覺章
  - 圓覺章
- 流通分
  - 賢善首章

圓覺—十二章

《圓覺經》的經文雖然只有一卷，但其義理卻相當的豐富，是唐、宋、明以來賢首宗、天台宗、禪宗等各宗盛行講習的經典。

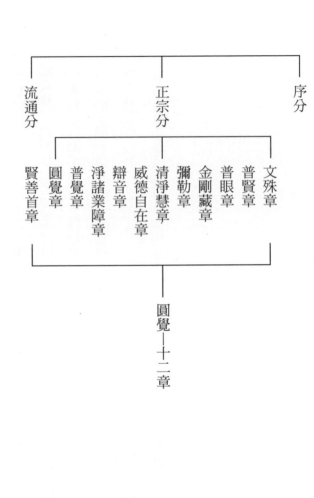

延伸閱讀

《妙法蓮華經》：能夠讓整個《圓覺經》的境界，深刻進入圓滿的佛境。

《首楞嚴三昧經》：以圓覺的了義隨順如來佛性，來證入成就最深刻的首楞嚴三昧。

《維摩詰所說經》：讓圓覺的了義在日常生活中完全實踐。

5 維摩詰所說經
Vimalakīrti-nirdeśa-sūtra

簡名

《維摩詰經》。

經名解釋

「維摩詰」為梵文 Vimalakirti 的音譯，意譯作「淨名」或「無垢稱」，亦即本經的主講者。

版本

本經的梵文原本現已散佚而沒有流傳，但如果對照現存漢譯的三譯本和西藏譯本，不難推想其梵文原本應有數種版本。就如同其他多數的經典一般，現在也已不可能從這些梵文原本的不同版本中，判別它最早的原本到底是什麼時候？由誰所記載？不過本經的價值，並不因此而減損。

各種版本說明：根據一般的記載，本經的漢譯本就有七種之多，但仍然流傳的只有支謙、鳩摩羅什及玄奘的三種譯本。今比對這三種譯本及西藏譯本（昭和三年，河口慧海口語日譯），其體例之配列沒有多大差異。

而本經現存的三種漢譯本中，自古以來以鳩摩羅什的譯本最被廣為讀誦。

僧肇的《注維摩詰經》序中曾敘及本經翻譯的情況：後奏弘始八年（四〇六）「命大將軍常山公、右將軍安城侯與義學沙門千二百人，於長安大寺請羅什法師重譯正本。什以高世之量，冥心真境，既盡環中，又善方言；時手執梵文，口自宣譯，道俗虔虔，一言三復，陶冶精求，務存聖意。其文約而詣，其旨婉而彰，微遠之言於茲顯然矣」。

由此可看出，本經的翻譯是在極為慎重的準備情況下進行。而本經的確也是羅什眾多譯作中最優秀的，自古以來即被推為佛典文學中第一，普受後人的傳誦。所以現今若提及《維摩詰經》，通常指的就是羅什的譯本。

通用版本：本經為姚秦．鳩摩羅什所譯，全文共三卷，收於《大正藏》第十四冊（T14, No.475）。

簡介

本經是大乘佛教的重要經典。在《維摩詰經》裏，故事的開始是維摩詰菩薩生病了，佛陀派遣弟子們去探望，然而弟子們大都領教過維摩詰菩薩的犀利智慧與辯才，自認為不堪前往。最後則由文殊率領大家前去。在問疾時，維摩詰與文殊兩大菩薩藉由問疾，將甚深佛法開顯出來，使大眾生得到無邊法益，這實在是維摩詰菩薩大悲方便自然流露的法音。

維摩詰住在跋闍（Vriji）國的離車（Licchavi）族之首都毘耶離（Vaishali）城，是城中的大富豪。在《佛說大方等頂王經》中，曾提到其兒子名善思；又《佛說月上女經》中，提及他的妻子名無垢，女兒名月上。

依據本經〈方便品〉中所說，維摩詰是在家居士，通達佛理，示有妻子而常修梵行，見貧者即施惠，見亂行者即教導，入酒店而行教化，進入王宮則教示宮人；經常隨處宣揚妙法，所到之處無人不尊敬。本經是以這位在家居士維摩詰為中心人物，藉其所言，而用優婉妙麗的文筆，敘述幽玄深奧的大乘佛教真理，所以稱為《維摩詰所說經》。

另外，本經一名〈不可思議解脫〉，此非因為依據本經〈囑累品〉記載，佛囑示阿難將本經命名為「不可思議解脫法門」所致，而是因為本經內容乃在敘述超越常識、理論立場之不可思議的境界。不僅在本經〈不思議品〉裡，維摩詰對舍利弗講說「不可思議解脫法門」，而且僧肇亦曾說道：「此經始自於淨土，終於法供養，其中所明雖殊，然其不可思議解脫一也，故總以為名焉。」因本經處處敘述甚深不可思議的實相，故以此為名。

正如本經別名〈不可思議解脫〉一般，本經以講述不可思議解脫的境界為主。其中，佛陀以足指按地而現淨土，於方丈空室行法界無盡的大佛事；向須彌燈王佛借高座，向眾香國請求香飯，使一切眾生悉得就座、就食；或言「須彌入芥子」、「以四大海水入一毛孔」等，每一品所陳述的，均是不可思議的法門。進而言之，即啟無盡法門；退而觀之，即窮盡一字不說的奧理。這些在在都凸顯出本經的殊勝之處。

就本經的內容而言，強調「雙邊皆離，直顯中道」的實相。如〈觀眾生品〉中言：「婬、怒、癡性即是解脫。」乃至〈菩薩行品〉中所言：「於出世間求之無厭，而不捨世間法；不壞威儀法，而能隨俗。」均在強調煩惱即菩提、生死即涅槃的妙理。本經中諸如此類的句子，隨處可見。當然，此種傾向亦常出現在一般的大乘經典中，而非僅限本經才有，但像本經如此地強調此點的經典，卻不多見。

若談到本經形式上的特色，首先，其非以攝取包容，而是以彈訶破斥的形式進行陳述；此點在其他各經雖也可見，但均不如本經激烈嚴厲。天台宗的智顗在其著名的五時判教中，一開頭即提到：本經代表方等時，即彈訶時的經典；此確實有理。第二、本經是一部極為優秀的經典作品，其結構首尾一貫，是本經不可遺漏的一項特徵。自文學藝術的觀點來看，佛典中優秀的作品除本經外，尚有《華嚴經》、《法華經》、《譬喻經》等經。但這些作品都是集合一些可以獨立的經典或故事所形成，不像本經於一開始即已完成一整體的架構。此外，《勝鬘經》、《金光明經》等諸經也是自始即為一整體的作品，但這些經典在藝術上的價值，卻遠比不上本經。所以，在眾多經典中，若要求完全具備此兩點者，還是以本經為第一選。

自古以來，佛教界對本經的研究即相當盛行，因此，世人對本經信仰上的持誦、崇拜多極深篤，所以也常常盛傳有關本經神祕靈驗的故事。例如：宋朝孝建年間的沙門普明常持誦《法華經》和《維摩詰經》，據說當其持誦本經時，空中可聞唱樂聲；另外，梁天監末年，釋道琳因讀誦本經的功德而除魔障；隋朝的王青因病而臥居閩海偏僻地，經好友顒法師的勸告，以本經調伏了身心之疾；宋代的吏官齊賢，因信奉本經的功德，航行遇大風而免死，乃鏤刻本經廣布流傳；在日本，齊明天皇二年，中臣鎌足病於宇治山城的別墅，經百濟的尼僧法明之勸告，讀誦本經的〈問疾品〉後，病忽然痊癒。諸如此類的記載不勝枚舉。

此外，本經在文學史上的影響也相當大。如唐代詩人王維，因傾心於本經，乃稱其字為摩詰；自宋至元、明，以本經為題材的詩賦、繪畫特別多。至於〈方便品〉中的聚沫、泡、炎等十種比喻，古來即常被選作詩歌的題材；而文中提及的維摩之方丈空室，唐代以後即被普遍用作僧室或僧侶的代名詞，且為日本的隱遁歌人鴨長明的名作「方丈記」之題名由來。

由於《維摩經》特殊的劇場敘事風格，讓本經不同於其他記述型態的經典，而被廣泛地運用於文學、戲劇方面。《維摩詰經》除了在印度佛教具有重要地位外，也是少數真能融入中國文化本位的一部佛典。它對中國哲學、宗教以至文學、藝術都有莫大影響，不論是僧是俗，不分學派教派，《維摩經》都為人熟知。

全經結構

這一整部經的結構，是以大乘居士維摩詰為啟發執於真諦的聲聞弟子們為引介。維摩詰為了使這些佛弟子悟入無礙大乘，故以善巧方便的示疾，引來佛弟子們，而對其抒申指示深遠的大乘法，依次開展，猶如饒富趣味的戲劇。以下敘述各品概要。

〈佛國品第一〉首先展現菴羅樹園的菩薩海會。一開卷，年輕的長者子寶積和五百名年輕的長者子出現，文中敘述他們以虔敬的態度將各自所擁有的七寶繖蓋供獻於佛陀；於此雄偉場面鋪展出一個相稱於偉大戲曲的序幕。這些青年長者子向佛陀提出各自的問題，祈請佛陀開示；而接受繖蓋的佛陀，合其各自所獻而成一大繖蓋，隨後，佛陀於此大寶蓋中現佛土的清淨相，長者子寶積因而頌偈讚嘆佛德，並請示佛土清淨的原因。佛說示曰：「隨其心淨則佛土淨。」而舍利弗卻深覺奇怪：「為何吾人所見的世界卻如此荊棘坑坎、穢惡充滿？」佛陀隨即引盲者為喻，以解其惑。最後佛陀以足趾按地，現出此世界本來清淨的面貌。

〈方便品第二〉敘述維摩詰居士的德性。居士以善巧方便示疾，對來訪者說示世間無常之不可依。

〈弟子品第三〉佛陀聞維摩詰臥病在床，遣弟子前往慰問。先命智慧第一的舍利弗，但舍利弗因曾受過居士的責難而辭拒；再命目連尊者，其亦以同樣的理由而推辭。如是依次地，迦葉、須菩提等十大弟子也都怯於維摩詰的智慧辯才而辭卻。

〈菩薩品第四〉佛陀更命彌勒、光嚴等菩薩前往，但諸位菩薩亦如十大弟子一般，均以曾被維摩詰呵責而推辭。

〈文殊師利問疾品第五〉最後，終於由文殊菩薩領眾前去探訪維摩詰居士。場景乃隨之轉移到第二方丈會，藉此二位聖哲的問答，而開展出一極為壯觀的場面。因其他諸弟子及菩薩亦跟隨文殊菩薩前往探訪，維摩詰乃以神力將其方丈室挪空，以示招待。首先，維摩詰提出不來不去的問題，隨而輾轉談到生病、煩惱的原因和滅除、對治的方法，並指出菩薩病乃因大慈悲而起，眾生病故菩薩病。

〈不思議品第六〉本品引出了本經的主旨——不可思議實相境界。首先是舍利弗心中疑惑：「方丈空室之中，為何無任何菩薩、聲聞的座位？」維摩詰早已察知其意，乃責斥舍利弗一番，並從真空生妙有，從須彌燈王佛處移來高八萬四千由旬的寶座三萬二千張，毫無困難地將之放入小小的方丈室內。居士更進而談及將須彌大山納入芥子粒中，將四大海水傾入一毛孔中等，以詳述稀有奇妙的不可思議解脫境界，開示大乘妙理。

〈觀眾生品第七〉敘說菩薩觀於眾生如同變現的幻人一般，由此而起慈、悲、喜、捨四無量心。隨後，忽有一天女出現，雨散天華。花至諸菩薩身上，隨即墜地，但卻附著在執著於此華不如法之聲聞行者衣服上。舍利弗欲強行拂去附著於衣服上的天華，天女隨即破其分別的結習為不如法；又暢言一切諸法即是解脫相，大乘妙理無有男女相。

〈佛道品第八〉敘說行於非道而不捨佛道之理，維摩詰的眷屬即是般若、方便等，此外無他。

〈入不二法門品第九〉各菩薩均向維摩敘說絕對不二的境地，文殊亦言：「無言、無說、無示、無識」，文殊以表達出無言說的究竟之地。最後，維摩詰以默然為答，不出一言。此一默如響雷，將不二妙境盡展無遺，帶領全文進入最高潮。

〈香積佛品第十〉維摩詰將請自香積佛之眾香國的香飯分給與會大眾，讓其見及妙香攝化的不可思議。

〈菩薩行品第十一〉場景再回到原來的菴羅樹園，維摩詰、文殊同詣佛所。經文自阿難聞眾香國菩薩的身香而發問開始，乃至佛陀說法，明示一切諸佛法門及盡、無盡無礙的法門與眾多菩薩之因行。

〈見阿閦佛品第十二〉敘述佛陀與維摩詰對佛身的問答，進而明示如來身超越一切的真身。之後，因舍利弗的發問，而現維摩詰的本地，表明其本來自阿閦佛的淨土妙喜國，今垂跡於此地。

〈法供養品第十三〉佛陀對天帝釋列舉受持、讀誦、供養本經的大利益，隨而敘述藥王如來和月蓋王子的本生因緣，用以勸示能深入了解經典即是最大的法供養。

〈囑累品第十四〉敘述佛陀咐囑彌勒菩薩流傳本經，更命阿難須使本經受持流傳，以此結束全部經文。

延伸閱讀

《華嚴經》：把《維摩詰經》中不可思議境界，證入到圓滿的法界。

《悲華經》：詮釋釋迦牟尼佛最深的悲願，與幫助所有人的成佛要典；也是《維摩詰經》的完整實踐。

《須摩提經》：展現一個大居士之女對佛法的真實理解，並與《維摩詰經》相互呼應。

6 藥師琉璃光如來本願功德經

Bhagavān-bhaiṣajyaguru-vaidūryaprabhasya-pūrvapraṇidhāna-viśeṣa-vistara-sūtra

簡名

《藥師如來本願功德經》、《藥師經》。

經名解釋

藥師如來，通稱為藥師琉璃光如來，簡稱藥師佛。藥師琉璃光如來名號的來源，是以其能拔除眾生生死之病，名為藥師；能照破三有之黑闇，故名琉璃光。藥師佛現身為東方琉璃世界的教主，領導著日光遍照與月光遍照二大菩薩等眷屬，化導眾生。

藥師如來的十二大願滿足眾生世間、出世間的各種願求。在出世間上，藥師佛發願在成就菩提時「令一切有情如我無異」、「令遊履菩提正路」等。而在世間上則有「使眾生得無盡所受用物如是乏少」、

「使一切不具者諸根完具」、「除一切眾生眾病，令身心安樂」、「使眾生解脫惡王劫賊等橫難」等願。這些誓願基本上，雖然也在促使眾生早證菩提，但另一方面也著重於為眾生求得現世的安樂。

版本

各種版本說明：《藥師經》的譯本，除了本書所採的唐朝玄奘大師所翻譯的版本外，另外還有四種版本：

（一）東晉．帛尸梨蜜多羅所翻譯的《拔除過罪生死得度經》。

（二）劉宋沙門釋慧簡於秣稜鹿野寺所譯出的版本，名為《藥師琉璃光經》。

（三）隋朝天竺沙門達磨笈多與法行、明則、長順、海馭等人，在洛陽重新翻譯的版本，名為《藥師如來本願經》。

（四）唐．義淨於佛光寺內翻譯的版本，名為《藥師琉璃光七佛本願功德經》。這部經上卷總說東方藥師七佛淨土；下卷則特別明示出藥師琉璃光佛淨土及其本願功德，與玄奘的譯本約略相同。

前後各種譯本，或簡或繁，文辭雜糅，而其中以唐朝玄奘大師的譯本，成為後世所流通的版本。

通用版本：本經為唐．玄奘所譯，全文一共卷，收於《大正藏》第十四冊（T14,No.450）。

簡介

《藥師經》是釋迦牟尼佛在廣嚴城所宣說的經典。廣嚴城是梵語 Vaishali（吠舍釐）的意譯，它位於現今印度甘達克（Gandak）河左岸哈齊普爾（Hajipur）以北八十英里木札伐浦爾（Muzaffarpur）地方的巴莎爾（Basarh）。

根據玄奘在《大唐西域記》記載，有關於吠舍釐城的描述是：這個宮城周圍四五里（約四六〇〇英尺），土地肥沃，花果茂盛，天氣和暢，風俗淳質。

此外，在《大般涅槃經》卷上，記載了佛陀最後回眸觀看廣嚴城的因緣。

有一回，佛陀與諸比丘經過廣嚴城時，佛陀回眸觀看此城，臉上露出了微笑，阿難請問佛陀因何緣由而笑呢？

世尊回答說：「這是我最後一次觀看此城了。」說此話時，虛空中雖然沒有一絲的雲彩，卻開始下起雨來。

世尊告訴阿難說：「這是虛空諸天，聽聞了這是我最後觀看毗耶城（廣嚴城），心中都生起了大懊悔，因而悲慼涕泣。這是天神們的眼淚，並不是下雨啊！」

廣嚴城是佛陀經常遊化的地方，佛陀在此不僅宣說了《藥師經》，《維摩詰經》亦在此城宣說，而且，佛教史上第二次的結集經典，也是在此城舉行。

本經卷首敘述佛在廣嚴城樂音樹下，對曼殊室利敘說藥師如來之十二大願，並說藥師如來之淨土是在過東方十殑伽沙等佛土之淨琉璃世界，其功德莊嚴如西方極樂世界。若墮惡道者，聞此如來名號，則得生人間。又，願生西方極樂世界而心未定者，若聞此如來之名號，則命終時將有八大菩薩乘空而來，示其道徑，使其往生彼國。

全經結構

（一）序分：佛在毗舍離國廣嚴城樂音樹下說法。爾時，文殊菩薩請佛演說諸佛名號及大願功德，令聞者業障消除，以利樂像法諸有情等。

（二）說明本誓利益十二大願章：佛告文殊：「此去東方十殑伽沙佛土，有淨琉璃世界，佛號藥師琉璃光如來。彼佛於行菩薩道時，曾發利樂有情之十二大願。」

（三）果德章：說明藥師佛土莊嚴，與極樂世界平等無差別。東方淨土一向清淨，無有女人、惡趣。有無量菩薩大眾，其中以日光遍照、月光遍照二大菩薩為上首。

（四）佛號功德章：說明聽聞及憶念佛號之種種功德。因聽聞及憶念藥師佛號，能使布施、持戒、精進、忍辱諸波羅蜜速得圓滿。亦能解脫一切魔難、咒術等障礙，恆生善道。

（五）八大菩薩章：說明佛弟子若能長時受持八分齋戒，且想以此善根願生西方極樂世界，但對佛法未能信解決定的人，若聽聞藥師佛的名號，臨命終時，藥師佛將遣文殊師利菩薩、觀世音菩薩、得大勢菩薩、無盡意菩薩、寶檀華菩薩、藥王菩薩、藥上菩薩、彌勒菩薩等八大菩薩，為其指示道路，於極樂世界化生。

（六）轉女成男章：若女人厭己身苦，至心持念藥師佛名號，則能轉女成男。

（七）藥師真言章：演說藥師真言及其種種功德、使用方法。此章只見於義淨所譯的《藥師琉璃光七佛本願功德經》卷下，其他譯本皆無。

（八）文殊章：文殊菩薩誓於像法時，以種種方便，使淨信者得聞藥師佛名號。如果能稱聞藥師佛名號以及受持《藥師經》，則四大天王及其眷屬將同為供養守護，能免除一切橫死及各種惡鬼神侵擾等。

（九）阿難章：佛問阿難：「是否信解藥師佛之功德？」阿難言：「我於如來所說契經，不生疑惑。」

（十）救脫菩薩章：救脫菩薩宣說：「諸眾生為病患所困，死相現前，琰魔法王與俱生神交涉時，若病人親屬能為彼皈依藥師如來，讀誦藥師經，燃七層之燈，懸續命五色神幡，供養藥師佛，經七日、二十一日、三十五日或四十九日，彼神識得還。」救脫菩薩更對阿難說明續命幡燈的造法，及帝王如何解脫治國之七難，而得七福。復次，救脫菩薩再對阿難解說供養藥師佛，可脫離九種橫死。

（十一）十二神將章：會中有十二藥叉大將，各有七千藥叉以為眷屬，一同白佛言：「誓願擁護藥師琉璃光如來法門。若有受持藥師佛名號及恭敬供養、流布藥師經者，將使之解脫一切苦難。」故教以若有疾厄求度脫者，讀誦此經，以五色縷結十二藥叉神將名字，得如願已，然後解結。

延伸閱讀

《藥師七佛經》：更深廣的讓藥師佛教法得到完整的昇華展現。

《阿閦佛經》：阿閦佛與維摩詰菩薩都是東方的佛菩薩，其展現了東方淨土的莊嚴。

《坐禪三昧經》：讓我們透過甚深的禪觀實修，來進入藥師琉璃光佛的淨土與境界。

7 雜阿含經
Saṃyukta-āgama-sūtra

經名解釋

「雜阿含」(或「相應阿含」)梵語為Saṃyuktāgama，與巴利五部中的「相應部」，名義皆相合。《瑜伽師地論》說：「即彼一切事相應教，間廁鳩集，是故說名雜阿笈摩。」在梵文的Saṃyukta，不僅有「事相應」的意思，也有「雜」的意思。本經的集成，乃是隨義類的不同，而分為不同的部類，按此而集成種種相應；因此不僅是相應，又有相次相雜(所謂「間廁鳩集」)的意義，所以譯為《雜阿含經》。

版本

本經的漢譯有數本，其中最完備的為五十卷本《雜阿含經》，為劉宋元嘉年間，求那跋陀羅在楊都祇洹寺所譯出的，由寶雲傳譯，慧觀筆受。譯出時間大約在西元四三五至四四五年之間。

有關本經傳來的說法，《歷代三寶紀》與《大唐內典錄》皆依據道慧的《宋齊錄》指出，《雜阿含經》

的梵本是法顯所攜來的，但在僧佑《出三藏記集》及慧皎《高僧傳》都沒有提及，所以當時其據的梵本，難以論定是法顯還是求那跋陀羅攜來的。

而《雜阿含經》的現存本，其內容與次第，都有錯亂，這是「宋藏本」以來就如此了。如卷二三、卷二五兩卷，實為《阿育王譬喻》的部分異譯，卻被誤編在《雜阿含經》內。考求那跋陀羅所譯經典，有《無憂王（即阿育王）經》一卷，梁．僧祐時已經佚失。大抵本經在梁代以前，已經缺少了兩卷（次第也已經倒亂），或者就以求那跋陀羅所譯的《無憂王經》，編入充數，於是《雜阿含經》保有五〇卷，而《無憂王經》卻被誤傳為佚失了。實際上，《雜阿含經》現存的，只有四八卷，這是內容的缺失不全。

《雜阿含經》的另一譯本，題名《別譯雜阿含經》，共二十卷，失譯者名，一般又稱為《小本雜阿含》。內分二誦，計有三六四經。因為失譯者名，年代亦難斷定。一般說來，《別譯雜阿含經》是古譯，較五十卷本的譯出為早，所以「別譯」一名，可能是後人附加。「別譯」與五十卷本次第相同，文義略有出入，只是五十卷本的一部分。《雜阿含經》所別生的經不在少數，「別譯」則為其中較大者。

通用版本：本經為劉宋．求那跋陀羅所譯，全文共五十卷，收於大正藏第二冊（T2, No.99）

簡介

《阿含經》是原始佛教經典的集錄，漢譯「阿含」為梵名 Āgama 的意譯，是傳承之意，指釋尊以來所傳承的經典，也就是佛滅後，第一結集時，由大迦葉尊者與五百大阿羅漢所集釋尊一生的說法。一般稱為 dharma（法），也稱為 Sūtra（經或修多羅），後來加以整理組織，稱為《阿含經》。

在經典初集成的時候，《阿含經》是比較雜亂無章的，經過逐漸的整理、組織而成為各別的經典，總攝為四部阿含：篇幅較長的經典，總稱為《長阿含經》；不長不短的合稱《中阿含經》；分類集錄的稱為《雜阿含經》；將有關法數的經典，從一法到十一法順序集錄者，稱為《增壹阿含經》；不屬以上各類的，總名稱為《雜藏》。

《雜阿含經》具有極為重要的地位，原因如下：

一、本經為佛教的基本經典：在佛陀涅槃後的一百年左右成立的本經，其說法及對象包涵如來、弟子、比丘、比丘尼、婆羅門、剎利、王者、居士、商賈、奴婢、諸天、天子、魔、梵、帝釋、夜叉等；其法則含攝：五陰（蘊）、六入處、無量界、現世安樂法、後世安樂法、涅槃法、法印、緣起、四諦等，可概括釋尊的一代時教。而釋尊親切之教化，殷勤的教授與教誡猶在目前。在內容上也是漢譯佛典中包容最大遺訓的經典。

二、本經記錄佛陀遊化各地的記錄，解答教內、教外日常生活及一切問題，頗可做為後世佛弟子解決問題之參考。

三、本經為佛法教理經說的母體。本經不僅為教法的根源，其後的部派分化，大乘「中觀」與「瑜伽」的深義，也都可自本經而發現其淵源，是每一位研究佛教教法者必須探究的聖典。

四、本經為經典研究者的基礎。任何研究者都應依止本經的如來說法，及佛弟子為法聽聞、修持所作的努力與精進，這會直接提攜研究者，令其生起珍重的道念。

五、本經為佛教文學的寶庫。本經經文在體裁上，可分為「修多羅」（契經，sūtra）、「祇夜」（應頌，geya），與「記說」（vyākarana）等三種，生動呈現出佛陀在世時的說法，人間佛陀如何掌握問題核心以引導四眾的景況。在在都可感受到其中深刻、莊重而又富興味的文學氣氛。無論在質與量上，都堪稱佛教文學的瑰寶。

當代中國佛教大師呂澂，發現了玄奘大師所譯《瑜伽師地論》的攝事分中，引用了全部《雜阿含經》的本母（本母是論藏的另一種名稱），說明了瑜伽一系的學說根本源於阿含。呂澂居士並訂正了自古漢譯完成後，便已紊亂的《雜阿含經》次序，因此而著成《雜阿含經刊定記》，其中也說明：依《瑜伽師地論》可以知道四部阿含是以本經為根本的。

印順法師即依之而編定《雜阿含經論會編》，成為理解《雜阿含經》的方便，亦因此可見雜阿含原本的編輯次第。據印順法師所計，全經共含一萬三千四百一十二經，次序整然，本末呼應。

全經結構

《雜阿含經》的全部內容，可分為三大類：

一、所說：如來與聖弟子所說之法的內容

二、所為說：如來與聖弟子為誰說法，也就是對法眾的對象

三、能說：指能說法的主體，即如來與聖弟子

以下將《雜阿含經》內所含攝各經，列分為此三大類，並簡述各品大要：

一、所說

（一）陰相應：眾生於五陰上起貪等三害，起我我所見而生苦惱，佛開示五陰無常、苦、空、無我之道，以斷苦得涅槃。

（二）入處相應：處有內、外六入，眾生有眼、耳、鼻、舌、身、意等內六入處，及色、聲、香、味、觸、法等六外入處，內外因緣生觸，緣生有情種種活動；因此，如實觀之，皆無常、苦、空、無我。

（三）因緣相應：一切皆是因緣生起，因緣生起即是緣起，依緣起如實見法生滅。此是本然法爾，非佛造作。

（四）諦相應：緣起之流轉與還滅，各有其因緣及相狀。苦集詮流轉之緣起，滅、道釋還滅之清淨，以此勸勉眾生努力。

（五）界相應：種種界各有其各別之因緣，因之而有種種之差別。

（六）受相應：根、境、識三和合生觸，觸生受，種種受各有種種之因緣。然諸所有受，悉皆是苦，正觀受可知無常、無我。

（七）念處相應：佛所指示一切修持道門不外四念住：身、受、心、法。

（八）正斷（正勤）相應：（佚）

（九）如意足相應：（佚）

（十）根相應：五根為出世之善根，具足五根得成解脫。

（十一）力相應：佛說種種力，得以去煩惱得解脫。

（十二）覺支相應：修七覺支能對治「五蓋」，能得大明。

（十三）聖道分相應：聖道即八聖道，即依循古聖人路跡而走，能入涅槃城。

（十四）安那般那念相應：即入出息念（數息觀），為佛所讚二甘露門之一。

（十五）學相應：學指三學，依「增上戒學」、「增上心學」、「增上慧學」，能證羅漢「無學」。

（十六）不壞淨相應：針對在家信眾而說，念佛、法、僧並持淨戒，而對佛、法、僧之信力則來自於聞思。

二、所為說

（十七）比丘相應：佛為出家弟子所說。僧因成員博雜，人人不同，各有特性，佛分別處之。

（十八）魔相應：魔王及其眷屬常於一切時變化身形來擾佛及弟子，為佛及弟子所識破。

（十九）帝釋相應：帝釋與毘沙門為原始佛法中天界之大護法代表。此處極稱讚帝釋之德，堪為居士之模範。

（二十）剎利相應：為佛陀化導王公貴族之紀錄，主要是化波斯匿王。

（二十一）婆羅門相應：婆羅門為佛當世之特權祭祀，此處記載彼此折衝之情形。

（二十二）梵天相應：梵天為娑婆世界之主，奉法慇懃，對佛極為尊敬。

（二十三）比丘尼相應：此中常見比丘尼修法時常受魔之干擾，種種威脅利誘，咸不得逞。亦可見比丘尼之道心。

（二十四）婆耆舍相應：婆耆舍為佛出家弟子中，最擅於作偈頌的比丘，深具文藝內涵，又利於記誦。

（二十五）諸天相應：此相應示諸天與佛及人間之種種往來。

（二十六）夜叉相應：夜叉也有善、惡之分。善夜叉好佛，可為護法；惡夜叉不敬佛，亦不護法，甚至有礙法之事。

（二十七）林相應：此述林神之事，佛及弟子常在林中禪坐修行，得林神助益甚多。

三、能說

（二十八）舍利弗相應：記載有關舍利弗與人答問之事，其中有關於戒、定、淨信、淨命自活等問題。

（二十九）目揵連相應：目揵連為神足第一，所以常常走動，探詢各人狀況，並明見種種因果報應之事。

（三十）阿那律相應：天眼第一的阿那律，目盲而能見眾生之隨業受生；更重要的是，他相當稱讚四念住法門。

（三十一）大迦旃延相應：大迦旃延善能分別法義，所以經中每見他的長篇答問。

（三十二）阿難相應：多聞第一，故牽涉較廣泛，論及三昧之處不少。

（三十三）質多羅相應：長者為佛在家弟子中智慧第一，善能解法，亦有對比丘說法的記錄，死生天上，佛記其得阿那含果，大約是原始記載中居士的最高修為。

（三十四）羅陀相應：羅陀亦為侍者，常在佛旁。佛為說五陰事甚多，也因此常有人向他請教。

（三十五）見相應：佛陀舉出世間常生之邪見，此皆由不如實見我而起。

（三十六）斷知相應：以觀無常等而斷五陰之連續。

（三十七）天相應：說明天與人間之別等。

（三十八）修證相應：持戒、修道、修禪等。

（三十九）入界陰相應：如實觀察入、界、陰之緣起。

（四十）不壞淨相應：四不壞淨如地，最為根本。

（四十一）大迦葉相應：佛對大迦葉非常有禮，並盛讚頭陀行之可貴。唯大迦葉拒為比丘說法。

（四十二）聚落主相應：聚落主為一地、一村之領主，此記佛遊化各聚落之間，來往問答之情形。

（四十三）馬相應：以調馬比喻修道之教誡。

（四十四）摩訶男相應：示優婆塞之修道方法，以信、戒、聞、施、慧圓滿可自安安他。又勸修佛、法、僧、戒、施、天等六隨法。
（四十五）無始相應：有情生死流轉皆已無數，當努力修持，以求解脫。
（四十六）婆蹉出家相應：佛為好學外道婆蹉說法之事。
（四十七）外道出家相應：佛及弟子為六師外道開示度化外道弟子之事。
（四十八）雜相應：念三寶可除恐怖；知一切無我，可自證解脫；如來悉知眾生世間根之差別等。
（四十九）譬喻相應：佛以種種譬喻說法。
（五十）病相應：有病應觀察、思惟諸法之無常、苦、無我，如是可得解脫。
（五十一）業報相應：分別善、惡法，方可依法而行，佛並舉十善法為教授。

以上是《雜阿含經》內所含諸經，包含了佛陀與聖弟子，在不同的時間、場合，為不同的對象說法的記錄。而在《瑜伽師地論》中，說《雜阿含經》是「一切事相應教」，意指佛陀的教法涵蓋了世間生活與解脫悟道的一切項目，可分為九大類：

（一）有情事：例如本經中的「陰相應」，即是屬此類。
（二）受用事：例如本經中的「六入處相應」，即是屬此類。（六入處相應）
（三）生起事：例如本經中的「因緣相應」，即是屬此類。
（四）安住事：例如本經中的「食相應」，即是屬此類。

（五）染淨事：例如本經中的「四諦相應」，即是屬此類。
（六）差別事：例如本經中的「界相應」，即是屬此類。
（七）說者事：例如本經中的「如來所說相應及弟子所說相應」，即是屬此類。
（八）所說事：例如本經中的「四念住等相應」，即是屬此類。
（九）眾會事：例如本經中的「八眾相應」，即是屬此類。

延伸閱讀

《中阿含經》：是《雜阿含經》相續的一部經典，其更深入於最原初佛教的完整理解與體悟。
《法華經》：能夠從一個素樸、單純的華嚴教法，來成就釋迦牟尼佛最深廣完整的實相教法。
《小品般若經》：從《阿含經》證入甚深般若的體證。

8 妙法蓮華經
Sad-dharma-puṇḍárīka-sūtra

簡名

《法華經》。

傳播經過

本經流布極廣，《法華經》在隋、唐以後，乃至明、清，一直流傳不衰，譯本傳入朝鮮、日本後，流傳也盛。尤其在日本，六世紀就有聖德太子撰寫此經《義疏》。九世紀傳教大師續開台宗，特倡此經。十三世紀日蓮專奉此經與經題立日蓮宗。現代新興的創價學會、立正佼成會和妙智會等教團，都是專奉此經與經題為宗旨的。

在古印度、尼泊爾等地曾長期廣泛地流行。迄今已發現了分布在克什米爾、尼泊爾和中國新疆、西藏等地梵文寫本四十餘種。

各種版本說明：歷代以來所廣泛流傳、講解註疏，都是根據鳩摩羅什的譯本。羅什譯本原是七卷二十七品，且其〈普門品〉中並無重誦偈。但後人將南齊．法獻共達摩摩提所譯的《妙法蓮華經》〈提婆達多品〉第十二和北周．闍那崛多譯的《普門品偈》收入羅什譯本，構成七卷二十八品。其後又將玄奘譯的《藥王菩薩咒》編入，而成了現行流通本的內容。

此經自羅什的漢譯本問世後，隨即於漢地盛傳開來。在《高僧傳》所列舉的講經、誦經者中，以講誦此經的人數最多，於敦煌寫經裏也是此經所占的比重最大，僅南北朝時期，註疏此經的就達七十餘家，陳、隋之際智顗依據此經之說而創天台宗。

通用版本：本經為姚秦．鳩摩羅什所譯，全文共七卷，收於《大正藏》第九冊（T09, No.262）。

簡介

本經中諸品廣泛開演大乘教義。其主要思想是空無相的空性說和《般若》相攝，究竟處的歸宿目標與《涅槃》溝通，指歸淨土、宣揚濟世以及陀羅尼咒密護等，可謂集大乘思想之大成。其突出重點在於會三乘方便，入一乘真實。是中國佛教廣大流行的經典，與《華嚴經》被並稱為「經王」。

大乘佛法興起之後，佛教中有了三乘的思想。以「聲聞」、「緣覺」為「二乘」或「小乘」，以「菩薩」為「大乘」。而《法華經》提出了「開權顯實」、「會三歸一」的思想，來融會三乘為一乘。並以「聲聞」、「緣覺」二乘為方便說，而此「二乘」也終究要成佛，因而開啟了「迴小向大」的門徑。

在中國佛教思想中，我們可從僧傳義解篇中，看出研究之眾多。而「天台宗」更以之為「純圓獨妙」，將《法華經》作為天台宗的根本經典。所以中國民眾普遍將《法華》、《華嚴》二經視為「經王」，可見其傳持之盛了。而古來書寫《法華經》之風氣也極為興盛，最早書寫本經而有文字可稽者為西涼建初七年（四一一）。

本經不只深深的影響中國，而出現了「教、觀雙美」的「天台宗」，更東傳日本，開啟了日本的天台信仰。日蓮更依之創立了最具有日本民族特色的「日蓮宗」，提倡「唱題成佛」，即唱誦「南無妙法蓮華經」即可成佛的新宗派。今日，日本的新興宗派，可說大都脫胎於「日蓮宗」。

《法華經》的流布之廣、研究之眾、註釋之多與信仰之盛興，文化影響之大，實在是令人驚異。

此外，本經中的〈觀世音菩薩普門品〉（梵名：Samantamukhaparivarto nāmāvalokiteśvara-vikurvana-nirdeśa），由於觀音信仰傳入中國，而廣大流行，所以將〈觀世音菩薩普門品〉從《法華經》中分出來，成為便於受持讀誦的單行本。

全經結構

《妙法蓮華經》全經分為二十八品，各品簡介如下：

〈序品〉敘述佛陀在耆闍崛山宣說《無量義經》後，即入於三昧示現瑞相，表示將宣說《法華經》的緣起。

〈方便品〉說明佛陀出世是為了眾生開示悟入佛之知見，並宣說佛法唯有一乘，說二乘、三乘，都只是方便，並非究竟。

〈譬喻品〉敘述舍利弗於佛前受記，佛陀為其宣說火宅與四車的譬喻，進一步說明三乘方便、一乘真實之旨。

〈信解品〉敘述須菩提、摩訶迦葉等聞佛說法，歡喜踴躍，即以長者窮子譬喻，體現領會佛意，深信理解。

〈藥草喻品〉敘述佛陀以「三草二木」來比喻眾生的根機有別，隨其所堪教授而為之說法。

〈授記品〉敘述佛陀為摩訶迦葉等四大聲聞授記。

〈化城喻品〉敘述佛陀說化城喻小法，以示方便，接引眾生入於佛慧。

〈五百弟子受記品〉敘述富樓那、憍陳如等五百阿羅漢皆受當來成佛的記。

〈授學無學人記品〉敘述阿難、羅睺羅等學及無學兩千人皆得受記。

〈法師品〉敘述佛陀告訴藥王菩薩，關於聽聞、隨喜、受持、解說《法華經》的種種功德。

〈見寶塔品〉敘述多寶佛塔從地湧出，多寶如來讚嘆釋迦牟尼佛宣說《法華經》。

〈提婆達多品〉敘述提婆達多蒙佛授記，文殊菩薩宣揚《法華經》，及龍女獻珠成佛的事蹟。

〈勸持品〉敘述藥王、大樂說等菩薩大眾以及已受記的羅漢眾等，發願奉持、廣說《法華經》。佛陀姨母摩訶波闍波提以及王妃耶輸陀羅皆蒙授記。

〈安樂行品〉敘述佛陀告訴文殊菩薩，欲說《法華經》，應當安住四法，即身（離權勢等十事）、口（離說輕慢讚毀等語）、意（離嫉諂等過，修養自心）、誓願（發願令人住是法中，修攝自行）等四種安樂行。

〈從地湧踊出品〉敘述眾多菩薩和眷屬從地踊出，向多寶如來、釋迦如來禮拜。佛陀告訴彌勒菩薩，這些菩薩大眾皆是佛陀於娑婆世界所教化而發心者。

〈如來壽量品〉敘述佛陀應彌勒菩薩請問，說明久遠劫來早已成佛，但是為了教化眾生而示現滅度。

〈分別功德品〉說明當時與會大眾聞法受益，後世受持、讀誦、書寫、講說此經，亦皆獲諸功德。

〈隨喜功德品〉敘述佛陀告訴彌勒隨喜聽受《法華經》的種種功德。

〈法師功德品〉敘述佛陀告訴常精進菩薩關於受持、讀誦等五種法師功德。

〈常不輕菩薩品〉敘述佛陀告訴得大勢菩薩有關常不輕菩薩往昔因緣中，常不輕眾生的行持和受持、解說《法華經》的故事。

〈如來神力品〉敘述佛陀於大眾前示現其神力，佛陀咐囑於如來滅後，應對《法華經》一心受持、讀誦、解說、書寫和如說修行。

〈囑累品〉敘述佛陀以右手摩大眾頂，囑咐受持和廣大宣揚此經。

〈藥王菩薩本事品〉敘述佛陀告訴宿王華菩薩關於藥王菩薩往昔聞法供養日月淨明德佛的本事，並說受持《法華經》〈藥王菩薩本事品〉的功德，以及命終往生安樂。

〈妙音菩薩品〉敘述佛陀告訴華德菩薩關於妙音菩薩過去供養雲雷音王佛的因果和處處現身說此經典的本事。

〈觀世音菩薩普門品〉敘述佛陀為無盡意菩薩解說觀世音菩薩的名號因緣、稱名作用和三十三應普門示現等功德。

〈陀羅尼品〉敘述藥王、勇施菩薩等各自宣說真言擁護受持、講說《法華經》者。

〈妙莊嚴王本事品〉敘述佛陀宣說妙莊嚴王於往昔為其二子所勸發的本生事蹟。

〈普賢菩薩勸發品〉敘述普賢菩薩問佛：如來滅後，云何能得《法華經》？佛陀告訴他：成就為佛護念、植眾德本、入正定聚、發救眾生之心四法，當得《法華經》。普賢菩啟白佛言：「凡持此經者，必得守護。」

延伸閱讀

《無量義經》：是《法華經》的前經，透過此經來了解如何從《無量義經》進入到《法華經》的境界。

《觀普賢菩薩行法經》：法華三經之一，是普賢菩薩教導我們如何實踐《法華經》的境界。

《金剛經》：透過此經如金剛不壞的智慧，深入體證如來的境界。

9 大方廣佛華嚴經
Buddhāvatajsaka-mahāvaipulya-sūtra

簡名

《華嚴經》。

經名解釋

梵名 Buddhavatamsaka-mahavaipulya-sutra，意思是「稱為佛華嚴的大方廣經」。

版本

各種版本說明：《華嚴經》的異譯本，有下列三種：

六十華嚴。凡六十卷。東晉佛馱跋陀羅譯。又稱「舊華嚴」，收於《大正藏》第九冊（T9,

No.278）。總成七處，八會，三十四品。

關於本經之翻譯，《華嚴經》之梵本，原有十萬偈，由東晉支法領從于闐國攜入三萬六千偈，自安帝義熙十四年（四一八）三月，由佛馱跋陀羅譯成六十卷，稱為六十華嚴，此即第一譯。

四十華嚴，四十卷，為唐代般若譯，全稱〈大方廣佛華嚴經入不思議解脫境界普賢行願品〉，略稱〈普賢行願品〉，又稱貞元經。收於《大正藏》第十冊（T10, No. 293）。為新舊兩譯《華嚴經》入法界品之別譯，與傳於尼波羅國（尼泊爾）之九部大乘經中之《華嚴經》為同本。內容記述善財童子歷參五十五善知識（或謂五十三參），而成就普賢之行願。又四十華嚴之敘述，雖與新舊兩《華嚴經》之入法界品大同小異，然其文較廣，於卷四十中新添加普賢十種大願，及「重頌」（以偈頌重複闡釋經法）之普賢廣大願王清淨偈，為本經之特色。

此經的藏文譯本，係由印度勝友、天王菩提和中國西藏智軍共同從梵文譯出，並由遍照護加以複校，成一一五卷。

「六十華嚴」與「八十華嚴」的比較：

《華嚴經》的支分經，幾乎歷朝皆有傳譯，然而完整的《大方廣佛華嚴經》，是東晉佛馱跋陀羅費時三年所譯出，共五十卷；後來又加上校訂，成為六十卷本，即現存的「六十華嚴」。其次，「八十華嚴」則是在唐武后則天時，由實叉難陀所譯，凡八十卷。唐譯本文辭流暢，義理明晰，故廣為傳誦至今。

本經的晉譯六十卷本，是七處八會三十四品，而唐譯八十卷本，是七處九會三十九品。

七處九會三十九品的《華嚴經》綱領，由「文」和「義」兩方面來了解，較易入手。「文」是指能詮的言教，是言辭表現形式，「義」是指所詮的義理，也就是思想內容。首先由「文」來看，可以「華嚴四分」來說：

第一會的十一卷六品中，舉出毘盧遮那佛的圓滿果報，是為了要勸發眾生的樂欲，使其生起信念，因此稱為「舉果勸樂生信分」。從第七的〈如來名號品〉以下到第三十七的〈如來出現品〉，共四十一卷三十一品，說明修行十信、十住、十行、十回向、十地的五位因行等成滿佛果之事，鮮明鉤鎖因果，次第轉進，是為了使人在修因感果的理法上，能生起瞭解的教說，因此稱之為「修因契果生解分」。第八會的〈離世間品〉七卷，是說明託六位的行法，廣修二千行法之事，因此名為「託法進修成行分」。最後的〈入法界品〉二十一卷，是說善財童子依著善知識的教導，修前說之行法，證入法界法門，成就勝德之事，因此稱為「依人入證成德分」。

其次在「義」方面，由其所說的內容大觀本經始終九會的說法，以要言之，不外是說明法界因果之理；若開展此法界之因果的話，則有「五周因果」之說。

首先，第一會之中，初品為敘述本經教起的因緣總序文，第二品以下進入正說，首先開示毘盧遮那佛的果德，其次毘盧遮那品略說其往昔因行，故以之為「所信因果」。從第二會最初的〈如來名號品〉到第七會的〈諸菩薩住處品〉等二十六品，顯示五十位的因行差別；其次的〈佛不思議法品〉以下的三品，說明佛果的三德差別，是為「差別因果」。第七會最後的二品，首先的〈普賢行品〉，說明普賢的圓因，其後之〈如來出現品〉，說明毘盧遮那佛的圓滿之果，融合前面的差別因果之相，明示因必攝果、果必該因，因果交徹不二，因此是為「平等因果」。又第八會的〈離世間品〉，初說二千行法，解釋因明，次表示八相作佛的大用，證果相，是為「成行因果」。最後的〈入法界品〉，初於本會說明佛的自在大用，顯示證入之果；後述善財童子參訪善知識，修因行，終於證入法界妙門之事，是為「證入因果」。總括來看，可明白本經的內容為五周的因果。

將「五周因果」與前段的「華嚴四分」配合，四分要言之，是為信、解、行、證；「所信因果」為信，「差別因果」和「平等因果」為解，「成行因果」為行，「證入因果」為證。由此可知，「文」與「義」在此是完全一致的，所以本經的綱領，可以「信、解、行、證」來總括。

晉譯的六十卷本，是由八會三十四品構成，所減略的一會五品，是指晉譯中，以〈十地品〉以下的十一品為第六會，而唐譯本〈十地品〉獨立一會，以〈十定品〉以下的十一品為第七會，是故減了一會。品數的話，第一會之中，唐譯的〈如來現相品〉以下五品，晉譯本簡略地總攝於〈盧舍那佛品〉，由是減了四品；再加上唐譯的〈十定品〉，晉譯本缺，故正好少了五品，成為三十四品。

另外有《大方廣佛華嚴經》四十卷，唐般若所譯，簡稱為「四十華嚴」。這部經，雖題《大方廣佛華嚴經》的通稱，而內題〈入不思議解脫境界普賢行願品〉，實只是唐譯本的〈入法界品〉第三十九的異譯。此譯本譯出的時代較遲，多增加了不少內容，其中最重要的是第四十卷，一般稱為〈普賢行願品〉而別行，通常也是作為《華嚴經》流通分的那一卷。

通用版本：本經為唐．實叉難陀所譯，全文共八十卷，收於《大正藏》第十冊（T10, No.279）。

簡介

本經在大乘佛教中有著極為重要的地位。在中國漢譯的佛教經典當中，《華嚴經》在大乘佛教中，更具有無比崇高的地位，向來與《般若》、《寶積》、《大集》、《涅槃》等經合稱為「五大部」，更與《法華經》並稱為「經王」。

據過去的說法，《華嚴經》是毘盧遮那如來於菩提場始成正覺時所宣說的。世親菩薩所見的《十地經》與尸羅達摩譯的《十地經》則以為「成道未久第二七日」，此說法為後代大眾所使用。此時佛陀所說之法，是針對文殊、普賢等大機菩薩演說其內證法門。根據此說，《華嚴經》於是被傳述為佛陀的最初說法。

全經結構

華嚴經各品的大意

第一會的六品中，第一〈世主妙嚴品〉，是本經九會的總序，揭示佛於菩提樹下成正覺，以毘盧遮那法身現妙德，為本經洪源。接著敘說正覺世間、器世間、眾生世間的所謂三種世間之廣大無邊莊嚴，及同生、異生的集會大眾，皆有如來之德分，圓滿無礙，各具聞法之德，並讚嘆佛陀的情形。其中說法的道場、能說的教主及會座的聽眾為三圓滿，在興起大法的準備上是完全具足的。

第二〈如來現相品〉，則進入正說，列舉集會大眾的請問，如來將回答之前，先現瑞相，於齒間放光明，現出無邊國土和無量諸菩薩，而後眉間光明普照，震動諸國土，顯示說法之主警覺群機，令大眾聚神。接著又於佛前現蓮華，表示華嚴淨土；再來從白毫相中生出無數菩薩眾，表示教之本源自佛而出，以之結束現瑞。

進入第三〈普賢三昧品〉，敘述身為如來之長子，為本經說主代表的普賢菩薩為佛光所照，推知諸位菩薩的心意，欲說難思之妙法，先入三昧，內觀事理，外鑒群機，說法的用意全由定出。此第二、第三兩品之中，說明說法的儀式，其次的三品中說法界安立的無邊之用。

第四〈世界成就品〉中，敘述如來的依報，總明諸佛剎土的源由。第五〈華藏世界品〉演說教主毘盧遮那佛，嚴淨無盡法界的華藏世界。第六〈毘盧遮那品〉如前所述佛國土的殊勝必有其所因。在此，就毘盧遮那佛的因行，敘述大威光太子的本生之事，舉人以表其法。整體而言，第一會是敘述信的對象——佛，及其國土的殊勝和妙德的因行，如前所述，是為所信的因果，所以名為「舉果勸樂生信分」。

因第一會將所信毘盧遮那佛之果德表現出來，第二會則顯示了能信的行，也就是十信會。其中共有六品，前三品說明佛的勝妙三業，明白開示信仰之所依。尤其是前會中以解明果德為主，藉依報的國土說明果德，因此其中就正報的佛身彰顯其德。首先，〈如來名號品〉初述本會序說，其次進入正說，舉出十方世界佛陀的名號，說明佛身的業用是應萬機而示現種種妙相，顯示應化自在。名號就是完全表現佛德，因此依名號可顯示佛之身業。其次的〈四聖諦品〉說明教法因眾生種種樂欲而有不同，故列舉盡十方法界之一切世界的四諦名稱，顯示佛的語業不可思議。進入〈光明覺品〉，敘述佛自足下放光明，所照差別之事；文殊的智光普照平等之理，身智二光合一，以使人了悟理事圓融之理。蓋意業為不可思議之自在，因此以光明來表示。

以上三品是解明信所依的果德，其次的三品則揭示正確的能信之行。信之中又分解、行和德。第十〈菩薩問明品〉以緣起甚深為始，開示十種甚深之理，使人生起殊勝之信。接著〈淨行品〉為指明依據正解的正行，說明行者必須隨日常生活之起居動靜，一切見聞皆發大願，使其所行清淨。之後〈普賢品〉中，說明行如果虛而不施，則德未必能顯；圓滿的解和行，則能成就普賢廣大之德。此品以偈頌讚嘆合之功德，又舉出無方之大用，說十種三昧，藉巧妙的譬諭闡明玄旨；末尾校量法之深淺與信解之難易，揭示顯實證成，以結束第二會之說法。

第三會則進入菩薩修行階位，說十住之行法。此會也分六品，先說佛不離菩提樹下，昇上須彌山頂的帝釋天，彰示應現無礙之大用，而帝釋以頌讚請佛；此為最初的〈昇須彌山頂品〉。接著，十方諸佛的來集，讚嘆其德，為〈須彌頂上偈讚品〉。以上二品是本會的序說，其次進入正說。〈十住品〉敘述法慧菩薩蒙諸佛加被之力，入無量方便三昧，由定而出，說十住法門。其次的〈梵行品〉是以十住之位相為主，說明行。此品皆是在揭示清淨之行，說明依真智修如來十力，觀行相應，悲智雙流，並明初發心時便成正覺之旨。接著〈初發心功德品〉中說，既然具足行位，勝德自然會顯現，十住位之功德是一位比一位更為勝妙；尤其特為讚嘆初住發心之功德廣大無邊，容攝普賢之萬德，因果具足的話，其德與法界相等。而其次的〈明法品〉，廣泛地說明行法和體和所成之德，揭示十種清淨法，明示圓滿當位的自分行，仕趣後位。

第四會有四品，說十行之法。最開始的〈昇夜摩天宮品〉，敘述佛陀未離菩提樹下，上昇須彌山頂，赴夜摩天宮，夜摩天王迎接佛、禮讚佛的事情。其次的〈夜摩宮中偈讚品〉，敘述十方諸菩薩來集，以偈讚嘆。以上二品是本會之序說，以下進入正說。〈十行品〉謂功德林菩薩入定，承諸佛加被之力，說十行之法。接著，〈十無盡藏品〉呈示當位的勝進之德，說明十藏無盡之行相，依此說當進趣後位等。

第五會有三品，說十回向。〈昇兜率天宮品〉和〈兜率宮中偈讚品〉與前會同，是本會序說，其次的〈十回向品〉是本會正說。金剛幢菩薩由智光三昧起而說十種回向時，向三處各回向，也就是以大悲下則普覆眾生，向眾生回向；上則求菩提，向菩提回向；入理雙寂之故，回向真如實際，以無邊行海，成就普賢法界之功德。在此會中，所以未說勝行進，是因總攝前之解行，成為進入下會十地的方便；因此大願回向的當體，即成就了本會的勝進之德。

第六會只有〈十地品〉一品，十地的行法是形成菩薩之修行中心。前三會的修行稱為三賢位，其觀行是相似比觀的，而一進入此位，即開始顯示入證成果之義，配以十波羅蜜，明示十地之行。由原來的一位一切位、一行一切行的普賢圓融之修行開始，配合以十度的順序，表示進展之相；當然，實際上是諸地各具十度之行，互為圓融的。

第七會是〈十定品〉以下的十一品。前六品是依前述十地的位行，說明因位之德行成滿，而將之配於等覺之位。也就是把十地成滿，將成正覺的十地之勝進之德，名為等覺。最初的〈十定品〉說明智之根本為「定」，說十種大三昧，窮究法之源底。其次的〈十通品〉則依定之不可思議作用，說十種神通。〈十忍品〉則明示十通所依的智體。〈阿僧祇品〉揭示佛自身說法之名、數量之不可思議的事情，因為這些數字是超越算數，難以校量的。其次的〈如來壽量品〉，特別就佛德說如來的壽命是念、劫相融，隨緣長短自在的。接著，〈諸菩薩住處品〉中依處表示化用之無方，說明應機之大用是遍於法界，隨緣所住無邊際的。

以上六品為等覺之法門，說差別之妙因；其次的三品，說明其因所報之修生的滿果。〈佛不思議法品〉總說果德體用之不可思議。〈如來十身相海品〉辨明佛身相之普周，揭舉九十七種大丈夫相。在〈如來隨好光明功德品〉中敘述勝德之妙用，一一相好之中有許多光明，一一光明周遍法界，能除地獄之苦，使生天上，終於證得十地，明示其功德之無盡宏大。

到此為止，如前所述，是說明修身差別之因果。接下來的二品，是說平等之因果，配以妙覺之位。也就是說，〈普賢行品〉融會了由第二會始，到〈諸菩薩住處品〉為止的差別之因，明示歸入普賢之圓因的平等之因，將普賢之行綜括於十門，一一之門又各開十門，成為百門，辨無盡之圓因，開示「一障一切障，一斷一切斷」的一乘圓教之深遠意旨。其次的〈如來出現品〉，為〈佛不思議法品〉以下的三品，融會差別之果，歸於毘盧遮那佛平等之滿果，並廣舉十門之性起出現，又各分十門，成為百門，以巧妙的譬喻，說明十身如來性起圓滿之大用。此品於晉譯名為〈寶王如來性起品〉，為華嚴教學上特別重要的一品。

第八會是〈離世間品〉。前述的諸會配合菩薩修行階位之六位，由淺入深階次不亂地說明菩薩位行，如此結束「次第行布門」之說。此品為揭示前〈如來出現品〉中的果上現起的法門，捨階次之位名，說明於一位攝一切位的圓融之行的順序，初由普慧菩薩發起二百句之問，普賢菩薩答覆時每問各開十門，共成二千行法。但此行是普賢圓融之行，因此二千並未能盡，一行廣通六位，一位攝二千，並且不壞前後之相，故於初心的一念中，能呈現頓覺、頓修之一乘圓教的究極之行。因此，此會可視為「五周因果」之中的「成行因果」。

第九會是〈入法界品〉，此品極長，占本經全部的四分之一，幾乎已具備足以成為獨立經典的體裁，故此品與第六會的〈十地品〉，同為別行的重要聖典。又從中國的譯經史來看，此品數度被單獨傳譯，尤其以「四十華嚴」最為完整；由此可知極早以前，在印度就以單行聖典的樣態流布了。如果把它當成《華嚴經》的部分來看的話，則是把前面廣大的修行歷程濃縮為善財童子的實修實證，可說是《華嚴經》全體的縮圖、戲劇化。這是此品稱為「證入因果」，或名為「依人入證成德分」的理由。又開展此品、分解教相的話，也可說它是形成前八會的經說。此品初於本會，以如來為教主，對會中菩薩明頓證法界之事；於末會，以菩薩為主，指明漸入法界之義，其中，善財童子依文殊菩薩的教導，一念發起，順次歷訪五十三位善知識，實修菩薩之行法，最後受普賢菩薩的教法，證入法界。

延伸閱讀

《法華經》：跟《華嚴經》並稱為經王，透過此經能夠更增廣對《華嚴經》的體悟。

《首楞嚴三昧經》：透過此經能夠任入華嚴法界海，從首楞嚴三昧印證海印三昧的境界。

《大寶積經》：一部完整積集各種經的經典，透過此經能夠看到華嚴法界在各種面向的完全展示。

10 大佛頂如來密因修證了義諸菩薩萬行首楞嚴經

Śuraṅgama-sūtra

簡名

《楞嚴經》、《大佛頂經》。

經名解釋

「大佛頂」意即證入最究竟的如來境界，「如來密因」則特別顯示出本經是直接契入大佛頂的如來密因，直接要契入大佛頂之殊勝見地，從「因」上的究竟，能夠迅速成證在「道」上究竟，乃至到大佛頂之「果」究竟。「大佛頂如來密因修證了義諸菩薩萬行」，這是代表《首楞嚴經》的道究竟。「首楞嚴」是堅固不壞的意思，代表本經從因、道乃至果三者，都是究竟堅固不壞的。此經可說是徹底闡揚了首楞嚴三昧的因、道、果，尤其是側重在「因」之解悟；由解而悟，而了悟之後，並不是只安住在解悟上面。不管是由解而悟，或者由行而入，或者由證而往，三者到最後，都是達到大佛頂修證的境界。

版本

各種版本說明：本經在西藏亦有譯本，約於清高宗乾隆十七年至二十年間譯出，是由漢譯本轉譯成藏文的。近代中外學者，有些人主張這部經是偽經，這恐怕是就學術上的意義而言。實際上，這部經對修行人影響深遠，而在宗教的修證上，本經若能合乎法義，學術上的認定，並沒有什麼影響。關於真偽認定的問題，曾經引起很多論戰，尤其是日本學者對本經的探討更多，但仍未有定論。

通用版本：本經為唐．般剌蜜帝所譯，全文共十卷，收於《大正藏》第十九冊（T19,No.094）。

簡介

於時，世尊頂放百寶無畏光明，光中出生千葉寶蓮，有佛化身結跏趺坐，宣說神咒，敕文殊師利將咒往護，惡咒銷滅，提獎阿難及摩登伽歸來佛所。

本經一開始，就將大家帶入戲劇場景，就好像佛與魔的鬥法。

本經的起說因緣，是由阿難遭到摩登伽女幻術所拘，將毀戒體，佛陀遣文殊師利，令持神咒救護開始。經文云：

爾時，阿難因乞食次經歷婬室，遭大幻術摩登伽女，以娑毘迦羅先梵天咒攝入婬席，婬躬撫摩將毀戒體。」

這是摩登伽女用婆羅門的梵天神咒，將阿難攝入，使阿難意亂情迷。接著，佛陀為阿難開示「根塵同源」、「縛脫無二」的法理，並解說菩薩萬行、三摩提法的階次關係。尤其開演「七處徵心」、「八還辨見」，對宇宙的生成，菩薩的修行法要，以及五十種陰魔的解說，更有其殊勝之處。一般耳熟能詳的觀世音菩薩的耳根圓通法門、大勢至菩薩的香光莊嚴，都是出自此經。其依菩提心攝心，以待得真淨妙心，與後代禪家的體解——悟入真常妙心，有深契之處。

這裡說明一個修行人在修行過程中，都有可能像阿難一樣，會受到很多外在力量的左右。梵天在婆羅門教，是代表宇宙的創造者——宇宙中任何的力量；因此廣義而言，使我們在修道的過程中產生障礙的咒語，都可以視之為娑毘迦羅先梵天咒。這樣的情形，在歷史上不斷發生，修行人在未證得無學阿羅漢、未成就佛果之前，都有可能受到先梵天咒的控制。

所以任何世間的煩惱、魔擾，我們都可以視之為先梵天咒；而經典中的阿難，其實就是我們這些煩惱眾生的象徵。我們在研讀《楞嚴經》時，必須有以上的了知，才能融入本經。

《楞嚴經》在中國歷史上，從宋、元之後的佛教經典中，是相當的重要，尤其是在禪宗方面，可說是最流行的一部經典。《楞嚴經》在佛教經典的分類上，被劃歸為屬於密教方面的經典，事實上本經所談論的修證境界，與後代禪宗所要達到的境界，是相當契合的；尤其是後代禪祖師們，受到它的啟發很大，因此本經就在中國廣大地流行起來。

《楞嚴經》除了本部之外，另有一部與其關係相當密切的《首楞嚴三昧經》。《首楞嚴三昧經》裡面談論的所有境界，和《楞嚴經》所講的相類似。《楞嚴經》的修證之果地，就是首楞嚴三昧之成就；特別不同的是，《楞嚴經》著重於闡明《楞嚴經》的正見，經中有二十五位大阿羅漢、菩薩們宣說其修行的經驗，這就是著名的二十五圓通。從這樣的立場而言，《楞嚴經》可說是從因地上來談論首楞嚴三昧的修證。

在佛教史上，從唐朝以來為《首楞嚴經》所做的註疏很多，不下六十餘家。近代有太虛、諦閑、圓瑛、倓虛、守培等法師，皆有關於《楞嚴經》的著述傳世。而在中國寺院早課一定要誦楞嚴咒，並視之為咒中之王，可知此經受中國佛教的崇敬之深。古德有言：「開悟楞嚴，成佛法華」，更將《楞嚴經》與《法華經》並舉，成為中國佛門傳誦的佳話。

本經在傳統上，一直被視為密教的經典。因為在密教中有所謂的六大（即地、水、火、風、空、識）緣起，而在《楞嚴經》特別講七大，除了上述的六大之外，特別安立見大（見，即正見）；這與六大之說，若合符節。而近代藏密傳來中國，有些人把藏密中的咒語與楞嚴咒相比對，認為楞嚴咒就是大白傘蓋咒。又本經別名《中印度那蘭陀大道場經於灌頂部錄出別行》，可見其與密教之關係。

如果依密教所謂的五部說法而言：中央是佛部（灌頂部），東方金剛部，西方蓮華部，南方寶生部，北方羯磨部；則依本經之別名可知，是屬於中央佛部（灌頂部）的經典。然而本經是以觀音菩薩為主要的法主，最後二十五圓通法門之會歸，是以觀音的耳根圓通為第一；但是觀音屬於蓮華部，而灌頂部的部主應是毘盧遮那如來，此二者如何會通呢？所以，關於《楞嚴經》屬五部中之何部，仍有爭議。對此，太虛大師主張：「本經為屬於真言宗金剛界，由蓮華部觀世音因門證入灌頂部毘盧遮那果海者。」以此說法，來解決觀音是本經法主的問題。

雖然本經是屬於密教的經典，但個人認為本經最殊勝的地方，並不是在儀軌、次第上面，而是著重於正見；所以本經對禪宗的影響深遠，遠超過對密教的影響。

全經結構

此經共分十卷，內容如下：

第一卷：阿難乞食，遭到摩登伽女幻術所拘，將毀戒體，佛遣文殊師利，令持神咒救護。阿難與摩登伽女來至佛所，阿難頂禮悲泣，懺悔自身一向多聞，道力未全，祈請佛陀開示十方如來成菩提方便。佛陀憐愍眾生無始以來生死相續，顛倒妄想，故為開示法要。

第二卷：解明真性圓明淨妙，非生非滅，本來常住。一切諸法由心所現，真妄二見、明暗二塵，皆眾生顛倒分別所生。

第三卷：言六入本如來藏妙真如性，本非因緣，非自然性。十二處、十八界、六大等亦復如是。

第四卷：富樓那請問世尊：「世間一切根、塵、陰、界、處等皆如來藏，清淨本然，云何忽生山河大地諸有為相？」世尊開示性覺妙明、本覺明妙，發生宇宙萬象的道理；並對阿難等講解菴摩羅識、空、如來藏等之教義。

第五卷：憍陳那等五比丘、優波尼沙陀、香嚴童子、藥王藥上二法王子、跋陀婆羅等十六開士、摩訶迦葉及紫金光比丘尼、阿那律陀、周利槃特迦、憍梵鉢提、畢陵伽婆蹉、須菩提、舍利弗、普賢菩薩、孫陀羅難陀、富樓那彌多羅尼子、優波離、大目犍連、烏芻瑟摩、持地菩薩、月光童子、瑠璃光法王子、虛空藏菩薩、彌勒菩薩、大勢至法王子及其同倫五十二菩薩等，各自宣說最初得道方便，敘述自身證得之境界。

第六卷：觀世音菩薩開示耳根圓通法門，從聞、思、修入三摩地，觀音如來授以幻聞、薰聞，修金剛三昧。故成證與佛如來同一慈力，成三十二應身，入諸國土，應以何身得度者，即現何身以度之；並與諸眾生同一悲仰故，獲十四種無畏、四不思議無作妙德。文殊師利法王子以偈頌讚嘆之。

第七卷：如來誦出四百三十九句的大佛頂陀羅尼，並讚述誦寺之功德。次舉十二類眾生的顛倒。

第八卷：明修三摩提破眾生顛倒妄見，如何趣入本覺淨明的真源；並開示菩薩的階次，說十信、十住、十行、十回向、煖、頂、忍、世第一、十地、等覺、妙覺五十五個階位。並描述地獄的十因、六報。

第九卷：具說三界二十五有之相，並述及五十種陰魔，及對治之法。

第十卷：續說五十種陰魔。破外道之種種邊見、常見、斷見，示定慧圓明的修法；並述及理則頓悟，乘悟併銷；事非頓除，因次第盡的修行觀念。最後說明此經法門的殊勝。而在一切比丘、比丘尼、優婆塞、優婆夷、世間天、人、阿修羅、他方菩薩、二乘、仙人及大力鬼神的歡喜讚嘆中，圓滿此經。

延伸閱讀

《法華經》：透過此經能夠完整的印證佛陀的慈悲與智慧，同時展現佛陀真實的實相境界。

《首楞嚴三昧經》：是《楞嚴經》的果位成就經典。修證此經就是從此經到最後證入首楞嚴三昧的境界。

《大日經》：從首楞嚴三昧證入到不可思議神變大日如來的體性，與究竟實相的成就，並與《楞嚴經》相互印證。

11 首楞嚴三昧經
Śūraṃgama-samādhi-sūtra

簡名

《首楞嚴經》。

版本

首楞嚴三昧是梵文 Śūraṃgama（samādhi）sūtra 或 Śūrangama-samādhini-rdesah 的音譯。Sura 意為「英雄」、「勇健者」，因而又成了十地菩薩的另稱；Śūraṃgama，意即「到彼」，法護譯作「勇伏」，羅什譯作「健相」，玄奘譯作「健行」。因 Samādhi 是「等持」之意，首楞嚴三昧即成了「到達十地菩薩之健士的等持」。許多譯者將它音譯出為「首楞嚴三昧經」、「首楞伽三摩地經」等，法護則意譯作「勇伏定經」。

各種版本說明：本經雖然是部帙較小，卻是極為重要，是一部包含許多大乘深義的經典，與《維摩詰經》、《法華經》等諸經有著甚深的因緣。由於此經自古即盛行於印度，所以在《大般涅槃經》卷四、《法滅盡經》、《大智度論》卷四、卷十、卷二十九、卷三十四、卷四十、卷七十五，以及《大乘集菩薩學論》卷一、卷六等，皆有所引用。六朝時代亦頗為重視本經，如法顯傳（大五一．八六三上）：「佛昔於此說首楞嚴，法顯生不值佛，但見遺跡處所而已，即於石窟前誦首楞嚴，停止一宿。」西晉．帛遠、東晉．支遁、南齊．弘充等人，皆嘗註解本經。現代考古學界曾在新疆省發現相當於本經末尾的梵文斷片。

本經很早就在中國譯出，合計九譯，但其中（一）後漢．支讖、（二）吳．支謙、（三）曹魏失譯、（四）同上、（五）曹魏．白延、（六）西晉．竺法護、（七）西晉．竺叔蘭、（八）前涼．支施崙等八譯悉皆散逸，僅存後秦．鳩摩羅什譯本（四〇一－四一二之間）。西晉．支敏度將支讖、支謙、竺法護及竺叔蘭等四人所譯本合為《首楞嚴經》八卷。同書卷七又載，前涼．支施崙亦曾出此經。《法經錄》卷一及《歷代三寶紀》卷八，也載錄不知譯者的《後出首楞嚴經》二卷。可知，此經自後漢以來，屢被傳譯，但如今僅存鳩摩羅什之譯本。本經藏譯乃 hphags-pa dpahbar-hgrobahi tin-ne-hdsinces-bya-batheg-pachen-pohimdo，被稱為「名為至聖健士所之等持的大乘經」。

通用版本：本經為姚秦．鳩摩羅什所譯，全文共二卷，收於《大正藏》第十五冊（T15, No.642）。

簡介

首楞嚴三昧，意為堅固攝持諸法的三昧禪定境界，為佛教主要的一百零八種三昧之一，也是諸佛及十地的菩薩所得的禪定境界，又稱為「首楞嚴三摩地」、「首楞伽摩三摩提」、「首楞嚴定」，意譯為：健相三昧、健行定、勇健定、勇伏定、大根本定。

《首楞嚴三昧經》和本書第十經《楞嚴經》經名相近，兩者有著密切的關係：首楞嚴三昧經可說是楞嚴經的果位成就，而透過首楞嚴經則可以了知證入首楞嚴三昧的預備的因緣。

此三昧含攝了一切菩薩的禪定三昧，是只有諸佛及十地的大菩薩才能證入的甚深三昧。證得首楞嚴三昧的菩薩，能自在示現於一切世界，行一切度化眾生的事業，於魔界威力自在，卻不行魔所行事，令諸魔煩惱憂愁；能降伏內魔、外魔，是諸佛菩薩的大悲勇健三昧。

依此首楞嚴三昧威力，三世諸佛能入於涅槃而不永滅，入於涅槃而能行度化眾生之實。本經雖短，但是在大乘佛教的地位卻十分的重要，亦即經中的般若空觀思想，為大乘佛教的根本基礎，「空悲不二」正是大乘禪法的特色。

本經如經名所示，以述說首楞嚴三昧為本旨。亦即對堅意菩薩所問：「該依何種三昧，示現八相成道，且不入畢竟涅槃？」答以首楞嚴三昧。此三昧唯十地菩薩能得；若住於此，舉足下足常念六波羅蜜，見聞此菩薩的眾生悉得解脫；並以百句述說此三昧；且學此三昧應如學射一般，於一切法無所住，此即初得首楞嚴三昧。

這是本經的根本意趣，為明示三昧的妙用，佛、菩薩、諸天子等縱橫開演。或由佛自身的三昧力而現神力，或由現意天子、彌勒菩薩、魔界行不污菩薩說明教化眾生的妙用，或藉文殊菩薩說示亙於多劫長時的大慈悲大方便。

要而言之，本經一方面為矯正陷於外在形式的弊端，另一方面為說示相應空觀的實踐法，高舉修證三昧，開揚大乘菩薩的精神。雖是一部小經典，但結構甚為複雜。經中出現的活躍人物也甚為雜多，菩薩方面有堅意、文殊、彌勒、魔界行不污；聲聞方面，有舍利弗、大迦葉、須菩提、阿難；天子方面，有等行梵王、持須彌山頂釋、瞿域天子、現意天子、淨月藏天子等。又，惡魔、魔女也出現在經中，變現自在、機辯縱橫，以此來示現第一義諦的深旨、如幻三昧的妙用。

別本為《大佛頂首楞嚴經》（十卷，般剌蜜帝譯，收於《大正藏》第十九冊）。古有支婁迦讖、支謙、白延、竺法護、竺叔蘭、支施崙等的別譯本，今皆不傳。又支敏度曾就上記的別譯，彙集支謙、竺法護、竺叔蘭等三本而作成，合《首楞嚴經》八卷。

本經主旨由佛、菩薩、魔界行不污菩薩等，縱橫開演，明示首楞嚴三昧教化眾生妙用。在《摩訶般若波羅蜜經》中，認為「首楞嚴三昧」為諸三昧門之首，入首楞嚴三昧則能入諸三昧，菩薩得首楞嚴三昧能摧毀諸煩惱魔障，正如同轉輪聖王的主兵寶將，所到之處仇敵皆悉降伏。

首楞嚴三昧之名，古來已膾炙人口，凡說三昧之處必舉出首楞嚴三昧，與以定中見佛為特相的般舟三昧，共為最重要的三昧。因此之故，以說此三昧為主要目的的本經，在大乘佛教思想史上占有重要地位。在中國，唐代（七五〇）由般剌蜜帝與彌伽釋迦共譯，譯出《大佛頂如來密因修證了義諸菩薩萬行首楞嚴經》，因此經甚為有名，凡言《首楞嚴經》必指此經，雖有忘卻為其前驅的本經之傾向，但在古代時絕非如此。

《法顯傳》中記載：「法顯到耆闍崛山，華香供養燃燈續明。慨然悲傷抆淚而言：佛昔於此說首楞嚴，法顯生不值佛，但見遺跡處所而已。即於石窟前誦首楞嚴，停止一宿。」法顯所知經典之中，許多並不是佛在耆闍崛山所說，由其特別舉出本經一處，可知如何的重視本經了。

又若依《大阿羅漢難提蜜多羅所說法住記》所言，據傳在第三世紀末在位的勝軍王首都居住的慶友阿羅漢，他在入滅之際，提及重要的大乘經典之中有「首楞伽摩三摩地經」，可明見其如何尊重本經！

此外，龍樹為使自己的主張有所根據，引用眾多經典，於其所著《大智度論》中引用本經，見於卷十、二十六、二十九、三十三、三十四、七十五等六次。於引用次數上排行第六，並不及於「法華經」、「維摩經」。由於本經是二卷所成的小經，若從分量上排行卻占第一位。

此經在龍樹所傳的菩薩禪法中有著重要地位，因此在鳩摩羅什傳下完整的大乘禪法時，本經是核心三昧經典之一。六五〇至七五〇年左右的寂天（Shantideva），在其所著的《大乘集菩薩學論》（Śikṣāsamuccaya）的卷一及卷六曾引用本經，至後世本經遂具有相當的重要性。

全經結構

本經分為上下二卷，全經結構如下：

《卷上》

首楞嚴三昧的名號及威力

首楞嚴三昧含攝一切菩薩三昧禪定，被喻為「三昧之王」。在《大智度論》中記載：「首楞嚴三昧者，秦言健相。分別知諸三昧行相多少深淺，如大將知諸兵力多少。復次，菩薩得是三昧，諸煩惱魔及魔人無能壞者，譬如轉輪聖王主兵寶將，所往至處，無不降伏。」意思是說，首楞嚴三昧總攝一切三昧，就像統領三軍的大將一樣，對兵力瞭若指掌。此外，如果有人證得首楞嚴三昧，一切煩惱魔及外魔，無人能破壞，就像轉輪聖王的將軍寶，所到之處，敵軍無不降伏。

修學首楞嚴三昧的一百種學分

此三昧唯十地菩薩能得；若住於此，舉足下足常念六波羅蜜，見聞此菩薩的眾生悉得解脫；經中以「修治心如虛空」等百句述說此三昧；且學此三昧應如學射一般，於一切法無所住，此即初得首楞嚴三昧。

首楞嚴三昧通達統攝一切三昧，如轉輪輪王的將軍寶能掌握一切軍機，此三昧亦能通於一切三昧。依此觀察，一切的法門都可含攝在其中，而這些都是首楞嚴三昧之因，所以一切修法都可以視為首楞嚴三昧的因位，不管是念佛、觀空、所有大小乘都是首楞嚴三昧的因地法門，而直到成證首楞嚴三昧，才是修證圓滿的果位。

證得首楞嚴三昧的大菩薩

本經中出活躍人物甚為豐富，佛、菩薩、諸天子各自開明首楞嚴三昧的妙用，除了文殊菩薩、彌勒菩薩、魔界行不污菩薩，在天子部分，於一切法無所住的持須彌頂帝釋天、超越一切對立二相的瞿域天子、時間、空間神變自在的現意天子都展現了首楞嚴三昧的勇健境界。

《卷下》

於魔界威力自在的首楞嚴三昧

證得首楞嚴三昧者，由於了知諸行平等法行，因此無論是在諸佛國土，或是於天人道中，甚至是於魔道中，也能現行一切降伏魔王的自在威力，但卻不行魔所行事。一切諸魔，只要想要破壞此三昧的心念一起，就會自動被縛綁，無法動彈。而首楞嚴菩薩則能於魔界中自在，卻不行魔所行事，令諸魔煩惱憂愁而究竟伏魔。

菩薩的四種授記

佛欲斷眾會疑故，告堅意言：「菩薩授記凡有四種。何謂為四？有未發心而與授記，有適發心而與授記，有密授記，有無生法忍現前授記，是謂為四。唯有如來能知此事，一切聲聞辟支佛所不能知。」

首楞嚴三昧的廣大威神力及修學、守護功德

《首楞嚴三昧經》的其中一個特色，為「佛境菩薩行」。其中最典型的例子是文殊菩薩，他是三世佛——過去是龍種上佛、現在在他方世界成佛，在娑婆世界示現菩薩，未來也會成佛，這是首楞嚴三昧的威力所成就的佛境菩薩行。

首楞嚴三昧的另一個特點，是一切相對立的概念的完全平衡統一。在《首楞嚴三昧經》中，堅意菩薩請問佛關於此三昧，佛陀告訴他：「有三昧名首楞嚴，若有菩薩得是三昧，如汝所問，皆能示現於般涅槃而不永滅。」所以說這種三昧能在一般人認為矛盾的觀點中，得到自在。依《首楞嚴三昧經》修學首楞嚴三昧，以深入諸佛菩薩大悲心海，具足諸佛菩薩不可思議的勇健威力！

本經雖只是由上下二卷（或三卷）所成的小經，但是與其他重要大乘經典有甚多關聯之處，在經典史上占有重要地位。此經乃藉由般若空觀而呈現其妙用，因此無疑的令人想到《般若經》，且與其他《十地經》、《維摩經》、《法華經》等有很深的關係。

首先說明本經與《十地經》的關係，在經名中已令人想到菩薩的十地，經中也有二處提及十地；並且，首楞嚴三昧的百種境界的說明，多與《十地經》中的十地項目所述一致。此外，本經對聲聞、緣覺二乘的評價之處，也與《維摩經》相同，與《十地經》為同一見地思想。

延伸閱讀

《首楞嚴經》：透過此經了解如何證入首楞嚴三昧的前行因緣。

《小品般若經》：讓我們了知證入《首楞嚴三昧經》所需的圓滿智慧。

《月燈三昧經》：月燈三昧能與首楞嚴三昧相互輝印成就，其展現出首楞嚴三昧不可思議的殊勝境界。

12 大毘盧遮那成佛神變加持經（大日經）

Mahāvairo-canobhisaṃ-bodhi-vikurvitādhiṣṭhāna-vaipulya-sūtrendra-rāja-nāma-dharma-paryāyā-sūtra

簡名

《大日經》、《大毘盧遮那成佛經》、《大毘盧遮那經》。

經名解釋

「大毘盧遮那」，意為「大日」。

版本

本經的梵文原典現已不存，僅存一些斷片。而根據《大日經開題》所載，《大日經》有三本，即

一、法爾常恆本：指法身如來及其眷屬恆常不斷說三昧，這是法爾自性之說，故稱為法爾常恆本；

二、分流廣本：指龍猛菩薩於南天鐵塔內親承金剛薩埵傳授的十萬頌經；三、略本：即所傳的七卷三千餘頌經，乃採擇十萬頌之宗要而成。又，有關第七卷，另有不同說法。或謂此卷非大日如來所說，而是文殊菩薩所言。或說該卷有三本：一是塔內相承本，題為《供養次第法》，即龍猛菩薩塔內相承本；二、是龍猛菩薩在開塔以前，於塔外所感得者，題為《要略念誦經》；三、是善無畏在北天竺勃嚕羅國金粟王之塔下所感得者，題為《供養次第法》。

關於本經的傳譯，《開元釋教錄》卷九載：「曩時沙門無行西遊天竺，學畢言歸，迴至北天不幸而卒，所將梵本有敕迎歸，比在西京華嚴寺收掌。無畏與沙門一行，於彼簡得數本梵經並總持妙門，先未曾譯，至十二年隨駕入洛，於大福先寺安置，遂為沙門一行譯《大毘盧遮那經》。其經具足梵本有十萬頌，今所出者撮其要耳。沙門寶月譯語，沙門一行筆受，承旨兼刪綴詞理。」

善無畏於唐開元十二年（七二四）所譯者，係此經前六卷，翌年又譯其所攜梵本（一說是善無畏自撰），是為第七卷，前後合為一經。而此第七卷，與菩提金剛所譯《大毘盧遮那佛說要略念誦經》一卷為同本異譯。此外，本經也有西藏譯本，是九世紀初，印度僧西連多拉菩提（Śīlendrabodhi）與西藏翻譯官巴爾謝（Dpalbrtsegs）合譯而成。全經分內外兩篇，其中內編和漢譯的前六卷相當，內容亦大同小異，但章品的廢立及次第則不同，藏譯本僅分二十九品；外編則分〈寂靜護摩儀軌品〉等七品，合內外編亦為三十六品。但藏譯外編，漢譯全無；而漢譯的第七卷，藏譯以「供養儀軌」之名收在《丹珠爾》之中。

各種版本說明：現存的《大日經》為七卷三十六品，據說並非是全部，僅為部分經典。自古以來即稱《大日經》共有三本：第一本為「法爾常恆本」，第二本為「廣本」十萬頌，第三本為「略本」三千頌。七卷三十六品為略本。

有關現存的《大日經》為略本的典據，在《大日經疏》卷一記曰：「然此經梵本，闕而無序。阿闍黎云：毘盧遮那大本，有十萬偈，以浩廣難持故，傳法聖者，採其宗要凡三千餘頌，雖真言行法文義略周，以非大經正本故，不題通序。」又，在不空三藏之著作《陀羅尼諸部要目》中記曰：「依《毘盧遮那成道經》，大本十萬偈，可有三百卷經。唐國所譯為略本七卷。」有此記載，諸三藏譯者說本經有廣、略兩本。而關於三本的說法，弘法大師於《大日經開題》中，有如下敘述：「凡此經總可有三本，一、法爾常恆本，諸法曼荼羅是也；二、分流廣本，金剛手所頌傳十萬誦經是也；三、略本，有三千餘頌經是。雖頌文三千，經卷七軸，然猶以略攝廣，以小攝多，一字中含無邊之義，一點內吞塵數之理。廣略雖殊，理致是一。」

上文敘述，即使廣本十萬偈、略本三千偈有所不同，但是，本經正本之旨趣，在三千頌略本中，還是圓滿無缺地呈現。三本中的「法爾常恆本」，在其他經疏中未明顯提及。因法身佛在自證極位而有常住三世說法之傳說，故三本說在沒有其他確實證據下，大師的說法及見解該是最恰當的吧！

有關本經的註疏，中文方面有一行的《大毘盧遮那成佛經疏》二十卷、《大毘盧遮那成佛經義釋》十四卷，此為本經最重要的疏釋。此外又有新羅不可思議的《大毘盧遮那供養次第法疏》二卷，註釋本經第七卷。《西藏大藏經》丹珠爾中，收有佛密《毘盧遮那現等覺大但荼羅注釋》等註釋本。此外，日僧空海有《大日經開題》一卷、圓仁有《大毘盧遮那成道經心目》一卷。

通用版本：本經為唐・善無畏共一行所譯，全文共七卷，收於《大正藏》第十八冊（T18, No.848）。

簡介

本經為大日如來在金剛法界宮為金剛手祕密主等所說，為密教根本經典之一，與《金剛頂經》同為真言密教的聖典，特別是中國密教與日本真言宗最主要聖典。本經的〈住心品第一〉主要講述密教的基本教相，理論方面的敘述占大部分；〈具緣品第二〉以下則以有關曼荼羅、灌頂、護摩、印契、真言等實際修法方面的記述為主。本經所開示的主旨在「菩提心為因，大悲為根，方便為究竟」的大悲胎藏曼荼羅。又說菩提即是如實知自心，眾生自心即一切智，須如實觀察，了了證知。

全經結構

全經七卷，共分三十六品，前六卷三十一品為全經的主體，開示大悲胎藏曼荼羅，後一卷五品揭示供養法。

本經概要如下：

〈住心品第一〉可視為《大日經》之序品，通論本經之大意。所謂住心是安住於眾生自心之實相，即安住於一切智智中。本品中闡明三句、八心、六十心、三劫、六無畏、十地、十喻等。此三句、八心等因是列舉自心之種種相，總該凡夫心之實相，蓮華胎藏曼荼羅是表現我等心之實相者。

〈入漫荼羅具緣真言品第二〉「入」為趣向、遊履、引入之義，「漫荼羅」意為道場，「具緣」為因緣具足之義。構成道場需擇地，再清淨此地，再選擇吉日良辰等，眾緣必須具足才可。此等眾緣皆以如來之真言加持、變化所成，故名為入漫荼羅真言品。此品中專為說明七日作壇灌頂的軌則。此七日作壇灌頂為方便手段，最後令弟子證入心內本地之漫荼羅。

〈息障品第三〉真言阿闍梨或弟子，在畫漫荼羅或持誦真言時，易生種種障難。本品即闡述除去此障難的方法。究竟障難是從何處發生呢？本品以為種種障難差不多皆是行者內心所生。而產生障難的真因，是因慳貪邪見等，除去此慳貪邪見等時，即為諸障難自消滅去之時。菩提心最能對治此堅貪邪見等障難，行者若常念此菩提心時，就能徹底除去諸障因。

〈普通真言藏品第四〉普通之「通」為遍通，此品所揭示的真言，因為是通一切方便，故稱普通真言。藏為含藏具足，為含藏普通真言之意。

執金剛中，金剛手為上首，菩薩中普賢為上首，於大日如來面前稽首作禮，而於大悲胎藏生大漫荼羅王，演說通達自心中之清淨法界的法門。持誦此等菩薩所開示之真言，由此一法遂能流入無盡法界普門之大漫荼羅王體中。

〈世間成就品第五〉此品闡示世間之息災、增益、敬愛、降伏等之悉地成就。出世間之甚深祕密寶藏，因為不可能以言說示人，故假借世間有為有相事來喻示法界藏中微妙之深意。

〈悉地出現品第六〉本品及次品揭示成就出世間念願之相，而出現即意味著成就相之出生顯現。

世間出世間之一切成相，皆悉是從如來之加持護念力所出生。

〈成就悉地品第七〉有關此品有種種說明，一云：此品為敘述修入之方便。或曰：此品是正明悉地能生之法體之心法。或云：此品中明大菩薩之意處即是漫荼羅，而示法之成就。總之是解明心成就之相。

〈轉字輪漫荼羅行品第八〉轉即旋轉意，即順著陀羅尼旋轉觀誦之意；將此陀羅尼字輪旋轉觀誦，即漫荼羅行。在前品中，敘說「阿」字之妙體作為內心成就相，於此品中，將「阿」字當作百光遍照王，「阿」字之光明成百千萬億字門而顯現，又揭示百千萬億字門歸於「阿」字的旨意。

〈密印品第九〉密是祕密，印為標幟，密印即為法界漫荼羅之標幟。一切諸佛以此法界標幟之密印莊嚴自身，故能成如來之法界身。在前品中揭示口密陀羅尼，於此品中開示身密。此品中所說之印數總計百三十九。

〈字輪品第十〉「字」是梵語，謂為惡剎囉（aksara）之譯，無流轉之義，意為不動而無旋轉。「輪」為轉之義，如世間之輪於旋轉時，切斷一切草木類，此字輪能破一切無明煩惱。惡剎囉為不動之義，不動即指菩提心。菩提心之「阿」字亦是本自不動，而能生出一切眾字。眾字因為是以「阿」字為中軸，而成輻狀，也就是「阿」字之變形。如此之眾字輪在經中稱為遍一切處之法門。經中謂真言行菩薩若住此字輪觀，從初發淨菩提心乃至成佛止，在這期間的自利利他之種種事業，因此法門之加持力，皆可得成就。

〈祕密漫荼羅品第十一〉祕密之「祕」為深祕，「密」為隱祕之意，祕密漫荼羅指字輪三昧。大日如來以如來之慧眼，觀察遍一切處之法門已，入法俱奢（kosa），從此三昧中顯現法界之無盡莊嚴，利益無餘眾生界。此時，在無盡無餘之眾生界，自佛口發出隨類之音聲，從各個毛孔中顯現隨類應同之身相，同時以字輪詮示如來祕密內證之德。

〈入祕密漫荼羅法品第十二〉本品是揭示能入之人即真言菩薩，能通悟祕密漫荼羅法而至方便。開示真言大阿闍梨耶將使受法弟子入此祕密漫荼羅，以字門法教弟子燒盡業障，而入祕密漫荼羅。

〈入祕密漫荼羅位品第十三〉本品中明示弟子入壇後安住於法佛平等大空位之要旨。所謂漫荼羅位，是意生八葉大蓮華王之義。處此位，能入金剛智體。即真言行菩薩悉淨除一切塵垢，即我人、眾生、壽者、意生、儒童、造立者等之妄執，而於心內現觀意生八葉大蓮華王，其中的如來是一切世間最尊特之身，超越身語意地，證成殊勝眾意之妙果的佛身。

〈祕密八印品第十四〉祕密八印是：大威德生印、金剛不壞印、蓮華藏印、萬德莊嚴印、一切支分生印、世尊陀羅尼印、如來法住印、迅速持印。誦此加持八印及真言時，本尊會依此加持妙力，自然地降臨道場，成就諸念願。

〈持明禁戒品第十五〉持明指六個月持明，禁戒指六個月持誦真言期間，應護持制戒之意。

〈阿闍梨真實智品第十六〉真實智為「阿」字所生之智，所謂本有之妙智。又為自性清淨內證真實之干栗馱（hṛdaya）心。此品是敘說由此「阿」字出生之心，是阿闍梨真實智，且將「阿」字視為遍一切處之漫荼羅的真言種子。

〈布字品第十七〉行者住於「阿」字淨菩提心地，將一切的字門布置於身之分支，是以行者身顯示成為遍一切處普門法界漫荼羅之意。

〈受方便學處品第十八〉此品揭示方便學處，可為真言行人之用心。學處即指作為大乘菩薩當然應學之處，梵文稱式沙迦羅尼（śiksākāraṇi），譯為應當學。而其戒相是十善戒、十重禁戒、五戒、四重戒等。

〈說百字生品第十九〉在說上面之真言品時，就應說此品，但是為防止慢法者獨修，故不敘說。此處經文，自「暗」字衍生二十五字，各自施予四轉而成百字。將「暗」字稱為百光遍照王，即為此意。此「暗」字是一切真言之心，於一切真言中，最為尊貴，故稱此為不空教真言。因一切眾生之見聞觸知處或被「暗」字光明照耀時，皆必成為無上菩提之因緣而無有空過，故名不空。

〈百字果相應品第二十〉上品敘說百光遍照之行儀，此品是揭示遍照果地之萬德。前品是闡述「暗」字百光之圖曼荼羅，此品即與其相應者。今依圖曼荼羅以闡明行果相應。

〈百字位成品第二十一〉所謂百字，其體是「暗」字，「暗」字之光明現百字之相，故稱此為百光遍照王真言。在本品中揭示百字成就相。依「暗」字之加持故，於意生八葉臺上，安住於三三昧耶，因證得金剛微妙之極位，故謂此為祕密中之最祕，難得中之最難得者。

〈百字成就持誦品第二十二〉本品闡述百光遍照王之「暗」字門的持誦法則。

〈百字真言法品第二十三〉於此品中揭示「暗」字字體「阿」字之德。「阿」字是本不生不可得空之義。因諸法本來不可得空，故行者之心，如與此「阿」字義相應，就能達至諸法之源極，具足眾德而得通一切佛法。

〈說菩提性品第二十四〉此品闡述本經之要義。所謂要義，就法而言是淨菩提心，就人而言是中台心王之大日尊。在本品敘說菩提性。「如十方虛空相，常遍一切無所依，如是真言救世者，於一切法無所依。」真言救世者指胎藏曼荼羅之中台尊。真言救世者為諸法之所依，為一切之根源。因為是源處，是一切萬有之本源，其本身固無所依據，故稱無所依。

〈三三昧耶品第二十五〉三三昧即三平等之義。心、智、悲三者平等為一，故名三三昧耶，佛、法、僧三者為一而平等，故曰三三昧耶；法身、報身、應身三者本來平等，故稱三三昧耶：證悟心、佛、眾生三者為無二無別，此亦為三三昧耶之義。三昧耶（samaya）即為平等，一致相應之義。

〈說如來品第二十六〉此品述說菩薩、佛、正覺、如來四者。住於如實菩提心，且樂求彼之菩提者名為菩薩。滿足十地，達至法之無性，上冥會於法身，下契合於六道者名為佛。覺法之無相，圓滿十方者名為正覺。脫離無明之域，安住於自性智者曰如來。

〈世出世護摩法品第二十七〉護摩（homa）譯作燒供。此品揭示外道護摩有四十四種。佛法之外護摩有十三種，並列舉內護摩、外護摩之眾緣支分及內護摩作業。具足外緣事而行稱為外護摩。又住於瑜伽之妙觀，而燒盡行者之煩惱垢者是大日如來之智火，如來之智火是行者自心本具之智光，觀此本尊大日如來及行者與爐火為本來平等，稱此為內護摩。

〈本尊三昧品第二十八〉此品揭示本尊有字、印、形之別，而字更有聲及菩提心之別，印有無形及有形之別，形更有清淨與非清淨之別。此中凝滯於有相的，是作為念願成就之結果者，為得有相悉地；而體達至無相，是為得無相悉地。無相悉地意為得佛果。

〈說無相三昧品第二十九〉本經中前已揭示之三密妙行也皆因緣所生，如因緣滅，妙行也滅，故知三密妙行本無自性。妙行因其自體無自性，故不生不滅。因不生不滅故「阿」字成為契合於本不生際之深理。為使攝於實我實法見解之凡夫行者悟入無相一實之法體，依有相三密之行相，受無相「阿」字門之誘導，而使歸入平等絕對之圓明者，為本經之要旨綱目。故真言行雖修有相三密之妙行，但心機一轉而入無相平等之妙觀，此為至極者。

〈世出世持誦品第三十〉真言法中有世間及出世間之別。世間持誦指以世間之福樂長壽等為目的的修法。出世間持誦是斷煩惱妄想，而以得佛果為目的。持誦是等持口誦之意，將行者的心念專注於本尊，口誦為本尊誓要的真言。持誦本尊真言時，有心意念誦及出入息念誦之別。此為真言行成就之常規，若與此相反時，則徒勞而無效。

〈囑累品第三十一〉囑累之「囑」為付囑之義，「累」為繼承之意。謂將此妙法付囑於弟子，使繼承法脈至千歲。但，弟子必須是法器者。傳授密法需嚴擇人、時、地，阿闍梨若怠忽嚴擇，災禍及身，此需嚴持警覺。

〈供養念誦三昧耶法門真言行學處品第一〉廣明真言行者之用心，欲成就自利利他之願行，是為證得無上智願，是以提示真言行者修行之要點，作為得此無上智願之方法。種種真言行法發生事，且於真言行中為何應以信解為主等，此品中均有詳述。

〈增益守護清淨行品第二〉清淨行是真言持誦者之精要，若依此清淨行將得世間出世間之勝妙果。日夜住於念慧，起臥照法則所示，必須注意不可放逸。放逸是罪惡之根，障害之源。清淨六根，對無邊無盡的眾生界懷著慈悲忍辱之心，勸誘彼等於佛一乘道，使發起上求菩提之念；又定齋室空靜處為住處，其中安置本尊及勝妙聖典，供妙花，燃淨香，應於心中現觀十方三世諸聖等，為本品所明。

〈供養儀式品第三〉淨身於正業，住於定，念本尊，依真言及印契，從本尊所在之國土招請本尊，如念誦行法完了，奉送本尊回本土等，皆依真言、印契及觀想來行此儀式。並且妙行中因易生魔障，故應仰請不動明王為守護者，可念願求其冥助等，此品中均有說明。

〈持誦法則品第四〉此品揭示行者持誦真言時，應觀「怯」字於其頂，次觀「暗」字於頸內，而後持誦本尊真言，依加持力而成就諸願，且謂持誦時可依時與相。時是持誦要定日限而行，相則是顯現罪障淨除的徵兆。

〈真言事業品第五〉真言行者加持自身而成金剛薩埵，思佛菩薩等無量功德，於無盡眾生界，起大悲心，將所修之善根回向於法界眾生，自利利他。

延伸閱讀

《法華經》：是《大日經》的根本經典，透過《法華經》能夠澈見《大日經》的根本實相。

《金剛頂經》：與《大日經》是密教最重要的根本經典，透過此經能夠與《大日經》相互印證，並完整的理解金剛界與胎藏界的所有的法門。

《金剛經》：必須透過真實的智慧，才能進入密法的廣大境界，所以不了解金剛般若的實相空義，就難以悟入密法的實相究竟。

13 觀無量壽經

Amitayur-dhyāna-sūtra

簡名

《觀無量壽佛經》、《無量壽佛觀經》、《無量壽觀經》、《十六觀經》，簡稱《觀經》

版本

各種版本說明：本經的譯本，一般認為有兩種：一是於東晉初譯出的，但早已佚失，不見流傳；二是現存的版本，也就是於劉宋元喜七、八年間，由畺良耶舍所譯出。

本經的晉本未見註疏，而劉宋本的註疏，講解則極盛，這是因為經被認為適於禪觀，滅罪、臨終往生等修持。其中，以靈格的「義疏」為始，慧遠、智顗，吉藏等三疏為淨土教的俊秀，相互爭輝。接下來，唐代窺基、澄觀也著有疏，義寂、慧均、龍興、璟興、太緊、玄一、法位、法常、道誾等，也各有介紹。宋代以元照、戒度為最，另有知禮、擇英、用欽、道心，可觀等名。明有傳燈，清亦有彭際清等數名，本經的前後註疏雖然脈絡不絕，而其中能得經要者，則屬道綽的《安樂集》及善導的《觀經四帖疏》。

通用版本： 本經為宋・畺良耶舍所譯，全文共一卷，收於《大正藏》第十二冊（T12, No.365）。

簡介

本經是佛陀因為韋提希夫人的因緣，開演修持三福、十六觀等往生極樂淨土法門的經典。本經與《無量壽經》、《阿彌陀經》並稱為「淨土三部經」，皆為淨土宗寶典。

全經內容是說佛在王舍城耆闍崛山中時，城中太子阿闍世受惡友教唆，將父親頻婆娑羅王幽禁於七重室內，欲使其餓死。其夫人韋提希澡浴頻婆娑羅王，並奉食酥蜜和麥與蒲萄漿。頻婆娑羅大王得食體力漸復，合掌恭敬向耆闍崛山遙禮釋迦牟尼佛，求大目犍連授八戒。世尊除遣大目犍連尊者外，亦遣富樓那尊者，為王說法。然而國王得到韋提希夫人祕密以酥蜜等物供給所以未死。阿闍世王聞訊大怒，乃欲殺害母后韋提希。

後來經大臣月光及耆婆諫止，遂將母后幽禁深宮。當時韋提希愁憂憔悴，遙向耆闍崛山，向佛作禮，祈求往生淨土。佛陀察知其心念，遂現身宮中，示現西方極樂淨土，並說三福十六觀等往生淨土之法。韋提希聞法之後，悟入無生忍，隨從的五百侍女也發起無上道心，願生彼國。

全經結構

本經揭示了念佛法門的最核心概念，即「諸佛是法界心……」，這是念佛法門中最重要的精要。

十六觀是指極樂世界的十六種景觀：日想觀、水想觀、地想觀、寶樹觀、寶池觀、寶樓觀、華座觀、像想觀、阿彌陀佛觀、觀世音觀、大勢至觀、普觀、雜想觀、上輩生想觀、中輩生想觀、下輩生想觀。其中以第九阿彌陀佛觀最為重要，經題即是依此而立。

觀	想	概要
初觀	日想	繫念西方日落，直至閉目、開目皆有落日歷歷在目。
第二觀	水想	觀水澄清如琉璃。
第三觀	地想	轉而初見極樂國地琉璃寶地、樓閣、華幢樣貌。
第四觀	樹想	觀極樂世界寶樹、羅網。
第五觀	八功德水想	觀極樂世界八池功德水。
第六觀	總觀想	繫念、諦觀極樂世界之寶樹、寶地。
第七觀	花座想	觀七寶蓮華座。
第八觀	麁想見極樂世界	蓮華座上金色佛菩薩像。
第九觀	遍觀一切色想	觀無量壽佛眉間白毫，現八萬四千色身相好。

第十觀　觀觀世音菩薩真實色身相　觀觀世音菩薩真實色身相。

第十一觀　具足觀　觀大勢至菩薩真實色身相。
觀世音及大勢至

第十二觀　普觀想　普觀無量壽佛所建極樂世界色相。

第十三觀　雜觀想　觀西方三聖色身相，主要提及觀相念佛方法。

第十四觀　上輩生想　觀根性上品的上中下三等眾生往生並獲西方三聖和蓮池海會菩薩接引的情況。

第十五觀　中輩生想　觀根性中品的上中下三等眾生往生並獲阿彌陀佛接引的情況。

第十六觀　下輩生想　觀根性下品的上中下三等眾生往生並獲化佛菩薩接引的情況。並提及由於下品眾生多是犯戒、謗三寶以至犯五逆十惡之罪，在臨命盤時，惡業現前，有幸得到善知識教以持名念佛的方法（由於時間緊迫，所以已不能教以觀相念佛的方法），眾生因大恐懼而生大信心，稱一念阿彌陀佛名，即除八十億劫生死之罪得以往生極樂世界。

由於《觀無量壽經》的十六種觀法與無量壽佛（阿彌陀佛）相應，因此有些密教行者認為這應是屬於密教的經典，因為本經著重於觀想法。這是很深的誤解，因為觀想並不是密教獨有的。密教的觀想是承襲原始佛教的禪觀、大乘佛教的禪觀而來，「四禪八定」也是通於佛教各宗的。由此而言，《觀無量壽經》的觀法是大乘的禪觀，而不應該是密教特有的禪觀。

十六觀的觀想法

十六觀是淨土行者的主要禪觀修行法門，是觀想阿彌陀佛依、正二報的十六種觀法。

十六觀的前十三觀階次順序依次是：

第一觀：落日觀。是順應西方極樂世界、光明歸藏的所在而現起的觀法，先讓我們安定心念，讓我們藉由落日觀的練習，與西方產生因緣，以心為攝受，有阿彌陀佛攝受我們、我們入於阿彌陀佛兩個含義。所以落日觀可以算是十六正觀的基礎。是從自心趨向阿彌陀佛，也從相上來攝持心念專一、清淨心念相續，而生起三昧的境界。

第二觀：水觀至第七觀：華座觀。建立如海水倒映的境界，並有清淨之意。見水清淨透明，無有污穢、執礙。再來是建立七寶所成的土地觀，寶樹、寶池、寶樓閣觀等等莊嚴境、各種諸鳥合鳴、樂器的演奏、光明境界等等一直到第七觀，這是從大觀到細觀，從靜而動，有音有色的依報觀。

第八觀：像觀。觀居住在極樂世界的佛菩薩，首先先建立彌陀自性，我們自心的自性與彌陀的自性如一，依據這個理則來建立佛身，來觀佛身。有了這樣的基礎，再來就能對身觀佛，見無量壽佛即是諸佛，了了分明。

在此很重要的一點是：無量壽佛即是諸佛，無量壽佛的體性就是一切諸佛的體性，見一佛即見無量佛。如此觀佛、見佛後，再來就觀眷屬：觀音與勢至兩大菩薩，以及無量的眷屬眾等等。他們加持我們，攝受我們前往極樂世界。這是正報的部分。

第九觀：見無量壽佛即是諸佛。見無量壽佛從法界出生，他就是一切諸佛的根本報身，一切諸佛都是其所化現。

見無量壽佛即是諸佛則有二種觀法：

一是見無量壽佛流出一切諸佛，一是觀一切諸佛即是無量壽佛的化身。

如此一來，整個法界都是極樂世界，十方諸佛都在極樂世界裏。從無量壽佛的毛孔中示現五百億化佛，一切諸佛都從其毛孔流出，一一化佛無量功德莊嚴，都在極樂世界發心成佛，這可以清清楚楚地看見。

從依報到正報的觀法其實是一套完整的觀法，所以十三觀其實是一貫的，亦可說是一觀，總名為極樂淨土觀。十四、十五、十六觀是講眾生如何努力而往生極樂淨土的階位。

前十三觀其實是一般的禪觀法，十四、十五、十六觀則是往生要具足的觀法。上品、中品、下品的觀法也都可以修前面十三種觀法，因為這十三種觀法都是配合西方淨土的種種莊嚴以及無量壽佛而設觀。除此之外，若以十六觀再加入果地現觀，圓成眾生都是阿彌陀佛，如此則圓滿全佛現成常寂光的境界。

延伸閱讀

《阿彌陀經》：可以了解阿彌陀佛與極樂世界的真實樣貌。

《無量壽經》：完整地展現極樂世界的樣貌，此經能與《觀無量壽經》來相互印證，並證入極樂世界。

《小品般若經》：透過了悟完整的般若智慧，來證入極樂世界。

14 地藏菩薩本願經

Kṣitigarbha-bodhisattva-pūrva-praṇidhāna-sūtra

簡名

《地藏本願經》、《地藏本行經》、《地藏本誓力經》。

經名解釋

從本經名號：《地藏菩薩本願經》，可以看出這是一部著重於信願的經典。由於眾生的根性不同，有人依信願入門，有人依慧解入手，所以佛陀也就相應於此而以種種不同方便來宣說佛法。對著重慧解的人，佛陀就宣說理論性較濃厚的經典，以不斷思惟、解析的方式，推展到究竟來顯示實相。對重信願的人，就不從法理入手，而改以故事的型態來宣說諸佛菩薩的本生因緣、大願大行，以其能行難行之大悲願力來策發信願行者。

版本

本經傳入情形不詳，唐代文獻中也沒有相關記述。但是從《靈驗記》一書中引載本經〈分身集會品〉內容來看，至少可以確定本經在天福年中已經流傳。本經內容所敘述之地獄景況與地藏王菩薩本生婆羅門孝女之性格，與民間信仰甚契合，所以大為普及，尤其在明清時代更明顯。

關於本經的譯者，雖題為唐・于闐國三藏沙門實叉難陀譯，但《開元釋教錄》、《貞元新定釋教目錄》並無記載，高麗藏、宋藏、元藏亦未收錄。直至明藏始見本經，因此也有說本經應非實叉難陀所譯。

在日本，地藏菩薩之信仰始自平安中期，興盛至今。地藏信仰於鎌倉時代以後，普及民間信仰。例如，以示現於塞河原的地藏菩薩為兒童之救護者，並有和歌讚頌地藏菩薩。又如「育子地藏」、「子安地藏」也都是兒童的守護者。

通用版本：本經為唐・實叉難陀所譯，全文共二卷，收於《大正藏》第十三冊（T13,No.412）。

簡介

本經詳述地藏菩薩的本生誓願度化眾生的事業，彰顯本經不可思議功德，與《地藏十輪經》同為闡述地藏菩薩事蹟的重要經典。

地藏王菩薩是在六道中示現，於未來際中救度無量苦難眾生，使之得到解脫安樂的菩薩。地藏王菩薩以悲願力救度一切眾生，尤其對地獄中受苦眾生特別悲愍，而示現地獄身廣為地獄眾生說法，以「地獄不空，誓不成佛」的大願，廣為世人所熟知。也是佛教徒超薦先靈時，作為主尊的大菩薩。

《地藏菩薩本願經》〈囑累人天品〉中釋迦牟尼佛曾說：「吾今日在忉利天中，於百千萬億不可說不可說一切諸佛天龍八部大會之中；再以人天諸眾生等未出之界，在火宅中者付囑於汝（地藏菩薩），無令是諸眾生墮惡趣中一日一夜。」將末法時代無佛陀世界的眾生，交付給地藏菩薩。

地藏菩薩往昔在忉利天時曾受到釋迦牟尼佛的囑咐，每日晨朝之時，必須入如恆河沙般眾多的三昧禪定，以觀察眾生的機緣，而予以救度。並在釋迦佛滅度之後，彌勒佛未來之際，二佛之間的無佛世界中，救度教化所有的眾生；所以他更是現前我們世間的大恩依怙。

全經結構

《地藏經》全經分為十三品：

〈忉利天宮神通品第一〉佛陀在忉利天宮，為母說法。十方諸佛菩薩集會讚嘆。如來含笑，放光明雲，出微妙音。十方天龍鬼神亦皆前來集會。佛陀為文殊菩薩宣說地藏菩薩往昔因地行願。

〈分身集會品第二〉十方地獄處分身地藏菩薩，與所有被救眾生前來朝見世尊。世尊摩頂付囑地藏菩薩說：「汝觀吾累劫勤苦。度脫如是等難化剛彊罪苦眾生。其有未調伏者隨業報應，若墮惡趣受大苦時，汝當憶念吾在忉利天宮殷勤付囑，令娑婆世界至彌勒出世以前眾生，悉使解脫永離諸苦遇佛授記。」

〈觀眾生業緣品第三〉摩耶夫人祈問業報所感惡趣，地藏菩薩略為回答五無間地獄的情境。

〈閻浮眾生業感品第四〉定自在王菩薩更詢問地藏菩薩往昔因緣，佛陀又敘述兩個關於國王及光目女的因緣故事。四天王請問菩薩的大願方便，佛陀為他們宣說因果報應的法則。

〈地獄名號品第五〉普賢菩薩訊問地獄名號等情況，地藏菩薩為救拔苦難眾生而作詳細的回答。

〈如來讚嘆品第六〉佛陀放出身光，出大音聲，讚嘆地藏菩薩。普廣菩薩請問供養地藏菩薩的利益，佛陀為說供養地藏像、讀《地藏經》、持地藏名的廣大利益。

〈利益存亡品第七〉地藏菩薩通過與佛陀問答，普勸廣大眾生斷除惡業修學善行。大辯長者請問超度亡靈所獲功德，地藏菩薩為說亡者七分獲一分，六分做功德者獲得。

〈閻羅王眾讚嘆品第八〉鬼王與閻羅天子，承佛陀菩薩威神力，俱詣忉利，詢問眾生不依善道的緣故，佛陀以如迷路人比喻之。次有惡毒鬼王主命鬼王各自發起善願，佛陀稱讚認可並為之授記。

〈稱佛陀名號品第九〉地藏菩薩為利益眾生，演說聽聞及念誦過去諸佛名號的功德。

〈校量布施功德緣品第十〉地藏菩薩請問佛陀校量布施的功德，佛陀舉例並做出詳細的回答。

〈地神護法品第十一〉佛陀陀說明供養地藏菩薩塑像、畫像的十種廣大利益功德。

〈見聞利益品第十二〉佛陀放頂光、妙音稱讚地藏菩薩。觀世音菩薩請問不思議事，佛陀為說供養佛像持誦名號等應獲的功德。

〈囑累人天品第十三〉佛陀又摩地藏菩薩頂，以所有眾生託付地藏菩薩，希望地藏菩薩救度一切受苦的眾生。

延伸閱讀

《地藏十輪經》：可以更完整了解地藏菩薩的智慧、功德與悲願。

《占察善惡業報經》：是地藏菩薩告訴我們如何占察自己的善惡業報與清淨業報因緣的境界。

《文殊般若經》：此經是文殊菩薩對實相境界的體證，並讓我們清楚了知地藏菩薩守護眾生的究竟真實。

15 金光明經

Suvarṇaprabhāsottamasūtrendrarājaḥ-sūtra

版本

各種版本說明：自古以來《金光明經》在尼泊爾被視為九部大經之一，並在此發現了梵本。本經傳譯歷程如下：

（一）在此經整部譯出以前，西晉・竺法護早就有《菩薩十地經》的翻譯，其內著和本經的〈最淨地陀羅尼品〉相同，它的異譯本是鳩摩羅什所譯《莊嚴菩提心經》。

（二）北涼・玄始年間（四一二—四二八）曇無讖譯出了《金光明經》四卷，十八品。

（三）梁・承聖元年（五五二）真諦再譯成七卷，改訂了北涼譯本的各品，並補譯之〈三身分別〉、〈業障滅〉、〈陀羅尼最淨地〉、〈依空滿願〉四品，成為二十二品。

（四）北周武帝時（五六一—五七八）耶舍崛多再譯成五卷本，於北涼譯本各品外補譯出〈壽量〉、〈大辨陀羅尼〉二品。

（五）隋・闍那堀多又補譯〈銀主陀羅尼〉、〈囑累〉二品。

（六）隋．開皇十七年（五九七）大興善寺沙門寶貴綜合各家譯本，刪同補缺成為《合部金光明經》八卷，二十四品。

（七）武周．長安三年（七〇三）義淨譯出《金光明最勝王經》十卷，三十一品。這一譯本品目義理最為完備，譯文華質得中，慈恩宗慧沼曾據以註疏宏揚，乃至成為通行的版本。

除了上述外，被認為是本經部分異譯的，還有以下各本：

（一）《佛說莊嚴菩提心經》，一卷，鳩摩羅什譯

（二）《佛說大方廣菩薩十經》，一卷，吉迦夜叉譯

（三）《毗沙門天王經》，一卷，不空譯

（四）《菩薩投身飴餓虎起塔因緣經》，一卷，法盛譯

（五）《大辯天女品》，一卷，義淨譯

此外，法成曾依義淨譯本重翻為西藏文本，也有回鶻文重譯義淨譯本及西夏文譯本。但藏文藏經中除了重翻義淨的譯本之外，還收有直接從梵本翻出的兩本，一是勝友等譯十卷本（二十八品，大同義淨譯），一為失譯的五卷本（二十品，大同曇無讖譯）。其十卷本後又轉譯為蒙文本、滿文本。

而在西域還發現有於于闐文譯梵本的斷片（〈梵品〉至〈懺悔品〉、還有〈除病品〉、〈流水長者品〉的一部分）。現在尼泊爾等地存有完全梵本，二十一品，大同涼譯，日本南條文雄、泉芳環曾校印一本（一九三一年）。而印度「佛教經典協會」也印行過一本（一八九八年），但只有十五品。

通用版本：本經為北涼．曇無讖所譯，全文共四卷，收於《大正藏》第十六冊（T16, No.663）。

簡介

本經從探究佛陀壽命無量而達最高峰的〈壽量品〉開始，是讚嘆理之體證者的德行；在金鼓光明中展開〈懺悔品〉的說法，是敘述滅除背理妄動所生罪障的妙行。其餘諸品也大致順此理敘說自行及化他的兩面向。實際上法性中道之理法界宇宙之至理、不離萬有的本體，其貫穿三世無始無終，遍於十方而無邊際。而後流通分廣說諸天護世、增財、益辨、除災、顯經利益、授記、除疑等，使本經成為守護國土的重要經典。

金光明是諸佛的真實體性，於貫穿萬有原理中，眾生只是此本體迷於有我而已。如此，受持、讀誦此經，如說修行者，自然有諸佛菩薩之守護憶念，守護佛法的諸天善神在明、暗中保護此人；在除災增福的同時，進一步能夠體得此理。此經使迷惑的大眾知曉法性中道之理，並依讀誦觀行、虔敬的實踐，入於金光明生活，可視為此經的綱領。

本經中所說的懺悔罪惡方法、諸天護國思想、王法正理的論議、流水長者的放生行事等，後來都成為佛教中廣為流傳的信仰及行儀，因而使本經流行更廣。〈除病品〉中所介紹的醫學理論，也成為中國古代對於印度醫學知識的重要泉源。

本經的重要義理，如「三身十地」等說，真諦在翻譯之時已經流行，所以他很重視本經，特加註疏，由他的弟子慧曠再傳天台智顗。到了宋代天台家對於此經更有發揮。敦煌石窟中也發現有《懺悔滅罪金光明經冥報傳》，是記載持誦《金光明經》的感應事蹟。由此可知本經的廣泛流傳。

全經結構

《金光明經》全文共四卷十九品，各品大意如下：

〈序品第一〉敘說聞此為諸經王之本經的深義，受持、讀誦、解說者，受護於東方阿閦、西方無量壽、南方寶相、北方微妙聲邊等四方四佛，及護世諸天、龍王等守護。開頭處使對於一部經之教說起敬重之心。

〈壽量品第二〉王舍城的信相菩薩，就佛壽八十之短促起深切疑問時，四方四佛忽然顯現，宣說佛壽長遠超過大地之微塵數，以此除信相疑。即對佛化身之短小，而嘆賞融合法性之理的如來真身靈性。

〈懺悔品第三〉敘述信相菩薩夜夢見金鼓光明顯灼，且聞鼓音讚嘆自懺悔之功德，醒後至佛前，敘述夢中見聞之事實。亦即敘述金鼓之聲音能除眾生諸苦及諸惡，不僅能滿足諸願求，且傾耳於鼓音之說法，懺悔自他之惡業，則能滅惡得福；佛乃證明所聞無誤。

〈讚嘆品第四〉敘述信相菩薩於過去世為金龍尊國王時，時常讚嘆諸佛之相好功德，且因嘆佛之功德而夢見金鼓，聞其懺悔之教，以此誓成菩薩道，今說因此因緣，得逢金鼓之梵音。此「懺悔」、「讚嘆」二品是力說金鼓光明之教及金光明懺法之功德者。

〈空品第五〉敘說六根六塵五陰十二緣起等皆為空不可得，明示不應拘泥於主觀客觀任何物。欲達法性真如，應打破所有執著，故說此空無相之本品，應視為敘述準金鼓光明之教的修行要諦者。

〈壽量品〉以上之四品，為此經之核心，即為正宗分，以下十四品屬流通分。其中〈四天王品第六〉敘述毗沙門、提頭賴吒、毗留勒叉、毗留博叉即護國四天王，代表其他之諸天善神，於佛前發願護持此經：「此經有除眾生之苦惱力，我等誓守護國王及因家並除國難」，此即敘述天王守護招請受持此經者之國王與國土，特別是此經為護國之寶典，集後世上下永久尊崇之極重要的部分。

〈大辯天神品第七〉述說大辯天予宣揚此經者以智慧及辯才。

〈功德天品第八〉敘述功德天予本經之護持者以資具寶物，安定而弘布此程。

〈堅牢地神品第九〉敘述地神堅牢因聞經之功德而增其威力，由此守護持經者及國土。

〈散脂鬼神品第十〉敘述所有鬼神之主的散脂鬼神，隨逐此經流布至任何時地，皆守護說者及聽者。以上五品是敘述諸天鬼神守護持經者，勸發鼓勵本經之流通者。

〈正論品第十一〉敘述佛對於堅牢地神說過去力尊相之國王於讓位之時，向太子信相示治國之要道。其中亦明示國王如護持法時，天神即會守護國家，是勸導經之流通品也。

〈善集品第十二〉敘述佛於過去世為善集王時，從阿閦佛之前身的寶冥比丘聞此經，因供養於經，施於眾生種種寶，因此善因而得甚多之福報，遂成就正法，此品所說是明示國王受持正法而感善果之實例者。

〈鬼神品第十三〉敘述佛對功德天說示聞持此經之功德，不僅是於經中得見佛，且受諸多之鬼神龍王等之守護。

〈授記品第十四〉敘述信相菩薩及其二子和於法座上會見之十千天子均得受未來成佛記，為證明聽經之功德並非虛妄之品也。

〈**除病品第十五**〉述說佛對菩提樹神說為佛之前身流水長者子時，代其父持水，治癒天自在光王治下人民疾病的過去因緣。

〈**流水長者子品第十六**〉敘述前品之長者子流水，與其二子救了因為捕魚而絕於水路將死的十千之魚，為佛之本生譚。此品有關聯於十千天子授記的因緣，明示此經受持者之利他菩薩行之品也。

〈**捨身品第十七**〉說示佛於過去世為摩訶羅陀王之第三子摩訶薩埵時，將己身施於餓虎行菩薩行之因緣，此亦與前品同，闡明為眾生而不顧己身的菩薩行。

〈**讚佛品第十八**〉以無量諸菩薩及信相、菩提樹神等偈讚嘆佛之身相、智慧、功德等。

〈**屬累品第十九**〉世尊親將所說之法囑咐諸天龍王鬼神等，於滅後宣布佛法，彼等皆誓奉佛敕，自持並使他者奉持，以大眾皆充滿歡喜為終結。

延伸閱讀

《楞伽經》：更完全地掌握《金光明經》中佛陀的真實境界。

《悲華經》：澈悟釋迦牟尼佛從因位修行到成佛的完整歷程。

《小品般若經》：透過完整的智慧修證，來圓滿《金光明經》中佛陀的真實境界。

16 勝鬘獅子吼一乘大方便方廣經

Śrīmālādevī-siṃhanādas-ekayāna-mahopāya-vaipulya-sūtra

簡名

《勝鬘經》。

經名解釋

本經如其題號所示，是勝鬘夫人為一乘大方便之義作獅子吼的意思。據經中所敘述，勝鬘是由波斯匿王和其夫人末利所生的女兒，嫁與阿踰闍國的友稱王，不過在其他文獻裡，也有勝鬘是波斯匿王夫人的說法。

然而，本經的內容與勝鬘夫人的身世並不相干，就如同本經名稱《勝鬘獅子吼一乘大方便方廣經》，代表著大乘菩薩的女力，以無比的智慧威力，作大獅子吼，轉大法輪，使聽聞者悟入唯一大乘的實相說法。

版本

各種版本說明：本經有漢文和藏文兩類譯本，經題詳略不一。漢文譯本有三種：

（一）《勝鬘經》一卷，為北涼．曇無讖在玄始年間（四一二—四二八）譯，見於隋，費長房《歷代三寶紀》，早佚，唐智昇《開元釋教錄》列入闕本。

（二）《勝鬘師子吼一乘大方便方廣經》一卷，劉宋．求那跋陀羅於元嘉十三年（四三六）譯，今存。

（三）《勝鬘夫人會》一卷，唐．菩提流志於神龍二年到先天二年間（七〇六—七一三）譯，編入《大寶積經》第四十八會，今存。藏文譯本一種，共二卷，為勝友、善帝覺、智軍合譯，也編入《大寶積經》裏，現今尚存。

在現存譯本中，漢地最流行的是劉宋譯本。由於這個譯本的譯文簡要，且為歷代學者講說、著述所根據之版本，所以受到十分重視。

本經最初註釋本經的是劉宋．竺道猷的《注解》五卷已佚失。現存註釋有：

（一）敦煌出土的北魏，正始元年（五〇四）寫本《義記》。

（二）延昌四年（五一五）寫本照法師《疏》殘本各一卷。

（三）隋代有慧遠的《義記》二卷，今存上卷。

（四）吉藏《寶窟》三卷，今存。

（五）唐代有窺基《述記》二卷。

（六）明空《義疏私鈔》六卷，今存。

（七）另有元曉《疏》、道倫《疏》各二卷。

（八）靖邁《疏》、攀法師《義記》各一卷，都已佚失。

通用版本：本經為宋．求那跋陀羅所譯，全文共一卷，收於《大正藏》第十二冊（T12, No.353）。

簡介

本經敘述勝鬘夫人由於其父波斯匿王與其母末利夫人的引導，聞法見佛而生信解，得到授記，即於佛前演說一乘、一諦、一依等大乘佛法。

勝鬘夫人的父親為中印度舍衛國波斯匿王，母親為末利夫人。勝鬘夫人從小聰明通敏，受到父母薰陶而皈依佛道，敬禮讚嘆如來，得當來作佛之記。《勝鬘經》就是她承佛威神力所宣說攝受正法等法門之經典。後來她嫁給阿踰闍國友稱王，也為其說大乘之法，並與大王共同教化國中人民。

相傳當時，波斯匿王因為無兒息，祈神請福，後來果然生下一女，國民群寮皆悉歡喜，各自獻上寶華、雕麗珍飾，而將此女取名為勝鬘。勝鬘夫人不但容貌絕倫，更是聰慧利根，無論在外貌或內涵都超勝世間女子。

全經結構

本經內容分為十五章。

前三章敘述勝鬘夫人皈依、受戒、發願的經過。

第四章詳說攝持正法，總攝一切願行。而本經所說的「正法」，是專指涅槃一乘法。

第五章說明關於一乘法的修證。從第六章到十二章，解說三乘必歸於佛乘而為一乘所攝，於此詳說入於一乘之道。

第十三章說入一乘道之因。於此解釋佛說「心性本淨、客塵所染」密意是指眾生的「如來藏心」。

第十四章說淨信為本，仍指歸於涅槃。

第十五章總論以上文義作結。

有關本經的許多意義和影響，請參閱本書第五十六頁「女力覺起」的說明。

延伸閱讀

《佛說離垢勝女經》：能夠彰顯女性修行者的證悟境界。

《妙慧童女經》：體現女性修行者證悟大成就的境界。

《法華經》：讓所有的女性修行者證入佛陀的實相智慧，經文中記述龍女成佛，彰顯出女性成佛的要旨。

17 般舟三昧經

Pratyutpanna-buddha-saṃmukhāvasthita-samādhi-sūtra

簡名

《現在三昧經》、《現在定經》，梵文全稱義譯為《十方現在佛悉在前立定經》。

經名解釋

「般舟三昧」，意為「十方諸佛現立在前三昧」，支婁迦讖三卷本譯為《十方現在佛悉在前立定經》。「般舟」一詞，唐代淨土宗善導大師，在其《般若讚》中，將之譯為「常行道」，又名「立定見諸佛」，而智者大師在其《摩訶止觀》中，則譯為「常行」或「佛立」；韓國的元曉大師在《般舟經略記》，則譯為「定意」。

版本

各種版本說明：

（一）《般舟三昧經》三卷（又名：十方現在佛悉在前立定經），光和二年（一七九），竺朔佛出經，支婁迦讖傳譯，侍者孟福、張蓮筆受。

（二）《大集經賢護分》五卷（又名：賢護菩薩經），天竺三藏闍那崛多及笈多於開皇十四年（五九四）大興善寺譯出。

（三）《般舟三昧經》一卷，是三卷本的重翻，品目不全。《開元釋教錄》錄為支婁迦讖譯。

（四）《拔陂菩薩經》（又名：颰披陀菩薩經），譯者不詳，內容是般舟三昧經初四品。（闕本）

（五）《般舟三昧經》二卷，竺法護譯。

（六）《般舟三昧念佛章經》一卷（經中〈行品第二〉之別翻），失譯。

通用版本

本經為後漢．支婁迦讖所譯，全文共一卷，收於《大正藏》第十三冊（T13,No.417）。

簡介

「般舟」（pratyutpanna）是現前、佛立之意，意即修持般舟三昧之行者即可見到十方之佛立於眼前。本經是現存大乘經典中，最早期的經典，也是有關彌陀經典中之最早文獻，被視為淨土經典之先驅。

在《般舟三昧經》〈四事品〉，記載著般舟三昧的修持方法：當在三個月中，除飯食及大小便之外，不坐、不臥、經行而不休息的禪法。成就「般舟三昧」，能見阿彌陀佛：不只是見到了，而且還能與佛問答，聽佛說法。這是修習三昧成就，出現於佛弟子心中的事實。

事實上，這一類修驗的事實在佛教中是很普遍的。西元三至五世紀間，從北印度傳來，佛弟子有什麼疑問，就入於禪定，上升兜率天去請問彌勒菩薩。在玄奘大師的《大唐西域記》中即記載：「無著菩薩夜昇天宮，於慈氏菩薩所，受瑜伽師地論，」而近代中國佛教大師，在蒙受文革法難時，以百歲高齡年邁之軀，遭歹人毒打而奇蹟似存活，據其自傳《虛雲老和尚年譜》所載，當時他即是入定昇於彌勒菩薩天宮聞法，也就是這一類事實。在「祕密大乘」中，修法成就了，本尊現前；有什麼疑問，也可以請求開示。但這一切都是唯心所作，所現的一切都是無實現空的，連能觀的心也是空，切不可執著這些現象。

本經是很早期的大乘佛教經典，於西元前後一世紀開始在北印度健馱邏國地區流行。龍樹菩薩在《大智度論》、《十住毗婆沙論》中曾經引用許多此經的內容：

龍樹菩薩在《十住毗婆沙論》念佛品第二十中說：「般舟三昧父，大悲無生母，一切諸如來，從是二法生。」又說佛陀為跋陀婆羅在家菩薩說般舟三昧經。

而《大智度論》卷二十九中，亦舉如《般舟三昧經》內容來說明念佛三昧：「菩薩入是三昧，即見阿彌陀佛；便問其佛：『何業因緣故，得生彼國？』佛即答言：『善男子！以常修念佛三昧，憶念不廢，故得生我國！』」

問曰：「何者是念佛三昧得生彼國？」

答曰：「念佛者，念佛三十二相、八十隨形好、金色身，身出光明遍滿十方，如融閻浮檀金，其色明淨；又如須彌山王在大海中，日光照時，其色發明，行者是時都無餘色想，所謂山、地、樹木等；但見虛空中諸佛身相，如真琉璃中赤金外現。」

以上除了顯現出本經的重要性之外，也說明它極早就已經出現在印度。

般舟三昧在中國得到廣大的弘揚與傳頌，淨土初祖慧遠大師在廬山白蓮結社，曾聚眾修習此法，而二祖善導大師及慧日、承遠、法照諸師也相繼著書，設立道場，加以弘揚，天台智者大師更將之列為四種三昧之一，稱為「常行三昧」，即以九十日為一期，於道場內，身常旋行繞佛，無有間休，口常唱念阿彌陀佛，心亦常想念阿彌陀佛，即步步聲聲念念唯阿彌陀佛。如此，精勤不懈，則可依佛威力、三昧力，及行者之本功德力，而於定中見十方諸佛顯現於行者之前，所以又稱為佛立三昧。

本經更被視為最早傳譯至中國的淨土經典，唐代道綽法師曾修習七天七夜專念阿彌陀佛的「般舟三昧」；善導大師著有《般舟贊》一卷傳世。自宋朝以降直到近現代，歷代都有記載修習般舟三昧者，其中以宋、清兩朝最盛。

全經結構

本經共一卷，分為八品，各品簡介如下：

問事品第一

本品敘述本經宣說緣起，為佛陀在王舍城竹林精舍內，與諸大菩薩，比丘、比丘尼、優婆塞、優婆夷，及諸天龍八部護法大眾共聚。當時　陀和菩薩（意譯為「賢護菩薩」），啟問佛陀：菩薩當行何等法得智慧？云何行而能博達眾智？云何行而能自識宿命？云何行而得長壽、常在大姓家生，父母、兄弟、宗親、知識無不愛敬？云何行能得端正顏好美艷？云何得高才與眾絕異，智慧通達無所不包？……等二十多個世間與修行的問題。

佛陀告訴賢護菩薩，有三昧名為「十方諸佛悉在前立」（般舟三昧），若能修行此法，他所問的問題都能得到圓滿。

行品第二

佛陀告訴賢護菩薩，欲速疾得此三昧，應常立大信，如法行之則可得也。勿起絲毫疑想如毛髮許，此為定意法，名為菩薩超眾行。於是佛陀授以口訣：

「立一念，　信是法，　隨所聞，
念其方。　宜一念，　斷諸想，
立定信，　勿狐疑；　精進行，
勿懈怠。　勿起想，　有與無；
勿念進，　勿念退；　勿念前，
勿念後；　勿念左，　勿念右；
勿念無，　勿念有；　勿念遠，
勿念近；　勿念痛，　勿念痒；
勿念飢，　勿念渴；　勿念寒，
勿念熱；　勿念苦，　勿念樂；
勿念生，　勿念老，　勿念病，
勿念死；　勿念身，　勿念命，
……　斷諸念，　一期念。」

而在一期精勤專修的過程中，則須：

「意勿亂，　常精進。　勿懈怠，
勿歲計，　勿日倦。　立一念，
勿中忽，　除睡眠，　精其意。
常獨處，　勿聚會；　避惡人，
近善友；　親明師，　視如佛。
執其志，　常柔弱，　觀平等，
於一切。」

並且：

「避鄉里，遠親族，」了知身之五蘊皆空，

「棄愛欲，　履清淨。　行無為，
斷諸欲。　捨亂意，　習定行。」

如此修持，便能證得現在諸佛悉在前立（般舟三昧）。佛陀並以人夢中所見做為譬喻，並說佛子中摩訶迦葉、因坻達、須真天子等，皆證得此三昧。

四事品第三

佛陀告訴賢護菩薩，菩薩有四事法，能速疾逮得此三昧：

一者、所信無有能壞者。

二者、精進無有能退者。

三者、智慧無有能及者。

四者、常與善師從事。

佛陀又講此三昧的實修法門之四事：

一者，不得有世間思想，如彈指頃三月。

二者，不得睡眠三月，如彈指頃。

三者，經行不得休息三月，除其飯食左右。

四者，為人說經，不得望人供養。是為四。

此外，帶人來會合聽經、教人學佛、造佛像、抄寫經典等，也都能增長證得此三昧的福德。隨學善知識、廣行六波羅蜜，也是成證本三昧因緣。

譬喻品第四

佛陀以種種譬喻解說，此三昧雖然有種種大利益，但如果不肯學習、受持，還是枉然。譬如有愚痴者，遇到香主持珍貴名香栴檀要送他，但是痴人不接受。香主說你聞了就知道它的香味，你看了就知道它是清淨之物。但是痴人卻寧願閉起眼睛，不嗅也不看，就是不願接受。佛陀以此比喻此三昧雖珍貴有大利益，但若學人視而不見，就宛如上述的痴人一般。

四輩品第五

本品為賢護菩薩請問佛陀，比丘、比丘尼、居士、女居士（優婆夷）等四眾弟子，如果聽聞此三昧，應如何修持及實踐。

擁護品第六

本經最後，賢護菩薩、羅隣那竭菩薩、憍曰兜菩薩、那羅達菩薩、須深菩薩、摩訶須薩和菩薩、因坻達菩薩、和輪調菩薩等八菩薩，見佛所說皆大歡喜，持妙好衣物、珍寶供養。佛陀告訴阿難：陀和等五百人，為人中之師，常持正法隨順教化，莫不歡喜，樂隨侍者心淨無欲。

此五百人以賢護菩為首，於佛前恭敬合十，請問佛陀：菩薩如何速疾得證此三昧？佛陀教以行四事，並宣說此經功德。

勸助品第七

佛陀告訴賢護菩薩，菩薩於是三昧中，將有四事助其歡喜，並以種種譬喻宣說助歡喜之福德廣大。

至誠品第八

佛陀宣說往昔精進修持此三昧的成就者行持之廣大功德，及如果有人欲學習此三昧，應當助歡喜。佛陀宣說此三昧時，千八百億諸天、阿須輪、鬼神、龍、人民，得須陀洹道；八百比丘得阿羅漢；五百比丘尼得阿羅漢；萬菩薩得是三昧，得無從生法於中立；萬二千菩薩不復退轉。佛陀並咐囑舍利弗、目揵連、比丘及賢護菩薩等修學此三昧，並助欲學者安心學習，為其宣說，使此法廣大流佈。

延伸閱讀

《觀無量壽經》：修行佛立在前的般舟三昧者，能更完整修持極樂世界的觀法。

《解深密經》：能夠讓修行者體證自心昇華的真實境界。

《念佛三昧經》：能夠增廣般舟三昧的念佛境界。

18 楞伽阿跋多羅寶經

Lankāvatāra-sūtra

簡名

《楞伽經》，又名《入楞伽經》。

經名解釋

意為「含佛教神聖正統教義的楞伽阿跋多羅大乘經典」，而漢譯全名為《楞伽阿跋多羅寶經》，而「楞伽阿跋多羅」即「入楞伽（Lanka）」之意，所以北魏．菩提留支把它譯作《入楞伽經》。

本經中提及世尊至楞伽，並於其地說教。「楞伽」，通常被視同於錫蘭島，但譯經者或謂為楞伽山，或謂為摩羅耶山頂之楞伽城，所以楞伽到底是山名或城名，並不太清楚。然而，若依菩提留支譯的《入楞伽經》所述，世尊於大海之龍宮說法七日後，往至南岸，遙望摩羅耶山的楞伽城之後，遂離龍宮，渡海而入彼城。由此可知，世尊是在印度大陸之外的一座孤島中講法。而在經中謂統治楞伽者為十頭羅剎羅婆那。

版本

各種版本說明：本經的中文譯本共有四種，最早為北涼曇無讖所譯之《楞伽經》。然此本已佚。現存三種，如下所列：

（一）劉宋元嘉二十年（四四三）求那跋陀羅譯《楞伽阿跋多羅寶經》共四卷，又稱為《四卷楞伽經》、《宋譯楞伽經》。

（二）北魏菩提流支譯《入楞伽經》共十卷，又稱為《十卷楞伽經》、《魏譯楞伽經》。

（三）唐實叉難陀譯《大乘入楞伽經》共七卷，又稱為《七卷楞伽經》、《唐譯楞伽經》。

此外，另有藏譯本二種。其一與梵文原典完全一致，另一為求那跋陀羅漢譯本的重譯本。而日本南條文雄於一九二三年曾校刊梵文本行世，係尼泊爾所傳之梵本。在三種漢譯本中，實叉難陀的譯本與梵本比較接近，而求那跋陀羅的譯本則最能表現此經的原始型態，流行亦最廣。

本經註疏甚多，重要者有唐法藏《入楞伽經玄義》一卷、宋善月《楞伽經通義》六卷、正受《楞伽經集注》四卷，明德清《觀楞伽經記》八卷、如玘《楞伽經注解》八卷等。日本方面，則有光謙《楞伽經講翼》、養存《楞伽經論疏折衷》等。

通用版本：本經為劉宋・求那跋陀羅所譯，全文共七卷，收於《大正藏》第十六冊（T16,No.670）。

簡介

本經為印度佛教法相唯識系與如來藏系的重要經典，內容闡述「諸法皆幻」之旨趣。禪宗的初祖達摩祖師即是以此經授予弟子來印心，以四卷《楞伽經》授慧可，並云：「我觀漢地，唯有此經，仁者依行，自得度世。」慧可對此經進行自由闡發。慧可門徒亦持此經，遊行村落，不入都邑，行頭陀行，主張「專唯念慧，不在話言」，實行以「忘言、忘念、無得正觀」為宗旨的禪法，逐漸形成獨立的派別，而被稱為「楞伽師」，並成為以後禪宗的先驅者。

（一）本經的如來藏思想

《楞伽經》一貫的意趣則是所謂的唯心論的主張。對於言八識、明三自性之點，則是繼承《解深密經》等唯識系的思想，所以本經可說是法相宗所依六經中的一部。此六經是指：（一）《華嚴經》、（二）《深密經》、（三）《如來出現功德莊嚴經》、（四）《阿毗達磨經》、（五）《楞伽經》、（六）《厚嚴經》（或說本經未傳譯，也有說即是唐地婆訶羅（即日照）所譯之《大乘密嚴經》三卷）。

此經雖承認心、意、意識各有獨自的功用，但卻謂諸識為別相，故引海水造成波浪之聲，而說八識無本質上的差別。

因為在論說阿梨耶識緣起論時，其另一方面即在強調法性無差別之實相論，所以可說本經是在最發達的組織上構成緣生無性的哲學。立於此寂靜無相之境地上，而將為萬象生起之所依稱作如來藏，其實與阿梨耶識並無差異。所以本經的如來藏阿梨耶識說，就如同連結了《勝鬘經》的如來藏思想和《起信論》的阿梨耶識說一樣，而與這些經論屬於同一支流。

至於唯識哲學方面，為現象之說明原理的阿梨耶識，利用其與真如、實際、空、涅槃等同義語的如來藏之結合，以造成實在和現象的根本原理。由此亦可看出賢首法藏大師的思想受到本經的影響。

（二）五種乘性證法

本經第二卷的最後乃在陳述五種乘性的證法。但於無性乘的一闡提之中，除欲渡盡一切眾生界的菩薩一闡提為例外之外，即使是捨一切善根之一闡提，若值於諸佛、善知識等，亦可發菩提心、可生善根，即可證得涅槃，所以究極的無性便不存在。而第四卷的末尾亦謂：入寂的二乘亦如酒退而自醉中醒來一般，終可證得法無我，離二乘而至得佛果，所以所謂決定的二乘也是不可能的。《楞伽經》的歸結之所，雖是為引導眾生而說諸乘，但事實上諸乘並無差別，所以只能得一佛乘。至於針對「解深密經」等種姓差別之思想，則應該注意到《法華經》所說的會三歸一的主張，於此再度被喚起。另外，第四卷中所謂的決定寂滅、退菩提心及應化之三種阿羅漢，若與「法華論」的四種聲聞相對照，將會是一個很有趣的問題。

《楞伽經》是禪宗初祖印度人達摩傳燈印心的無上寶典，因此是歷來禪者修習如來禪、明心見性最主要的依據之一。此外，佛陀於本經中詳示五法、三自性、八識、二種無我，而這些法門，也都是法相宗、唯識學主要研習的對象，尤其是三自性（依他起性、遍計所執性、圓成實性）、以及八識

（眼、耳、鼻、舌、身、意、末那、阿賴耶）的體、相、用，更是唯識學的本色當行；甚至五法（相、名、妄想、正智、如如），以及二種無我（人無我及法無我）也是法相宗參究的主要內容之一。

因此，歷來學習相宗的行者，都將本經與《解深密經》並列為必讀的根本經典之一。由此可見，《楞伽經》是一部性相圓融、各宗共尊的聖典，不論在性宗或相宗的根本經典中，都列於首要之位。

全經結構

〈一切佛語心品之一〉佛陀安住於楞伽山頂，與大比丘僧，及大菩薩眾俱。大慧菩薩以偈問百八句，佛陀以偈領總以一切句非一切句答之。次答諸識生住滅有二種，其次闡明七種性自性、七種第一義。次答心、意、意識、五法、自性、相。其次闡明上聖智三相。其次回答所問聖智事分別自性經。其次回答淨除自心現流頓漸的問題。其次回答常不思議非同外道的問題。其次闡明五無間種性，及菩薩一闡提。其次闡明三自性。其次闡明二種無我相。其次答離建立、誹謗、見。其次回答一切法空，無生、無二，離自性相的問題。

〈一切佛語心品之二〉佛陀回答：「如來藏」不同於外道所說之「我」。其次回答修行者大方便。其次回答一切諸法緣因之相。其次回答言說妄想相心經之問。其次回答自覺聖智所行之問。其次說明四種禪。其次回答般涅槃問。其次闡明二種自性相、二種神力建立。其次回答緣起不同外道因緣之的問題。其次回答常聲為惑亂。其次闡明一切法如幻。其次闡明當善觀名、句、形、身，及四種計論。

其次回答四果差別通相之問。其次闡明有二種覺。其次闡明當善四大造色。其次闡明當說諸陰自性相。其次闡明外道有四種涅槃。其次宣說妄想自性分別通相。其次回答自覺聖智相及一乘的問題。

〈一切佛語心品之三〉佛陀宣說三種意生身。其次回答五無間不入地獄的問題。其次回答佛知覺問。其次回答諸佛四等，即字等、語等、法等、身等。其次回答不說是佛說的問題。其次回答離有無有相的問題。其次回答宗通相的問題。其次回答不實妄想的問題。其次回答善語義問。其次闡明智識相。其次闡明外道九種轉變論。其次回答一切法相續義、解脫義。其次回答一切法妄想自性非性的問題。其次闡明一切法不生不應立宗。其次回答智不得的問題。次分別說通及宗通。其次回答勿習近世間論問。其次回答外道妄想涅槃，非順涅槃。

〈一切佛語心品之四〉佛陀回答如來為作為不作等問題。其次回答不生不滅是如來異名的問題。其次回答不生不滅無奇特的問題。其次回答外道七種無常，非是佛法。其次回答滅正受次第相續的問題。其次回答如來非常非無常。次因誰生誰滅的問題，明如來藏是善不善因。其次回答五法、自性、識、二種無我、究竟分別相。其次回答如恆河沙的問題。其次回答一切法剎那的問題。其次回答六波羅蜜有三種分別。其次回答種種相違問難。其次回答不食肉的意義。

楞伽阿跋多羅寶經 宋譯四卷，一切佛語心品 Sarva-Buddha-Pravacana-hṛdaya	入楞伽經 魏譯十卷，十八品	大乘入楞伽經 唐譯七卷，十品
卷一〈一切佛語心品之一〉	請佛品	羅婆那王勸請品 Rāvaṇādhyeṣaṇā
卷一〈一切佛語心品之二〉	問答品	集一切法品 Ṣaṭ-triṁśat-sāhasra-sarva-dharma-samuccaya
卷一〈一切佛語心品之三〉 卷二〈一切佛語心品之四〉	集一切佛法品	
卷三〈一切佛語心品之三〉	佛心品	無常品　Anityat
	盧迦耶陀品	
	涅槃品	
卷四〈一切佛語心品〉	法身品	
	無常品	
	入道品	現證品　Abhisamaya
	問如來常無常品	如來常無常品 Tathāgata-nityānitya-prasaṅga

	佛性品	剎那品 Kṣaṇika
	五法門品	
	恆河沙品	
	剎那品	
	化品	變化品 Nairmāṇika
	遮食肉品	斷食肉品 Māṁsa-bhakṣaṇa
（無對應）	陀羅尼品	陀羅尼品 Dhāraṇi
	總品	偈頌品 Sagāthakam

延伸閱讀

《大乘密嚴經》：可以完整增加《楞伽經》轉識成智的圓滿的過程。

《解深密經》：唯識的根本經典，幫助我們了解從染污到圓滿智慧的修行與實證過程。

《大品般經》：由般若的甚深理趣，能夠對佛法的智慧做全面性的體悟。

19 大乘密嚴經

Mahāyāna-ghana-vyūha-sūtra

簡名

《密嚴經》。

經名解釋

密嚴淨土又稱為「密嚴佛土」或「密嚴世界」，是指如來所依止的真如法性之自受用淨土。《大乘密嚴經》卷中〈顯示自作品〉中說：「密嚴佛土是最寂靜，是大涅槃，是妙解脫，是淨法界。亦是智慧及以神通諸觀行者所止之處。本來常住不壞不滅。」

版本

各種版本說明：本經主要的兩個漢譯本，一為唐·地婆訶羅（日照）所譯，另一為唐·不空（七〇五—七七四）所譯。大體而言，此二譯本的譯語大致相同，皆為三卷版本，只是品名稍異。但是就體裁而言，正如不空譯本篇首的代宗序文所說，日照譯本的長行、偈頌各半，而不空譯本則多偈頌韻文。此外，日照譯較不空譯有更多的省略處。

西藏也有本經的譯本，稱之為《聖厚莊嚴大乘經》（德格版 No.110），其品目為四卷九品，與漢譯本略有不同。註疏有法藏《密嚴經疏》四卷（缺第一卷）、日僧覺鑁《密嚴淨土略觀》一卷等。

通用版本：本經為唐·不空所譯，全文共三卷，收於《大正藏》第十六冊（T16,No.682）。

簡介

本經旨在闡明如來藏、阿賴耶識的義理，並廣說密嚴淨土之相。全經分為八品，內容敘述佛陀在超越三界的密嚴國土上昇座說法。金剛藏菩薩請示第一義法性，佛陀以如來藏的不生不滅作答。其次，金剛藏菩薩對如實見菩薩、螺髻梵天王等，解說如來藏、阿賴耶識等大乘法相。最後說明如來藏即阿賴耶識、即密嚴的理由。本經屬於大乘佛教如來藏唯識經典，是玄奘三藏揉譯《成唯識論》所依的六經之一。

本經主旨在闡述阿賴耶識者，即密嚴國土，恰如《華嚴經》中善財童子五十三參所經歷遊遍之普賢身，實即不離自身一心八識如來藏所顯之如幻佛土。經文開始，由如實見菩薩啟問世尊，金剛藏菩薩續稟更問而為經主，世尊總提綱要開示之後，承佛威力，更由如實見菩薩與金剛藏菩薩問答，而由後者更為法主，更為會中大眾開闡賴耶密嚴心要。就法會體序與經旨內容而言，本經與同為如來藏唯識經典之《楞伽經》頗為相類，兩經同說五法三自性二無我，亦同以阿賴耶識為萬法出生與成佛根本，唯與會聞法大眾根機有別，互有側重。

全經結構

〈密嚴會品第一〉佛陀安住出過三界的密嚴佛土，與十億佛土微塵菩薩大眾俱。放光注照示現莊嚴殊勝之相，回答如實見菩薩之問。有金剛藏菩薩請問第一義法性，佛陀答以如來藏不生不滅，如月普現。

〈妙身生品第二〉如實見菩薩請金剛藏菩薩說諸聖人內證之境。金剛藏以偈頌回答，並闡明三性、五法等義理，並示現大小無量身形。又有眾多菩薩，同問世間一切由誰所作？金剛藏菩薩以偈頌回答：阿賴耶識能現眾法。次有螺髻梵王，承佛威力來密嚴國，以偈問法。金剛藏亦以偈宣說如來善示現義。

〈胎生品第三〉金剛藏菩薩告訴螺髻梵王，呵斥胎生不淨，應當捨離。亦不應為三昧所縛，若離二取，則生於密嚴國。

〈顯示自作品第四〉金剛藏菩薩復告螺髻梵王，深明五蘊不實，寶髻菩薩更請隨宜說法，金剛藏深明一切唯心。

〈分別觀行品第五〉金剛藏復說舍、拳、軍、車等譬喻，以闡明諸法無實。應該速發廣大心，修清淨觀行，生於清淨佛土。

〈阿賴耶建立品第六〉金剛藏菩薩再次闡明阿賴耶識，與染、淨法恆作所依。

〈自識境界品第七〉金剛藏菩薩放髻珠光，普照一切，為如實見菩薩說法，以雪山惡獸譬喻外道於阿賴耶所生我見。

〈阿賴耶微密品第八〉寶手菩薩、眾色最勝王，請問金剛藏菩薩名想等義。金剛藏菩薩以偈回答：依假相安立名字，假名並無實事。乃至賴耶與七識，譬如鐵與磁石，二者俱無有思。如果證得如幻首楞嚴大定，則於一切法皆得以自在變現。又復廣明阿賴耶識，隨迷悟緣，為凡為聖，於是眾色最勝王等，復以偈請說法。月幢世尊分身眷屬，亦共集會。金剛藏重新以偈頌闡明唯識妙義，無量菩薩天人咸皆讚嘆供養，更請說法。於是金剛藏又與大樹緊那羅王、持進菩薩、觀自在等諸大菩薩，演說諸法性空，從心而起，乃至阿賴耶識，與如來藏不一不異等義。

延伸閱讀

《解深密經》：透過體悟心性真實的狀態與《大乘密嚴經》相應。

《楞伽經》：讓我們能更深入體悟，從眾生到如來心性的境界。

《彌勒菩薩所問本願經》：體悟彌勒菩薩的境界，並深入瑜伽深行的意旨。

20 彌勒菩薩所問本願經

Maitreyaparipṛcchā-sūtra

簡名

《彌勒菩薩本願經》、《彌勒雜經》、《彌勒本願經》、《彌勒問本願經》、《彌勒菩薩所問經》

版本

各種版本說明：根據諸經錄所記載，本經共有三種譯本：

（一）西晉．竺法護譯本，也就是現今流通的版本。

（二）東晉．祇多蜜所譯《彌勒所問本願經》（已佚失）。

（三）《彌勒菩薩所問會》，即《大寶積經》第四十二會，為唐．菩提流志所譯。

通用版本：本經為西晉．竺法護所譯，全文共一卷，收於《大正藏》第十二冊（T12,No.349）。

簡介

彌勒菩薩（Maitreya），漢譯為彌勒或彌帝隸，乃菩薩之姓，意譯作慈氏，有時佛亦稱之為阿逸多。彌勒菩薩現居兜率天，盡其一生之後，將到人間補釋迦佛處而成佛，所以也稱為「一生補處菩薩」。

無論是在中國或者是在印度，彌勒菩薩的信仰，都是相當重要的。彌勒菩薩是繼世尊之後成佛的補處菩薩，也是我們娑婆世界賢劫千佛中的第五佛。據傳彌勒菩薩現在在兜率天上為諸天眾說法，將於未來五十六億七千萬歲後，再下生閻浮提，於龍華樹下成道，度釋迦牟尼佛教化中遺漏的有緣人。彌勒菩薩現生雖為菩薩，但未來即將成佛，所以大家從其果位，通常尊稱為彌勒佛。

本經敘述彌勒菩薩啟問佛陀：菩薩欲成如來正覺前，所應行之菩薩行。前半部是彌勒菩薩啟問：如何能棄諸惡道，不隨於惡知識？佛陀乃教以安住於大悲及空，於一切法不生分別，及七菩提分、八聖道分、九次第定、十種三昧等十法行。本經後半部則是佛陀對阿難開示彌勒菩薩與佛陀往昔因地修行佛道的因緣。

全經結構

本經緣於彌勒菩薩問世尊說：「菩薩應行何法，才可離諸惡道，而不隨於惡知識中？」佛陀教以十種法行：

菩薩一法行：寂靜平等道意。

菩薩二法行：一者，住於定無所起，二者、方便別諸所見。

菩薩三法行：一者，得大哀法（即大悲法）；二者，於空無所習；三者，所知無所念。

菩薩四法行：一者，立於誡；二者，於一切法無所疑；三者，樂處閒居；四者，等觀。

菩薩五法行：一者，常立德義；二者，不求他人長短；三者，自省身行；四者，常樂於法；五者，不自念身常救他人。

菩薩六法行：一者，不慳貪；二者，除弊惡之心；三者，無愚癡；四者，無麁言；五者，其意如虛空；六者，以空為舍。

菩薩七法行：一者，有善權之意；二者，能分別於諸法寶；三者，常精進；四者，常當歡悅；五者，得於信忍；六者，善解定意；七者，總智慧明。

菩薩八法行：一者，得直見；二者，直念；三者，直語；四者，直治；五者，直業；六者，直方便；七者，直意；八者，直定。

菩薩九法行：一者、菩薩以脫於欲，遠離諸惡，不善之法無有想念，以得寂定歡喜，行第一一心；二者，已除想念，內意為寂，其心為一，無想無行便得定意，心為歡悅，行第二一心；三者，離歡喜觀常為寂定，身得安隱如諸聖賢，所說所觀心意無起，行第三一心；四者，苦樂已斷，歡悅憂慼皆悉為止，所觀無苦無樂其意清淨，得第四一心；五者，過於色想；六者、無復說想；七者，不復念種種想，悉入無央數虛空慧；八者，皆過無央數虛空慧，入無量諸識知之行；九者，皆過諸識知之慧，無復有無之想，皆過諸無識之慧，便入有想無想之行，不見想得寂定三昧。

菩薩十法行：一者，得金剛三昧；二者，所住處有所進益三昧；三者，得善權教授三昧；四者，得有念無念御度三昧；五者，得普遍世間三昧；六者，得於苦樂平等三昧；七者，得寶月三昧；八者，得月明三昧；九者，得照明三昧；十者，得二寂三昧，於一切諸法具足。

行此菩薩十法行，能棄諸惡道，不隨於惡知識。

本經後半部，佛陀告訴阿難，彌勒菩薩往昔為賢行梵志時，見如來身光相好而欽慕發願的本生故事。彌勒菩薩發心較釋迦牟尼佛早四十二劫，而釋迦佛卻先成道。這是由於釋迦佛累劫勤苦，布施眼目、骨髓予眾生，割肉餵鷹、捨身飼虎，勇猛精進，而超越了彌勒菩薩九劫。

彌勒求佛道時，則是依善權方便的安樂道達到無上道。他每日於晝夜六時，正衣束體，叉手下膝著地，向十方諸佛頂禮，唱偈願悔一切過，助眾道德，歸命諸佛，得無上慧。又願成佛時，令國中人民無垢穢，三毒不深，奉行十善。佛告訴阿難，而後當來世人民，無有垢穢，行十善而少三毒，彌勒當於此時，得無上正覺。

而釋迦牟尼佛求菩薩道時，發心欲護一切，悉令得淨，所以身處於五濁惡世之中卻甘之如飴。從本經中可以看出佛法中「易行道」、「難行道」及「淨土行」、「穢土行」兩種截然不同的菩薩道型態的鮮明對比。

延伸閱讀

《大乘密嚴經》：更深刻體悟彌勒菩薩的真實教法。

《觀彌勒菩薩上升兜率天經》：能更為理解彌勒菩薩的完整教法，乃至他上升兜率天教授眾生的內容。

《彌勒菩薩下生經》：體悟未來彌勒菩薩成佛教化眾生的因緣。

21 解深密經 Saṃdhi-nirmocana-sūtra

版本

各種版本說明：由於本經正宗七品的全文在《瑜伽師地論》中被整篇引用，加上《成唯識論》也一再引用此經，因而顯示本經在印度是瑜伽行派的重要典據。自從此經漢譯之後，法相宗人更依此經〈無自性相品〉，分判釋迦如來一代的教法，為有、空、中三時之教，並依此經的〈心意識相品〉及〈一切法相品〉文，以三性說及唯識說為一宗的根本教義。

相傳此經梵文廣本有十萬頌，今譯是其中的略本，僅一千五百頌，譯文分八品。在唐譯以前，此經曾經譯過三次。

本經有二種完整的漢文譯本：

（一）元魏延昌三年（五一四），北天竺三藏菩提留支在洛陽少林寺譯，名《深密解脫經》，五卷，開為十一品。

（二）唐貞觀二十一年（六四七），唐三藏玄奘於弘福寺譯，名《解深密經》。

本經的二種節譯本：

（一）劉宋元嘉中（四二四—四五三），中印度·求那跋陀羅在潤州江寧縣東安寺譯，名《相續解脫經》，一卷，只有最後兩品。

（二）西印度·真諦三藏於陳天嘉二年（五六一）在建造寺譯，名《解節經》，一卷，只有前兩品（開為四品）。

通用版本：本經為唐·玄奘所譯，全文共五卷，收於《大正藏》第十六冊（T16,No.676）。

簡介

本經解釋大乘境、行、果的深義。經文一共有八品：第一〈序品〉是序分，第二〈勝義諦相〉，以下七品是正宗分。正宗七品，可分為三類：初四品明所觀境，次二品辨能觀行，後一品顯所得果。是唯識的根本要典，解釋大乘境、行、果的深義。

「解深密」是梵文 Sandhinirmocana 的義譯。

據圓測《解深密經疏》、智周《成唯識論演祕》（卷三末）、道倫《瑜伽師地論記》（卷二十上）都說「珊地」有諸物相續、骨節相連、深密等意義。各種譯本的標題，即各取其中的一義，而以唐譯題名為最當。由於此經所明甚深密義，難可通達、難可解釋，如同堅結堅固拘結，相續連接。將此相續堅結解開，解釋闡明如是甚深之義，名為「解深密」。

全經結構

本經解明大乘對所觀之「境」、能觀之「行」、所證之「果」的深遠義理，經文一共有八分，第一〈序品〉是序分，第二〈勝義諦相〉，以下七品是正宗分。正宗七品，可總攝分為三類：最初四品解明所觀之境，次二品分辨能觀行，後一品顯所得果。簡介如下：

〈序品〉詳敘教主釋迦牟尼佛所具的殊勝功德和所居住的淨土莊嚴，以及所有能解深義密義的無量菩薩聲聞大眾。

〈勝義諦相品〉宣說勝義諦相離言離分別，超過一切尋思與一切法，非一非異，而遍在一切法中平等一味，即離言法性，亦即諸法實相。

〈心意識相品〉從世俗諦敘述八識（心意識）的體相。說明阿賴耶識生滅相續，是生死根源，以及它的各種名稱及其差別。乃至眼、耳、鼻、舌、身、意六識生起等相。

〈一切法相品〉總括一切諸法的體相為遍計所執性、依他起性、圓成實性等三種性相，以說明一切染淨的法相。

〈無自性相品〉闡明一切諸法皆無自性，即依三種自性立三無性。

一、遍計所執性相是依假名安立，即相無性。

二、依他起相是依眾緣所生，即生無性。

三、圓成實相是一切法的勝義諦，為一切法無我性所顯，即是勝義無性。

由此和會一乘、五性之說，謂聲聞、獨覺、菩薩三乘有情，都由此無自性一妙清淨道，證得無上涅槃，由此密意說「唯有一乘」，但其中也有鈍根、中根、利根等種性的差別。

因此，世尊說法，有三時不同，初時只為發趣聲聞乘人，用四諦相轉正法輪，是未了義；在第二時中為發趣修大乘人，依一切法皆無自性，用隱祕相轉正法輪，仍是未了義；在今第三時中普遍為發趣一切乘人，依一切法皆無自性，用顯了相轉正法輪，是真了義。

〈分別瑜伽品〉說明修瑜伽行中奢摩他（止）、毗鉢舍那（觀）的義相，顯示唯識止觀的妙行，證明諸法唯識所變，而分別其定慧行相。

〈地波羅蜜多品〉敘說菩薩十地乃至第十一佛地的名義，及菩薩所應學事有布施、持戒、忍辱、精進、靜慮、智慧（般若）六波羅蜜，而以智慧波羅蜜為能取諸法無自性等義。

〈如來成所作事品〉敘說如來法身及化身的圓滿功德，以明此如來成所作事了義之教。

由以上各品，可以看出正宗分七品中，前四品為理論，後三品為實踐。而理論之中，〈勝義諦相品第二〉是闡明萬有之實性，〈心意識相品第三〉至〈無自性相品第五〉是明萬有之現象。實踐之中，〈分別瑜伽品第六〉是其方法，〈地波羅蜜多品第七〉是其行位。以此二品為根源，如此到達之果地為〈如來成所作事品第八〉。整部經的組織井然，理路明晰，是其他經典所少見，尤其是對於止觀的說明極為詳細。總括以上所述，圖示於後：

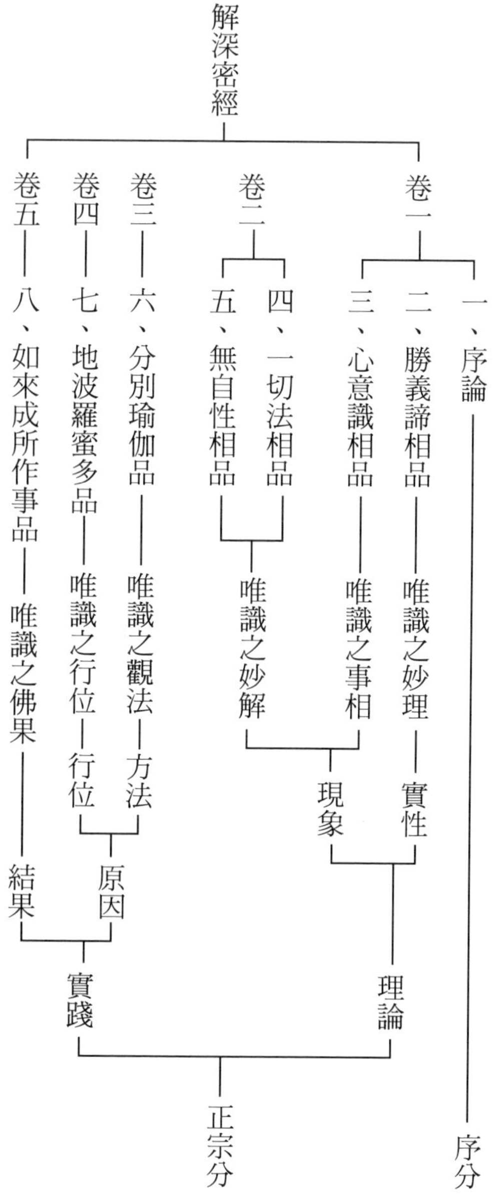

延伸閱讀

《楞伽經》：更深刻的體會《解深密經》所記載的心識內容。

《大乘密嚴經》：完整詮釋眾生心性的真實狀態。

《彌勒菩薩所問本願經》：了解唯識教法的完整意旨。

22 金剛頂一切如來真實攝大乘現證大教王經

Sarvatathāgatatattvasaṃgraha-sūtra

簡名

《金剛頂大教王經》、《金剛頂經》，或單稱《三卷教王經》、《教王經》。

版本

各種版本說明：古來相傳此經有四本：

（一）法爾恆說本：即大日如來智法身常恆說法不斷之經典。

（二）塔內安置本：即無量頌廣本，為金剛薩埵蒙如來之教敕，將恆常本循諸經樣式，加入五成就而成之經典，置於南天竺鐵塔內，待機緣而傳。

（三）十萬頌廣本：即龍猛菩薩從金剛薩埵所授的十萬頌本（十八會）。

（四）四千頌略本：即十萬頌之中的四千頌略本（八十會中之初會），現今所傳譯者即為此本。

現今流傳的略本有二種：

（一）唐．金剛智譯《金剛頂瑜伽中略出念誦經》四卷，為十八會中初會之摘略。

（二）宋．施護譯《一切如來真實攝大乘現證三昧大教王經》三十卷，係十八會中初會之全譯本。

二者內容雖有廣略之別，但應為同本異譯。

而其他屬於金剛界之經典，也有被稱為《金剛頂經》者，如《十住心論》卷十引《金剛峰樓閣一切瑜伽瑜祇經》，《祕藏寶鑰》卷下引《一字頂輪王儀軌》時，皆用《金剛頂經》一名。「金剛峰」與「金剛頂」為同源異譯，都是指金剛杵的尖端。

本經的註釋除上述《十八會指歸》一卷外，另有《金剛頂經大瑜伽祕密心地法門義訣》一卷、《金剛頂經疏》七卷、《金剛頂經開題》一卷、《教王經義記》三卷、《教王經解題》五卷等。

通用版本：本經為唐．不空所譯，全文共三卷，收於《大正藏》第十八冊（T18,No.865）。

簡介

本經原藏於南天竺的鐵塔內，由龍猛菩薩入塔內從金剛薩埵蒙受此經，凡有十萬頌。後由龍猛傳門人龍智，再傳金剛智三藏。金剛智東渡時，在途中遇暴風侵襲，其經大半流失，所以現今翻譯流傳者僅是其中之一小部分。

全經結構

《金剛頂經》的大本原有十萬偈十八會，但目前所看到的《金剛頂經》是十八會中的初會，只有四千偈；據《金剛頂經瑜伽十八會指歸》所述，初會名〈一切如來真實攝教王〉，由〈金剛界〉、〈降三世〉、〈遍調伏〉、〈一切義成就〉等四大品所組成。

金剛頂經的十八會略說如下：

金剛界所結集的經，總計十萬頌，共十八會。不空所譯《金剛頂一切如來真實攝大乘現證大教王經》三卷即是〈金剛界品〉之譯本。雖然僅是十八會中的一小部分，但是因為譯文完備而受重視。

所謂十八會，依據《金剛頂瑜伽十八會指歸》所說，分別簡介如下：

初會：一切如來真實攝大乘見證大教王會，在色究竟天說。

第二會：一切如來祕密主瑜伽會，在色究竟天說。

第三會：一切教集瑜伽會，在法界宮殿說。

第四會：降三世金剛瑜伽會，在須彌頂說。

第五會：世間出世間瑜伽會，在波羅奈國空界說。

第六會：大安樂不空三昧耶真實瑜伽會，在他化自在天說。

第七會：普賢瑜伽會，在普賢菩薩宮殿說。

第八會：勝初瑜伽會，在普賢菩薩宮殿說。

第九會：一切佛集會拏吉尼戒網瑜伽會，在真言宮殿說。
第十會：三昧耶瑜伽會，在法界宮殿說。
第十一會：大乘現證瑜伽會，在色究竟天說。
第十二會：三昧耶最勝瑜伽會，在空界菩提道場說。
第十三會：大三昧耶真實瑜伽會，在金剛界曼荼羅道場說。
第十四會：如來三昧耶真實瑜伽會，在金剛界曼荼羅道場說。
第十五會：祕密集會瑜伽會，在般若波羅蜜宮說。
第十六會：無二平等瑜伽會，在法界宮殿說。
第十七會：如虛空瑜伽會，在實際宮殿說。
第十八會：金剛寶冠瑜伽會，在第四靜處天說。

其中，初會有四大品，即〈金剛界品〉、〈降三世品〉、〈遍調伏品〉、〈一切義成品〉。內容略述金剛界如來入金剛三摩地、出生金剛界三十七尊、禮讚如來、建立金剛界大曼荼羅之儀則、引弟子入曼荼羅之法，及羯磨曼荼羅、三昧耶曼荼羅、法曼荼羅等。

延伸閱讀

《大日經》：完整掌握密法的核心意旨。

《理趣經》：了解密法與般若實相的相應狀態。
《雜阿含經》：將密法落實在平日恆常修證的平實狀態。

23 中阿含經

Madhyama-āgama-sūtra

經名解釋

本經乃是南傳的五尼柯耶或北傳的四阿含經之一，相當於巴利文的中部（MajhimaNikāya）。漢譯中收輯有六十卷、十八品、二百二十二經，而巴利文則收輯了三篇、十五品、百五十二經。

漢譯的中阿含是說一切有部的誦本，而南傳的中部則是銅鍱部的誦本。兩種不同的誦本，僅有九十八經相同，而品名相同的則有四品。兩者所以不同，是因為二部對四阿含的編輯體例組合不同的緣故。

《彌沙塞五分律》及《分別功德論》中說：由於所匯集的眾經，不長不短，事處適中，所以本經稱為《中阿含經》。

版本

各種版本說明：

（一）兜佉勒國沙門曇摩難提所譯，約三八四至三九一年期間所譯，已佚失。

中阿含的漢譯，前後共有二回。第一譯在《出三藏記集》卷十三中說，兜佉勒國（Tokhara，又稱覩貨邏、吐火羅）的沙門曇摩難提（Dharmanandi，漢譯法喜），由前秦苻堅建元二十年至姚萇建初六年（三八四—三九一）間，在長安城內譯出《增壹阿含》及《中阿含》，凡一百卷。其中《增壹》有四十一卷，《中阿含》則為五十九卷。《出三藏記集》同卷及卷三說，難提口誦胡本，由竺佛念譯出。但卷三又說《增壹阿含》為三十三卷。

《高僧傳》卷一說，苻堅之臣武威太守趙正，因道忘身，為使慕容沖的叛逆不擾動關中，乃於安城中集合眾僧，亦請難提譯出中、增壹兩阿含及其他經典。後來姚萇為寇逼進關內，關中危阻，難提乃請辭還回西域而不知其所終。此為第一譯本，因為很快即流失而無法傳至今日，其內容如何不得而知。

（二）罽賓國瞿曇僧伽提婆所譯，約於四〇一年譯出。

第二譯乃由罽賓國（Kaśmīra，亦稱迦濕彌羅．羯濕弭羅）出身的瞿曇僧伽提婆（Sa ghadeva，漢譯眾天）共僧伽羅叉（Sangharakṣa，漢譯眾護）所譯出，共有六十卷，提婆傳記出於《出三藏記集》卷十三、《開元釋教錄》卷三及《高僧傳》卷一，大體上大同小異。他在苻堅建元年間來長安宣流法化。當時長安亦有釋道安蒙秦主苻堅的優遇，接受贊助而監督研講翻譯的事業。曇摩難提譯出兩部阿含，部分原因可能是因道安的鼓勵。《出三藏記集》卷一三中說：「(武威太守趙正）乃與安公共請（曇摩難提）出經。」但因慕容沖兵難而中斷，道安於建元二十一年（三八五）突然棄世而不及訂正譯文。

後來山東歸於清平，僧伽提婆與冀州沙門法和共入洛陽，四、五年間定居該處，講經典習漢語，其間發覺到兩阿含的翻譯有不完全之處。隆安元年彼遊京師之時，正有東亭侯優婆塞王元琳，對譯經有極深之興趣，因此而建立精舍，招集四方學徒。其處在揚州建康縣界，僧伽於彼精舍中譯《中阿含》，由隆安元年十一月至二年六月（三九七—三九八）歷時約七個月譯畢。

上記之諸書中所出現的僧伽提婆傳，或是道慈法師所作的《中阿含》序文中說，請罽賓沙門僧伽羅叉翻譯胡本，或請僧伽提婆轉胡語為晉語。豫州沙門道慈筆受，吳國的李寶、唐化（或作康化）共寫成。忽然又因興兵難，因此此譯本無法充分校定，而書寫流傳出來，此本大約於隆安五年（四〇一）譯畢。

通用版本：本經為東晉．瞿曇僧伽提婆所譯，全文共六十卷，收於《大正藏》第一冊（T01, No.26）。

簡介

本經為原始佛教的基本經典「四阿含」之一，因為其將篇幅不長不短的經文集為一部，所以名為中阿含。

全經結構

根據《出三藏記集》卷九道慈序，本經共有五誦、十八品，內收有三三三經，約五一四八二五字。各品主題如下：

初一日誦，有五品半，合有六十四經。

〈七法品第一〉

說七種法數及相關問題，有十經：

（一）《善法經》：說知法、知義乃至知人勝如等七善法。

（二）《晝度樹經》：以三十三天晝度樹從葉萎黃、還生、花開等七法，譬喻比丘從出家到證果。

（三）《城喻經》：以王城七事具足、四食豐饒，譬喻聖弟子得七善法，成就四禪。

（四）《水喻經》：以常臥水中以至住岸七種人，譬喻世上有常做惡事到成四果等七類人。

（五）《木積喻經》：敘述佛見火燒木積，而為比丘說寧抱火受苦乃至殞身，也不願為女人破戒等事。

（六）《善人往經》：說七種阿那含喻，為七種善人所往到處及無餘涅槃。

（七）《世間福經》：說有施房舍、衣服等七種世間福，以及聞佛弟子至而歡喜踴躍等七種出世間福。

（八）《七日經》：說明劫盡時由一日出世到七日同時出世的狀況，說明諸行無常，當求離捨解脫。

（九）《七車經》：以波斯匿王從舍衛國為速達婆雞帝，次第乘坐七車，比喻由戒淨等七淨法，展轉施設得無餘涅槃。

（十）《漏盡經》：說斷除有漏的七種方法。

〈業相應品第二〉

說十善業與十不善業等法，有十經：

（一）《鹽喻經》：說修不修身、戒、心慧者，作不善業，受報差別。

（二）《惒破經》：目連為尼乾弟子惒破說無明盡則不受後有，及眼見色不喜不憂等六善住處。

（三）《度經》：敘述破外道宿命、尊祐、無因緣等三論，顯說眼、耳、鼻、舌、身、意等六處法，與地、水、火、風、空、識等六界法。

（四）《羅雲經》：佛傾水覆器，教誡羅雲（羅睺羅）莫妄語。

（五）《思經》：說故作與不故作業受報不同。

（六）《伽藍經》：為伽藍園人說，誡十惡業，勤修四無量，得四安穩住。

（七）《伽彌尼經》：為伽彌尼天子說十惡十善果報，如石如油，一沉一浮。

（八）《師子經》：為師子大臣說宗本可作不可作等法義。

（九）《尼乾經》：述說破尼乾子五可憎惡，如來得五稱譽。

（十）《波羅牢經》：為波羅牢說知幻是幻，自非幻者，並示四無量及遠離法定能斷疑惑。

〈舍梨子相應品第三〉

主要為舍梨子（即舍利子、舍利弗）所說，或與他有關之事，共有十一經：

（一）《等心經》：說舍梨子為比丘說有內結人阿那含不還此間，有外結人阿那含還來此間，等心天以此白佛。

（二）《成就戒經》：舍梨子說成就戒、定、慧者現法證滅定，設不究竟，生餘意生天中，能知滅定。

（三）《智經》：舍梨子答黑齒比丘所問，並向佛說得智生已盡，梵行已立，所作已辦，不更受有等義。

（四）《師子吼經》：說有身身念者，則不輕慢梵行；若無身身念者，便輕慢梵行。

（五）《水喻經》：說制止瞋念的五種不淨行除惱法。

（六）《瞿尼師經》：舍梨子因瞿尼師比丘告眾，無事比丘當學敬重、正念智等法。

（七）《梵志陀然經》：舍梨子教化梵志陀然生梵天修四無量心。

（八）《教化病經》：為給孤獨長者說法治病。

（九）《大拘絺羅經》：敘述舍梨子問尊者大拘絺羅，比丘成就見得正見、入正法事，彼以因知不善、知不善根等得正見入正法回應之。

（十）《象跡喻經》：述說四諦法攝諸善法，於一切法中最勝，並廣說內外四大觀。

（十一）《分別聖諦經》：舍梨子廣說過現未諸佛廣顯四聖諦法。

〈未曾有法品第四〉

說佛及弟子種種未曾有法，共有十經：

(一)《未曾有法經》：阿難說佛於過去種種未曾有事，佛教誡更受持如來知生住滅智。

(二)《侍者經》：述說阿難立三願乃願為佛侍，佛讚阿難種種未曾有法。

(三)《薄拘羅》：尊者薄拘羅說種種未曾有知足之行。

(四)《阿修羅經》：敘阿修羅樂於大海八未曾有法，喻佛正法律中八未曾有。

(五)《地動經》：說地動三因緣及如來成就功德得未曾有法。

(六)《瞻波經》：以大海喻正法律中未曾有法。

(七)、(八)《郁伽長者經》：佛說郁伽長者有八未曾有法，及長者布施之八未曾有法。

(九)、(十)《手長者經》：長者以四攝眾，修四無量心，佛讚七未曾有法後，復有第八未曾有法，此外另有八未曾有法。

〈習相應品第五〉

明示種種善法修習功德果報等事，共有十六經：

(一)《何義經》：說持戒為令人不悔，展轉得解脫貪、瞋、癡法。

(二)《不思經》：明持戒便得不悔不須思量。

(三)《念經》。

（四）、（五）《慚愧經》。

（六）、（七）《戒經》。

（八）、（九）《恭敬經》：說有正念、正智、慚愧、持戒、行恭敬，便能護根護戒，乃至解脫而得涅槃。反之，則害護根、害護戒，乃至害涅槃。

（十）《本際經》：說惡人因近惡知識，展轉乃至無明生愛；善人因近善知識，展轉乃至七覺支生明解脫。

（十一）、（十二）《食經》：說惡人為惡知識等食，並說大海以大河乃至雨為食喻。

（十三）《盡智經》：述說奉事善知識為聽聞善法之因，展轉為習正念智、正思惟，乃至解脫得漏盡智。

（十四）《涅槃經》：明示無明為苦因，展轉乃至解脫為涅槃因，故遍觀無明等十二因緣而得涅槃。

（十五）《彌醯經》。

（十六）《即為比丘說經》：敘述與善知識俱等五因，及修不淨觀等四法能令心解脫成熟。

〈王相應品第六〉

敘述轉輪聖王種種相應事，共有十四經，其中有七經在第二誦（品上七經）：

（一）《七寶經》：說明如來有七覺支寶，如轉輪王出世即有七寶出世。

（二）《三十二相經》：說具足三十二大人相者，在家為轉輪聖王，出家為如來世尊。

（三）《四洲經》：說佛本生為頂生王統御四洲，因不知足而致死，以明世人中知足厭患欲而命終者少。

（四）《牛糞喻經》：說頂生王布施等三種業報，以明五蘊無常變易之法等。

（五）《頻鞞娑羅王迎佛經》：佛為頻鞞娑羅王說五蘊無常等法，令王證得預流果並皈依成為優婆塞。

（六）《鞞婆陵耆經》：佛為阿難說往昔為優多羅童子時，因難提波羅陶師勸，而隨迦葉佛出家修行之本事，及明迦葉佛為頻鞞王稱讚難提波羅陶師之梵行等事。

（七）《天使經》：說閻王以生、老、病、死、治罪，五種事詰責罪人，名為五天使。

第二小土城誦有四品半，合有五十二經。

〈王相應品第六〉的（品下七經）：

（八）《烏鳥喻經》：為佛教誡比丘應守護身、口、意的清淨修八正道，莫依非法活命如獺、烏鳥等。

（九）《說本經》：述說阿那律陀往昔本事，因施辟支佛食得生七返人天為王，又記說未來螺轉輪王及彌勒佛出世等事。

（十）《大天捺林經》述說佛昔日為大天輪王髮白出家，並囑咐教化子孫亦如是出家，並囑阿難受持莫令佛種斷。

（十一）《大善見王經》：述說佛往古於拘尸城為大善見王時，修四無量，六返捨身等事。

（十二）《三十喻經》：佛為舍梨子以王臣應具三十德為嚴飾等，譬喻比丘比丘尼以戒德為嚴飾等事。

（十三）《轉輪王經》：說往昔堅念、頂生，乃至未來螺轉輪王成就七寶得四種如意之德，以明比丘應如螺轉輪王以四念處為身境界等事。

（十四）《蜱肆經》：說鳩摩羅迦葉以種種譬喻，斷蜱肆王的無後世見，並令捨見歸敬三寶。

〈長壽王品第七〉

收十五經：

（一）《長壽王本起經》：佛為鬥諍比丘說長壽王及長生太子行慈不令殺人等事，比丘不改過，佛至阿那律處，讚其習無事行，並說修天眼法。

（二）《天經》：說修八行得光明生天。

（三）《八念經》：佛讚阿那律陀並為說道從不戲、樂不戲、行不戲得八大人念。

（四）《淨不動道經》、（五）《郁伽支羅經》、（六）《娑雞帝三族姓子經》、（七）《梵天請佛經》：佛為阿那律陀等說離欲法等。

（八）《有勝天經》：阿那律陀說大心、無量心義，以及光天、淨光、遍淨光天差別因果。

（九）《迦絺那經》、（十）《念身經》、（十一）《支離彌梨經》、（十二）《長老上尊睡眠經》、（十三）《無刺經》、（十四）《真人經》、（十五）《說處經》：阿那律陀說從信心出家、持戒、護根、棄蓋、得禪乃至證六通三明之迦絺那法。

〈穢品第八〉

主述種種穢不善惡道之過失，收有十經：

（一）《穢品經》：舍梨子分別世人有穢無穢等法，又說盛糞盛食喻。

（二）《求法經》：述佛說比丘宜求法，莫求飲食，並說三可毀、三可稱法，又說中道斷欲貪等能得心住乃至涅槃。

（三）《比丘請經》：目犍連為比丘說成就戾語法者與成就善語法者得失不同，並說照鏡喻。

（四）《知法經》、（五）《周那問見經》：周那說知法與不知法者譬喻，及佛為周那說漸損法，乃至涅槃法等。

（六）《青白蓮華喻經》：說身、口滅法乃至慧見滅法，如蓮水生、水長而不著水。

（七）《水淨梵志經》：說二十一種穢污於心者，必至地獄，反之必至善處。

（八）《黑比丘經》、（九）《住法經》、（十）《無經》說可不可愛法、善不善法，乃至淨法盛衰如救頭燃等。

〈因品第九〉

廣明一切修道因、解脫因緣等事，共有十經：

（一）《大因經》：廣明緣起甚深，又明七識住及二處，乃至八解脫法。

（二）《念處經》：三世諸佛皆斷五蓋、住四念處故，廣說四念處。

（三）、（四）《苦陰經》：分別欲味、欲過患並說出要得無上息等法。
（五）《增上心經》：說常念五相得增上心。
（六）《念經》：說分別諸念為欲恚害念及無欲恚害念二分。
（七）《師子吼經》：說無明為諸受本，無明盡則盡一切受斷，並明尊師、信法、信戒德具足、愛敬同道等法。
（八）《優曇婆羅經》：佛為說苦行、穢、不穢法，以及正解脫法。
（九）《願經》：因一比丘心願佛與慰勞、共語、說法等故，佛為廣說比丘所應十三願事。
（十）《想經》：說計地等四大是神，便不知地等四大；不計地等四大是神，便知地等四大。

〈林品第十〉

收有十經：
（一）、（二）《林經》：第一經以比丘住林能不能得正念、定心、解脫、漏盡，涅槃配合求取衣食等來源易難而組成四種林住，以取能得正念乃至涅槃、乞取衣食等便易作終身住修場所，並於第二經詳述沙門之義。
（三）、（四）《自觀心經》：說得不得止觀有四句，不得者方便令得，得者當求漏盡。
（五）《達梵行經》：說知漏等因乃至知道能盡一切苦。
（六）《阿奴波經》：佛記說提惒達哆以放逸故必墮地獄，並為阿難說大人根智、善知六種人等事。

（七）《諸法本經》：說諸法以欲為本，涅槃為諸法訖等。
（八）《優陀羅經》、（九）《蜜丸喻經》：說三愛為癰本，六觸處為一切漏，並釋宗本法。
（十）《瞿曇彌經》：佛因阿難祈請許大愛道出家，並制比丘尼八敬法等。

第三念誦，有一品半，合有三十五經：

〈大品第十一〉

收有二十五經：

（一）《柔軟經》：佛自說在家為太子時，種種受用極其柔軟；但為老病死而出家。
（二）《龍象經》：說唯佛為龍象，以身口意不傷害眾生故為龍象。
（三）《說處經》：說過現未三說處，一心聞法者得正定，達心解脫等事。
（四）《無常經》：說觀五陰無常能得證果。
（五）《請請經》：佛自說我今受身是最後邊身，舍梨子因作頌讚等。
（六）《瞻波經》：述佛種種訶責犯戒之罪。
（七）《沙門二十億經》：二十億比丘精進而不證果，心生退悔，佛以彈琴喻精進令得證果。
（八）《八難經》：說學道八難八非時，唯有一不難一是時。
（九）《貧窮經》：以無善法財喻貧窮，以惡行喻舉貸，以覆藏喻長息等事。

（十）《行欲經》：說十種行欲人，分為非法三、法非法三，如法四。
（十一）《福田經》：說二種福田，謂十八學人，九無學人。
（十二）《優婆塞經》：說優婆塞善護持五戒、念佛法僧戒必能證果。
（十三）《怨家經》：說瞋恚是怨家、妨人七事。
（十四）《教曇彌經》、（十五）《降魔經》：佛為曇彌說樹神喻，令彼住沙門法，及說目連降伏魔事等。
（十六）《賴吒和羅經》：述賴吒和羅信如來所說四事故出家。
（十七）《優婆離經》：佛立意業最重及使優婆離捨尼乾子歸佛事。
（十八）《釋問經》：說八正道護六根、捨除三法等事。
（十九）《善生經》：佛教善生禮拜六方法，應知四善觀等法。
（二十）《商人求財經》：為比丘說計根塵陰界是我者皆被見所害。
（二十一）《世間經》：明如來知苦、斷集、證滅、修道，自覺覺他，從成道到涅槃所說皆實。
（二十二）《福經》：說佛往昔七年行慈福報，勸人修福。
（二十三）《息止道經》：說初學比丘應常念不淨相，除欲恚病。
（二十四）《至邊經》：說欲盡苦應修沙門法；若不修沙門行，甘行乞食，如墨浣墨。
（二十五）《喻經》：說無量善法以不放逸為本，喻如地、如沉水等事。

〈梵志品第十二〉

有二十經，其中十經在第四誦中（品上十經）。

（一）《雨勢經》：佛為比丘說七不衰法與六慰勞法。

（二）《傷歌邏經》：佛為傷歌邏摩納梵志說如意足、占念、教訓等三示現令其皈依。

（三）《算數目犍連經》：佛為算數目犍連梵志說佛法中次第，並以問路之喻，明究竟不得究竟者。

（四）《瞿默目犍連經》：阿難為梵志瞿默目犍連說無一比丘能與世尊等，並說有十德可敬及三種解脫有無勝如。

（五）《象跡喻經》：佛為生聞梵志說從出家護根、除蓋到證無漏，方為極大象跡。

（六）《聞德經》：又為生聞梵志說博聞誦習差別功德，謂從捨家到證滅。

（七）《何苦經》、（八）《何欲經》：佛答生聞梵志所問在家苦樂事及饒益天人法等。

（九）《郁瘦歌邏經》、（十）《阿攝惒經》：佛以虛空、慈心、洗浴、取火等喻，四姓平等。

第四分別誦，有三品，合有三十六經。

〈梵志品第十二〉的（品下十經）：

（十一）《鸚鵡經》：佛為鸚鵡梵志，分別在家出家事，又說五蓋及法從心起。

（十二）《鬚閑提經》：佛為鬚閑提異學說離欲法喻，令出家證果。

（十三）《婆羅婆堂經》：佛為婆私吒及婆羅婆二梵志說身之清淨穢垢不依神性，而是依其行，並說四姓來歷及業報平等。

(十四)《須達哆經》：為須達哆居士說施心差別，非關粗妙之物。

(十五)《梵波羅延經》：說今梵志已越梵志法，無復學者。

(十六)《黃蘆園經》：佛說五欲無味無怖，證四禪三明故不入胎。

(十七)《頭那經》：佛為頭那梵志說五種梵志法。

(十八)《阿伽羅訶那經》：佛答阿伽羅訶梵志問說梵志經典依於人住，展轉乃至依於涅槃。

(十九)《阿蘭那經》：比丘論人命極少，宜行善，佛讚之，為說佛昔日為阿蘭那梵志出家，說無常法利益無量等事。

(二十)《梵摩經》：優多羅摩納觀佛三十二相好及威儀，發心出家，及梵摩梵志觀佛相好，信心皈依、證那含果。

〈根本分別品第十三〉

收有十經：

(一)《分別六界經》、(二)《分別六處經》：佛為比丘分別六界聚、六觸處、十八意行、四住處法、三十六刀等法。

(三)《分別觀法經》：佛略說分別觀法心散不散等，大迦旃延更為比丘廣演心散不散法義。

(四)《溫泉林天經》、(五)《釋中禪室尊經》：說佛莫念過去未來，常說跋地羅帝偈，迦旃延約根塵為比丘廣釋。

（六）《阿難說經》：阿難為比丘說跋地羅帝偈及其意義，得佛印可。
（七）《意行經》：佛為比丘說八定、八天處、二俱等以滅定為最勝。
（八）《拘樓瘦無諍經》：佛為比丘分別諍無諍法。
（九）《鸚鵡經》：佛為鸚鵡摩納分別業報差別法。
（十）《分別大業經》：分別三報受時差別及臨終善惡念不同。

〈心品第十四〉

收有十經：
（一）《心經》：說心將世間去、心染著、心起自在等，並明多聞義乃至廣慧義。
（二）《浮彌經》：佛為浮彌說四喻，以明邪正梵行、得果不得。
（三）、（四）《受法經》：說現樂後苦等現未苦樂四種料簡，而約苦樂心、修十善、行十惡論。
（五）《行禪經》：分別盛衰等四種行禪及八定。
（六）《說經》：分別八定中退住進及漏盡義，修者應知。
（七）《獵師經》以四種鹿群，喻沙門梵志；三種不脫魔境，唯一能脫，謂修四禪等能脫魔境。
（八）《五支物主經》：說第一義質直沙門當知善戒念、不善戒念，及具足八正道。
（九）《瞿曇彌經》：佛為阿難說七施眾、十四私施皆得大福報，並明說施受淨不淨。
（十）《多界經》：說知界、處、因緣、是處非處為智慧；反之是愚癡，又說眼等十八界與六十二類界。

〈雙品第十五〉

此品分屬兩誦，成為兩品，故名〈雙品〉，收有十經（品上五經）：

（一）、（二）《馬邑經》：說沙門法須身、口、意三業清淨，斷除五蓋，成就禪定，乃至漏盡。

（三）《牛角娑羅林經》上：樂如意道者大目犍連、樂頭陀行者大迦葉、論議者迦旃延、成就天眼者阿那律陀、習禪者離越哆、多聞者阿難等，隨用心自在與舍梨子問答，各說發起此林之法，佛皆讚之。

（四）《牛角娑羅林經》下：阿那律陀等說修四禪四無量等為人上法，為諸天所讚嘆。

（五）《求解經》：說由見色聞聲求解於如來，正知如來法。

第五後誦，有三品半，合有三十五經。

〈雙品第十五〉

（品下五經）：

（六）《說智經》：說佛與梵行已立比丘問答知見五陰、四食、四說、內六處、六界等事。

（七）《阿夷那經》：說比丘說知法非法、義非義，令後學如法如義。

（八）《聖道經》：說正八聖道及正解脫、正智十支，約邪正修斷為四十善不善法品。

（九）《小空經》：從不念人想、村想、無事想，乃至不住無想定，說行真實空不顛倒。

（十）《大空經》：佛為阿難說遠離法，及說修內空、外空、內外空法、不移動法等。

〈後大品第十六〉

收有十經：

（一）《加樓烏陀夷經》：讚斷過中食，並訶謂此為小事者，如彼癡蠅。

（二）《牟梨破群那經》：說出家應修無欲如調馬、治林，習慈悲喜捨，心如大地不可壞等。

（三）《跋陀和利經》：讚一坐食法，並說清淨馬喻法。

（四）《阿濕具經》：責過中食。

（五）《周那經》、（六）《優婆離經》、（七）《調御地經》：佛說修行不放逸、六諍本、七滅法等、七滅諍等如法不如法等，及說調野象之喻。

（八）《癡慧地經》：說癡與慧各三相及各受現法三苦樂報。

（九）《阿梨吒經》：說欲法障道，並明於法應知如筏喻，況執非法。

（十）《嗏帝經》：佛訶責帝比丘執識往生之邪見，為比丘詳說十二緣起法。

〈晡利多品第十七〉

收有十經：

（一）《持齋經》：為毘舍佉說放牛尼犍齋無福，應持八支齋，並修念佛等五念。

（二）《晡利多經》：佛為晡利多居士說離殺等八支斷俗事，離欲得禪、盡漏作證。
（三）《羅摩經》：為比丘說求無病安隱涅槃法為聖求，求病法等為非聖求。
（四）《五下分結經》說依道依跡斷五下分結猶如入林求實。
（五）《心穢經》：說拔疑佛、疑法乃至疑梵行等五種心中穢，解身縛、欲縛乃至升進縛等五種心中縛，是為比丘、比丘尼清淨法。
（六）《箭毛經》上：佛為異學箭毛等說佛以無上戒、無上慈乃至宿命漏盡通等五法，令弟子恭敬不離。
（七）《箭毛經》下：佛為異學等說天眼、宿命通事及說四禪道跡。
（八）《鞞摩那修經》說但令質直無諂誑，隨佛教化，必得知正法。
（九）《法樂比丘尼經》：法樂比丘尼答毗舍佉所問死及滅盡定等法。
（十）《大拘絺羅經》：大拘絺羅答舍利弗所問善不善、善不善根等法。

〈例品第十八〉

收十一經：

（一）《一切智經》：佛為波斯匿王說四姓勝如義，成就五斷支事，於後世有差別。
（二）《法莊嚴經》：波斯匿王信佛種種法靖而稱述之。
（三）《鞞訶提經》：阿難說佛說法善，眾弟子趣向善，又佛行善身行，不為沙門梵志聰明智慧及餘世間之所憎惡。

(四)《第一得經》:佛說一切變易有異法,若弟子不欲變異法,惟應廣布八正道。

(五)《愛生經》:梵志兒死、愁憂不悟,佛為說生愛時便生愁苦梵志不悟。

(六)《八城經》阿難為八城居士說十二門禪,居士受持並供養尊者。

(七)《阿那律陀經》上:阿那律陀為比丘說得四禪及漏盡為賢死賢命終。

(八)《阿那律陀經》下:說是質直、修念處、四無量、四空定,得漏盡,為不煩熱死。

(九)《見經》、(十)《箭喻經》:阿難說佛不一向說有常無常,又鬘童子欲說如來一向說世有常等為佛訶責。

(十一)《例經》:佛說欲斷無明、別知無明乃至老死者,應修三十七菩提分、十一切處、十無學法。

延伸閱讀

《雜阿含經》:了解整個中阿含所彰顯的核心的內容。

《長阿含經》:理解阿含教法的完整的演繹。

《佛本行集經》:完整了解佛陀在人間所行的實相。

24 長阿含經

Dīrgha-āgama-sūtra

經名解釋

長阿含經意思是長的聖教。

版本

長阿含經與南傳長部的關係

漢譯《長阿含經》共有四分、二十二卷、三十經，而南傳長部則收錄了三品、三十四經。兩相對照，可以發現有的經典前者有，後者無；有的後者有，前者缺，即使是同名的經典，也有教說律令的前後、出入、增減，由此可知長阿含並不是長部的譯本，而兩者的傳承也證明此點。

長阿含與長部都源自於上座部長老在中印度編成的原始經典，這原始經典在阿育王時代分別傳到罽賓與錫蘭，經過長久的時間，經由不同的人與地方，再從罽賓傳入西域；從錫蘭傳入南方各國。南北兩路於是各有各的發展。

經由西域傳入中國的《長阿含經》原本是以梵文及 Prakrit 語混合而成的所謂佛教梵語在北方寫成的。南傳的長部則以巴利文寫成。再從傳持的地理性差異來看，可發現長阿含與長部在內容上有相當大的差異，編纂年代也不同。就此而言，兩者各有各的特長，因此不可偏廢。再者，從地理關係、傳衍情形、時間的經過等等，可發現《長阿含經》中有濃厚而錯雜的部派色彩，因此在《長阿含經》原本已經散佚的今天，應保護漢譯本的獨立價值。

通用版本：本經為後秦．佛陀耶舍共竺佛念所譯，全文共二十二卷，收於《大正藏》第一冊（T01, No.1）。

簡介

本經是雜、中、長、增壹四部阿含之一，纂輯了阿含部的長經，共有四分、三十經，與巴利文的長部相當。

長阿含及長部，為佛陀教說的集錄，從經文的內容剖析，可以看出編輯者的目的，向外是為了破邪顯正，向內則是為了闡明解脫道的教說，而以佛陀的教說編輯成的。

全經結構

本經共為二十二卷，分為四分，內收三十經，各經內容大意如下：

第一分，收〈大本經〉等四經，主要敘述諸佛及佛弟子過去因緣本事：

〈大本經第一〉敘述過去九十一劫以來毗婆尸佛、尸棄佛、毗舍婆佛、拘樓孫佛、拘那含佛、迦葉佛以及今釋迦牟尼佛共七佛之本緣、史傳。並廣說毘婆尸佛從兜率天下，投胎降生人間，具足三十二相，及長出遊觀老、病、死起厭離，觀沙門而出家修道，成佛轉法輪，成立僧團，後入涅槃，以明諸佛常法。

〈遊行經第二〉敘述佛臨般涅槃前，從羅閱城起，遊化各地引導四眾及異學，最後到達拘尸那揭羅，其中之種種教化，本經首先是佛因摩竭王阿闍世欲伐跋祇，並命大臣離舍來問佛，佛明示跋祇國人具足七事，故國久民安以消阿闍世王攻伐之念；進而為比丘說七種、六種不退法。其次歷敘佛遊行教化，說聖戒、定、慧、解脫四深法、五寶難得，明依四念處而自熾然，熾然於法，自皈依，皈依於法，後因佛陀答應波旬勸請入滅，而為阿難說地動八因緣、世有八眾、四種應得起塔，乃至拘尸那揭羅涅槃，八國分佛陀舍利起塔供養等事。

〈典尊經第三〉敘述梵童子為忉利天人，說佛在過去因行中為大臣典尊時，教化閻浮提七王、並修四無量心後出家等事，再明修四無量非究竟道，而今成佛為弟子說法，乃是究竟梵行。

〈闍尼沙經第四〉本經述說佛陀轉述摩竭國王歸敬三寶為優婆塞，因念佛故，命終為毗沙門天王太子，得初果，七生中常名闍尼沙（譯勝結使），向佛自述聞自梵童子說四念處、七定具、四神足等法，以酬阿難之疑問。

第二分，收〈小緣經〉等十五經，主要敘述佛為諸弟子所說修行法要及種種善惡因緣等事：

〈小緣經第五〉為佛說四種姓做善超升為惡墮落，一切四姓平等，並明一切四姓出家修道者同為釋種。又說四種姓生起因緣，而以成就明行證得阿羅漢為上。

〈轉輪聖王修行經第六〉說過去堅固念等六轉輪王以正法治世，至第七王不承舊法惡法自用，以致殺盜四起，人壽遞減，致成刀兵劫，而後智者心懷怖畏發心修善，以致人壽又漸增，到八萬歲，有轉輪聖王出及彌勒法王現世。因此佛教化比丘等當修善法，可得四神足進而修四諦成漏盡比丘等事。

〈弊宿經第七〉說童女迦葉在拘薩羅國為弊宿婆羅門廣說種種譬喻法，破其斷見，令彼婆羅門皈依佛法，設會施眾，及命終生天等事。

〈散陀那經第八〉敘述佛因尼俱陀梵志在散陀那居士前誹謗佛陀，佛為梵志說苦行淨不淨等法，折伏梵志令彼皈依。

〈眾集經第九〉佛命舍利弗為眾說法，因說種種增一之法，從「一切眾生皆依食住」之一法起，逐次增一，說至十無學法止。

〈十上經第十〉佛因背痛欲休息而命舍利弗為諸比丘說法，舍利弗即說十上法，從成法、修法、覺法至證法共十種一法，逐次增一，至十種十法，具足五百五十法，能除結縛，得至涅槃，盡於苦際。

〈增一經第十一〉佛為諸比丘說成、修、覺、滅、證等法，從一法增至十法等事。

〈三聚經第十二〉佛為諸比丘說趣惡趣、趣善趣、趣涅槃等三聚法，從一三法聚增至十三法聚。

〈大緣方便經第十三〉敘述十二支緣生法相鄰兩支依緣而起之義，又明如實正觀十二因緣，可得慧解脫。

〈釋提桓因問經第十四〉帝釋發微妙善心欲來見佛，先使樂神般遮翼鼓琉璃琴讚佛。佛為說天人怨敵之因起於戲論，以明無調戲則無想，無想則無欲，乃至一切眾生不相傷害等事。

〈阿㝹夷經第十五〉佛為房伽婆梵志說善宿比丘往昔因緣，及說破外道苦行邪見等事。

〈善生經第十六〉佛為長者子善生說離四惡行，禮敬六方法。

〈清淨經第十七〉佛因沙彌周那陳述尼乾子徒眾分裂諍論等事，乃為說清淨梵行等無諍正法。

〈自歡喜經第十八〉敘述舍利弗思惟心念佛說三十七菩提分制法、十二處等法，而決定讚說，佛的智慧無餘，神通無餘，一切過去、未來、現在所有沙門婆羅門無有與如來等者。

〈大會經第十九〉明示諸天鬼神於佛所集會，佛各別為之結咒。

第三分，收〈阿摩晝經〉等十經，主要敘述佛對異學的論難及破斥外道邪見等種種事。

〈阿摩晝經第二十〉佛因婆羅門阿摩晝輕慢釋種，而為說釋種種姓因緣，並為說法令其見佛之相好，使引其師來皈依悟道及令悔過。

〈梵動經第二十一〉佛因諸比丘在講堂共議善念極毀三寶，梵摩極讚三寶，故告以勿念勿喜，並說寡聞凡夫不達深義，惟知讚佛持戒等小因緣，賢聖弟子則能讚佛甚深微妙大光明法，謂佛善知沙門婆羅門本劫本見、末劫末見，盡入六十二見之中，因而詳說六十二見。

〈種德經第二十二〉佛贊許種德所說婆羅門出生等五法中，惟持戒智慧二者為不可缺，進而為說比丘的戒慧二法，令使皈依受五戒法。

〈究羅檀頭經第二十三〉敘佛為婆羅門究羅檀頭說三種祭祀、十六祀具之大祀法，及歸、戒、慈心、出家修道功德等，令其皈戒供佛、證果、生不還天。

〈堅固經第二十四〉堅固長者子三請佛陀教敕比丘現神足通，佛說惟教弟子空閒靜處默然思道，覆藏功德，發露過失，終不教弟子顯現神通，以現神足能起謗故。

〈倮形梵志經第二十五〉佛為倮形梵志迦葉說法行亦有善惡二趣，皆非出離要道；惟佛善能說法，令人修道致究竟涅槃。

〈三明經第二十六〉佛為二梵志弟子破斥三明婆羅門所說梵道的虛妄，並說四無量為真正梵道。

〈沙門果經第二十七〉佛為阿闍世王說沙門現在所修現得果報，使王懺悔害父之罪，並供佛受皈戒等事。

〈布吒婆樓經第二十八〉破斥布吒婆樓梵志所說相違論，以顯示想的生滅是有因有緣的實相論。

〈露遮經第二十九〉敘述露遮婆羅門見佛請佛而生惡見，謂沙門婆羅門不應為他說法。佛應供時為說世有三師等破斥之。

第四分，即〈世記經第三十〉共五卷、十二品，詳述六道眾生所居世界成敗劫數等相。

延伸閱讀

《雜阿含經》：幫助理解《長阿含經》的根本核心。

《增壹阿含經》：把所有的阿含教法一一增廣，並完整體證。

《六度集經》：了解佛陀生生世世的菩薩行，乃至成佛的真實意旨。

25 增壹阿含經

Ekottarika-āgama-sūtra

經名解釋

「增壹」是「增上一個（數目）」之意，將佛陀聖教按「法數」逐次增一，一直到第十一法，以便記憶傳布。

版本

通用版本：本經為東晉・瞿曇僧伽提婆所譯，全文共五十一卷，收於《大正藏》第二冊（T02, No. 125）。

簡介

在漢譯本特有的《序品》中，列出四阿含結集順序分別為：增壹阿含、中阿含、長阿含、雜阿含，以本經增壹阿含為首。

在《薩婆多毘尼毘婆沙》總序中說，增壹阿含是佛陀「為諸天、世人隨時說法，集為增一，是勸化人所習」。

漢譯本《增壹阿含經》中，蘊有菩薩道以及他方佛土思想，人間佛教思想所依止經教：「諸佛世尊皆出人間，非由天而得也。」即是出於《增壹阿含經》〈等見品〉第三百經。

全經結構

本經各品大意如下：

〈序品第一〉敘述本經結集的由來，阿難付囑其弟子優多羅關於此經之事，並敘述優多羅的本生譚。

〈十念品第二〉說明念三寶、戒、施、天、休息、安般、身生及死。

〈廣演品第三〉更廣衍前之十念。

〈弟子品第四〉由阿若拘鄰開始，敘述百比丘。

〈比丘尼品第五〉則由瞿曇彌開始，敘述五十比丘尼。

〈清信士品第六〉則由三果商客開始，敘述四十人之在家信士。

〈清信女品第七〉由難陀婆羅開始，敘述三十人之信女。

〈阿須倫品第八〉於偈中舉出十經所說之要點，敘述須倫、益、一道，光明及闇冥，道品、沒盡及信，熾盛及無與等。

〈一子品第九〉舉出一子一女子之喻而誡諸比丘，更勸善道，說明色欲及亂想之過失，與觀不淨想。

〈護心品第十〉說明不放逸，明示布施之意義，說明福報，勸信於心念善本，念佛。

〈不還品第十一〉乃言滅貪欲、瞋恚、愚癡、慳貪，而得不還果之證果，更誡執著於財物之心及妄語，預言提婆之墮獄。

〈壹入道品第十二〉稱專注心為一入，稱八正道為道，因此一入道而滅五蓋，修四意止，及於身口意之三業中勸慈悲，供養如來，說明瞻病之功德，住於閑靜處的功德。

〈利養品第十三〉言貪利養為墮獄之因，滅味欲，因末利夫人而波斯匿王歸佛，向那憂羅公長者說法，遠離二十一結，說明帝釋天探須菩提比丘之病。

〈五戒品第十四〉說明五戒之持、犯。

〈有無品第十五〉說明有無之二見，法、財之二施，有法、有財之二業，法、財之恩，智愚之別，智慧及滅盡之二法，力及無畏之二法，二因二緣皆可起於正見。

〈火滅品第十六〉說明難陀比丘，二種之涅槃，善不善、邪正之二法及燭明之法，忍、思惟之二力，阿那律之說法及誡羅云。

〈安般品第十七〉說明因羅雲而說明安般法，勸修四無量心，佛、轉輪聖王及辟支佛、漏盡阿羅漢之難出現貪，煩惱及不煩惱之二法，邪、正之二見，引用頂生王的故事而誡貪欲的無窮，善、惡之二知識，周利槃特及舍利弗之教化世典婆羅門，阿闍世之弑父。

〈慚愧品第十八〉說明慚愧之二法，厭足之有無，法財之二施，迦葉之婆羅門婦教化，醉象的調伏，誡難陀比丘的還俗，佛向大愛道夫人說法等。

〈勸請品第十九〉說明成道後梵天之請轉法輪，初轉法輪，因釋提桓因而說明利欲之法，拘絺羅、迦旃延之說法，說明闍婆婆利女之林園供養。

〈善知識品第二十〉說明親善知識，勸誘提婆達多的五百比丘去靜處修道，曇摩留支比丘的本生譚，人如師子、如羊，精進及怠慢，止與觀的二法，恭敬及精進的二法，說法的難易，供養父母的功德，朱利槃特因拂塵之教而證悟。

〈三寶品第二十一〉說明皈依三寶的功德，三福業，妊娠的因緣，起慈心而於三處不動，以身、口、意三業行善，三良藥，遠離欲、色、痛三者，捨三不牢要。

〈三供養品第二十二〉說明應供養佛、阿羅漢及轉輪聖王，三善根、三痛、三有為相，愚者之三相三法，三學之法，三敬愛之法等。

〈地主品第二十三〉說明地主王的因緣，釋提桓因試婆拘盧比丘，教化二十億耳比丘，婆提長者的本生譚，三種之香，賢聖之三法，三不善根、三聚、三觀想。

〈高幢品第二十四〉說明三寶為高幢，為毗沙鬼說法，向同族的釋迦族說法，五比丘的教化，三迦葉的歸服，三齋之法，長壽王的故事，三結使，三三昧。

〈四諦品第二十五〉說明四諦法，四種之饒益，如來之四未曾有法，四生、四果等。

〈四意斷品第二十六〉說明修四意斷，三十七道品以不放逸為第一，婆迦利比丘之自殺。

〈等趣四諦品第二十七〉說明四諦之義、四受，向給孤獨長者說明布施之義，菩薩之法具有六波羅蜜，四無所畏、四眾。

〈聲聞品第二十八〉說明目連等尊者教化跋提長者及其姐，四種聖的說法，四界、四禪、四沙門果。

〈苦樂品第二十九〉說明世有先苦後樂等之四人，四梵福、四食、四神足、四起愛、四大河、四姓、四等心。

〈須陀品第三十〉說明佛及須陀及比丘間的問答，滿財長者之歸佛。

〈增上品第三十一〉說明向生漏婆羅門說法，為一比丘說明四事之法，四事之行跡，佛之正法中有四園、四池、四流之渡涉，佛成道前後的生活，四流、四樂，目連及阿難弟子之諍。

〈善聚品第三十二〉說明五根，五蓋，禮佛之功德，五天使，天人之五衰，布施之功德，五種之布施。

〈五王品第三十三〉敘述五王互相論議而問佛裁決，月光長首之子尸婆羅之故事，五掃地之法，長遊行之五難，比丘之五種非法。

〈等見品第三十四〉說明舍利弗說五盛陰之法，釋迦族滅亡之本末，天人之五衰相，王舍城中向頻婆娑羅王說法，三十三天及阿須倫相戰等。

〈邪聚品第三十五〉說明邪、正二聚，佛出現之五事，五布施，婦女之五力，五種之惡，五欲想，多耆奢比丘的證悟，僧伽摩長者所說之偈。

〈聽法品第三十六〉說明聽法的五功德，造浴室的五功德，屠牛者的業報，忉利天之說法。

〈六重品第三十七〉說明六重之法，奇光如來，舍利弗等之說法，咒願的六功德，墮獄的六法，生天的六法，到涅槃的六法，第一最空之法，向生漏梵志的說法。

〈力品第三十八〉說明六種凡常力，外之六塵，內之六入，指鬘外道的歸佛，六情之斷，就治化向波斯匿王說法，如來的六種功德，佛退治毗舍離的疫病流行，六師外道。

〈等法品第三十九〉說明知法等之七法，晝度樹之七喻，七事水喻，七識住，七覺意，七寶，童真迦葉之證悟，七車之喻。

〈七日品第四十〉說明世界的成立及破壞，七不退之法，七使，七福田，迦旃延的說法等。

〈莫畏品第四十一〉說明向摩訶男說法，那伽婆羅比丘之婆羅門教化，觀七處之善而察四法，舍利弗的說法，佛付囑迦葉及阿難。

〈八難品第四十二〉說明遇佛之出世而不得聞法之八難，八大地獄，阿難之四未曾有法，回答阿難對於女人的態度，須跋的出家、入涅槃，八未曾有法，地震之八因，八大人念，八眾，布施之八功德。

〈馬血天子品第四十三〉說明為馬血天子說明八正道，八關齋法，給牧牛者難陀的教化，魔波旬的教化，阿闍世王之苦悶及佛陀的教導，不染著世間的八法等。

〈九眾生居品第四十四〉說明九眾生居，嚫願之九種德，比丘之九法，女人繫縛男子之九法，一切諸法之根本，佛親自看護比丘，滿呼王子之懺悔。

〈馬王品第四十五〉說明女人的九惡法，羅剎女的本生故事，世間的四食及出世間的五食，外道妬世尊，尸利掘長者欲毒佛卻反而皈依。

〈結禁品第四十六〉說明禁戒十事之功德，聖者之居所有十事，如來之十力，親近國家有十種非法，國王有十法，比丘之十法，十論、十義、十演、十想等。

〈善惡品第四十七〉說明生天、墮獄及到達涅槃有十法，十種之善惡業報，十事之功德，為羅云說平等施，為拘頭比丘說明十善。

〈十不善品第四十八〉說明十惡業報，過去七佛的制戒，彌勒出現時國土的狀況、弟子的多少，過去七佛之種姓、說法及其他，師子長者的供養，舍利弗的神力。

〈放牛品第四十九〉說明如放牛法的十一法，比丘知與不知佛道有十一得失，十二因緣皆由十一法而出，象舍利弗的再度出家，十二因緣之說法，施羅、翅寧二梵志的教化，一食之法，習行、誓願之二種沙門，提婆達多之墮獄。

〈禮三寶品第五十〉明禮拜佛寺及法、僧之十一事，大天王的本生譚，末佉梨等四人之墮獄之果報，趣於五道之因及涅槃之道果，智慧增長的五事，為一比丘說明大小之二劫等。

〈非常品第五十一〉說明眾生之流轉及思惟無常想，清淨音響王的本生故事，斷五弊，給孤獨長者四子的皈依，舍利弗於阿難臥病中說明十二因緣，長者之生天，為長者之子嫁善生而說明女人之四種事以教化之。

〈大愛道般涅槃品第五十二〉說明大愛道比丘尼、五百比丘尼先於佛入滅，婆陀比丘尼之說法，隨時聞法有五種功德，波斯匿王之十夢。

延伸閱讀

《雜阿含經》：理解真實的佛法核心內容。

《中阿含經》：能與《增壹阿含經》相應，並落實對佛法智慧的完整體悟。

《法華經》是讓我們體悟在人間行道的如來，他如何深入了解法界中甚深的實相。

26 千手千眼觀世音菩薩廣大圓滿無礙大悲心陀羅尼經

Mahākārunikacitta-dhāranī-sūtra

簡名

《千手千眼大悲心經》、《千手陀羅尼經》、《千手觀音大悲心陀羅尼經》、《大悲總持經》、《千手經》。

經名解釋

千手千眼觀世音菩薩具足千手千眼，千手千眼是觀世音菩薩廣大悲心的所示現，「千」是無量無邊的意思，「手」表徵作用，「眼」則是觀察。「觀世音」是觀照一切音聲，而慈悲和智慧圓滿具足即為「廣大」。從經名即可看出本經即是以圓滿無礙的慈悲和智慧的力量，來總持大悲心的一部經典。「大悲心」，本經是指觀世音菩薩的大悲心。「陀羅尼」是「總持」的意思，所以「大悲心陀羅尼經」

就是總持大悲心的經典，「大悲咒」即是總持大悲心的咒語。

版本

各種版本說明：本咒文有多種翻譯，大悲咒內容及章句數目亦依各經而有差異：

(一)《千眼千臂觀世音菩薩陀羅尼神咒經》卷上，智通譯，九十四句。

(二)《千手千眼觀世音菩薩姥陀羅尼身經》菩提流志譯，九十四句。

(三)《千手千眼觀自在菩薩廣大圓滿無礙大悲心陀羅尼咒本》，金剛智譯，一一三句。

(四)《金剛頂瑜伽千手千眼觀自在菩薩修行儀軌經》卷下，不空譯，四十句，並說誦此咒可得息災、增益、降伏、敬愛鉤召等四種成就。

(五)《千手千眼觀世音菩薩大悲心陀羅尼》，不空譯，八十二句。

通用版本：本經為唐．伽梵達摩所譯，全文共一卷，收於《大正藏》第二十冊（T20, No. 1060）。

簡介

許多佛、菩薩的事蹟和名號，是即使不是佛教徒的人也常聽說的。而其中，觀世音菩薩應該是最為人熟知的。

許多佛經，也是即使不是佛教徒的人也常聽說的。而其中，觀世音菩薩的〈大悲咒〉應該是最為深入民間，廣為持誦的。

觀世音菩薩悲憫眾生，〈大悲咒〉消災解厄的靈驗，普植人心，成為許多人面臨生命險境或困頓之際，最容易祈求所願的對象。而《千手千眼觀世音菩薩廣大圓滿無礙大悲心陀羅尼經》正是說明觀世音菩薩教人持誦〈大悲咒〉的源起和願力，持誦〈大悲咒〉可受十五善生、不受十五惡死等功德，並解釋應該如何持誦〈大悲咒〉的經典，以及日光菩薩、月光菩薩二位大士特別擁護之心咒。事實上，〈大悲咒〉本身就是「千手千眼觀世音菩薩廣大圓滿無礙大悲心陀羅尼」的縮寫、簡稱。

而無論是佛門日課或是民間，〈大悲咒〉都是極受重視、廣大流行的神咒。

在觀世音菩薩的道場，補陀洛迦山的確切位置，在不同經書中各有不同的說法。華嚴新舊譯兩經都記有「於此南方有山」，新《華嚴經》更附加有「海上有山」一句話，由此推論應是位於印度南邊的小島。

唐代的玄奘大師在《大唐西域記》中記載了他所見到的補陀洛迦山：秣羅矩吒南方海濱有座秣刺耶山（Malaya），秣刺耶山東方有座布呾洛迦（Potalaka）山，此山山徑危險，巖谷崎嶮，山頂有池，其水澄清如鏡，有大河繞山周流二十匝，流入南海。池旁有石天宮，觀自在菩薩往來遊息。能發願者，如見菩薩，不顧身命，涉水登山，忘其險難，到此山者甚少。惟山下居士，若虔心祈求瞻視菩薩，則菩薩或現自天身，或現塗灰外道身，慰喻此人，得遂其願。

根據玄奘大師的說法，補陀洛迦山是位於南印度哥摩林岬（Comorin）附近，位於秣刺耶山東方一座巖谷崎傾的山。

而中國的四大名山之一浙江普陀山，及西藏的布達拉宮，同樣也被稱為觀音的淨土道場，可說是觀音菩薩人間道場的分部。

一般來說，如果我們到補陀落迦山，並不一定看得到觀音菩薩的示現，因為觀音菩薩的境界是祕密的，這地方算是觀世音菩薩在娑婆世界的行宮，而觀世音菩薩的本地是極樂世界。另外，藏語「布達拉」即與補陀洛迦山同名。相傳達賴喇嘛即觀世音菩薩之化身，所以布達拉宮就成了觀世音菩薩之行宮。

全經結構

本經是一部以圓滿無礙的慈悲與智慧的力量，來總持大悲心的經典。

經典開頭的場景，是在補陀落迦山，觀世音菩薩的宮殿之中有一盛會。釋迦牟尼佛在寶座之上，無數菩薩圍繞四周。

這時，突然光明照曜，三千大千世界呈現金色。各個佛國、天宮、龍宮、江河、大海等都大震動。日、月、星光等，都隱匿不現。大家覺得稀奇，不知是怎麼回事。

這時釋迦牟尼佛告訴大家：這是因為會中有一位名叫「觀世音自在」的菩薩密放光明。這位菩薩從無量劫來，「成就大慈大悲，善能修習無量陀羅尼門」。

佛說完之後，觀世音菩薩就從座而起，整理衣服，向佛合掌而說：「世尊！我有大悲心陀羅尼咒，今當欲說。為諸眾生得安樂故，除一切病故，得壽命故，得富饒故，滅除一切惡業、重罪故，離障難故，增長一切白法諸功德故，成就一切諸善根故，遠離一切諸怖畏故，速能滿足一切諸希求故。惟願世尊，慈哀聽許！」

接下來，在釋迦牟尼佛和觀世音菩薩的對話中，我們看到，在過去無量億劫長遠的時間裏，是由千光王靜住如來傳授給觀世音菩薩此咒。觀世音菩薩當時還是初地的境界，一聽聞此神咒，瞬間超越了八地的境界，當時他就發起誓願：「假若我在當來的未來世時，能夠利益安樂一切有情眾生，就使我身即出生圓滿具足的千手千眼。」發起此願時，他的身上立即出生千手千眼，十方大地產生了六種震動；十方千佛悉大放光明，照觸菩薩身及十方無量無邊的世界。

觀世音菩薩歡喜踊躍，從那以後，修持這個神咒，超越無數億劫微細生死，並且早已得證為「正法明如來」，只是為了要給眾生帶來安樂的悲願，才又現為菩薩身。

觀世音菩薩在宣說大悲咒之前，先說明持咒之前的發願文。這段發願文今天已是佛門日課中人所皆知的：

南無大悲觀世音！　願我速知一切法。
南無大悲觀世音！　願我早得智慧眼。
南無大悲觀世音！　願我速度一切眾。

南無大悲觀世音！願我早得善方便。
南無大悲觀世音！願我速乘般若船。
南無大悲觀世音！願我早得越苦海。
南無大悲觀世音！願我速得戒定道。
南無大悲觀世音！願我早登涅槃山。
南無大悲觀世音！願我速會無為舍。
南無大悲觀世音！願我早同法性身。
我若向刀山，刀山自摧折。
我若向火湯，火湯自消滅。
我若向地獄，地獄自枯竭。
我若向餓鬼，餓鬼自飽滿。
我若向修羅，惡心自調伏。
我若向畜生，自得大智慧。

接著觀世音菩薩說明持誦大悲咒的功德，能不受十五種惡死，包括「飢餓困苦死」、「怨家讎對死」、「蟲毒所害死」、「狂亂失念死」、「惡人厭魅死」等。還能得十五種善生，包括「意欲所求皆悉稱遂」、「龍天善神恆常護衛」、「所生之處得以見佛聞法」、「所聞正法悟甚深義」等。

在這同時，觀世音菩薩並宣示承諾：「誦持大悲神咒者，於現在生中一切所求，若不果遂者，不得為大悲心陀羅尼也。唯除不善，除不至誠。」

然後，觀世音菩薩宣說了陀羅尼，也就是〈大悲咒〉。〈大悲咒〉眾所熟知，這裡就不多說。

而需要特別提一下的，是在觀世音菩薩宣說〈大悲咒〉之後，有一位大梵天王起身請教大悲陀羅尼這麼神妙章句的形貌狀相是什麼。

而觀世音菩薩回答：「大慈悲心是，平等心是，無為心是，無染著心是，空觀心是，恭敬心是，卑下心是，無雜亂心，無見取心是，無上菩提心是。當知如是等心，即是陀羅尼相貌。汝當依此而修行之。」

這段話非常重要，不只是修持〈大悲咒〉所該注意，也是持誦任何佛經都該記住的。也因此，本書在前言中特別提到了這十種心。

再之後，觀世音菩薩又解說了一些方法，包括千手觀音的四十手法，其中有「如意珠手：得珍寶資具」、「施無畏手：除一切處怖畏」、「楊枝手：除身上種種病」、「胡瓶手：善和眷屬」、「錫杖手：得慈悲心」、「頂上化佛手：得佛授記」等等。

最後則述說日光、月光二菩薩的擁護咒。

延伸閱讀

《觀世音菩薩授記經》：能讓我們了解觀世音菩薩修行成佛的圓滿過程。

《楞嚴經》：二十五圓通，尤其是耳根圓通，能夠甚深體解觀世音菩薩的千手千眼化現的核心因緣。

《蘇婆呼童子請問經》：讓我們理解密法修行的內容。

27 坐禪三昧經

Dhyāna-nisthita-samādhi-dharmaparyāya-sūtra

簡名

《坐禪三昧法門經》、《阿蘭若習禪法》、《菩薩禪法經》、《禪法要》、《禪經》。

版本

各種版本說明：本經為鳩摩羅什所譯。其弟子僧叡在〈關中出禪經序〉中的記載：「究摩羅（鳩摩羅什）法師，以辛丑之年十二月二十日，自姑臧至常安。予即以其月二十六日，從受禪法。既蒙啟授，乃知學有成準，法有成條。《首楞嚴經》云：人在山中學道。無師道終不成。是其事也。尋蒙抄撰眾家禪要。得此三卷。」

《開元釋教錄》卷四所載：「《坐禪三昧經》，三卷。一名《菩薩禪法經》。初出或直云《雲禪經》，或雲禪法要，或雲阿蘭若習禪法，三名同是一本。弘始四年正月五日出，至九年閏五月重校正。」

若依僧叡的序文，則應於姚秦弘始九年（四〇七）閏月五日時重新檢校本經，以詳定初譯出時的誤失。

關於本經的異譯異名，如果就經錄所記載，《歷代三寶紀》及《內典錄》記載：《坐禪三昧經》三卷、《阿蘭若習禪法》二卷，都是鳩摩羅什所譯，而且是同本異譯。而《法經》、《彥悰》、《靜泰》等三錄則認為是同本異譯。

此外，《三寶紀》、《內典錄》均記載宋代求那跋陀羅（Guṇabhadra）譯《阿蘭若習禪法》二卷。《出三藏記》對《阿練若習禪法經》，在失譯部中舉出一卷本，即僅註明抄出《菩薩禪法》的第一卷，而不說是羅什或求那跋陀羅所譯。《開元錄》綜合此等記事，認為羅什譯的《三昧經》及跋陀羅譯的《阿蘭若經》是同本異譯，二譯一存，惟後者缺失不傳。

但檢視羅什所譯的《阿蘭若經》，其內容與《三昧經》完全相同，只是以異名而傳，所以不應稱為異譯，也不需要二本並行而出。比較合理的推論，應為跋陀羅譯的《阿蘭若經》是經錄的誤載，《坐禪三昧經》應該只經由羅什傳譯一次。

通用版本：本經為姚秦．鳩摩羅什所譯，全文共二卷，收於《大正藏》第十五冊（T15, No. 614）。

簡介

本經為佛教諸家禪要之纂集，內容闡明五門禪法，述說大乘、小乘綜合之禪觀。

中國佛教初期的禪觀，都是以小乘禪觀為主，一直到本經譯出之後，大乘佛教和小乘禪，乃至大乘禪和小乘禪的關係才告明確，也促成了天臺止觀的成立及中國禪宗的誕生。

全經結構

本經上卷初列四十三偈，說明欲度脫生死輪迴，必須修學禪法，次分治貪欲、治瞋恚、治愚癡、治思覺、治等分法門，主張應分別修不淨觀、慈心觀、因緣觀、數息觀、念佛觀等五門禪法。下卷記載四禪、五通、四念處、四善根及入見道的次第，闡明菩薩的習禪法，末尾則舉二十偈，為修禪者的實際心得。

（一）對治五種煩惱的五門禪

《坐禪三昧經》有上、下二卷首尾一貫，敘述繁簡得宜，組織整然，內容充實，應被推許為禪經中第一的經典。經文首先以五言四句偈共四十三偈，明示依禪法實修而解脫生死輪迴；其次，行文的首段舉出師長一開始如何啟示初學坐禪的人，進而描述沉溺於貪、瞋、癡三毒之徒，其性情、相貌的特色，並且說明如何對此等人授予適當的觀法，於是提示五種法門（即五停心觀），以之構成本經的序分。

五種法門，即：

第一、治貪欲法門——不淨觀。
第二、治瞋恚法門——慈心觀。
第三、治愚癡法門——因緣觀。
第四、治思覺法門——數息觀。
第五、治等分法門——念佛觀。

經中簡要地說明各法門的觀法，再以問答體詳敘之，並將行者的階段詳分為初習行、已習行、久習行等三品，此三品為五門所共通處。這五門中以第四數息觀的說明最為詳細，占上卷的一半，此即所謂六妙門、十六特勝、六覺的詳細解釋。又於第五念佛門中，一一說明佛的三十二相，八十種好。

（二）四禪八定與證悟解脫的根本禪

接著指出以上五門禪法均只攝於欲界定，並指出其不完全之處，進而明示初禪之德，而導介初禪；之後，更舉出初禪的缺陷，使入二禪，再依次使入於三禪、四禪，更進而說明無色界的四定，並略述藉四無量心之禪觀可獲得五通，隨後說明第一神足通。

於此又指出佛子修五禪，最後所達到之境界為涅槃，而能達此涅槃者，有二種根機：一、是先以定為主，後得觀智者；二、是先以觀智為主，後得定者。就前者言，即進向五門禪後，按四禪、四無色定、四無量觀、得五通的次第依序進展，最後為破除顛倒妄見以獲正智，並說明應打破淨、樂、我、常四倒見，而安住於不淨、苦、無我、無常的正見。進而由四念處觀的說明，依次說明觀智的進展，即自四念處觀、四諦十六行相觀、四善根位、無漏十六心、見修二道、須陀洹，以此為始而一一說明四向四果，言簡意賅，最後則描述阿羅漢的究竟位，解脫而得涅槃之相。

隨著羅漢之獲涅槃，其次略述與其不同的辟支佛成就涅槃；辟支佛是位於羅漢及菩薩之間的中根機。

（三）菩薩道的禪觀

後則明示菩薩道的禪觀，並不同於聲聞的五種禪觀之以進至涅槃為究竟目的，而是以成佛道為修五種禪觀的理想。其次敘述菩薩道的念佛觀、不淨觀、慈心觀、因緣觀、數息觀等五種法門的特性，最後以修禪者的實際心得，明示禪教應善處、辨知時宜及方便，並以七言四句的二十偈結束本經。菩薩禪觀的特質與五種法門之相通處，有念願渡濟眾生、通達諸法本空之理、了知諸法實相等三點。五種法門中，以因緣觀的說明最為詳細，其中述及十二因緣各支、十二因緣空以及此二者與實相、四諦、三十七道品等的關係。至於數息觀方面，則言三忍明空理。念佛觀方面，雖言生身、法身二觀，但二身的概念似不出於小乘教義。

本經全體組織整然，內容充實，獨占諸禪經之鰲首。

延伸閱讀

《首楞嚴三昧經》：讓我們在修證禪法的體性上，能更深入地修證。

《文殊師利普超三昧經》：透過文殊菩薩的三昧深境，讓我們在禪觀上更加昇華。

《法華經》：把三昧境界落實到如來實相，乃至展現在整個世間的完整的因緣。

28 悲華經

Karuṇāpuṇḍarīka-sūtra

簡名

《悲蓮華經》、《大乘悲芬陀利經》。

版本

各種版本說明：本經古來有四種中文傳譯本：

（一）《閑居經》一為，據《開元錄》卷二之註釋，此經由西晉・竺法護譯，為《悲華經》之同本異譯。

（二）《大乘悲分陀利經》，譯者不明，古來稱為秦譯本，今有八卷三十品；此經較曇無讖譯本更簡潔、且接近原貌。與藏譯本、梵本亦較一致。

（三）《悲華經》十卷，北涼・道龔譯，現已不存在。

（四）《悲華經》十卷，即本經所述者。又，本經的藏譯德格版，由印度勝友（Jinamitra）、天主覺

（Surendrabodhi）、智慧鎧（Prajñâvarman）及西藏翻譯官智慧軍（Ye es-sde）等人共譯校刊而成，共有十五卷。

通用版本：本經為北涼・曇無讖所譯，全文共十卷，收於《大正藏》第三冊（T03, No.157）。

簡介

全經主旨在讚嘆釋迦如來於穢土中成佛的大悲行持。並舉出以阿彌陀佛為首之諸佛、菩薩於淨土成佛者。經中並敘述釋迦牟尼佛、阿彌陀佛、觀世音菩薩等諸佛菩薩本生為父子、手足，共發菩提勝願的事蹟。經題「悲華」，即「慈悲之大白蓮華」，以此象徵釋迦牟尼佛。

全經結構

本經共有六品，其內容如下：

〈轉法輪品第一〉世尊於王舍城耆闍崛山為大比丘眾等說法，彌勒菩薩等向東南方留心聽法，歸命南無蓮華尊如來，其時，會眾中有寶日光明菩薩，見此覺不可思議，於是向世尊請問蓮華尊佛的成道、國土與莊嚴等問題。世尊對此善問加以稱讚並且一一詳答。並說明蓮華尊佛於昨夜後分為欲成無上道的諸菩薩大眾，宣說正法轉不退輪的事由。

〈**陀羅尼品第二**〉世尊對於寶日光明菩薩的祈問，依序解說蓮華佛土的晝夜差別及蓮華尊如來之音聲；並提及在此廣大的蓮華佛土上與西方安樂國土之諸菩薩均是平等的。其佛壽命有三十中劫，滅度後正法住世滿十中劫，生於其處之菩薩壽命有四十中劫。此佛世界昔名為栴檀，日月尊如來出世後其佛壽命有三十中劫，身臨此佛涅槃的虛空印菩薩於十中劫的正法滅盡時，受日月尊如來予以授記，號蓮華尊如來。日月尊如來教授虛空印菩薩受持解了一切陀羅門。

〈**大施品第三**〉宣說有關諸佛世界皆是清淨微妙而種種莊嚴，離於五濁穢惡，而世尊因何因緣在五濁惡世中成佛，並提及為四眾講解三乘之法之因緣。本品即是敘述無諍念王的故事。

往昔，過恆河沙等阿僧祇劫，此佛世界名為刪提嵐，此大劫名善持。彼劫中轉輪聖王無諍念治世，有大臣名寶海，寶海有子名寶藏，寶藏出家，成無上道，號寶藏如來。寶藏如來轉法輪濟度眾生後遊行城邑聚落，停留於首都安周羅城外閻浮林時，轉輪王與千王子及無量大眾前往寶藏如來處聽受說法，供養如來與諸聖眾三個月。而王之千子或其他人卻以此供養功德求為忉利天王、梵王、大王、轉輪聖王、大富，而竟無一人求取大乘，王亦只求成為轉輪王而不求無上菩提。

此時，寶海梵志由夢中之啟示，悟徹人天有漏之果不足為愛，因此向王勸說發於無上菩提心，成菩薩道，期待往生清淨佛土成佛。於是寶藏如來入三昧大放光明，王得見十方世界中五濁弊惡之土與清淨佛土等種種世界，王遂了解欲求取清淨世界或五濁不淨世界，皆是依菩薩因位的願力所成，於是入城到所住處宮殿中閒靜處，思惟修集種種己佛世界。

其次，寶海梵志勸服太子不時發無上菩提心，並使第二王子以下千人、諸王、大眾發起無上道心，各各歸於所住之處，在一靜處一心思惟所願。過七年後，王及千王子等俱至閻浮林，往詣佛所以先前三個月供養的福德，回向無上菩提，發大菩提心。

〈諸菩薩本授記品第四〉寶海梵志勸轉輪王發誓願求取妙佛土，王遂以先前供養之善根回向無上菩提，說明求取妙佛土之大願，更向佛、世尊發誓，如所願求之佛土、眾生得成，方成阿耨多羅三藐三菩提；寶藏如來遂提及西方過百千萬億佛土，有尊善無垢世界，其佛號為尊音如來，其佛之功德莊嚴與王之所願相等。因王調伏無量無邊之眾生而予改名為無量清淨，尊音如來般涅槃後次第出現無量諸佛，於世界轉名為安樂之時，王當作佛，號無量壽如來。

其次，王之第一太子在佛前敘述所願，寶藏佛為之授記名為觀世音，當於無量壽如來般涅槃後成佛，彼土轉名為一切珍寶所成就世界，佛號為遍出一切光明功德山王如來。其次，第二王子尼摩授記名為得大勢，第三王子王眾授記名為文殊師利，乃至第八王子授記名為普賢，第九王子授記名為阿閦，當於東方妙樂世界成佛號為阿閦如來；乃至千王子各各予以授記皆當悉取淨土成佛。其次，大臣寶海之子八十人，弟子三億人亦因寶海梵志故而發無上道心接受授記。

最後，寶海梵志見無諍念王及其千子皆願取淨土成佛，而不取不淨土，感歎無法顧及五濁惡世之眾生，於是發五百大誓願，願於五濁惡世成佛。寶藏如來遂予以授記當來娑婆世界成佛，號釋迦牟尼如來。

〈檀波羅蜜品第五〉大悲菩薩（寶海梵志）禮敬寶藏如來後，向如來請教諸三昧及助菩提法等問題，如來即解說首楞嚴三昧、寶印三昧、師子遊戲三昧等三昧、布施、持戒、忍辱、精進、禪定等之助菩提法等。

大悲菩薩依法受持，轉輪聖王及其千子等亦出家修學。大悲比丘命終之後，生於南方歡喜國，彼處人壽八十歲，以本願受生於旃陀羅之家，接著於閻浮提作轉輪王，教化一切眾生行十善，安止三乘之法。應尼乾子灰音之乞求，施予身皮及眼，以無上道修行為務。

大悲菩薩即是釋迦牟尼世尊，說明世尊漸次圓滿檀波羅蜜的過程。

〈入定三昧門品第六〉 釋迦如來告訴寂意菩薩提到過去、未來、現在三世諸佛及南西北東四維上下諸佛，均是其往昔所勸化而初發菩提心。東方善華世界的無垢功德光明王佛之獅子座、大地產生六種震動，其國菩薩不明所以，佛告之西方娑婆世界之釋迦牟尼今現在為四部眾說本緣法故，說明佛之神力不可思議。

又善華世界之二菩薩與二萬菩薩乘佛神力，來到娑婆世界供養、恭敬、尊重、讚嘆釋迦牟尼如來。然後，東方無量諸佛與南方、西方、北方無量諸佛亦如同善華世界之菩薩。此時，釋迦牟尼如來入遍虛空斷諸法定意三昧，為大眾演說一切行門之法，而後大眾向佛敬禮還歸十方本佛之所。

最後，會眾中無畏等地菩薩問此經名稱及如何奉持二個問題，佛乃告之本經名為「解了一切陀羅門」乃至「悲華」；並且敘述受持本經的福德，最後，付囑本經給無怨佛宿仙人。

延伸閱讀

《大乘本生心地觀經》：增長對佛陀心性實相的理解。

《法華經》：幫助我們理解佛陀從發心到修行成佛，乃至在法界中實相的顯現狀態。

《首楞嚴三昧經》：讓我們悟入諸佛究竟修證的狀態。

29 大乘本生心地觀經

Mūlajāta-hṛidayabhūmi-dhyāna-sūtra

簡名

《本生心地觀經》、《心地觀經》。

版本

各種版本說明：本經之註疏有來舟《淺註》十八卷及《淺注懸示》一卷、《科文》一卷、士安《疏》八卷、寬弘《要文抄》一卷、雲普《科》三卷、雲普《大科》一卷、玄信《報恩品科注》二卷。近代則有太虛之《講記》，收在《太虛大師全書》。

通用版本：本經為唐．般若所譯，全文共八卷，收於《大正藏》第三冊（T03,No.159）。

簡介

本經敘述佛陀在王舍城耆闍崛山中，為文殊等諸大菩薩開示出家住阿蘭若者，如何善觀心地、息諸妄想而成佛道。本經自古以來即以經中關於「四恩」思想而著名。

本經是以《般若》、《維摩》、《法華》、《華嚴》、《涅槃》等大乘佛教思想為基礎，再加上「唯心」、「唯識」的學說而建立「三界唯心唯識說」。在實踐方面，本經主張彌勒信仰，教人應持守瑜伽、梵網等大乘戒，並勸修《真實經》等所說的三密修行。

除了以「報恩說」馳名外，本經也含有甚深的教理，以及修道生活上的主張，經中不僅教示修行者在無人的靜處、持戒及修習十度（波羅蜜），並勸勉應依禪定觀心；這也正是本經所以名為《心地觀經》的原因。

全經結構

《大乘本生心地觀經》共計有十三品：全經分為〈序品〉、〈報恩品〉、〈厭捨品〉、〈波羅蜜多品〉、〈功德莊嚴品〉、〈觀心品〉、〈發菩提心品〉、〈成佛品〉、〈囑累品〉等十三品。

各品的概要如下：

〈序品第一〉說明佛坐寶蓮華獅子座，自胸臆及毛孔放大光明，影現過去未來一切事物，獅子吼菩薩說此光明非無因緣，故應說心地觀門。

〈報恩品第二〉當時王舍城有五百長者，說大乘菩薩道非報恩道，寧取小乘。對此，佛詮表四恩道理以明大乘菩薩報恩之道。

〈厭捨品第三〉智光於其引《維摩經》，說出家予人悲愁，故無慈悲，不如在家修行快樂；佛舉九喻說出家之殊勝，於是會眾出家。

〈無垢性品第四〉智光等請問佛出家應修之業，佛示應住的觀法，教示於衣服、臥具、飲食、湯藥四事應離貪欲，修十二頭陀行，並教以袈裟、乞食、服棄藥、阿蘭若等各有十利。

〈阿蘭若品第五〉依常精進菩薩之問，說住阿蘭若的心得。

〈離世間品第六〉樂遠離行菩薩承佛威力，說欲免我、我所、七慢、三毒一、五欲等恐怖，應住阿蘭若。由種種方面說此旨，如來印證，一同獲益。

〈厭身品第七〉佛為回答彌勒所問，說三十七種不淨觀。

〈波羅蜜多品第八〉樂遠離行菩薩殷切地勸人應住阿蘭若。於是，彌勒提出未必要限於阿蘭若處修行的疑問。佛答：菩薩有在家出家、在家菩薩為欲此導婬室屠肆，皆得親近。出家菩薩有上、中、下三根之別，上根出家菩薩住阿蘭若，中、下二根菩薩隨宜得住。若未得真智，則住阿蘭若可親近善知識。然後開示十波羅蜜。

〈功德莊嚴品第九〉佛陀告訴彌勒菩薩，自心觀得煩惱之根源者可住阿蘭若，但有二種法者不可住，具四德者可住。並敘述種種的八種清淨之德。

〈觀心品第十〉文殊菩薩問心地之理，佛說三界唯心的要旨。

〈入發菩提心品第十一〉佛陀為破除空病，說不可執著空，教示於服空藥去除邪見時即發菩提心。開示月輪觀、陀羅尼及印相，依此可得五種三昧。

〈成佛品第十二〉教說心、語、身的密法，說明觀法，次說三十二種甲冑。

〈囑累品第十三〉佛陀將此經法付囑文殊菩薩等，並敘述此經的妙益，及後世正法之流行。

延伸閱讀

《悲華經》：能更了解佛陀的心性實相。

《佛本行集經》：了解佛陀修證中的完整歷程。

《觀佛三昧海經》：能了解如來證悟三昧的廣大境界。

30 小品般若經

Aṣṭasāhasrikā-prajñāparamitā-sūtra

簡名

《摩訶般若波羅蜜經》、《小品般若波羅蜜經》、《小品經》。梵文名《八千頌般若》。

經名解釋

本經如同經題所稱為《般若波羅蜜經》是以開示般若波羅蜜為其根本的要旨。般若（prajñā）譯為智慧，與經驗性的知識（Vijiana）全然不同，是屬於實證體驗的直觀智慧。波羅蜜（paramita）譯為「到彼岸」，是指般若智慧之究竟狀態。而般若智慧的內容，也就是「空」（śūnyatā）。

版本

各種版本說明：本經中文原譯名為《摩訶般若波羅蜜經》，為了與同名的《大品般若經》（即梵本《二萬五千頌般若經》的漢譯）有所區別，而將之稱為《小品摩訶般若波羅蜜經》，簡稱為《小品般若波羅蜜經》，也稱為《小品經》。

本經是後秦．鳩摩羅什所譯，收在《大正藏》第八冊（T8, No. 227），據其弟子僧叡的序文所述，是自弘始十年（四〇八）二月六日至同年四月三十日間所譯。

關於本經之異譯，一般傳述有如下，所列之十二種，據稱是七存五缺：

（一）《道行經》，共一卷，後漢熹平元年（光和二年以前）竺佛朔譯，已缺。

（二）《道行般若經》，共十卷，後漢光和二年支婁迦讖譯，現存。

（三）《大明度經》，共六卷，吳黃武年間支謙譯，現存。

（四）《吳品經》，共五卷，吳太元元年前後康僧會譯，已缺。

（五）《更出小品經》，共七卷，西晉泰始八年竺法護譯，已缺。

（六）《摩訶般若波羅蜜道行經》，共二卷，晉惠帝時衛士度譯，已缺。

（七）《大智度經》，共四卷，東晉．祇多密譯，已缺。

（八）《摩訶般若波羅蜜經鈔》，共五卷，符秦建元十八年曇摩蜱、竺佛念譯，現存。

（九）《摩訶般若波羅蜜經》，共十卷，姚秦弘始年鳩摩羅什譯，現存。

（十）《大般若波羅蜜多經》第四，共十八卷，唐顯慶五年龍朔三年玄奘譯，現存。

（十一）《佛母出生三法藏般若波羅蜜多心經》，共二十五卷，宋太宗時施護譯，現存。

（十二）《佛母寶德藏般若波羅蜜經》，共三卷，宋太宗時施護譯，現存。

本經在中國佛教史上自翻譯初期至末期為止，著名的翻譯家都曾經從事過翻譯，由此可見本經在中國是和印度一樣，都十分受到重視。

通用版本：本經為後秦・鳩摩羅什所譯，全文共十卷，收於《大正藏》第八冊（T08, No.227）。

簡介

本經為梵本《八千頌般若經》的漢譯，內容講述大乘佛教般若空觀的理論；其中主要闡釋菩薩之般若波羅蜜、諸法無受三昧、菩薩摩訶薩等，及般若波羅蜜與五蘊關聯、受持修習般若波羅蜜的功德，以及諸法空無所得、空三昧等。

本經的內容共分為二十九品，闡述般若與空，及體證般若與空的修學方法。

全經結構

第一卷

〈初品第一〉佛陀於耆闍崛山，與千二百五十大阿羅漢俱，解空第一的須菩提尊者承佛神力而宣說般若波羅蜜，使大眾體悟五蘊皆空名為「菩薩諸法無受三昧」，依此可證得阿耨多羅三藐三菩提。

〈釋提桓因品第二〉當時，釋提桓因等諸天在法會中聽聞如上說法，因釋提桓因之請，須菩提乃繼續說法。將「色即是空，空即是色」的奧義深入闡揚。

第二卷

〈寶塔品第三〉佛陀宣說自身於燃燈佛時之本生。並宣說如是般若波羅蜜的經典，同時勸發大眾應尊敬、供養舍利、塔。

〈大明呪品第四〉佛向釋提桓因說明般若波羅蜜是大明咒，是無上咒，並說其種種利益。並明示六波羅蜜中般若波羅蜜為最勝事。

〈舍利品第五〉佛陀為釋提桓因緣而宣說般若波羅蜜經的尊崇仰信及舍利供養。

第三卷

〈佐助品第六〉接續前品，佛陀更強調書寫讀誦般若經典的功德，同時說明以五蘊無常之聲聞教義所談的為「相似般若波羅蜜」，以大乘的空觀為核心才是「般若波羅蜜」。

〈迴向品第七〉佛陀為須菩提尊者、彌勒菩薩說迴向隨喜亦空，然而必須以此作為入門，並說明取相分別的迴向是有所得，並非第一義帝。

〈泥犁品第八〉讚嘆舍利弗般若波羅蜜之德後，佛陀告訴向須菩提：誹謗般若波羅蜜者墮於地獄。最後講說身心五蘊及薩婆若（一切智）為無二無異。

第四卷

〈歎淨品第九〉舍利弗讚歎五蘊畢竟清淨後，須菩提更述說不著取相，顯示空義。般若行的菩薩說：「為度一切眾生故發大莊嚴」。並開示《般若經》讀誦的時日，及三轉法輪畢竟無轉。

〈不可思議品第十〉信解般若波羅蜜者為阿毘跋致（不退轉），必得授記，以無分別五蘊、十力等之不可思議，謂為行般若波羅蜜。本品最後部分，佛預言本經之流傳。

第五卷

〈魔事品第十一〉明示於般若修行時之種種魔事。

〈小如品第十二〉以於母病之時，眾子憂心為譬喻，敘說十方諸佛皆念如其母般之般若波羅蜜，佛更向須菩提說般若如實知世間一切諸法。

〈相無相品第十三〉說諸法恰如虛空無作相，為常住不變。

〈船喻品第十四〉喻如於大海中船難而破，又不能抓到木板浮囊而溺斃，菩薩也是如此，如果不能得般若波羅蜜，即退沒於中道而墮於二乘。

第六卷

〈大如品第十五〉說示諸法甚深不來不去，不可得、無障礙。並說因般若力可不墮於二乘，最後說明「如是三乘如中無差別」，從中可見到大乘一佛乘的思想。

〈阿惟越致相品第十六〉廣明阿惟越致相其中說及，若惡魔化作沙門，至菩薩所，指著般若波羅蜜的教說曰：「汝所聞者非佛所說，皆是文飾莊校之辭，我所說經真是佛語」，魔以此證惑，而菩薩亦不為所動者，即為阿惟越致菩薩。

第七卷

〈深功德品第十七〉佛向須菩提說阿惟越致菩薩之甚深功德，及本經所說之功德，以般若性空為核心：「如來所說無盡無量，空無相、無作、無起、無生、無滅、無所有、無染涅槃，但以名字方便故說」。

〈恆伽提婆品第十八〉說明佛陀授記恆伽提婆女當來之世成佛的因由，並為須菩提詳說空三昧之義。

〈阿惟越致覺魔品第十九〉明示阿惟越致菩薩相及其魔事。

第八卷

〈深心求菩提品第二十〉強調六波羅蜜之行，更特別敘述般若波羅蜜之相。

〈恭敬菩薩品第二十一〉言菩薩若離般若波羅蜜，惡魔遂得其便，菩薩對眾生謙下，更能使眾生起恭敬之心。並列舉學習菩薩薩婆若之諸種利益。

〈無慳煩惱品第二十二〉說明學習般若波羅蜜者，則不生煩惱心、慳心、破戒心、瞋惱心、懈怠心、散亂心、愚癡心等，並說般若是大利事。

第九卷

〈人稱揚菩薩品第二十三〉說明菩薩行般若波羅蜜時，為諸佛所護念，當知是菩薩即為阿毘跋致，並說菩薩成就觀一切法空，及不捨眾生之二法；又說菩薩成就隨說能行，和為諸佛所念之二法，以及學般若成就四功德之菩薩為十方諸佛讚嘆其名。

〈囑累品第二十四〉敘述了因學習般若波羅蜜而至阿毘跋致，住於薩婆若等事後，佛以此般若囑累於阿難。

〈見阿閦佛品第二十五〉因以佛神力使大眾觀見住於阿閦佛國之佛及其法會，顯現般若甚深空性之理。

〈隨知品第二十六〉接續前品，明示般若性空為無相且為廣大無邊。

延伸閱讀

《大品般若經》：擴大般若的深境體悟。

《文殊般若經》：透過文殊菩薩來讓我們更深入佛法般若智慧的內容；

《月燈三昧經》：透過禪觀實證來證悟佛法的智慧。

31 月燈三昧經
Candrapradīpasamādhi-sūtra

簡名

《三摩地王經》、《三昧王經》、《入於大悲大方等大集說經》、《大方等大集月燈經》

版本

各種版本說明：《歷代三寶紀》卷九中所說的「月燈三昧經，十一卷，高齊．那連提耶舍，天保八年（五五七）於天平寺出。」即是指本經。此版本結構完整，具有序分、正分、流通分等三分，乃一世碩德那連提耶舍奉詔而譯，所以文筆流暢。本經在宋、元、明三藏中作十一卷，唯獨麗藏為十卷。其梵本及西藏本皆存，現存的梵本單題為《三昧王》，而梵文《大乘集菩薩學論》則稱之為《三昧王月燈經》。

本經另有二異本，其一題為《月燈三昧燈》，又稱為《文殊師利菩薩十事行經》、《逮慧三昧經》，全文共一卷，由劉宋．先公譯，收於《大正藏》第十五冊。此經相當於那連提耶舍十卷本中的第六卷。內容亦具備序、正、通三分，由長行及重頌構成，內容敘述佛陀對文殊師利童子，就布施等六度行及空觀，乃至分衛等說十事，所以稱《文殊師利菩薩十事行經》。《法經錄》記載劉宋．先公譯《月燈三昧經》第七卷異譯者，即是此經。

另一譯本亦題為《月燈三昧經》，全文共一卷，收於《大正藏》第十五冊。雖然題為劉宋．先公譯，但根據經中後記所言，恐為後漢．安世高所譯。其內容旨趣略同那連提耶舍十卷本中的第五卷後半，但是內文全異。僅有正宗分，而無序分、流通分，是就最初的三界終至道識等九十餘種法門，立六行說明。此經在宋、元、明三本中缺，唯獨麗藏尚存。

通用版本：本經為高齊．那連提耶舍所譯，全文共十卷，收於《大正藏》第十五冊（T15, No. 639）。

簡介

本經敘述佛陀在王舍城闍崛山時，為月光童子宣說「一切諸法體性平等無戲論三昧」，並說得此三昧者，能速得一切法及無上正等正覺。此三昧因為月光童子所問而得，所以又稱月燈三昧。

佛陀為月光童子宣說依平等心、救護心、無礙心、無毒心，及在因地所修的無量三昧而得菩提，或成就施、戒、忍辱等法，則得諸法體性平等無戲論三昧。又說，菩薩應當成就善巧，住於不放逸，修神通之業本，行財施、捨身。佛陀亦提及自己在因地中所行的布施、持戒等波羅蜜，以明示若具足修學身戒，則可招感得相好及一切戒。

本經主要內容，為成就一切諸法體性平等無戲論三昧之加行，及依此三昧以證諸法之體性，以獲得無生法忍，並詳說三昧諸功德，說明一切諸法之體性。

本經在中國及日本並不太流行，但是在尼泊爾卻非常受到重視，被列為「九法」之一。中觀學派之大成者月稱所著之《入中論》、《中論釋》，及其後繼者寂天《大乘集菩薩學論》等書，皆常引用本經，可見本經為中觀學派之重要經典。噶舉派以本經為「顯教大手印」的根本心要，在西藏也有極大的影響力。

全經結構

本經分為十卷，各卷內容簡介如下：

第一卷：佛於王舍城耆闍崛山，於大比丘眾、菩薩眾、諸天八部眾中，對本經之對法眾月光童子所問：佛何故為一切智而具有力無畏、解說知見？佛答：於一切眾生，起平等心、救護心、無礙心、無毒心，成世間眼，成就一切諸法體性平等無戲論三昧，故得所問之果。又說：得此三昧者，得身口意之三業清淨，證得無生之理而得解脫等等，且說應成就二十種十法功德。又說：一切眾生亦應修此三昧，一切布施中，未有勝於修此三昧者。會中之眾各各得果，月光童子聽佛說而發願，於佛滅後，護持布衍此法。

第二卷：過去久遠無量劫有聲德如來，其時，有大力王為得未來人天樂果，而對如來行無上布施。聲德如來因教化大力王曰：財食施非尊敬佛之究竟之供養，持具足戒，棄捨諸財寶珍寶及王位，住空閒處以修一切諸法體性平等無戲論三昧而斷煩惱，悟解離垢無為道，方為真正之供養。大力王從其教而出家，住此三昧，生生世世不墮惡道，遂悟諸法如幻如夢而成佛道，名為智勇如來。王之無數眷屬亦受王之教化而行真布施，亦如王悟解諸法體性，住此三昧而成佛。此諸法體性唯佛能知，非聲聞、緣覺所及。

第三卷：若如實了知一切法之體性，證得無上菩提，得最勝之功德，即令劫火亦不能燒此功德，一度證菩提時，於一切法起平等心，為諸天人之所恭敬，利益無量眾生，能使聞者歡喜無有厭足。於後之末世，諸人雖輕此法而月光童子善弘通此法。

第四卷：答月光童子對佛所問：「成就幾何之法，可得一切諸法體性平等無戲論三昧？」而言：若成就四法可得此三昧，而此三昧非今佛之始說，實為過去無量諸佛所讚嘆、修習，且引堅固力王之本生譚。

第五卷：若能受持讀誦此三昧經典，為他人解說，如實修行便可獲得四種功德。詳說四種功德之內容，佛身非色身而為法身，復就七十三法建立四種法門。

第六卷：一切菩薩不放逸而學行六波羅蜜，記各種波羅蜜有十種利益，亦就六度之外的五種法門舉十種利益（此卷的同本異譯，宋先公譯，因其對法眾為文殊之故，所以因十種利益，而譯為《文殊師菩薩十事行經》)。

第七卷：將不取著於五分法身說為菩薩之神通本業，又記安隱德比丘因樂求一切諸法體性平等無戲論三昧而燃右臂以供養佛。其臂光遍照十方，見此比丘之稀有神變而隨喜者，能感由女變成男之種種現報之果之本生譚。

第八卷：菩薩樂求此三昧之故，行法施、財施，而菩薩之檀度則說四種回向，引用智意王女之本生譚及勇鍵得王之本生譚為真實例。

第九卷：受前卷之後，舉勇健得王懺悔其殺戮善花月法師，而堅持禁持、且供養法師，但因果歷然，遂墮無量劫之間的無間地獄，未值遇佛，後修佛道而成佛，是為釋迦牟尼如來之本生譚。此示修此三昧之功德，勝過其他任何之布施行。

第十卷：若具足菩薩身戒，能於一切法得無疑智、三十二相、十力、十八不共法、三解脫門、三十七菩提法，又得六神通而如實知十二因緣之流轉還滅。又舉口戒清淨、意戒清淨之德，其次把自諸聖典中採來的三百餘句，以問答體加以解說。最後記現前之眾生蒙佛如上說法而發無上菩提心，為當來之眾生契上福田而得各各證果。佛將此法門囑付阿難，以月光童子為始之諸菩薩眾等歡喜奉行，而結束本經。

延伸閱讀

《首楞嚴三昧經》：增長三昧的悟境。

《坐禪三昧經》：相應擴大禪觀的理解，讓我們在修證月燈三昧時，更加具足圓滿的基礎。

《悲華經》：完整的體悟佛陀修證的不可思議境界。

32 四十二章經

版本

《四十二章經》為中國第一部漢譯佛經，有關本經傳譯的記載，與漢明帝求法的傳說有密切關係。《魏書》〈釋老志〉中記載：東漢明帝曾夜夢丈六金人，頂佩白光，自西方飛來。大臣傅毅認為這是西方的佛陀，漢明帝遂「感夢求法」，令蔡愔、秦景、王遵等十餘人於永平七年（六四）赴天竺（古代印度）求佛法，並畫回當地的佛塔遺範。

他們在西域的大月氏（古代阿富汗）遇到了來自天竺的僧人攝摩騰和竺法蘭，得佛經佛像，於是相偕同行，以白馬馱回《四十二章經》及釋迦牟尼佛立像，於永平十年（六七）回到當時的京城雒陽。漢明帝敕命在城西的雍門外，依照天竺式樣建造佛寺，作為二位高僧駐錫及譯經的處所，為了紀念白馬馱經之功，便將之命名為「白馬寺」。

白馬寺自建立後，便成為了中國佛教的傳播中心。攝摩騰（即迦葉摩騰）和竺法蘭在這裡翻譯出了第一部漢語佛經《四十二章經》，後來另一位天竺僧人曇柯迦羅又譯出了第一部漢文佛律《僧祇戒心》，歷朝歷代也有許多西域和其他國家的僧侶來此覽經求法。

漢明帝求法有種種不同說法，因此有關本經傳譯的記載也有許多異說，而一般的說法，本經的初傳大約在六四年至七五年之間。

而此經的翻譯地點，自梁以來尚無定說。至於譯者，《出三藏記集》說竺摩騰（即迦葉摩騰）譯寫，《歷代三寶紀》所引《寶唱錄》，又以為竺法蘭所譯，以上兩種說法都有，因此，後來本經通行本，都是題迦葉摩騰共竺法蘭譯。

通用版本：本經為後漢．迦葉摩騰共法蘭所譯，全文共一卷，收於《大正藏》第十七冊（T17, No. 784）。

簡介

本經為佛陀宣說出家、在家應精進離欲，由修布施、持戒、禪定而生智慧，即得證四沙門果，文中包含了佛教基本修道的綱領。

本經各章的內容多見於阿含部經典，例如：第三章見《中阿含經》卷三《思經》、《伽蘭經》、《伽彌尼經》，第六章及第七章均見《雜阿含經》卷四十二，第十章見《中阿含經》卷三十九《須達多經》及別譯《須達經》、《長者施報經》，第十七章見《雜阿含經》卷三十四等。

全經結構

本經共分為四十二章，各章內容概要如下：

一、佛陀宣說出家沙門行道得果和四果的意義。

二、說沙門道法應少欲知足。

三、說應行十善業，勿行十惡業，及在家修五戒十善亦能得道。

四、說有過應真誠懺悔，改過滅罪方能得道。

五、說以慈心對惡人。

六、說人之過惡反而禍及自身，如送禮不納，則自持歸。

七、說惡人害賢者，如仰天而唾，又如逆風以土坌人，還污己身。

八、說廣博佈施獲大福。

九、說隨喜他人布施亦得福報。

十、較量供養善人、聖著、佛，施福差別。

十一、說天下有五難：貧窮布施難、豪貴學道難、制命不死難、得　佛經難、生值佛世難。

十二、說垢去明存，猶如磨鏡。

十三、說行道者善，志向與道合者大，忍辱者多力，除心垢者最明。

十四、說心垢（三毒五蓋）盡，乃知生死所趣，諸佛國土道德所在。

十五、說學道見諦，如人持炬火入於暗室，其冥即滅。
十六、說應念道不應稍忽。
十七、說恒念無常則得道疾速。
十八、念道得信根其福無量。
十九、念地、水、火、風四大無我。
二十、華名危身，如香自燒。
二十一、財色如刀上蜜，貪之截舌。
二十二、妻子情欲，患甚於牢獄。
二十三、愛欲莫甚於色。
二十四、愛欲之於人，如逆風執炬有燒手患。
二十五、天神為試探佛，獻上天女，佛訶玉女如革囊眾穢。
二十六、為道不為情欲所惑，保其得道，如水中木順流入海。
二十七、意不可與色會合。
二十八、無視女人，見之當如蓮花不為泥污。
二十九、人為道去情欲，當如草避火。
三十、說止息淫欲當先斷心。
三十一、說無愛即無憂，無憂即無畏。

三十二、堅持精進，欲滅得道。
三十三、說學道調心，應如調琴弦緩急得中。
三十四、說學道應漸漸去垢，如鍛鐵。
三十五、說人若不修道，生、老、病、死其苦無量。
三十六、說人離三惡道乃至信三寶值佛世等八種難得。
三十七、說為道須念人命在呼吸間。
三十八、說離佛雖遠，念戒必得道。
三十九、說佛經如蜜，中邊皆甜，行者得道。
四十、說為道須拔愛欲根，如摘懸珠，終有盡時。
四十一、說沙門行道，當如牛負重行於泥中，急求出離。
四十二、輕視富貴如過客，視金玉如礫石。

延伸閱讀

《八大人覺經》：了解佛菩薩的修行核心與實踐覺悟的要旨。
《遺教經》：教導我們佛陀最後的教誨，讓我們生命有所依止。
《法華經》：讓我們了解佛陀在法界中運作的真實樣貌。

33 八大人覺經

Mahā-purisa-vitakka-sūtra（巴利）

版本

《八大人覺經》由後漢．安世高法師所譯，他原是安息國的王子，父歿後，捨王位而皈依佛門，出家學道，博曉經藏，尤其精通阿毘曇學與禪。漢桓帝時，他從安息國來到洛陽，是中國佛教初期的譯經僧。

關於本經的譯者，也有不同的看法，例如：《法經錄》列之為失譯經；《長房錄》列為小乘修多羅，失譯；《出三藏記》闕其經名；《內典錄》所載安世高譯經錄一百七十餘部一百九十餘卷，其中並無本經，也將本經列於失譯部。但是智昇《開元錄》著錄安世高譯經九十五部一一五卷，其中則有「《八大人覺經》一卷，見《寶唱錄》」一語。

關於本經的內容應該屬於小乘經典或是大乘經典，隋費長房稱本經為小乘修多羅，唐．道宣則認為大乘經。明智旭認為此「八大人覺」是利人利他，自他二利圓滿，斷苦趣覺，能證常樂，所以認為此屬於大乘經典。明代的智旭大師、清代的續法法師，及近代的太虛大師、圓瑛法師，都曾講說或註疏本經。

通用版本：本經為後漢．安世高所譯，全文共一卷，收於《大正藏》第十七冊（17, No. 779）。

簡介

本經主旨在闡明諸佛菩薩（即經中所謂的「大人」）所覺知思慮的八種法，經中佛陀教導佛弟子應觀察體會覺悟世間無常，多欲為苦，心無厭足，覺知懈怠墮落、愚癡生死，覺知貧苦多怨而等念怨親，覺悟五欲過患，生死熾然，苦惱無量，發大乘心。以此八種大人覺悟之道，以自覺、覺他。

全經結構

《八大人覺經》全文僅短短三百餘字，卻涵蓋了修行的各個面向要義：

第一覺悟：世間無常，國土危脆；四大苦空，五陰無我；生滅變異，虛偽無主；心是惡源，形為罪藪；如是觀察，漸離生死。

第二覺知：多欲為苦。生死疲勞，從貪欲起；少欲無為，身心自在。

第三覺知：心無厭足，惟得多求，增長罪惡；菩薩不爾，常念知足，安貧守道，惟慧是業。

第四覺知：懈怠墮落，常行精進，破煩惱惡，摧伏四魔，出陰界獄。

第五：覺悟愚癡生死。菩薩常念，廣學多聞，增長智慧，成就辯才，教化一切，悉以大樂。

第六覺知：貧苦多怨，橫結惡緣，菩薩布施，等念怨親，不念舊惡，不憎惡人。

第七覺悟：五欲過患。雖為俗人，不染世樂；常念三衣，瓦鉢法器；志願出家，守道清白。梵行高遠，慈悲一切。

第八覺知：生死熾然，苦惱無量；發大乘心，普濟一切。願代眾生，受無量苦；令諸眾生，畢竟大樂。

如此八事，乃是諸佛菩薩大人之所覺悟。精進行道，慈悲修慧，乘法身船，至涅槃岸；復還生死，度脫眾生。以前八事，開導一切，令諸眾生，覺生死苦，捨離五欲，修心聖道。若佛弟子，誦此八事，於念念中，滅無量罪；進趣菩提，速登正覺；永斷生死，常住快樂。

本經在《阿含經》、《佛遺教經》、《成實論》中均有廣說，其順序、名稱雖不同，但主旨相同。例如，在《中阿含》卷十八〈八念經〉中記載，阿那律陀在枝提瘦水渚林中宴坐思惟，心作是念：道從無欲，非有欲得，乃至道從智慧，非愚癡得。於是世尊以他心智知彼心中所念，而現其前，為說大人八念。即：

（一）道從無欲，非有欲得。又作少欲覺、無欲覺。是說比丘修道，當於一切塵境不生希欲之心，雖自得無欲，而不令他知，所以得道。相當於《八大人覺經》的第二覺。

（二）道從知足，非無厭得。又作知足覺。是說比丘修道，衣但覆形，食但支命，一切所需悉當知足。相當於《八大人覺經》的第三覺。

（三）道從遠離，非聚會得。又作樂寂靜覺、隱處覺、遠離覺。是說比丘修道，於世間諸法及己身心俱當遠離。即《八大人覺經》的第七覺。

（四）道從精勤，非懈怠得。又作不疲倦覺、精進覺。謂比丘修道，當常行精進，斷惡、不善，修諸善法，恆自起意，專一堅固，不捨方便。相當於《八大人覺經》的第四覺。

（五）道從正念，非邪念得。又作正念覺、正憶覺、不忘念覺、守正念覺、制心覺。謂比丘修道，當觀察身心內外諸法悉皆空寂，無有邪念。相當於《八大人覺經》的第六覺。

（六）道從定意，非亂意得。又作定意覺、定心覺、正定覺。謂比丘修道，當遠離諸惡，凝心禪定，無有散亂。即《八大人覺經》的第一覺。

（七）道從智慧，非愚癡得。又作智慧覺、正慧覺。謂比丘修道，當觀察世間興衰之法，而得智慧明達，悉除惑業，盡生死苦。即《八大人覺經》的第五覺。

（八）道從不戲樂，非戲行得。又作無戲論覺、不戲論覺。謂比丘修道，當常寂靜，遠離嬉戲之樂、遊觀之行，安住無為之理，正意而解。相當於《八大人覺經》的第八覺。

延伸閱讀

《四十二章經》：讓我們了解佛法修行的內容。

《遺教經》：理解佛陀最後的教法，了悟佛法的真義實相。

《阿彌陀經》：理解在如實修持中，能夠見到十方法界的豐富。

34 佛垂般涅槃略說教誡經

簡名

《佛垂涅槃教誡經》、《佛遺教經》、《遺教經》。

版本

本經的漢譯乃是後秦弘始三年（四〇一）十二月來長安，十五年四月歿於長安之鳩摩羅什所作。但彼之譯出為何年之事，並無明確的紀錄。可知羅什翻譯本經之譯文極為流利，與同譯的《維摩詰所說經》及《阿彌陀經》等俱為其數量頗多的譯經中最秀逸者之一。

本經的梵本已佚失，無法得知其梵名。全經篇幅甚短，譯筆流暢，廣為歷代佛子所修學，即使在眾多的譯經典中，也顯得特別優秀且文辭莊嚴、敘述巧妙，閱讀起來就如同漢人著作一般。

本經的傳譯，僅一次依羅什而出，並無其他譯本。如果將本經與西元第一世紀末葉譯出馬鳴的

《佛所行讚》五之《大般涅槃品》相比對，在文體上雖然有韻文和散文的差異，但是首尾文段卻完全吻合，因此推測本經可能是羅什將《佛所行讚》之文，以散文體譯出。

本註疏甚多，其中，以世親菩薩所造之《遺教經論》最受後世所重視。《佛遺教經論疏節要》（宋淨源節要，明．袾宏補註，收於《大正藏》第四十冊）一卷、《遺教經論法住記》（宋元照著）一卷等。

通用版本：本經為姚秦．鳩摩羅什所譯，全文共一卷，收於《大正藏》第十二冊（T12, No. 389）。

簡介

本經內容為佛陀在臨涅槃前對弟子的最後教誡，闡述佛法根本的戒、定、慧，教誨佛弟子當恪守戒律、降伏五欲、靜心不怠，及實修的內容。

《佛遺教經》是釋迦牟尼佛於入涅槃前，為弟子們所做的最後一場說法。全經共兩千三百餘字，全經文可歸納為二十個小節，即：

一、持戒：叮囑佛弟子，佛滅之後當以戒為師。

二、制心：應安住於戒，當制五根，勿令放逸入於五欲。

三、非時食：受諸飲食當如服藥，於好於惡，勿生增減。

四、戒睡眠：應晝夜精勤心，修習善法，勿以睡眠因緣，勿令一生空過。

五、常懷慚愧：於諸莊嚴最為第一，有愧之人則有善法。
六、戒瞋恚：當自攝心無令瞋恨，亦當護口勿出惡言，能行忍者乃可名為有力大人。
七、戒憍慢：已捨飾好著壞色衣，執持應器以乞自活，自見如是，若起憍慢當疾滅之。
八、戒諂曲：直心是道，諂曲之心與道相違，是故要質直其心。
九、少欲：多欲之人多求利故，苦惱亦多；行少欲者，心則坦然無所憂畏，有少欲者則有涅槃。
十、知足：若欲脫諸苦惱，當觀知足，知足之法即是富樂安隱之處。
十一、遠離：若求寂靜無為安樂，當離憒鬧、獨處閑居。
十二、精進：若勤精進則事無難者，當勤精進，譬如小水常流則能穿石。
十三、不忘念：求善知識、求善護助而不忘念，若不忘念者，諸煩惱賊則不能入。
十四、禪定：若攝心者心則在定，心在定故能知世間生滅法相，為智慧水故，善修禪定令不漏失。
十五、智慧：若有智慧則無貪著，常自省察不令有失，是度老病死海堅牢船。
十六、不戲論：若種種戲論其心則亂，雖復出家猶未得脫。
十七、不放逸：於諸功德常當一心，捨諸放逸如離怨賊。
十八、決疑：佛陀問大眾對四諦法是否有所疑？可疾問之，為大眾決疑。
十九、眾生得度：大眾中初入法者，因聞佛所說，即皆得度，譬如夜見電光即得見道。若所作已辦、已度苦海者。
二十、法身常住：佛陀咐囑弟子：佛陀滅度後，弟子修道證悟，輾轉無盡，則是如來法身常在而不滅。

佛門常見的智慧金句「以戒為師」，即是出於本經。佛教在入滅前的最後一場說法中教誡弟子：「汝等比丘，於我滅後，當尊重珍敬波羅提木叉（戒），如闇遇明、貧人得寶，當知此則是汝大師，若我住世無異此也。」

佛陀成道十二年中，僧團無事，沒有非法違犯的事，十二年後，才因比丘的違犯而制定學處戒律。佛陀在為僧團制定任何的戒律學處時，完全是根據事例考量，當僧團發生了衝突事件或產生疑難的時候，就請佛陀裁決，他的決定也因而被視為處理此事的軌則了。

在佛陀臨終臥病之時，表現了對僧團的高度關切，但他並不以自己的威信妨礙他的弟子們，而是使他們成為自由人的團體，能夠自覺、自助，自己的燈塔。在最後一次講話中，他更是將自己的主張表露無遺。佛陀說：「阿難！你們也許有人會認為：『世尊的教導已經終了，我們再也沒有導師了！』你們萬萬不要這樣想。我為你們大家宣說的教法和制定的戒律，在我去世以後，就是你們的導師。」

禪門特別重視此經，與《四十二章經》、《溈山警策》合稱「佛祖三經」。

延伸閱讀

《四十二章經》：掌握佛法修行的根本要義。

《八大人覺經》：知道覺悟成佛者如何掌握最核心根本。
《大般涅槃經》：了解佛陀真實入滅的實相境界。

35 菩薩念佛三昧經
Bodhisattva-buddhānusmṛti-samādhi-sūtra

簡名

《念佛三昧經》。

版本

本經與《大方等大集經菩薩念佛三昧分》十卷，皆是在隋代大業年中，由達摩笈多譯出，為同本異譯。雖然二者有廣、略的不同，但是其文句不僅能相互對照，也可見到極多共通的譯語。

在《大集經》卷七〈不眴菩薩品〉中說：「有三昧名一切法自在，菩薩修習此三昧者……亦得無量無邊福德……成佛之時，世界所有一切具足」，「成就何法，獲得如是一切諸法自在三昧」，而舉出並詳述一法至十法等諸法聚，與本經所說極為相近。

此外，卷二十七的〈無盡意菩薩品〉，東方不眴世界的菩薩述說得念佛三昧，接著敘述念佛方法，

「菩薩得是念佛三昧，一切法中得自在智陀羅尼門，聞佛所說悉能受持，終不忘失，亦得曉了一切眾生言辭音聲無礙辯才」，使舍利弗示現入一切佛土三昧，見彼土之佛及眾生。以上與《念佛三昧經》所說大致相同。

如《大集經》卷七〈不眴菩薩品〉所述，名之為一切法自在三昧，但並不只觀佛身、佛土。至〈無盡意品〉，更進而名之為念佛三昧或示現一切佛土三昧，雖然如此，其主要在宣示不執著一切所緣境界，思惟法性平等如虛空，超越六根六境之法。至本經則更進一步，由其中可見近似色身觀的傾向。如上所述，〈不眴品〉稱之為一切法自在三昧，至〈無盡意品〉已變成念佛三昧，《念佛三昧經》則演進至次一階段的色身觀，基於此等二品的豫想，而說明此三昧之功德善根。

通用版本：本經為劉宋．功德直所譯，全文共五卷，收於《大正藏》第十三冊（T13, No. 414）。

簡介

本經宣說念佛三昧，除了觀想念佛，觀佛色身的相好之外，還要正觀如來法身，或由無相法身觀，現觀如來色身的相好。

念佛三昧是一切菩薩所必須修習的深行，而修行境界愈高的菩薩，愈能相續不斷的念念念佛。從原始佛教到大乘佛教，念佛法門在印度的發展是以實相念佛與觀相念佛為主。到了大乘佛法的發展，念佛法門不只是佛弟子對佛陀的永恆懷念，也是菩薩道行者對自我內在生命的需求。所以念佛法門在大乘佛教的發展中，成為重要的一支，而念佛三昧也就成為一切菩薩所必須成就的法行。

念佛思想起源於原始佛教中的三念、四念、六念乃至八念、十念中的念佛法門。行者於曠野之中，心中畏懼、憶念佛陀的功德，如此於恐懼中得到解脫。在原始佛教中，佛弟子臨命終時，一心念佛，生於天上，或臨終時，一心念佛，不墮三惡道，生在天上並七返生死而得涅槃；都是從原始佛教而來的固有信仰。到大乘佛教的興起，憶佛、念佛的法門特別發達，除了對佛的永恆懷念之外，應有更深密的意義。此法門會成為廣大菩薩修行有力的一支，有其特別的價值。

廣義的念佛三昧，是指一切菩薩正念所持，如實憶念如來的法、報、化身功德等；如此能入究竟佛道，發起廣大福德度一切眾生。念佛三昧的究竟意義是極深密的，含藏了菩薩無限向上的憧憬，迴向於成佛菩提；依如來威神而下覆眾生，迴向一切有情；安住於摩訶般若波羅密多，迴向真如實際。「佛」、「法性」與「眾生」構成了念佛三昧的真實內容，菩薩大三昧的成就，是統攝了諸小三昧，具足眾多的前行方得成就；而念佛三昧匯集諸佛功德，也涵攝了這個特色。

「念佛三昧修證」除了一般的持名念佛、觀相念佛、功德法身佛，更加入了實相念佛，在實相法界體性中，實相憶念如來體性，即現成金剛三昧中。

念佛三昧是不可思議的，一位菩薩行者，應當行、住、坐、臥二六時中，時時相續的念佛。

全經結構

以下簡介本經各品內容：

〈**序品**〉佛在王舍城耆闍崛山說法，除天龍八部、聲聞、菩薩以外，還有舍衛城的給孤獨長者、毗舍離的諸梨車族、瞻波的長者子、波羅奈的異類人、拘尸那羅的末羅族，以及四方世界諸天眾。佛對不空見菩薩說過去世無邊精進王所居善住城之莊嚴殊麗（卷一），以及此王皈依佛的因緣（其中述及不空見的本生），最後說「若人欲見三世佛……必先受持此三昧」，只提到菩薩的念佛三昧，就還至彼室入定（卷二）。

〈**神變品**〉不空見菩薩廣現神通。阿難驚其不思議，一一向目連、舍利弗、大迦葉、富樓那、羅睺羅（卷三）、須菩提等詢問此神變是否渠等所為。

〈**彌勒神通品**〉因此彌勒向阿難敘述曾乞食至婆羅門家使彼發願，並於燃燈佛所得一切菩薩念佛三昧。既得此三昧，諸方一切諸佛現說法者，常現在前，並能以神通救化無量眾生。

〈**嘆佛妙音勝辯品**〉不空見菩薩向阿難述及佛的三轉十二行法輪，有無量文字、名句、義趣、解釋，於無教法中以教說，無言法中以言說，無相法中以相說，令證得無證之法，隨眾生之根器、所欲而出自然微妙之圓音，具種種辯才（卷四），並廣為讚嘆佛音。

〈**讚如來功德品**〉不空見菩薩讚揚佛德。

〈**佛作神通品**〉佛對不空見菩薩說如來是眾生的救護者、大皈依者。佛摩其頂，不空見菩薩即見到十方三世無量佛國淨土。

〈見無邊佛廣請問品〉因此不空見菩薩為具足種種功德神力，問佛當思惟何等三昧，當如何修行（卷六）。

〈讚三昧相品〉佛乃述說菩薩當親近修習念一切佛三昧，當思惟觀察之，依此可獲得無量功德。

〈正觀品〉成就此念佛三昧，常見一切佛，能承事供養。由「常住正念，遠離邪心，斷除我見，思惟無我」開始，乃至「勤造作十善業道」，廣舉十法法數聚，說「當知如是念佛三昧，則為攝一切諸法」，而以「若人暫聞說此法者，是人當來決定成佛，無有疑也」作總結。

〈思惟三昧品〉欲成就念佛三昧，云何思惟？當念十方三世如來，非即非離五陰、五塵、四大（卷七）。其次，為捨離我見，應觀身不淨、無常、苦、空。

〈示現微笑品〉佛對阿難說：「我當說是正念三昧法門義」，有無數眾生得大利益。

〈神通品〉佛對不空見說遠離無慚愧乃能住此三昧及不遠離三寶。然後述及過去世善觀作王皈依佛的故事，修止觀、離斷常二見、修習慚愧，終獲此三昧（卷八）。其次說明此三昧門的不思議功德。

〈修習三昧品〉佛對不空見菩薩述說無貪、無瞋、無癡、無常、苦、無我、過、現、未諸佛隨喜等種種三法，能成就念佛三昧，由此三昧普遍生出一切善根。卷末有出現正法、像法的敘述（卷九）。其次，應觀察此三昧善根、功德，念佛三昧是諸佛所說、所行處、印可處、正教、辯才、所覺、選擇、所作、財寶、府庫、伏藏、倉廩、印璽、舍利。

〈菩薩本行品〉佛為如意定智神通菩薩，列舉受持此法的過去、未來諸佛（卷十）。根據宋譯本，之後還有兩品。

〈**正念品**〉思議菩薩等問佛：何故名為諸佛所說？何者是佛？如何念佛？為起身念、起法念？佛答後世諸菩薩見四方佛國，亦見諸佛各說念佛三昧。

〈**大眾奉持品**〉佛為上下四方國土來集的大眾說法，應尊重恭敬此法如敬佛，因法不異佛，故求我（佛）身者，當敬事此法。末了，一切人天悉皆歡喜，頂戴奉行。

經中之念佛三昧，主要見於卷七、八，依此觀法身，而不只是觀色身之相好。欲見一切諸佛之修法，由一法舉出一法（卷七），而云「不以色觀察如來、不離色觀察如來……不以地觀察如來、不離地觀察如來」（卷八）等，正觀如來法身。「獲得如是一切菩薩念佛三昧；彼諸世尊常現在前」（卷四）。住三昧已，常不遠離見一切諸佛，常不遠離聽聞諸佛所說妙法」（卷八）。「爾乃讚誦三昧經，彼見無量億數佛，無邊淨光若日輪」（卷九）等，因此由法身之實相念佛更進一步，迴攝觀像念佛。

延伸閱讀

《般舟三昧經》：增廣般舟三昧關於念佛三昧的完整內容。

《如來智印三昧經》：透過如來智印三昧的修證，來完全了悟如來的智慧。

《觀無量壽經》：以十六個禪觀來憶念阿彌陀佛的極樂世界，乃至往生淨土圓滿。

36 大寶積經
Mahā-ratnakūṭa-sūtra

簡名

《寶積經》。

經名解釋

《大寶積經》為纂輯有關菩薩修行法，及授記成佛等之諸經而成的經集。寶積，是「積集法寶」之意，因為所收之經皆為大乘深妙之法，所以稱之為「寶」；聚集無量之法門，而稱之為「積」。

版本

各種版本說明：《大寶積經》全經共計四十九會（部），其中，魏晉南北朝隋唐之諸譯經家用不同經名陸續譯出二十三會八十卷餘，稱為「舊譯」，菩提流志新譯出二十六會三十九卷半，稱為「新譯」，本經即為新舊譯之合編本。

通用版本：本經為唐．菩提流志所譯，全文共一百二十卷，收於《大正藏》第十一冊（T11, No. 310）。

簡介

內容主要講述菩薩修行法及授記成佛等，為大乘佛教寶積部經典。《大寶積經》是一系列的大乘佛教經典的集合，其集成時間不一。〈大寶積經．普明菩薩會〉（又名〈大迦葉品〉，Kāśyapaparivarta）是最古老的《寶積經》，本會內題「古大寶積經」。龍樹《大智度論》（卷二八）稱引為《寶頂經》。世親或安慧所造《大寶積經論》專門解說此會。印度大乘空、有二宗，一致重視本經對菩薩行的解說。《菩薩藏經》二十卷，玄奘於貞觀十九年（六四五）譯出，玄奘歸國後首譯此經。修阿蘭若行和推崇在家菩薩行的《大寶積經》〈郁伽長者會〉（〈郁伽長者所問經〉，Ugrapariprccha）被視為是涉及大乘佛教起源的早期文獻。

跟彌陀信仰有關的〈無量壽如來會〉、宣講佛性的〈勝鬘夫人會〉和記載菩薩懺悔文的〈優波離會〉，是《大寶積經》中常被誦讀的部分。

全經內容泛論大乘佛教之各種主要法門，涉及範圍極廣，每一會相當一部經，也各有其獨立之主題，例如四十六會〈文殊說般若會〉主要論述「般若性空」之思想；第五會〈無量壽如來會〉宣說彌陀淨土之信仰；另如第二、第三、第七、第十一、第二十四會等則闡揚密教之各種重要教義。此外，本經各會所屬部類亦極紛雜，如第十四會〈佛說入胎藏會〉屬於小乘部，第一〈三律儀會〉、第二十三〈摩訶迦葉會〉屬於律部，第四十六會〈文殊說般若會〉屬於般若部，第四十七會〈寶髻菩薩會〉屬於大集部。

全經結構

《大寶積經》全經計收四十九會。前部二十三會八十卷餘，為魏晉南北朝等譯師翻譯集合，後二十六會三十九卷半，為菩提流志翻譯，所以本經即為新舊譯之合編本。全經內容涵蓋大乘佛教之各種主要法門，涉及範圍極廣，每一會都相當一部經文。

根據大慈恩寺《三藏法師傳》卷十記載，玄奘自印度歸返時，曾帶回本經的梵文本，玄奘譯完《大般若經》六百卷後，諸方名德又敦請玄奘再譯本經，但當時玄奘已精力殆盡而預知圓寂之期不遠，而捨卻所請（六六三）。而玄奘所帶回的梵本，今僅存部分斷簡殘片。菩提流志從神龍二年（七〇六）開始編譯，歷時七年，於先天二年（七一三）完畢，完成玄奘未竟的偉業。

《大寶積經》內有重大義理的幾會，特別是小本《寶積》為大本《寶積》之先河，要義如上。

以下即依次略述其餘各會的大概。

〈三律儀會第一〉三卷。唐．菩提流志新譯，與舊譯《大方廣三戒經》同本。佛因大迦葉問，而說菩薩種種應作、不應作的三法。

〈無邊莊嚴會第二〉四卷，新譯。佛為無邊莊嚴菩薩說一切法自性無性，不可以相表示；然是一切諸法本性，非由染淨之所建立，無住無起，本性清淨。菩薩如實解了無明諸有為法，悟智見等無為法，入清淨法門，獲遍持光明智慧，圓滿所有不思議善根等願。

〈密跡金剛力士會第三〉七卷，西晉．竺法護譯。密跡金剛力士說如來身、口、心三祕密真實之法。目連欲窮佛聲邊際，過西方九十九恆河沙佛土終不能得，其音常近不遠。應持菩薩過上方百億恆河沙佛土，欲見佛頂相亦不能見。

〈淨居天子會第四〉二卷，西晉．竺法護譯，舊名《菩薩說夢經》。淨居天子問菩薩所行相貌攝受諸法，佛言夢中見相一百八事，應隨夢境進修，淨除業障。

〈無量壽如來會第五〉二卷，新譯，與舊《無量清淨平等覺》、《大阿彌陀》、《無量壽經》等同本。佛說阿彌陀佛因地願力，極樂國土種種清淨莊嚴，勸人往生。

〈不動如來會第六〉二卷，新譯。與舊本《阿閦佛國經》同本。佛說妙喜世界種種勝妙，不動佛行願功德，勸人往生。

〈被甲莊嚴會第七〉五卷，新譯。佛為無邊慧菩薩說菩薩被大甲冑，乘於大乘，行於大道，為諸眾生作大利益。

〈法界體性無分別會第八〉二卷，梁．曼陀羅仙譯，與羅什譯《法界體性經》同本。文殊師利說一切法皆法界體性，是污染者法界體性，若知污染是法界體性是名白淨。然第一義無有污染，若污染法若白淨法，名佛出世。佛出世者，諸法無生，是無生法，都無生死，亦無涅槃。又廣說菩提之相，菩薩聞已，能於諸法體性無所分別，即名為佛。

〈大乘十法會第九〉一卷，元魏．佛陀扇多譯，與梁譯《大乘十法經》同本。十法者：（一）信成就，（二）行成就，（三）性成就，（四）樂菩提心，（五）樂法，（六）觀正法行，（七）行法慎法，（八）捨慢大慢，（九）善解如來祕密之教，（十）心不希求二乘。

〈文殊師利普門會第十〉一卷，新譯。與舊《普門品經》等同本。佛說色、聲、香、味、觸、人、天、善、惡等法，了知其性空，本自無生起，皆悉寂靜，是名諸三昧普入不思議法門。

〈出現光明會第十一〉五卷，新譯。佛答月光童子問，說如來因地善根資糧圓滿，成就相好光明等法門。

〈菩薩藏會第十二〉此經總攝大乘的重要法門，以「四無量」、「六度」、「四攝」為綱，統攝大乘菩薩道。

〈佛為阿難說處胎會第十三〉一卷，新譯，與舊譯《胞胎經》同本。佛說人受生入胎種種事。

〈佛說入胎藏會第十四〉二卷，唐．義淨譯。佛說種種方便，化難陀離欲出家事。

〈文殊師利授記會第十五〉三卷，唐．實叉難陀譯，與《文殊師利佛土嚴淨經》同本。佛說文殊師利於往昔雷音佛所初發菩提之心，過不可思議微塵數劫行菩薩道，勸教十萬無量無邊如來，然後作佛名為普見，剎土功德莊嚴，極樂世界非所比量。

〈菩薩見實會第十六〉十六卷，高齊．那連提黎耶舍譯。佛成道已，還迦毗羅城，為淨飯王說六界差別法門。

〈富樓那會第十七〉三卷，姚秦．鳩摩羅什譯，舊譯名《菩薩藏經》，亦與《大悲心經》同本。佛為富樓那說菩薩藏。

〈護國菩薩會第十八〉二卷，隋．闍那崛多譯。佛為護國比丘說菩薩清淨無畏，喜捨調伏等四十八法。

〈郁伽長者會第十九〉一卷，曹魏．康僧鎧譯，與《法鏡經》及《郁迦羅越問菩薩行經》同本。佛為郁伽長者說在家種種過患功德及出家菩薩修行功德之法。

〈無盡伏藏會第二十〉二卷，新譯。佛說菩薩有貪行、瞋行、癡行等分行，說法等五伏藏，成就殊勝功德，速證菩提。

〈授幻師跋陀羅記會第二十一〉一卷，新譯，與舊譯《幻士仁賢經》同本。王舍城幻師變幻供養驗試如來，不知如來現證諸法如幻，悔悟發心而得授記。

〈大神變會第二十二〉二卷，新譯。如來有大神變，說法教誡，答商主天子問，說云何名無生，云何名無生忍。

〈摩訶迦葉會第二十三〉二卷，元魏．月婆首那譯。佛為迦葉說出家比丘妄言得果，貪著名利等種種罪相。

〈優波離會第二十四〉一卷，新譯，與舊譯《決定毗尼經》同本。優波離問佛戒律輕重開遮，文殊師利言一切諸法畢竟寂滅，心寂滅故名究竟毗尼，乃至是名法界究竟毗尼，諸佛世尊依此成道。若善男子於是法中不善觀察，則為遠離如來淨戒。

〈發勝志樂會第二十五〉二卷，新譯，與舊譯《發覺淨心經》同本。佛說初業菩薩既出家已，應離樂著利養、憒鬧、俗言、睡眠、眾務、戲論等過失，修出世道慈念眾生。

〈善臂菩薩會第二十六〉二卷，姚秦．鳩摩羅什譯。佛為善臂菩薩說菩薩當具足六波羅蜜法。

〈善順菩薩會第二十七〉一卷，新譯，與舊譯《須賴經》同本。舍衛城有菩薩名善順，方便度人，示現極貧，佛為說法，授以佛記。

〈勤授長者會第二十八〉一卷，新譯。佛為舍衛城勇猛授等五百長者，說應觀身四十四種過患，厭離身命妻子，捨宅衣服車乘香鬘一切樂具，速能成就六波羅蜜，疾得無上菩提。

〈優陀延王會第二十九〉一卷，新譯，與舊譯《優填王經》同本。優陀延王因第二夫人誣陷，對第一夫人及如來聖眾發起瞋恚，悟後懺悔。佛為說先知丈夫過患，然後多種觀察女色欲染過患。

〈妙慧童女會第三十〉一卷，新譯，與舊譯《須摩提經》及先譯《妙慧童女經》同本。長者女妙慧問佛：云何得端正身乃至臨終諸佛現前？佛為說於惡友所不起瞋心等四十行。

〈恆河上優婆夷會第三十一〉一卷，新譯。佛與恆河上優婆夷問答，說一切法如幻化，如虛空，心尚不可得，何況心所生法，一切法皆無所得名真修梵行。

〈無畏德菩薩會第三十二〉一卷，與《阿闍世王女阿術達菩薩經》等同本。阿闍世王女無畏德，見聲聞不起迎問禮，為王廣說二乘與大菩薩人種種差別，與舍利弗等問答妙法。

〈無垢施菩薩應辯會第三十三〉一卷，與《離垢施女經》及《得無垢女經》同本。波斯匿王女與聲聞迦葉、舍利弗等，及菩薩文殊、觀音等，問答法要。

〈功德寶花敷菩薩會第三十四〉一卷，新譯。佛因問，為說持誦十方現在佛名所得殊勝功德。

〈善德天子會第三十五〉一卷，與先譯《文殊師利所說不思議佛境界經》同本。文殊演說諸佛不思議甚深境界。

〈善住意天子會第三十六〉四卷，與《如幻三昧經》及《聖善住意》等同本。文殊與善住意於佛前問答不施不慳、不戒不犯、不忍不諍、不進不怠、不禪不亂、不智不愚、無凡夫無佛、不因緣不無緣等甚深法。

〈阿闍世王子會第三十七〉半卷，與舊譯《太子刷護》、《太子和休》二經同本。王太子問佛：何因緣得端正蓮華化生、知宿命、生天上、得六神通等？佛隨問演說。

〈大乘方便會第三十八〉二卷半，東晉．竺難提譯，與《慧上菩薩問大善權經》等同本。佛因智勝菩薩問，說諸菩薩依回向，隨喜，以一摶食給施一切眾生，一香一華供養十方佛等善權方便法門。

〈賢護長者會第三十九〉二卷，原名《移識經》，隋．闍那崛多譯。賢護問佛，眾生有識如寶在篋，不顯不知，身謝識遷，如夢遷化，受種種身，往來苦樂等事。

〈淨信童女會第四十〉一卷，新譯，波斯匿王女問菩薩正修行法、得堅固力、安住生死、成熟眾生、六度、四無量等。

〈彌勒菩薩問八法會第四十一〉一卷。本名《彌勒菩薩所問經》，與《大乘方等要慧經》同本。佛說菩薩成就深心等八法，於勝進法中不退不轉，速成菩提。

〈彌勒菩薩所問經第四十二〉半卷，與舊譯《彌勒菩薩所問本願經》等同本。佛說彌勒以善權方便安樂行，晝夜六時禮佛懺悔，勸請諸佛，願於來世人民無垢穢奉行十善時成佛。釋迦以身命布施，勇猛精進，願於五濁惡世成佛度生。

〈普明菩薩會第四十三〉（即《古寶積經》）。

〈寶梁聚會第四十四〉二卷，北涼・釋道龔譯。佛說沙門善惡垢淨，梵行非梵行種種事相。

〈無盡慧菩薩會第四十五〉半卷，新譯。佛說十波羅蜜及入十地先相等法（與華嚴部《莊嚴菩提心經》同）。

〈文殊師利說般若會第四十六〉一卷半，蕭・梁曼陀羅仙譯。文殊師利菩薩說般若波羅蜜及一行三昧法。

〈寶髻菩薩會第四十七〉二卷，西晉・竺法護譯。佛說六波羅蜜、三十七菩提分法、菩薩淨行等。

〈勝鬘夫人會第四十八〉（內容見本書第十六經）。

〈廣博仙人會第四十九〉一卷，新譯。佛為廣博仙人說三十三垢染布施不得果報及說種種上施、生死轉識、諸天欲樂衰相等事。

延伸閱讀

《維摩詰經》：能將《大寶積經》的境界實踐於日常生活中。

《法華經》：能夠將如來的境界與《大寶積經》完全融攝增廣。

《大方等大集經》：讓我們更完整的體悟大乘教法修證的實相。

37 大般涅槃經

Mahāparinirvāṇa-sūtra

簡名

《大本涅槃經》，或《大涅槃經》。

版本

由於本經暢演大乘義理，議論宏闢，精義迭宣，因此從開始譯出以來，就在中國佛教界產生了極大的衝擊。此經最早傳入中國的部分，相傳即後漢．支婁迦讖所譯的《梵般泥洹經》二卷，但其經早佚。至東晉時，高僧法顯於摩竭提國巴連弗邑，得到該地優婆塞伽羅寫贈的《大本涅槃》前分的梵本，歸至建康道場寺，於義熙十三年（四一七）與梵僧佛陀跋陀羅譯出為六卷（或作十卷），名《大般泥洹經》，或稱《方等大般泥洹經》。內容相當於《大般涅槃經》的前五品，為現存此經最早的異譯本。

本經的譯者天竺三藏曇無讖，最初在天竺遇見白頭禪師，得到樹皮《大涅槃經》本而專業大乘，後來齎著此經的前分及《菩薩戒經》、《菩薩戒本》等梵本來至龜茲。但因龜茲人多習小乘學，不信《涅槃》，曇無讖遂至敦煌。後因沮渠蒙遜於玄始十年（四二一）攻入敦煌，才將曇無讖迎至姑臧，並請於同年十月出譯此經，時西河高僧慧嵩、道朗相與筆受助譯，而翻成此經三十六卷。

各種版本說明：本經的漢譯本：

（一）法顯、佛大跋陀、寶雲共譯《大般泥洹經》六卷，東晉義熙十三年（四一七）道場寺譯出。

（二）天竺三藏曇無讖譯《大般涅槃經》四十卷，北涼玄始十年（四二一）譯出，又稱為北本。其初分五品即前十卷。

（三）慧嚴、慧觀、謝靈運，據法顯本與北本，會集成《大般涅槃經》三十六卷，又稱南本。劉宋元嘉十三年（四三六）出。

本經的藏譯本，藏傳本有二本：

（一）由勝友（Jinamitra）、智藏（Jñānagarbha）和天月（Devacandra）所譯，時間可能是在九世紀，由梵文本譯成，相當於「初分」本。

（二）由曇無讖本轉譯成藏文，時間約在十一世紀。蒙文譯本由藏譯本轉譯為蒙古文。

通用版本：本經為北涼．曇無讖所譯，全文共四十卷，收於《大正藏》第十二冊（T12, No. 374）。

簡介

內容宣說如來常住、涅槃常樂我淨、眾生悉有佛性乃至闡提成佛等義的佛典。為大乘五大部經之一。

本經義理豐富而精緻，其內容要點，即為針對灰身滅智的小乘涅槃之說，而闡述佛身常住不滅，及常樂我淨義。又不同於大乘中的三乘五姓說，而顯示眾生悉有佛性，一闡提和聲聞、辟支都當得成大覺義；並廣說與涅槃有關的一切菩薩法義。因之此經被稱為大乘佛教的極談。

全經結構

本經的內容分為十三品：

〈壽命品〉：卷一至卷三

敘說佛在拘尸那城阿利羅跋提河邊娑羅雙樹間，二月十五日臨涅槃時，宣告大眾：如有可疑，今可來問。那時眾生悲啼號哭，聲聞、菩薩四眾、天龍八部人非人等都來集會，奉請供養，佛只受優婆塞純陀的最後供養，並為說施食的果報。純陀請佛住世，佛為說法，並令他去再辦供養。大眾又哀請住世，佛也給以慰語，並告諸比丘：應受持大乘，自他安住解脫、法身、般若三法；又為宣說無常、苦、空、無我，了知常、樂、我、淨，離四顛倒。更為迦葉菩薩說佛身長壽的菩薩因行，以平等心視諸眾生，如來常住不變易法，世出世間的差別，涅槃即法性義，佛、法、僧三皈依處等。

〈金剛身品〉：卷三

佛陀為迦葉宣說如來法身常住、金剛不壞，及成就無量微妙功德，並說成就此金剛身由於護持正法的因緣。

〈名字功德品〉：卷三

更為宣說此《大般涅槃經》的名義和所具的功德等。

〈如來性品〉：卷四至卷十

佛陀為迦葉先說開示大般涅槃的自正、正他、能隨問答、善解因緣義四義，這四義即是一義、空義。次說如來常住不變易義。又如來隨順世間神通變化，已於無量劫中成佛，更示現種種色相化眾。次說如來所說實無祕藏，只因聲聞少慧，為說半字九部經，迨機成熟，便說大乘毗伽羅論，即如來常住不變易說。次述大般涅槃百句解脫義，又四種人應持此經為世間依。及比丘當依法不依人等四依，佛說與魔說種種差別，眾生悉有佛性，九部經中未說犯不犯戒的區別。並分別四聖諦法、四顛倒相、我與無我、三皈依處、如來祕藏、眾生皆有佛性、十四音字義、一切異法常無常等、佛性常住真實無變等義。乃至聞此經得菩提因，重罪眾生得滅諸惡，唯除一闡提。又此經是如來密語，唯有菩薩知其實義。更為文殊師利說佛性非「本有今無」偈，又為迦葉說諸佛、菩薩、聲聞、緣覺同一佛性無差別等義。

〈一切大眾所問品〉：卷十

佛陀接受純陀最後供養，又以化身受大眾供養，為純陀說除一闡提、一切布施的功德；又為文殊說如來說法有餘、無餘之別；更為迦葉說無餘義，及此經所得的功德。更為此三人授記。佛自現身疾，右脅而臥。

〈現疾品〉：卷十一

迦葉問佛：佛故現有病相？佛起趺坐，放大光明，廣為演說如來的祕藏，並說實無有病，大般涅槃是諸佛的甚深禪定。又三種人（謗大乘、五逆罪、一闡提）非聲、緣、菩薩所能治，有五種人（四果及辟支）於大乘涅槃有病行處，而非如來。

〈聖行品〉：卷十一至卷十四

佛為迦葉說菩薩應修聖行、梵行、天行、嬰兒行、病行五種行。次即廣說菩薩的聖行，謂於大般涅槃聞思修行，護持淨戒，觀四念處、四聖諦、知四聖諦的上中二智。又為文殊說世諦、第一義諦、實諦及臨般涅槃而轉無上法輪的意義。又為迦葉說二十五三昧。為住無垢藏王菩薩說從牛出乳等五味相生，以形容佛說法次第增勝乃至說大般涅槃。迦葉稱讚此經並願捨身書寫流通，佛又為說過去世為雪山童子的為聞半偈而捨身的因緣。

〈梵行品〉：卷十五至卷二十

廣說菩薩應修的梵行。先說菩薩住七善法，能具梵行。次說慈、悲、喜、捨四無量心的梵行，更說菩薩能得四無礙，名無所得。又重釋「本無今有」偈義，及說三乘、一乘、常、無常等義。又佛所說法，菩薩能知見覺，由於菩薩念佛、法、僧六念處等。次述阿闍世王歸佛的因緣，又佛也為一闡提說法，並為阿闍世王說應索心觀身二十事等，使發菩提心。以下說〈天行品〉「如雜花（即《華嚴經》）說」，遂不詳說。

〈嬰兒行品〉：卷二十

說菩薩應修嬰兒行。謂如來不起（不起諸法相）、不住（不著一切諸法）、不來（身行不動搖）、不去（已到大般涅槃）、不語（雖為眾生演說諸法而實無所說），如嬰兒等。

〈光明遍照高貴德王菩薩品〉：卷二十一至卷二十六

佛為高貴德王菩薩說修行《大般涅槃經》得十事功德：第一功德得聞所不聞等五事，有不生生、不生不生、生不生、生生四句，乃至不到到、不聞聞等四句，及涅槃的體和因，一闡提也不斷佛性，如來常住、菩薩能永斷諸漏等。又菩薩觀四大、五陰、六入、六塵煩惱、修戒定慧解脫達於常樂我淨的經過，又不見佛性的涅槃和見佛性的大涅槃的區別，及大涅槃有八大自在、四大樂、四大淨等。次說第二功德得昔所不得等五事。第三功德捨世諦慈，得第一義諦慈。第四功德根深難傾拔等十事。第五功德諸根完具等五事。第六功德安住金剛三昧。第七功德得以親近善友等四法為大般涅槃的近因，並明涅槃的八相、六相、斷煩惱、化眾生、見佛性等義。第八功德斷除五陰、遠離五見、成就六念處、修習五定、守護菩提心、親近四無量心、信順一道大乘、心善解脫、慧善解脫等。第九功德成就信心等五事，並說一闡提斷善根而不斷佛性，能得菩提。第十功德修習三十七道品、入大涅槃的常樂我淨，為諸眾生分別解說大涅槃經，顯示佛性，信此經得入大涅槃等。

〈師子吼菩薩品〉：卷二十七至卷三十二

師子吼菩薩問佛性義，佛陀為其宣說菩薩具足智慧、福德二種莊嚴即知佛性，佛性名第一義空，名智慧，名中道，名佛，名涅槃，及一切眾生悉有佛性義。次說菩薩具足成就十法，雖見佛性而不明瞭，佛見佛性明瞭的原因。又分別解說持戒破戒，佛性的因，眾生於佛性有退不退，菩薩修習三十二相的業因緣，眾生煩惱繫縛，修習戒定慧諸相，乃至於拘尸那城涅槃的原因，及莊嚴娑羅雙樹常樂我淨義，涅槃無十相名無相，修習定慧捨相能斷十相得無相，名大般涅槃，即得明瞭見於佛性。菩薩成就信心具足等十法，能明見涅槃無相。並說業有輕重，有定不定，及善惡果等，乃至身戒心慧修與不修的人所受業報的輕重差別。又眾生悉有佛性，但須修習無漏聖道才能得見；及菩薩以苦行等鍛鍊，得不退心。又《大涅槃經》如大海，有八不思議，及如來示現胎生不受化身的意義。最後師子吼菩薩說偈讚佛。

〈迦葉菩薩品〉：卷三十三至卷三十八

佛陀為迦葉演說三子、三田等譬喻，譬說如來先教菩薩、次教聲聞、後教闡提，為菩薩說十二部經中微細義，為聲聞說淺近義，為一闡提說可生諸善等世間義，並述善星比丘的因緣故事，說一闡提尚未斷未來世善根，故得成菩提。又如來具知諸根力，為調伏諸眾生故，對於有智的不作二說，於無智的人作不定說，更列舉諸弟子眾所懷的四十種疑執的見解，一一加以解說摧破，而誡生決定想。並繼說斷善根人出入地獄的還生善根，及如來為眾生說法有四種答。佛性中道，非有非無，亦有亦無。十二部經或隨自意說，或隨他意說，或隨自他意說等。又如來說法為眾生故有七種語。次述恆河七眾生的譬喻，說明眾生悉有佛性，一闡提人必成菩提，四果、辟支必當成道；又眾生佛性常如虛空，非三世攝，遍一切處；又說煩惱因果乃至梵行、無常等十想。最後迦葉說偈讚佛。

〈憍陳如品〉：卷三十九至卷四十

佛陀為憍陳如說五蘊無常乃至非寂靜，五蘊滅可得解脫常住乃至涅槃寂靜，知道這個道理名具足沙門婆羅門法。這時有諸外道聽聞此說，與阿闍世王同來佛處問難，婆羅門闍提首那、梵志婆私吒、先尼、迦葉、富那、清靜、犢子、納衣、婆羅門弘廣等次發問，佛一一為之說法解答，令得正果。其時阿難在娑羅林外為魔所撓，佛讚阿難為多聞藏，具八善法，能持十二部經，令文殊攝歸阿難，並令與梵志須跋陀同來見佛，佛度須跋陀得阿羅漢果，大眾皆得法益。

延伸閱讀

《遺教經》：讓我們理解佛陀涅槃的真實教法。

《悲華經》：理解佛陀生生世世修證到成佛的經驗。

《法華經》：讓我們體證佛陀並沒有真實涅槃的法界實相。

38 修行道地經
Yoga-cārya-bhūmi-sūtra

簡名

《修行經》。

版本

本經撰者僧伽羅剎（梵語：Saṅgharakṣa）也音譯為僧伽羅叉，意譯眾護，於佛滅後七百年生於印度須賴國，是說一切有部著名的大譬喻師、大禪師，是迦膩色迦王之師。

道安法師在〈僧伽羅剎（所集）經序〉說：

「僧伽羅剎者，須賴國人也。佛去世後七百年，生此國，出家學道，遊教諸邦。至犍陀越土，甄陀罽貳王師焉。高明絕世，多所述作。」

印順法師在著述《說一切有部為主的論書與論師之研究》〈大瑜伽師僧伽羅叉〉說：「瑜伽與瑜伽

師，傳來中國，一向泛稱之為禪與禪師。初期傳入中國的禪學，屬於說一切有部中，譬喻系的禪——瑜伽。其中最傑出的，是大師僧伽羅叉。」

僧伽羅叉的禪集與著作，在罽賓、安息一帶，流行得非常悠久。僧伽羅叉的禪集，從二世紀起到五世紀初，不斷的傳譯來中國，可見僧伽羅叉的禪風在西方是非常盛行。安世高從安息來；鳩摩羅什曾到罽賓去修學；傳譯《僧伽羅剎所集（佛行）經》的僧伽跋澄，也是罽賓比丘。

各種版本說明：漢譯著作有：

（一）《修行道地經》，西晉．竺法護譯。

異譯本有後漢．安世高譯《道地經》一卷、後漢．支曜譯《小道地經》一卷等。

（二）《僧伽羅剎所集經》，符秦．僧伽跋澄等譯。

通用版本：本經為西晉．竺法護所譯，全文共七卷，收於《大正藏》第十五冊（T15, No. 606）。

簡介

本經是纂集諸經所說瑜伽觀行之要義而成，為印度僧伽羅剎於佛滅後七百年所說。

本經之內容特色在敘述菩薩禪之後三品中的大乘思想。如《法華經》一般，並列三乘道。但是，除此部分外，全部敘述屬於聲聞教義之禪觀。在〈分別相品〉有眾生十九輩之說，並列舉有五種禪觀。最特別的是〈數息品第二十三〉，詳細闡述凡夫禪與佛弟子禪之區別，其他的禪經雖亦有說述得四禪、五通、生天之果為凡夫有漏之禪，但是很少有如本經，傾力於說明與佛弟子禪之差異，此為本經極大特色。

本經說明禪觀的次第進展，可歸納為入門階段的五停心（主要為奢摩他範疇）：不淨、慈心、數息、十二因緣、無常想。在〈神足品〉說明寂（奢摩他）與觀（毗婆舍那）二者的特性。後續說明觀四諦十六行相（為毗婆舍那範疇），斷除煩惱，得解脫的次第。

全經結構

全經共分為三十品：集散、五陰本、五陰相、分別五陰、五陰成敗、慈、除恐怖、分別相、勸意、離顛倒、曉了食、伏勝諸根、忍辱、棄加惡、天眼見終始、天耳、念往世、知人心念、地獄、勸悅、行空、神足、數息、觀、經學地、無學地、無學、弟子三品修行、緣覺、菩薩。

本經之內容大要如下：

（一）輪迴世間的現相

本經首先敘說生死輪迴的生活，畢竟無常、苦、無我、不淨（見〈集散品第一〉），特別是有情的生活，因為是由色、受、想、行、識五蘊（見〈五陰本品第二〉、〈五陰相品第三〉、〈分別五陰品第四〉、〈五陰成敗品第五〉），及地、水、火、風、空、識之共力所組合成（見〈行空品第二十一〉），故無作為自我所可依賴之確實性。五十五事中的每一項，都為空無常而極可厭（見〈觀品第二十四〉）。

然而凡夫因為貪瞋癡三毒，而演變成萬種的癡態狂亂，其迷情性行可分別為十九輩（見〈分別相品第八〉），由此而說明地獄、餓鬼、畜生、人間、天上之生活開展（見〈知人心念品第十八〉），特別詳述地獄之種類情形（見〈地獄品第十九〉）。執著於如此不可依賴的自我，又以錯誤的自我觀念而展開的生活之種種相，是迷妄且充滿苦惱，如早日皈依於佛陀的教法，應可除去此煩惱及迷妄，此可視為本經廣說的項目。

（二）修道的初門

輪迴生活是違反正理的迷妄，我們在始終驚怖於苦惱之中反省，必然要求解脫。而解脫之要求又必然地必須除去自我的執著妄念，並依此而展開修道的生活。修道之始，為解脫苦惱恐怖故，要現空自身而憶念佛法僧三寶，並持戒堅固而捨離我執我欲之生活（見〈除恐怖品第七〉）；其次要制止眼、耳、鼻、舌、身之五根，致力於不為色、聲、香、味、觸之五境所驅使（見〈伏勝諸根品第十二〉），特別明示貪食無益於道行，止息好食粗飯之取捨憎愛之念（見〈曉了食品第十一〉）。

對於他者以寬容慈忍之德，於十方眾生住於怨親平等之慈念，且無起瞋恚之心而自招苦惱（見〈慈品第六〉），以毀譽褒貶畢竟是空無根之虛事（見〈忍辱品第十三〉），若將他人之毀害視之為如空夢幻之事象，而予諦忍，保持心之平靜（見〈棄加惡品第十四〉）。更而反省己身，學習身為不淨、受為苦、心無我、法無常之四念處觀，以攝心、信、精進、智慧諸德，致力於不為三毒所亂的工夫，專心進道修習（見〈勸意品第九〉）。

以捨離凡夫謬見的淨、樂、我、常四顛倒，而趣入空無我的正理，以達究竟涅槃為志（見〈離顛倒品第十〉）。喻示若起退墮卑屈之念，則應奮起其志而念正法，以善利激勵心常歡喜，而逐漸進入修道（〈勸悅品第二十〉）。

以上為修行一般論說，是坐禪觀法的預備性基礎訓練；以下則列舉初入禪觀的五種觀法，以因應凡夫的迷情，對治其心病。〈分別相品第八〉敘述法師辨別眾生之迷情十九輩，而指導適於各病之禪觀，內容如下述五種：

一、情欲熾者以不淨觀對治。
二、瞋恚熾者以慈心觀對治。
三、愚癡多者以因緣觀對治。
四、想念多者以數息觀對治。
五、憍慢多者以白骨觀對治。

與一般所說的「五停心觀」相比較，本經缺「念佛觀」，而以「白骨觀」代之。白骨觀屬不淨觀，有時成為不淨觀之主要部分，故在本經中之五停心觀，只列舉四觀而已。總之，此五種觀法是入禪觀修行之五門，修行者不須修習全部的五種禪觀，只要相應其心病悟入其中一門即可，並以此一門達到最後究極的解脫位。

（三）凡夫禪（共世間禪）

禪法中有寂（止）及觀之二面。寂者住心一境而至寂然不動；觀者在心不動下，觀察法之本相。例如割草時，手握草是為寂，以鐮刀刈取則為觀。行者因其根機有先得寂後得觀，或先得觀而後得寂之差別，但是，如果未具得寂觀之兩面，則非真正趣向於解脫的禪法。若行者欲先得寂，不淨觀與數息觀是最佳方法。不淨觀，先至塚間觀死屍，心念死屍之青淤腫脹的污穢，骨鎖集散的空無，自然離欲想而不動不亂，逐漸捨棄執著達第一禪，更進一步達至四禪，身體輕軟如意飛行，乃至得種種不可思議之神變，即神足通（見〈神足品第二十二〉），及天眼通（見〈天眼見始終品第十五〉）、天耳通（見〈天耳品第十六〉）、宿命通（見〈念往世品第十七〉）、他心通（見〈知人心念品第十八〉）之五神通。

雖得上述之四禪、五通，且得生於天，亦尚難稱之為究極解脫，因為心尚有所著之故。此即為有漏凡夫之禪，外道仙人亦能到達此境界，並非佛教特有的解脫禪法。即使是生天，也是為欲縛之世界，恰如假釋出獄的犯人，又如腳縛於線的小鳥，好像是暫時得到自由的人，而實非永劫真實的解脫境界，佛弟子應深刻了知，不應以此禪法為其理想的禪法（見〈數息品第二十三〉）。

（四）佛弟子禪（解脫禪）

佛弟子者以不淨觀、數息觀而至心寂靜，不執著於得四禪、五通，更進於無漏聖道之觀察，而修四念處觀，察四聖諦之理，實踐躬行佛所說的三十七道品。凡夫禪只著於寂靜的樂味，雖除去狂暴之欲，而未斷微細之情念，為單純的快樂輕安所牽引，疏忽了真道的實踐。換言之，凡夫禪沉醉於寂的一面，而缺正觀微妙的智慧，享樂於快適輕安，卻忘了道行的實踐。佛弟子具得寂與妙智正觀，傾全力於離欲及正道的實踐，這才是真正地離煩惱而至無為解脫的究竟。如此，佛弟子即是修數息觀，也能得四事十六分（即六妙門、十六特勝），進而觀四念處，以四諦十六行相而察認真理，經四善根之位，而起無漏聖道的十六心，斷煩惱離欲界，真正地入於無漏的境界，始達聖者之境（見〈數息品第二十三〉）。

更而經過所謂四向四果的修道，最後進入阿羅漢之無學地，明辨所作無再受生，得到與佛同等的智力，到達解脫涅槃的妙境，完全了悟禪觀修道的究竟（見〈學地品第二十五〉、〈無學地品第二十六〉、〈無學品第二十七〉）。

（五）菩薩禪

解脫迷界輪迴的道路有聲聞道及菩薩道二途。聲聞道如前述，是超越墮於凡夫的有漏禪，而行聲聞的解脫禪觀，止觀相應而至無為涅槃。菩薩道則為求佛的無上菩提，雖然成就禪觀修行，而不住於涅槃，領悟一切皆空而廣度十方眾生，這才是真正的佛道，正觀在此處顯現廣大的妙用，佛法妙道真正地被實踐在實際人生中。

聲聞道的正觀真諦，尚有未徹底窮盡的遺憾，主要的是聲聞道不過是中途的方便施設而已，此處引《法華經》中有名的化城喻來顯示此理（見〈弟子三品修行品第二十八〉）。

行菩薩道者機根愚劣之人，雖然發無上正真道意，但為佛陀色身相好所奪，未能起空無所得的深慧，雖勝於聲聞道，而不如菩薩的正觀自在，於實際的妙行中，腳步遲鈍，此類稱之為緣覺。這還不是理想的佛道，僅為虛假的施設，此處亦以《法華經》中有名的「火宅三車喻」為例，明示佛三乘道的施設建立（〈緣覺品第二十九〉）。

真正的菩薩道是發起無上正真道意，了悟一切皆空，從發心之時即以濟度五道生死的一切眾生為志，而勇猛修行者。為了實踐菩薩道，無論怎樣之艱難辛苦亦在所不辭，永遠地行進於無盡的大空如幻之中，並非如聲聞弟子般，須經過次第階級，而是於發心之初至不退轉，超行越位而得極果，解如來之法身無相，不為證果所拘，是行進於自在無礙的正觀妙行者（〈菩薩品第三十〉）。

佛教的禪法與世間的禪法，兩者的差別主要是在對空性實相的體悟，而在坐法，尤其是四禪之境界上，很難分別二者差異所在。事實上佛教的四禪八定本來就是採用外道禪觀整理而成的，但其見地完全不同，而本經則致力於樹立佛弟子禪及其心要見地。由此觀察，敘述佛教禪觀的特色，特別是小乘禪觀依序進展，應視為本經的最大特徵。

延伸閱讀

《觀佛三昧海經》：能夠把修行的道地基礎，擴增到成佛的三昧，修證觀佛的三昧大海。

《寶如來三昧經》：讓我們成證如來真實的三昧境界。

《圓覺經》：讓我們從一個禪觀的修行，達到圓覺了悟的境界。

39 大方等大集經

Mahāvaipulya-mahāsamghaṭā-sūtra

簡名

《大集經》。

版本

各種版本說明：由於《大集經》是具有「大集」意義的經典的纂集，在曇無讖初譯時即以包含十幾部經的面貌出現，其後闍那崛多所云梵本有十萬偈，也只是一項傳說，內容極不明確，致使此土學人以意推測，構成了多種廣略不同的本子。

《大集經》的漢譯本，據《歷代三寶紀》說前後有三譯，現僅存北涼曇無讖譯同名經三十卷，或作二十七卷，或二十九卷，或三十一卷，或四十卷。其中一、二兩譯均佚，第三譯存。

此經在藏文譯本中，並沒有整部的《大集》部經，而只有〈瓔珞〉合〈陀羅尼自在王〉等各品，及〈日藏分〉、〈須彌藏分〉的別行譯本。又近世新疆地方也發現有相當於此經〈寶幢分．往古品〉的一部分梵文斷片。

大集經的別集尚有：達磨笈多譯《大方等大集經菩薩念佛三昧分》、《大方等大集經賢護分》；闍那崛多譯《大集譬喻王經》；玄奘譯《大乘大集地藏十輪經》；不空譯《百千頌大集經地藏菩薩請問法身讚》等。

通用版本：本經為北涼．曇無讖所譯，全文共六十卷，收於《大正藏》第十三冊（T13, No. 397）。

簡介

本經內容廣說大乘法義，而以中觀實相為其宗旨。經中重重講說許多大乘修行法門，皆以般若性空的思想加以貫串，一方面並演說禪法，又敘述了一些故事因緣，因之此經可稱為大乘方廣部經的匯集。

本經為大乘五大部經之一，即大集部經典的總集。「大集」經名含有二義：「大眾會集」義，如本經云「諸大菩薩悉來大集」（〈瓔珞品〉）。「諸法聚集」義，又如經云「此經名為真實法義（中略）無量寶聚」（〈寶女品〉）等。中國天台宗的著述中，採用了此經的不少名相和教義。

此經的另一特點是有相當多的密教色彩，如〈陀羅尼自在王品〉、〈寶幢分．陀羅尼品〉、〈日密分．陀羅尼品〉，以及經中隨處散見的陀羅尼咒等，顯見此經在中觀論的基礎上，羼入有初期密部的行法。

又此經中還反映了古代印巴次大陸有關醫學方面胎兒次第成長的知識，如〈虛空目分．聖目品〉

述十二緣起中，敘說胎兒生長發育的逐步詳細過程，以及它的各種名稱及形象。

全經結構

全經共分為十二品，以下簡介各品內容：

〈瓔珞品第一〉一作〈序品〉，半卷，敘說佛陀成道後第十六年，在王舍城耆闍崛山，無量比丘僧、菩薩僧眾都來大集，佛陀為大眾講說菩薩所行法門。

〈陀羅尼自在王菩薩品第二〉三卷半，佛為陀羅尼自在王菩薩講說菩薩戒、三昧、智慧、陀羅尼等菩薩行法，及菩薩修大悲等十六事，善業能破三十二種不善業，如來大悲與無上菩提，眾生心性空性無二，菩提無生滅、去來、如虛空、不可得，乃至佛十力、四無畏、十八不共法等三十二業。

〈寶女品第三〉二卷，佛為廣說實語、法語、菩薩義、毗尼等義，乃至佛三十二相成就的業因，及分別三十二障礙大乘事、三十二成就大乘事等。

〈不眴菩薩品第四〉一卷，佛陀為東方不眴菩薩講說一切法自在三昧以及種種行法。

〈海慧菩薩品第五〉四卷，佛陀為海慧等菩薩廣說淨印三昧，即發菩提心，大悲安忍，具足六度；次說發菩提心，令心寂靜；次說三昧的根本十淨三十法、八不共法等；乃至種種一法、二法、三法、四法，及解門句、法句、金剛句等義。

〈虛空藏菩薩品第六〉五卷，佛陀為虛空藏菩薩講說六波羅蜜，一一成就四法、八法與虛空等，以及廣說三十項修行法門，乃至二十種大誓莊嚴及道莊嚴法等。

〈無言菩薩品第七〉一卷，佛陀為無言菩薩說聞聲及善思惟生於正見等義，又為廣說信、進、念、慧四力。無言也分別為舍利弗、蓮華菩薩乃至他的父親講說佛的教法等。

〈不可說菩薩品第八〉一卷，佛陀為不可說菩薩講說發菩提心的十六法、增長菩提心的三十二法及六波羅蜜等義。

〈寶幢分第九〉三卷，有十三品，敘述佛陀初成道時，王舍城優波提舍及拘律陀聞法歸佛，魔王想要加害，佛為魔說法，又為地意等菩薩講說聖智，乃至和弟子共說破魔等陀羅尼。

〈虛空目分第十〉三卷，有十品，敘述佛陀為憍陳如說四諦、三解脫門等，為波斯匿王說因緣故事，為彌勒說惑、業、苦三道並十二因緣觀法。為頻婆娑羅王等說菩薩四無量心的修行等。

〈寶髻菩薩品第十一〉二卷，敘述佛陀為寶髻菩薩說六波羅蜜行三十七助菩提行等四淨行。

〈日密分第十二〉三卷，有六品，敘述佛陀為蓮華光、日密等菩薩說三寶護持、諸陀羅尼等。

延伸閱讀

《大寶積經》：與《大方等大集經》相應，讓大乘禪法更加相應深廣。

《法華經》：能夠彰顯如來的實相境界，讓整個修證得以圓滿。

《華嚴經》：能夠彰顯法界實相，在大覺心要中更加圓滿。

40 優婆塞戒經
Upāsaka-śīla-sūtra

簡名

《善生經》、《優婆塞戒本》。

版本

通用版本：本經為北涼．曇無讖所譯，全文共七卷，收於《大正藏》第二十四冊（T24, No. 1488）。

簡介

本經內容為善生長者為大乘佛教的在家居士（優婆塞）宣說三歸五戒等，是從《長阿含》及《中阿含》中的《善生經》(《六方禮經》),敷演成為一部大乘經典。

本經中所引用的經典,有《法華經》、《大城經》、《智印經》(〈悲品〉)、《鹿子經》(〈五戒品〉)等,因而在經典成立史上皆具有重要的意義,受到漢傳佛教的重視。又,此經對於後來的經典頗有影響,如《仁王經》〈受持品〉中有六重八輕之言,《梵網經》的十重禁戒也可能是《善戒》之八重與此經六重的糅合。

全經結構

本經分為二十八品,說明菩薩的發心、立願、修學、持戒、精進、禪定、智慧等。特別在受持品中,除了說明在家菩薩應受五戒之外,更提出六重、二十八失意等,通於《梵網經》所說的十重、四十八輕戒,為大乘獨有之戒法。六重法即不殺生、不偷盜、不虛說、不邪淫、不說四眾過、不酤酒。二十八失意即包含有關不供養師長、飲酒、不看護病患等條文。

在家人皈依佛、法、僧三寶成為在家居士之後(在家男居士稱「優婆塞」,在家女居士稱「優婆夷」),正式進入佛法之門,進而修學五戒至十善,來防制自己墮入惡道,安處人、天善道。「五戒」是保護我們在世間法之中,不墮入惡處的基本行為。五戒是止惡,而十善是揚善,都能使我們獲得世間的良善果報。

五戒是一不殺生,二不偷盜,三不邪淫,四不妄語,五不飲酒。不殺生尤以不能殺人為主;不偷盜更戒偷取整個社會資糧，而將成本轉給社會承擔；不邪淫尤其不能破他人的淨戒；不妄語更戒未證聖果而自言得證，這是大妄語。以上四者是根本戒。第五戒不飲酒是遮戒，因為飲酒可能亂性，而做出犯戒行為。在現代，任何刺激神經系統，使人失去理智的興奮劑、毒品，如大麻、安非他命、鴉片、海洛因……等毒品，比飲酒的影影更甚於百千倍，使用的話更是最嚴重的犯戒行為。所以，「不飲酒戒」在現代可說是「不使用一切迷亂精神之物品戒」。

淨守五戒可遮止過惡，而十善是五戒的細分，有更積極的揚善意義；十善為：一不殺生，二不偷盜，三不邪淫，四不妄語，五不兩舌，六不惡口，七不綺語，八離貪欲，九離瞋恚，十離邪見。十善業，前三業屬身業，四至七業屬語業，八至十業屬意業，涵攝了身、語、意三業，又屬於生起善道之行，所以稱為十善業。

延伸閱讀

《菩薩瓔珞本業經》：讓在家修行者能夠修行菩薩深行、圓滿菩薩行。

《梵網經》：讓修行者更加體悟佛性的深義而成證圓滿，並深入菩薩心性戒的妙行。

《坐禪三昧經》：讓修行者從禪法中得以悟入修行的真實實相。

41 大方等如來藏經
Tathāgatagarbha-sūtra

簡名

《如來藏經》。

版本

各種版本說明：《大方等如來藏經》為東晉．天竺三藏佛陀跋陀羅所譯，題名《大方等如來藏經》，又稱為《如來藏經》為唐不空所譯。

根據經錄，此經有四種漢譯本，如下所述：

一、《大方等如來藏經》一卷，西晉．法炬譯（二九一—三一二）。

本經於《道安目錄》，僧祐的《出三藏記集》、費長房的《歷代三寶紀》及《開元錄》均有記載，初出見於《出三藏記集》所載。《歷代三寶紀》與《開元錄》謂本經為法炬與法立共譯。

二、《大方等如來藏經》一卷，西晉．白法祖譯（二九一－三〇六）。費長房《歷代三寶記》初錄，後《開元錄》承之，為第二手資料。

三、《大方等如來藏經》一卷，東晉．佛陀跋陀羅譯（四二〇）。僧祐《出三藏記集》首先錄載之。費長房認為元熙二年於道場寺所譯出者為第二譯，《開元錄》則認為本經是第三譯。僧祐所錄今已散佚，《開元錄》所錄仍存世。

四、《大方廣如來藏經》一卷，唐．不空譯（七四七－七七一）。

本經雖有此四譯，但費長房認為第二譯為白法祖的譯作，不承認東晉．佛陀跋陀羅所譯為第二譯，關於此點仍然存疑。但四種譯本是無庸置疑的事實。

四種譯本中，傳世的僅第三、第四兩譯。兩譯本間有些差異，但內容上大致相同。

通用版本：本經為東晉．佛陀跋陀羅所譯，全文共一卷，收於《大正藏》第十六冊（T16, No. 666）。

簡介

本經以解說如來藏即佛性為主旨，「如來藏」即佛性的異名，眾生心雖處於諸煩惱中，佛性卻不會被污染，無論佛陀出世不出世，佛性是常住不變、法爾自然的存在。然而，如來藏為煩惱垢所覆蓋故，眾生不知它的存在，而耽溺於五欲，輪迴生死苦海。此處，諸佛出世為眾生說法，令其破煩惱殼，顯示內在的如來藏。

全經結構

本經以九喻彰顯如來藏的特質，即：

（一）如未開花內有如來身結跏趺坐，具天眼者見之，即除去萎花，使其顯現。

（二）如淳蜜在巖樹中，無數群蜂守護圍繞之，有人以巧智方便拂彼蜂，得隨意取蜜。

（三）如粳糧未離皮糩，貧愚輕賤之人謂為可棄，若除蕩精白，貴顯王侯亦用之。

（四）如真金墮不淨處，積年累月毫無朽壞，有天眼者知之，自不淨中出真金，隨意受用。

（五）如貧家有珍寶藏，但家人不知，又無告知者，遂不能開發此寶藏。

（六）如菴羅果之種子，在核內不壞，種於地，成大樹王。

（七）如有人以鼠裹真金像，行詣他國，於途中忽命終，金像遂棄置曠野，遭行人踐蹈。得天眼者見之，取出金像，眾皆禮敬。

（八）如貧賤醜陋女懷轉輪聖王而不自知，常作下劣生賤子之想。

（九）如鑄師將初鑄成之真金像倒置於地，外雖焦黑，但內像不變，開模出像，金色晃耀。

在本經中，佛陀因金剛慧菩薩的發問，故為說如來藏，謂法性法界一切有情的如來藏常恆不變，並以蜜房、穀物、糞中金磚、貧家伏藏、樹木種子、穢帛佛像、醜女胎兒、泥模中的金像等譬喻，說明如來藏的存在。

本經的重點在於從眾生心中找尋成佛的可能性，而無進一步論及如來藏性質、如來藏與煩惱的關係等問題。就其舉出九譬說明如來藏而言，本經應是如來藏思想的初期經典。

又，就本經的形式而言，於世尊宣說法相後緊接偈頌，反覆著相同意義的重誦，此種有長行、有偈頌的經典比僅有長行者更古老，因此就內容或形式言，本經應是如來藏系統經典中最早的經典。欲繼承發展素樸的如來藏思想，及提升其教理組織，是本經之後以《不增不減經》、《勝鬘經》、《無上依經》等為首，乃至《楞伽經》、《密嚴經》、《楞嚴經》、《圓覺經》等諸大乘經。

延伸閱讀

《大品般若經》：以此經的深刻智慧，來了悟如來藏的深密。

《諸法無行經》：能夠體悟甚深般若所行的境界。

《圓覺經》：隨順如來覺性來成就圓覺的境界。

42 菩薩瓔珞本業經

Bodhisattva-keyūra-mūla-karma-sūtra

簡名

《菩薩瓔珞經》、《瓔珞本業經》，或單稱《瓔珞經》、《本業經》。

經名解釋

本經經名《菩薩瓔珞本業經》，象徵菩薩以戒為瓔珞莊嚴自身。

在《大方等大集經》卷一中說：「善男子！菩薩有四瓔珞莊嚴：一者、戒瓔珞莊嚴；二者、三昧瓔珞莊嚴；三者、智慧瓔珞莊嚴；四者、陀羅尼瓔珞莊嚴。」

在《守護國界主陀羅尼經》卷七中，佛陀告訴文殊師利菩薩：「菩薩有一淨戒瓔珞，謂於眾生起無瞋恚、無障礙心。令諸眾生見皆歡喜無有厭足。」《大方等大集經》卷一說：「戒瓔珞莊嚴有一種，謂於眾生無有害心。菩薩若無惡害之心，一切眾生常所樂見。」這說明了菩薩戒的核心精神，就是從心念到身行，慈愍一切眾生，無有害心，不會使自身和眾生起障礙、煩惱，而常生歡喜。

版本

《法經錄》以下諸目錄以本經為竺佛念所譯，然而《出三藏記集》卷四將之編入失譯雜經錄，且與竺佛念所譯他經比對時，譯語亦不相合。又，經中賢聖、七會之所說，及十首菩薩等之說，皆承襲《華嚴經》，其他則更從《仁王般若經》、《梵網經》、《菩薩本業經》、《菩薩地持經》、《勝鬘經》、《大智度論》等諸經論抄略其要義，以集成此經。因此，有學者主張本經乃梁代以前於中國所撰述。

本經於六朝時代未見流傳。隋．天台智顗首先注意本經，且引用經文以莊嚴自家之說。如於《法華玄義》卷三(下)引用本經空假中三觀說，於《法華玄義》卷四(下)及《四教義》卷九引五十二位說，於《摩訶止觀》卷四（上）及《菩薩戒義疏》卷上引用心無盡說，又於《菩薩戒義疏》載錄三聚淨戒等；此等並成為天台教義的重要思想，為天台等諸家所依用。

通用版本：本經為姚秦．竺佛念所譯，全文共二卷，收於《大正藏》第二十四冊（T24, No. 1485）。

簡介

本經敘述佛陀重遊於瓶沙王國菩提樹下成正覺的金剛寶座上，身上發出四十二種光明，每一光中皆有百萬阿僧祇功德光為瓔珞，莊嚴妙好佛身，遍滿法界。經中敘述佛陀開示菩薩之階位及三聚淨戒等因行，闡述十住、十行、十回向、十地、無垢地及妙覺地等四十二賢聖，並將四十二賢聖加上十信而成五十二位。此外，本經亦解釋二諦之要義，以十波羅蜜為佛所行之因，又說三聚淨戒，以八萬四千法門為攝善法戒、慈悲喜捨為攝眾生戒、十波羅夷為攝律儀戒等。

全經結構

全經分為八品：集眾品、賢聖名字品、賢聖學觀品、釋義品、佛母品、因果品、大眾受學品、集散品，以闡述菩薩之階位及修行。在大眾受學品敘說「三聚淨戒」，以八萬四千法門作攝善法戒；以慈悲喜捨四無量心作攝眾生戒；以十波羅夷作攝律儀戒（此十波羅夷與《梵網經》之十重戒相同）。本經受梵網經之影響甚深，其三聚淨戒之內容，均屬大乘戒。特點在於菩薩戒有受法而無捨法，一得永不失；即使犯波羅夷戒，亦不失戒體。並主張戒以心為體。

（一）大乘菩薩的三聚淨戒

「三聚淨戒」是總括大乘菩薩一切戒律的三個分類，即：一、攝律儀戒，二、攝善法戒，三、攝眾生戒。

一、攝律儀戒：又作自性戒、一切菩薩戒。乃捨斷一切諸惡，涵攝諸律儀的止惡門。為七眾所受持的戒法，隨其在家、出家之異而分別有五戒、八戒、十戒、具足戒等戒條；亦可總歸為別解脫戒、定共戒、道共戒三種。又此戒為法身之因，以法身本自清淨，由於惡覆，因此不能得顯；現在離斷諸惡，則功成德現。

二、攝善法戒：又作受善法戒、攝持一切菩提道戒，也就是修習一切善法。此戒為修善門，為菩薩所修持的律儀戒，以修身、口、意之善回向無上菩提，例如：常勤精進、供養三寶、心不放逸、守攝根門及行六波羅蜜等，若犯過，則如法懺除，長養諸善法。此即報身之因，以止惡修善成就報身佛的因緣。

三、攝眾生戒：又作饒益有情戒、作眾生益戒，即是以慈心攝受利益一切眾生，此為利益眾生之門。

以上的此三聚淨戒，是大乘行者不論出家、在家通行的淨戒，而然大乘僧眾始受攝律儀戒，即受二百五十戒，此謂別受；後再總受三聚淨戒，稱為通受。

（二）聲聞戒與菩薩戒

佛教聲聞比丘的戒律，是行為的規範，這種行為的規範涵攝了道德、生活與解脫的保障。在《守護國界主陀羅尼經》卷七中說：「菩薩有二淨戒瓔珞，所謂閉惡趣門、開人天路。」戒的基本精神，正是斷除眾惡，遮閉惡趣，開啟人、天善道之途。而聲聞戒更進一步以此為定、慧二學的基石，走向解脫的道路，合乎戒、定、慧三學次第的發展特質。因此，無論是聲聞戒或是菩薩戒，必然包含如下的基礎精神：

一、自身心念平和，不做會使自己產生意亂的行為。

二、與共同生活的僧團成員和合相處，使生活中不會有衝突對立，以適合定、慧的修證。

三、與外在社會調和，不使僧團與社會產生衝突，以免增加修行的干擾。

聲聞戒以解脫自利為中心，強調生活中的和合，所以是以行為的規範為特徵；可以說是一種行為戒，這與菩薩強調利他的菩提心為宗旨的動機戒，是有所不同的。

菩薩有出家菩薩與在家菩薩，在人間由於沒有特別的菩薩僧團，所以出家菩薩也是參與聲聞的僧團。龍樹菩薩雖然想別立菩薩僧團，但並沒有真正的成立。菩薩的戒法以十善為根本，以利他為中心，強調對眾生永不退轉的悲心。所以，菩薩戒相對於聲聞戒，其內在理路不再強調以生活和合為重的行為戒，而是以念念菩提利益眾生為重心的動機戒。

所以，在《大緊那羅王所問經》說：「戒是菩提心，空無不起慢大悲心，救諸毀禁者。」菩薩戒即是菩提心，如果退失菩提心，生起解脫自利的聲聞心，那就犯了菩薩戒。《思益梵天所問經》也說：「何謂菩薩能奉禁戒？」佛言：「常不捨菩提之心。」菩薩戒與菩提心相應，才是菩薩的內在理路，以念念生起的利他悲心，來檢證菩薩的戒儀。

菩薩戒的發展中，也有重智的傾向，所以將戒與調伏煩惱的智慧結合在一起，如經中有「煩惱不起，是畢竟毘尼」的說法。而此戒到了禪宗盛起時，有了禪戒一如、戒慧等持的「禪戒」發展。禪戒從菩薩戒念念菩提心的動機戒，發展當下心地無非、無惡、無嫉妒、無貪瞋癡的悟境，可以說是成了檢證當下這一念心的心戒了。在《守護國界主陀羅尼經》卷八〈菩薩瓔珞莊嚴品〉中說：「成就定慧及解脫，解脫知見亦復然，及證無上大涅槃，此戒瓔珞莊嚴體。」也是相同的意旨。

中國菩薩戒的弘傳和闡述，至隋煬帝從智顗受菩薩戒時已經非常盛行。《菩薩瓔珞本業經》，是漢譯佛經中，最早提到三聚淨戒的類別，並說明其內容的經典。在〈大眾受學品第七〉說，一切戒的根本是三受門，即攝善法戒，所謂八萬四千法門。攝眾生戒，所謂慈悲喜捨化及一切眾生皆得安樂。攝律儀戒，所謂十波羅夷。《瓔珞經》把攝律儀戒置於三聚淨戒的最後，這和《菩薩戒羯磨文》的三聚次第恰恰相反。一般小乘的經律都以二百五十戒或五百戒作為律儀戒，但《瓔珞經》並不採取小乘的律儀，而以十波羅夷為大乘的律儀，這是它的特色。

除了《菩薩瓔珞本業經》和《地持經》之外，漢譯《攝大乘論》的三種譯本關於「三聚淨戒」的名稱也有個別的不同。

（一）北魏佛陀扇多的譯本稱為：「止戒、攝善法戒、作眾生益戒」。

（二）陳真諦的譯本稱為：「攝正護戒、攝善法戒、攝眾生利益戒」。

（三）唐玄奘的譯本則稱為：「律儀戒、攝善法戒、饒益眾生戒」。

鳩摩羅什所譯的《梵網經》和《瓔珞經》、《地持經》並稱為大乘戒的三大聖典。它對後世的影響最大。《梵網經》雖沒有明確提到三聚，但它說的十重四十八條輕禁的戒法是仿小乘比丘戒條的形式而制定的。這些「十重四十八輕戒」是大乘菩薩戒最具體的戒相。

延伸閱讀

《優婆塞經》：以此經來鞏固菩薩淨行的基礎。

《梵網經》：了解菩薩戒的心性心行，來圓滿菩薩的戒行。

《維摩詰菩薩經》：展現菩薩在人間行道的境界。

43 佛說海龍王經

Sāgaranāgarājaparipṛcchā-sūtra

版本

通用版本：本經為西晉．竺法護所譯，全文共四卷，收於《大正藏》第十五冊（T15,No.598）。

簡介

本經是佛陀為海龍王娑伽羅龍王所請而宣說的經典。

龍（梵文 nāga），音譯「那伽」、「曩娥」。龍族居住在水中，能呼雲興雨，是守護佛法之八部眾之一。愚癡瞋恚特性重的眾生，因此業報的緣故，而投生於龍族，出生於戲樂城。龍族的領袖稱為龍王（nāgarāja），他們具足強大的威力，常為佛的守護者。如善住龍王、難陀、婆難陀龍王、阿耨達龍王等，都是行大乘佛法、精進修行的龍王。這些龍王稱為「法行龍王」，他們的眷屬也都瞋心淡薄，而且憶念福德，能隨順法行，不受熱沙之苦，而且以善心依照時序降雨，使世間五穀成熟。

相對於法行龍王，另外有一類「非法行龍王」，如波羅摩梯、毗諶林婆、迦羅、樓樓等龍王，他們不順法行，行不善法，不敬沙門及婆羅門，所以常受到熱沙燒身的苦果，這些惡龍常在閻浮提現起大惡身，興起暴惡雲雨，使世間一切五穀損害。

而閻浮提的龍王，除了阿耨達池龍王之外，都有三種過患：

一、被熱風、熱沙著身，受皮骨肉髓燒灼之苦惱。

二、龍宮內，時常惡風暴起，諸龍經常遭受失去寶飾衣物，龍身自現的苦惱。

三、諸龍各在宮中相娛樂時，突然會有迦樓羅（金翅大鳥）入宮撲捉諸龍吞食，使龍族心常恐怖，常懷熱惱。經中又說龍族有卵生、胎生、濕生、化生之別，依次被卵、胎、濕、化四生的迦樓羅所食。

在龍部的族群中，經常可以看到許多龍王，帶領著眷屬，護持佛法。

在《佛母大孔雀明王經》中說，龍王有時行於地上，也常居於空中，恆常住在勝妙高山或在水中。至於他們的形貌，或有一首、二頭，乃至於多頭的龍王，或有無足、二足、四足，乃至多足的龍王。

而在《法華經》中提到，佛陀說法時，有難陀、跋難陀、娑伽羅、和修吉、德叉迦、阿那婆達多、摩那斯、優鉢羅等八大龍王來聽法。而《瑜伽師地論》中也記載，七金山八支德水中的龍宮住有持地、歡喜近喜、馬騾、目支鄰陀、意猛、持國、大黑、黳羅葉等八大龍王。

全經結構

《佛說海龍王經》，是佛陀應娑伽羅龍王（梵名 Sāgara-nāgarāja）之請而宣說的大乘經典。娑伽羅是海名，此尊龍王為海中最尊勝故，所以名為娑伽羅龍王。娑伽羅龍王意譯為海龍王，為八大龍王之一，也是觀音二十八部眾護法之一。

本經為佛陀在王舍城靈鷲山，無量大眾圍繞時，忽現瑞相，海龍王率無數眷屬詣佛處，佛陀為其宣說深法，則大歡喜。祈請佛陀降海底龍宮，以受供養說法。佛慈悲允許，於是龍王化作大宮殿，以紺琉璃紫磨黃金莊嚴，寶珠瓔珞七寶為欄楯。極為廣大。又自海邊通金銀琉璃三道寶階，通到龍宮，恭請世尊及大眾前往。世尊乃率無量之大眾至龍宮，坐大殿之獅子座，更說妙法，以度化龍族。

本經共四卷，分為二十品：

卷一

〈行品第一〉、〈分別品第二〉、〈六度品第三〉、〈無盡藏品第四〉。

卷二

〈總持品第五〉、〈總持身品第六〉、〈總持門品第七〉、〈分別名品第八〉、〈授決品第九〉。

卷三

〈請佛品第十〉、〈十德六度品第十一〉、〈燕居阿須倫受決品第十二〉、〈無焚龍王受決品第十三〉、〈女寶錦受決品第十四〉、〈天帝釋品第十五〉。

卷四

〈金翅鳥品第十六〉、〈舍利品第十七〉、〈法供養品第十八〉、〈空淨品第十九〉、〈囑累受持品第二十〉。

娑羯羅海龍王是護持正法的法行龍王，由他所啟問佛陀的經典，除了本經《海龍王經》，還有《佛為海龍王說法印經》、《佛為娑伽羅龍王所說大乘經》及《十善業道經》等經，都是佛陀為娑羯羅龍王所宣說的經典。

除了娑羯羅龍王自身奉行佛法之外，他的眷屬：威首太子、海龍王女寶錦，皆蒙佛授記未來當將成佛。

延伸閱讀

《大樹緊那羅王所問經》：是菩薩在法界中所示現的各種樣貌，與所言說的甚深智慧。

《觀佛三昧海經》：從如來的境界中，能夠擴展佛菩薩修行的證量，進而體悟如來的真實圓滿三昧。

《文殊般若經》：透過文殊菩薩的甚深智慧，來圓滿一切修行者成就無上佛道。

44 阿閦佛國經
Akṣobhya-tathāga-tasya-vyūha-sūtra

簡名

《阿閦佛剎諸菩薩學成品經》、《阿閦佛剎菩薩學成經》、《阿閦佛經》。

版本

在初期大乘佛教時期，阿閦佛淨土思想是他方淨土中較早流傳出來的，甚至稍早於阿彌陀佛淨土思想。依大乘理論，我們可以看出當時對東、西兩種淨土是等同重視的，但是在往後的流傳到今日，阿彌陀佛淨土思想可以說是一枝獨秀的局面。然而阿閦佛國的特質與阿閦佛的誓願，都有其殊勝之處，仍然相當值得後人崇仰與學習。

本經是敘述阿閦佛淨土思想的主要經典，為現存淨土諸經中最古者，與《大般若經》、《維摩詰經》等有密切的關係，或為大阿彌陀經等之先驅。

本經有三種譯本：

（一）由支婁迦讖於東漢建和元年（一四七）所譯的《阿閦佛國經》，即本經。

（二）第二譯為東晉支道根所出，題為《阿閦佛剎諸菩薩學成品經》（二卷，闕本）。

（三）第三譯為唐代菩提流志所譯，《大寶積經》〈不動如來會〉二卷。

通用版本：本經為後漢．支婁迦讖所譯，全文共二卷，收於《大正藏》第十一冊（T11, No. 313）。

簡介

敘述阿閦菩薩於過去因地時，在大目如來會座聽聞六度無極之法，乃立大誓願，行無瞋恚、無覺意、無淫欲等，經多劫修行後，最後於七寶樹下成道，如今安住於東方妙喜世界。並勸發讚嘆意欲生此一東方淨土者，應當行六度及發願。是現存淨土諸經中最早期的一部經典。

全經結構

本經共有二卷，分為五品：

〈發意受慧品〉敘述阿閦菩薩立大誓願，由大目如來教授佛智、一切智智。

〈阿閦佛善快品〉敘說阿閦佛國的莊嚴。

〈弟子學成品〉闡述阿閦佛國聲聞弟子成就學道情形。
〈諸菩薩學成品〉闡述阿閦佛國的菩薩成就學道情形。
〈佛般泥洹品〉敘述阿閦佛大涅槃時的感應。

（一）阿閦佛的願力與淨土

本經是佛陀在耆闍崛山中所宣說，耆闍崛山即是在印度王舍城東北的耆闍崛山，也就是佛教的第一聖山靈鷲山，佛陀在此宣講了如《法華經》、《楞嚴經》、《無量義經》、《心經》等無數宏偉的經典。其緣起是舍利弗祈請釋迦牟尼佛開示菩薩的願行，以作為求菩薩道者的修學楷模。

在十方諸佛中，阿閦佛特別以對眾生不起瞋恚為本願，因此他名為「阿閦」，因為阿閦即不瞋恚，無忿怒的意思，引申為對一切眾生恆常生起慈悲心，永不為瞋恚所傾動，所以他也稱之為不動佛。從他的名號我們即可了解他的甚深願行與其修行的方向。

依本經的記載，阿閦佛居住在東方距離我們這個娑婆世界千世界的妙喜國土。阿閦佛因地由於聽聞了大目如來宣說六波羅蜜法，而發起「於一切眾生不生瞋恚心」的誓願，並於因地中累劫修持六波羅蜜及斷除貪、瞋、癡三毒。

由於阿閦佛的願力，妙喜國土沒有地獄、餓鬼、畜生三惡道；大地平正如同手掌，沒有高高低低的山谷瓦礫，柔軟而隨著所踏足的高低起伏。這個淨土的居民都廣行善事，而且貪淫、瞋怒、愚癡的心念都很淡薄，也沒有邪說與外道的存在。這個世界的樹都有著自然香美的飲食，住所為金、銀、琉璃、珊瑚、琥珀、硨磲、瑪瑙等七寶所構成，浴池則有八功德水。這八功德水具有清淨、潤釋、不臭、輕、冷、軟、美、飲時調適、飲已無思八種功德。這個世界中的女人沒有女性生理的痛苦，而具足女性的德性和福報。

妙喜世界的菩薩不僅在本國土修學，還可以隨著自己的心意到十方淨土聽聞佛法，然後再到其他世界教化眾生，像來到娑婆世界教化的維摩詰居士，就是來自阿閦佛國的菩薩。

（二）阿閦佛淨土的特色

從本所揭示的阿閦佛淨土的特質，大致有以下幾點：

第一、自力信願的成就。

阿閦佛在因地修行時與釋迦牟尼佛一樣，都是行難行道，而且想要往生不動淨土，都是以學習阿閦佛的願行與菩薩六度為主因，而大部分的淨土思想或多或少都有依賴他力的傾向，阿閦佛國淨土著重於自力信願成就，不同於阿彌陀佛淨土思想之重視他力信願往生。事實上，這樣的標準與要求，是足以往生十方佛土的。

第二、菩薩道的盛行。

阿閦佛淨土更注重宣揚菩薩道，本經的緣起即是舍利弗祈請世尊開示菩薩的願行，以作為求菩薩道者的修學楷模，經中記載：「彼有佛名曰妙善，昔廣目如來，應、正等覺出現於彼，與諸菩薩摩訶薩說微妙法，從六波羅蜜為首。」阿閦佛的本願之一是不起聲聞、緣覺心；阿閦佛說法時，一切皆行六波羅蜜，少有行聲聞弟子道；雖然如此，但在阿閦佛國淨土仍然容許阿羅漢入於涅槃，而且入於涅槃後自行火化，非常潔淨；聲聞弟子在此土聞法修行，即能證得阿羅漢果，所以獲得阿羅漢果的聲聞弟子多如天上的不可計數星宿。

這代表著阿閦佛淨土包容聲聞、緣覺，卻不墮於聲聞、緣覺。往生阿閦佛國的菩薩即得佛智，而往生法門以學習阿閦佛的願行及菩薩六波羅蜜為主，更明白顯示出阿閦佛法門重視菩薩道的特色。

第三、積極地入世教化眾生。

阿閦佛國的菩薩不只在本國修學，還能隨著自己的心意親臨十方佛聽聞佛法，值遇無數的佛陀，然後再到其他世界教化眾生。根據經典的記載，就曾有許多菩薩由阿閦佛國來到我們娑婆世界，其中最有名的是《維摩詰經》中的維摩詰居士，此外還有《順權方便經》的轉女身菩薩、《密跡金剛力士會》的賢王菩薩、《首楞嚴三昧經》的現意天子等。在《首楞嚴三昧經》中，世尊授記現意天子於賢劫千佛之後，將於此娑婆世界成佛。在這樣的描述中，我們可以看出阿閦佛國的菩薩具有強烈積極入世度化眾生的特色。更確切地說，阿閦佛淨土思想其實仍然以娑婆世界為重心。

在《維摩詰經》〈見阿閦佛品〉中記載著世尊以神通力令大眾得以親眼目睹阿閦佛國後，當時即有十四個那由他無量眾生發願往生，而這些人未來都將迴入娑婆，度化一切眾生，所以經中記載：「佛即說是輩皆當生妙樂土，又當來化我此世界，一切化已當復還彼」。

第四、實現淨土人間。

基本上，阿閦佛國與彌勒菩薩的未來人間淨土一樣，是實現淨土在現實的人間。在阿閦佛國人間的福報並不遜於天上，更因為阿閦佛住於人間說法，所以人間勝天上，其深義直承《阿含經》的名言：「諸佛世尊皆出人間，非由天而得也」。

第五、女性具足殊勝的德性。

阿閦佛的本願之一是國中女人沒有其他國土女人的過患，所以阿閦佛國的女人沒有臭處惡露，懷孕生產時沒有痛苦，而且在心理上，也沒有一般女人的邪意嫉妒等缺點，其德性勝過玉女寶無數倍。在阿閦佛國中除了展現救濟女性的痛苦，也象徵著女性地位的提升，只要免除生理上的不便，女性的修道根器並不遜於男子，未必需要轉成男身才可修行。這樣的方式相對於極樂世界的單純一性，二者有著不同旨趣。

在佛教發展過程中，就信仰而言，阿閦佛淨土的信仰已漸漸不流行，但是其思想特色，仍然值得現代人深思與崇仰，修學阿閦佛法門仍有助於我們掌握佛教的根本精神。

延伸閱讀

《藥師經》：與本經都是讓我們了悟東方佛國的殊勝清淨莊嚴。

《藥師七佛經》：讓大家悟入東方諸佛對娑婆世界的圓滿加持。

《金剛經》：讓我們能了悟諸佛的甚深般若。

45 大樹緊那羅王所問經
Drumakinnararājaparipṛcchā-sūtra

簡名

《大樹緊那羅王經》、《大樹緊那羅經》、《說不可思議品》、《緊那羅王經》。

版本

本經是大乘經典之中很重要的一部，性質是屬於大乘法門，以勸發菩提心、大乘菩薩修菩薩行乃至成佛為其主題；其性質與《般若經》、《維摩詰經》的意境相近；除了讚嘆佛果的功德之外，尤其注重菩薩修行。此經是以大樹緊那羅王菩薩為中心而闡揚大乘法門的經典。

西元二世紀時，本經曾由支婁迦讖譯出，而印度龍樹的《大智度論》卷十七也曾提及本經，由此看來，本經可能是大乘初期的作品。

本經有兩個譯本：

（一）為漢末的月氏三藏支婁迦讖所譯，經名《伅真陀羅所問琉璃三昧經》。
（二）姚秦的龜茲三藏鳩摩羅什所譯，名《大樹緊那羅王所問經》。

通用版本：本經為姚秦．鳩摩羅什所譯，全文共四卷，收於《大正藏》第十五冊（T15, No. 625）。

簡介

本經主要的對法眾為大樹緊那羅王。「緊那羅」是守護佛法的天龍八部眾之一，為諸天的樂神，在諸天神的盛會中，都是由他們演奏美妙天樂。「緊那羅」譯成中文為「疑神」，因為他們頭上長了角，似人非人，似天非天，令人疑惑不定，所以名為疑神。本經以大樹緊那羅王菩薩為中心，他以超凡的音樂鼓動人心，以音聲闡揚般若性空之理。大樹比喻菩薩修行的功德，大悲心是大乘佛法的根本，以菩薩六度萬行增長大悲心地，長成大樹福蔭眾生。大樹緊那羅王菩薩，以大樹比喻菩薩之功德如同大樹，能使眾生得到清涼、解脫。

全經結構

本經分為四卷，各卷大意如下：

卷一

本經由佛陀在靈鷲山說法時，天冠菩薩請問佛陀如何修行，佛陀以四法答之：

（一）於一切眾生無侵害心，捨諸一切所愛之物心無悔恪。

（二）有說法者不斷其說，起隨喜心歡喜踴躍，讚言善哉！勸請說法。

（三）若於晝夜、若在僧中、若在佛塔，以菩提心常為先道，起志欲心喜樂諸法。

（四）專心志欲，以法等施不期利養。

這時靈鷲山光明遍照，傳來妙音，原來是大樹緊那羅王菩薩，與乾闥婆、摩睺羅迦等音樂神，從香山一路演奏音樂前來。三千大千世界所有花草、叢林、諸山都悉皆涌沒、震動，就猶如有人喝得爛醉，走起路來前却顛倒，身體不能自持，連最巨大的須彌山也是如此！

而當大樹緊那羅王抵達法會現場，彈起琴時，法會大眾中，無論是王宮貴族、出家在家的佛弟子、人類與天龍八部、帝釋天、梵天等大天神，即使是離欲的大聲聞聖者大迦葉尊者等，除了不退轉地的大菩薩之外，其餘一切諸大眾等，聽到如此美妙的琴聲樂音，都禁不住從座位上起舞。顯示解脫之聖者，亦須發起無上菩提心，才能安住於不退轉境地。

卷二

緊那羅王菩薩請問佛「寶住三昧」之問題，佛遂以「八十種法」答之，即般若波羅蜜多。說法畢，緊那羅王菩薩敦請佛陀至香山應供七天，天冠菩薩顯現神通，用大寶臺將佛及與會大眾移至香山。佛陀應供期間，為大眾解說布施、持戒、忍辱等三十二法。

卷三

佛為為大眾解說助長菩提、女身轉男身等法。接著談到大樹緊那羅王菩薩過去生中的因緣，最後佛陀為緊那羅王菩薩授記，未來當為功德王光明如來。

卷四

應供七天圓滿，大樹緊那羅王菩薩顯現神通，將佛及大眾送回王舍城靈鷲山。回到王舍城後，阿闍世王前來迎佛，見大樹緊那羅王神通莊嚴，問如何才能有如是功德？大樹緊那羅王菩薩回答：菩薩所有諸功德事，悉與一切眾生共之，並勉勵大王當自剋厲成作法器。

天冠菩薩問佛陀如何能成為法器？佛為其宣說，菩薩成就三十二法能為法器。佛又為阿闍世王宣說菩薩如何修菩提行，說是菩薩諸行法時，五百菩薩得無生法忍。阿闍世王及其眷屬，王舍城中八千眾生，發阿耨多羅三藐三菩提心。

延伸閱讀

《佛說海龍王經》：讓我們體悟佛法中，對一切眾生的平等對待，與這些能夠示現各種生命型態的偉大菩薩的因緣。

《楞嚴經》：讓我們了悟音聲佛事的空性，而能夠修行成就的因緣。

《千手千眼觀世音菩薩廣大圓滿無礙大悲陀羅尼經》：能夠增長守護眾生的一切因緣。

46 文殊師利所說摩訶般若波羅蜜經

Saptaśatikāprajñāpāramitā-sūtra

簡名

《文殊般若經》，又稱為《文殊說摩訶般若經》、《文殊師利般若波羅蜜經》。

版本

各種版本說明：《文殊師利所說摩訶般若波羅蜜經》前後有四種譯本：

（一）《文殊師利所說般若波羅蜜經》一卷，梁．僧伽婆羅譯，但其中無《一行三昧》，似乎是初出本。

（二）《文殊師利所說摩訶般若波羅蜜經》二卷，梁．曼陀羅仙譯。收入《大寶積經》卷一一五至一一六〈文殊說般若會〉。

（三）《大般若波羅蜜多經》第七〈曼殊室利分〉，二卷。唐．玄奘譯本。

通用版本：本經為梁．曼陀羅仙所譯，全文共二卷，收於《大正藏》第八冊（T08, No. 232）。

簡介

文殊菩薩常與普賢菩薩同侍釋迦牟尼佛，是釋迦牟尼佛所有菩薩弟子中的上首，所以稱為文殊師利法王子。同時三者又稱為「華嚴三聖」。

文殊菩薩雖然為了輔助世尊的教化，一時示現為等覺菩薩，但實際上他在過去、現在、未來三世當中，都已成佛。在過去世中，文殊菩薩稱為「龍種上佛」，現在則為「歡喜藏摩尼寶積佛」，未來則稱為「普現佛」。可見文殊菩薩深達實相，常住常寂光，現證大法身。法身光明寂然無相，大悲等流，依首楞嚴三昧力，遍現十方，度救眾生，故有三世佛之稱。

本經敘述佛陀安止於舍衛國祇樹給孤獨園時，文殊菩薩、彌勒菩薩、無礙辯菩薩、不捨擔菩薩等十千位已住於不退轉地的大菩薩，清晨來詣佛所候立問法。接著，尊者舍利弗、富樓那、大目犍連、摩訶迦葉等諸大聲聞，也各從住處來詣佛所。眾會聚集，以文殊菩薩為首請法，敘述如來及有情界之一相不可得、福田相之不可思議，及一相莊嚴三摩地等之說法。

全經結構

本經以般若實相為核心，其中有諸多般若法義的對話：

當佛陀問文殊菩薩來此是否欲見如來？

爾時世尊問文殊師利：「汝實先來到此住處，欲見如來耶？」

文殊師利即白佛言：「如是，世尊！我實來此欲見如來。何以故？我樂正觀利益眾生。我觀如來如如相不異相，不動相不作相，無生相無滅相，不有相不無相，不在方不離方，非三世非不三世，非二相非不二相，非垢相非淨相。以如是等，正觀如來利益眾生。」

佛告文殊師利：「若能如是見於如來，心無所取亦無不取，非積聚非不積聚。」

這時舍利弗尊者也跟著讚嘆說：「如果能如是見於如來，如同你所說而見如來者，實在甚為希有！為了一切眾生故，而見於如來，而心不取眾生之相；化導一切眾生向於涅槃，而亦不取向涅槃相；為一切眾生發起大莊嚴，而心不見莊嚴之相。」

於是文殊菩薩對舍利弗尊者說道：「如是！如是！如同你所說。雖為一切眾生發大莊嚴心，而恆不見有眾生相；為一切眾生發起大莊嚴，而眾生趣亦不增不減。

在實相中現見如來現空，無生無滅，導引眾生成就涅槃而現空，不增不減，這實在是文殊般若中究極的般若實相現觀。

本經中對大乘禪觀三昧中的「一行三昧」，也有深入的解說。

《文殊師利所說摩訶般若波羅蜜經》卷下云：

文殊師利言：「世尊，云何名一行三昧？」

佛言：「法界一相，繫緣法界，是名一行三昧。」

佛陀告訴文殊師利菩薩：如果善男子善女人，欲證入一行三昧，應當先善巧聽聞般若波羅蜜，而且如說修學，然後能入於一行三昧，因此能如法界緣而不退不壞，安住不思議的境界而無礙無相。

經中並教導修行人，如果善男子善女人欲入一行三昧，應當先處於空閒之處，棄捨各種散亂的心意，不執取於相貌，而繫心於一佛，專心稱念佛號名字，隨著這尊佛陀的方位所在，端身正向念佛號。例如，面向西方稱念阿彌陀佛，面向東方稱念阿閦佛等。如果能於一佛的名號念念相續，即於是念中能見到過去、未來、現在諸佛。

何以故呢？因為念一佛功德無量無邊，亦與無量諸佛功德相同，無二不可思議，佛法平等無有分別，皆乘於一如成就最正覺，皆悉具足無量功德無量辯才，如是入於一行三昧者，盡知恆沙諸佛法界無差別相。

延伸閱讀

《仁王般若波羅蜜經》：擴展般若在世間的因緣，讓世界在智慧中得到清淨，與世間國土得到清淨。

《小品般若經》：體悟更完整的甚深般若教法。

《無量壽經》：體悟在甚深般若中，能夠成就光明圓滿的淨土。

47 仁王般若波羅蜜經
Karunika-rāja-prajñāpāramitā-sūtra

簡名

《仁王般若波羅蜜護國經》、《仁王護國經》、《仁王般若波羅蜜經》，簡稱為《仁王般若經》、《仁王經》。

版本

本經流行以後，中國歷代王朝常有仁王法會之設施，大都依本經〈護國品〉所說儀規建立道場，講誦本經，以圖鎮護國家，祈禳災變。見於記載的，先有陳代武帝於永定三年（五五九）在內廷設仁王大齋，又後主於至德三年（五八五）請智顗於太極殿講本經百座，繼續七晝夜燃千燈，唐代太宗於貞觀三年（六二九）集京城僧尼於龍田寺，每月二七日行道，轉《仁王》等經，以為常例。

唐代宗時，不空出本經新譯本，於永泰元年（七六五）在長安資聖、西明兩寺設百高座，請百法師講誦此經。此種護國法會，在高麗、日本兩國，亦曾相繼仿行。

根據《歷代三寶紀》記載，本經共有竺法護、鳩摩羅什、真諦等三譯，《大唐內典錄》以下諸錄均依其說。但是《出三藏記集》卷四將此經編入失譯雜經錄，隋代《眾經目錄》（法經錄）卷二則將此經編入疑惑錄，稱此經非為羅什或竺法護所譯。

唐代宗永泰元年，不空（七〇五—七七四）三藏奉詔重譯，題為《仁王護國般若波羅蜜多經》（收於《大正藏》第八冊（T08, No.246）），略稱為《仁王護國經》、《新譯仁王經》。亦分二卷、八品，文詞與舊經略同。

鳩摩羅什譯本的註疏有《仁王護國般若經疏》五卷（智顗說，《灌頂記》）、《仁王般若經疏》六卷（吉藏）、仁王經疏六卷（圓測）等。

不空譯本則有《仁王護國般若波羅蜜多經疏》三卷（良賁）、仁王經疏四卷（淨源）等。

通用版本：本經為唐．不空所譯，全文共二卷，收於《大正藏》第八冊（T08, No. 246）。

簡介

本經敘述佛陀為印度波斯匿王等十六大國國王說示如何守護佛果、修持十地之行，及守護國土的因緣，而講說受持讀誦此經可息災得福，使一切世間有情安穩康樂，與《法華經》、《金光明經》並稱為「護國三經」。

全經結構

本經主要內容，係說護佛果、護菩薩十地行法門及守護國土的因緣。全經分為八品：

〈序品第一〉佛在王舍城耆闍崛山中，與大比丘眾八百萬億俱，復有尼眾、大菩薩眾、修七賢行眾及諸梵天子等眾。又有波斯匿王等十六大國王及其眷屬來集。當時佛陀入於寂靜妙三摩地，放大光明，波斯匿王次第問諸大眾，佛已二十九年中為大眾等說《摩訶般若》、《金剛般若》、《天王問般若》、《光贊般若》（唐譯作《大品般若》）等無量無數般若，今放光明斯為何事，時諸大眾無能答者。

〈觀空品第二〉佛陀了知十六大國王意欲問護國土因緣，而先為諸菩薩說護佛果及護菩薩十地行因緣；本品明蘊、處、界、六大、四諦、十二因緣皆空，以及十八空等義，是為修護佛果的因緣。

〈菩薩教化品第三〉唐譯作〈菩薩行品〉，說菩薩護十地行因緣，應依伏、信、順、無生、寂滅五種忍修行。此中前四忍位復各分上中下三忍，第五忍位分上下二忍。初伏忍位中，有習種性菩薩修十住行，發信等十心，是為信忍；性種性菩薩修十波羅蜜，起十對治，是為止忍；道種性菩薩修十回向，起十忍心，是為堅忍。次信忍位中有善覺、離達、明慧三忍。次順忍位中有炎慧、勝慧、法現三忍（唐譯作焰慧、難勝、現地三地）。次無生忍中有遠達、等覺、慧光三忍（唐譯作遠行、不動、善慧三地）。次寂滅忍中有灌頂、圓覺二忍。又將以上十四忍配銅、銀、金輪王，欲界六天王，四禪王，三界王，以示菩薩本業及行化眾生之相。

〈二諦品第四〉說第一義諦與世諦的一異，並述過去七佛偈，又分別為空、色、心三諦以攝一切法，附說此經名題及其功德。

〈護國品第五〉說護國土因緣，若國土將擾亂時，諸王應持誦此《般若波羅蜜經》，請百法師，設百高座，燃百燈，燒百和香，一日二時講誦此經，則諸難消滅。並說普明王依法持誦此經，得免亡國之難，及感化諸王和斑足王的因緣。

〈散華品第六〉唐譯作〈不思議品〉，說十六大國王聞說護國般若之法，散種種花以作供養，願三世諸佛常說般若，比丘、比丘尼眾常行般若，時佛為諸王現五種不思議神變。

〈受持品第七〉唐譯作〈奉持品〉，佛重說菩薩依信等忍，修不淨忍等十三觀門，經一劫乃至百萬阿僧祇劫，入僧伽陀等十三法師位。又說講誦此經，國土中七難即滅。若有國王護持三寶，則五大力菩薩當往護其國。又列舉聽受奉持此經的諸王國土憍薩羅、舍衛、摩竭提、波羅奈等十六國名。

〈囑累品第八〉說佛以此經付囑國王及四部弟子，若有國王自恃高貴，制佛弟子不聽出家行道，立統官制眾，統攝僧尼如獄囚兵役之法，橫作法制，不依佛戒，是為破佛破國因緣，則正法不久即滅。

本經的出現與流行，反映了中古時代佛教與統治者間的協調、矛盾兩方面情況，它既帶有強烈的護國色彩，同時亦抗議有些統治者過於統制僧尼，可見有其和政教相關的歷史背景。而其主要思想，在於佛教般若皆空之旨，推廣其義，作為實現國家社會和平的基本條件，當也是大乘教義之應有的發展。

延伸閱讀

《文殊般若經》：能夠用甚深的智慧相互呼應國土清淨的因緣。

《大品般若經》：增廣圓滿的般若智慧。

《坐禪三昧經》：依據禪觀來證入甚深的般若。

48 虛空藏菩薩經
Ākāśagarbha-sūtra

簡名

《虛空藏經》、《虛空藏菩薩神咒經》。

版本

本經與劉宋・曇摩蜜多所譯的《虛空藏菩薩神咒經》一卷，及隋・闍那崛多所譯的《虛空孕菩薩經》二卷，都為同本異譯。本經傳來中國，共有四次翻譯：佛陀耶舍《虛空藏菩薩經》，譯出年代為姚秦弘始十五年(四一三)；曇摩蜜多《虛空藏菩薩神咒經》，《歷代三寶紀》載為劉宋元嘉年間(四二四—四三六年間）譯出(見李廓《魏世錄》)；闍那崛多《虛空孕菩薩經》，譯出年代為隋開皇七年（五八七年）；《虛空藏菩薩神咒經》，不載譯者（其譯語似出於唐代）。

通用版本：本經為姚秦・佛陀耶舍所譯，全文共一卷，收於《大正藏》第十三冊（T13, No. 405）。

簡介

虛空藏菩薩（梵名Ākāśagarbha、Gaganaganja），又稱為虛空孕菩薩，此菩薩所具足的福德、智慧二藏無量無邊，猶如虛空，因此稱為虛空藏。密號如意金剛、庫藏金剛等，為八大菩薩之一。按經述，虛空藏菩薩心包太虛、量周沙界、光照萬宇、德被億眾、慈悲恆發、威力無窮，記憶力如虛空浩瀚無垠。在密教中，虛空藏菩薩為胎藏界曼荼羅虛空藏院之主尊，釋迦院釋迦的右脅侍，亦為金剛界賢劫十六尊之一。

從佛陀對虛空藏菩薩的讚嘆，我們可以觀察到這位菩薩的偉大風範。佛陀說虛空藏菩薩：「具諸三昧，猶如大海；住菩薩戒，如須彌山；忍辱之心，猶如金剛；精進勇猛，猶如疾風；智如虛空，慧如恆沙；諸菩薩中，如大勝幢，向般涅槃之大導師……是諸緣覺所依窟宅，是聲聞眼、生天者眼；行邪道者正直之路，是畜生歸，餓鬼之怙，是地獄救；一切眾生無上福田，三世諸佛第一輔臣，能護法城；已具莊嚴十八不共諸佛祕藏，滿足成就佛之智慧，一切人天所應供養；唯除如來，餘無及者。」佛陀讚嘆虛空藏菩薩是眾生的無上福田，除了佛陀之外，無人能及。

而其所度化的眾生更是無量無邊，佛陀說：「善男子！大海之水乃可有人能知滴數，無能測量虛空藏菩薩摩訶薩巧方便智、成就眾生之限數也……虛空之量尚可得知，無有能知虛空藏菩薩摩訶薩所可成熟種種眾生及其變化。」

本經內容敘述佛陀住佉羅底翅山時，虛空藏菩薩從西方一切香集依世界之勝華敷藏佛所來詣，以神力變娑婆世界為淨土，大眾兩手皆有如意摩尼寶珠，由其珠內流現種種寶。次說除病得福之諸陀羅尼，及念此菩薩可得憶持不忘之力用，並圓滿諸願。

全經結構

本經全文共一卷，首先敘述本經之緣起，為佛陀住佉羅底翅山時，虛空藏菩薩從西方一切香集依世界之勝華敷藏佛所來詣，以神力變娑婆世界為淨土，大眾兩手皆有如意摩尼寶珠，由其珠內流現種種寶。因此佛陀宣說虛空藏菩薩的名號及功德：

一、持誦本經及虛空藏菩薩名號之功德

一、能解脫一切苦難。
二、能滿足一切所願。
三、能消滅一切重罪。
四、能無一切災難。
五、臨終得以安穩往生淨土。

二、標舉眾生的罪業即根本罪

虛空藏菩薩「能斷一切煩惱心患，善治身毒及四大病」，即消除一切眾生的煩惱心病，與善治眾生因四大不調所生的身障。

「心患」即起心動念若沒有善法與智慧的引導，引發種種煩惱邪見，便造成「輪迴、迷沒生死曠野，無善方便，不知生天般涅槃路」。「身毒、四大病」則是指：「若諸眾生種種身病，及心狂亂，聾盲瘖瘂，手足拘躃，諸根不具。」

《虛空藏經》中所說的「根本罪」，即是由惡的心念配合外在的行為所產生的結果。本經依灌頂剎利王、大臣、聲聞及初發心菩薩等不同身份的四眾，來列舉其所犯的「根本罪」。

三、請願、懺悔的方法、空性的義理。

本經詳細說明各種祈請虛空藏菩薩示現的因緣與步驟。同時，各種不同的願求，有不同的「祈請、求懺方式」。除了教導眾生如何請願與懺悔，本經更闡述了空性與實相「一切諸法皆悉空寂，一切諸法皆悉虛假，一切諸法皆依於如，及以實際」，提到一切法如虛空，無有所染，自性清淨，了知所謂的罪報，亦無有自性、不可得。

本經之「虛空藏求聞持法」，可說是虛空藏菩薩最廣為人知的修持法門。誦持「虛空藏菩薩咒」，常被用於增長記憶力、聞持力。八世紀時，虛空藏信仰傳入日本，僧侶之間頗為盛行虛空藏求聞持法以增進記憶力。日本高僧空海大師在入唐求法之前，為了能迅速記憶經典，曾獨自到高山絕壁或無人到達的海岸、平原，苦修虛空藏菩薩求聞持法。最初他精進的修持，卻沒有任何驗相，不禁感到氣餒。他心想：「與其如此的虛耗一生，不如一死！如果我出生在娑婆世間是有任務的，那就讓我跳下懸崖而不死吧！」發起此願後，他即往懸崖一躍而下，卻奇蹟似的生還。於是他更加精進修持，終於感得虛空藏菩薩化現的明星飛入口中，此後，他對一切經典即過目不忘。虛空藏的信仰在日本非常普遍，人們堅信虛空藏菩薩能守護福德、智慧增上，且能消弭災害。

延伸閱讀

《地藏菩薩本願經》：讓我們更體悟虛空藏菩薩的偉大悲願。

《觀世音菩薩授記經》：了解這一切偉大的菩薩從發心到成佛的歷程。

《坐禪三昧經》：讓我們從禪觀中來實證菩薩的甚深境界。

49 須摩提菩薩經
Sumatidārikāparipṛcchā-sūtra

簡名

《須摩提經》、《須摩經》、《妙慧童女經》。

版本

各種版本說明：本經有四種譯本：

一、《大寶積經》〈妙慧童女會〉

二、《須摩提菩薩經》西晉．竺法護譯（即本經）

三、《須摩提菩薩經》姚秦．鳩摩羅什譯

四、《須摩提經》唐．菩提流志譯

以上四者皆為敘述此一內容的同本異譯。

通用版本：本經為西晉．竺法護所譯，全文共一卷，收於《大正藏》第十二冊（T12, No. 334）。

簡介

本經為大寶積經妙慧童女會第三十同本異譯的單行本經典，「須摩提」義譯為「妙慧」。本經描寫王舍城長者郁迦之女妙慧童女，年方八歲即詣佛問法。佛陀為其說四十行。童女發大菩提願，大地震動，天雨妙花，大眾身皆變金色。後又與文殊菩薩問法酬答，文殊菩薩向佛讚嘆。佛陀因而說妙慧童女已發菩提心經三十劫之因緣。

全經結構

本經敘述羅閱城（王舍城）的長者郁迦之女，年方八歲的童女須摩提（妙慧童女）詣佛請問法義。首先妙慧童女向佛陀請教人生十大問題：

（一）如何得端正身？
（二）如何得富貴身？
（三）如何得眷屬不壞散？
（四）如何於佛前得受化生，處蓮花座？

（五）如何得從一佛土至另一佛土？

（六）如何處世無怨？

（七）如何所言得人信任？

（八）如何能離法障，速得清淨？

（九）如何能離諸魔？

（十）如何能於臨命終時，諸佛現前？

佛陀針對此十大問題，各各開示四菩薩行，合為四十行，以六度十善為主軸。

此時目揵連尊者問妙慧童女，於難行菩薩大願是否已得自在？妙慧童女以大誓願令世界六種震動，座中大眾身皆金色，證明自身能行。

接著文殊師利菩薩又與妙慧童女，對於菩提法有一番問答。佛陀為之證明，妙慧童女實已於過去世，早佛陀三十劫發菩提心。

文殊菩薩問妙慧童女，何不轉女身？童女答以女相了不可得，當何所轉？語畢轉為男子身，如三十歲知法比丘，並令諸大眾身皆金色，以為童女所言之證明。

最末佛陀授記妙慧童女，當於未來世成正等覺，號殊勝功德寶藏如來。座中大眾發大菩提心，佛陀亦次第為之授記，並付囑流通正法。

延伸閱讀

《勝鬘經》：讓我們理解女性修行者在實相中所展現出的偉大。

《維摩詰所說經》：理解在家菩薩，乃至女性修行者，在人世間所形成的偉大的樣貌。

《首楞嚴三昧經》：依此經修行的人，能夠證入甚深的佛境三昧。

50 佛說法華三昧經

簡名

《法華三昧經》。

經名解釋

隋代的吉藏法師在《法華義疏》卷十二中說：「法華三昧者，《法華三昧經》云：如樹華開敷，令樹嚴麗，得此三昧，諸三昧中開諸功德華，以自莊嚴。」其中引經文內容解釋「法華三昧」的意思，以花為一棵樹最為絢麗芬芳的部分為譬喻，「法華三昧」正如同法中之花，聽聞其名與信受其義，能發起無上般若智慧，以及消盡諸種病痛。

版本

通用版本：本經為宋．智嚴所譯，全文共一卷，收於《大正藏》第九冊（T09, No. 269）。

簡介

本經敘述羅閱城（王舍城）耆闍崛山（靈鷲山）中，有無數比丘眾、菩薩眾等齊聚來會，欲請問佛，此時佛口放光明遍照十方，佛身忽然不見。稍後羅閱王辯通、王女利行、諸女等齊來，佛遂由地湧出，安坐大寶蓮華上，為王女宣說法華三昧之法。王女得道之後，與大眾問答，諸隨從綵女皆發心出家，羅閱王亦出家並得授記。本經乃佛陀為羅閱王之女利行宣說法華三昧行法，屬於《法華經》的部類，顯示了諸佛究極的法華三昧行法。

《法華三昧經》廣論空性無礙的意趣，與《法華經》一乘思想會通。在《思惟略要法》〈法華三昧觀法〉，除了論及觀想《法華經》中的諸佛菩薩、靈山淨土以外，還強調觀照「惟一大乘，無二無三。一切諸法一相一門，所謂無生無滅，畢竟空相」，以無生空義為《法華經》的中心思想。

本經《法華三昧經》，以開顯中道第一義為核心，其中並無述及次第修道法門。一般所熟知的「法華三昧」行法，為天台宗所立之四種三昧，其中之「半行半坐三昧」又分為方等三昧、法華三昧等二種。法華三昧又作法華懺法、法華懺，即依據《法華經》及《觀普賢菩薩行法經》而修之法，以三七日為一期，行道誦經，或行或立或坐，思惟諦觀《法華三昧經》實相中道之理，來懺悔滅罪。天台宗智顗大師即曾於光州大蘇山入於法華三昧。

全經結構

本經全文一卷，內容簡介如下：

（一）說法因緣

敘述佛陀在王舍城靈鷲山上，與諸尊弟子比丘千二百五十人，菩薩大眾七萬三千人，諸天帝釋、梵天不可計數，各自從十方飛來無央數，皆是神通妙達。又有他方世界的諸天人及諸菩薩，如是等百億千恆沙皆來會，在佛前安坐。

當時舍利弗、須菩提等諸尊者及菩薩都感到非常奇特，心想：「是何種因緣，一切諸上人皆來此法會？難道是佛陀有什麼奇異的法要瑞應嗎？」於是，弟子大眾向佛作禮長跪，正打算請問佛陀時，佛陀口中已放出千億光明，遍照虛空明亮，甚至遠照恆河沙剎土，大地震動，虛空無盡光明，忽然間佛陀消失不見。大眾愕然，紛紛議論：「佛陀進入何種三昧呢？為何不見佛身？」

由於佛陀的光明赫熠，連山下王城都遙見此瑞象，使得羅閱王帶領後宮、太子、皇女及婇女夫人三萬二千人，一起來到靈鷲山上欲拜見佛陀，到了之後卻見不到佛陀。過了不久，大地震動。從地底出生大寶蓮華，佛陀安坐於上，法會大眾一陣愕然。

（二）釋名「法華三昧」

王女利行請問佛陀，這是何種奇特的三昧呢？

佛陀告訴她，這個三昧名為法華三昧，就好比大國中有一棵樹，有一朵花能覆蓋三千大千剎土，它的芬香遠薰恆河沙數佛國。如果有人得聞此名字、若能知解，自然能速疾證得此三昧。任何病痛者得聞此三昧，疾病應時自然銷解，人身的眾病悉皆消盡。

（三）法華三昧的核心要義

《法華三昧經》則是以如幻空觀與不二中道作為法華三昧的主旨：當利行王女請問如何修習法華三昧時，佛陀先說應該此三昧的前行，應了知二事：

一者，知法身如幻如化。二者，知婬怒癡無根無形。

清淨法身與煩惱的業報身，二者皆是空性，如幻如化，無根本、無形相。

接者佛陀又宣說四種以無我空性為本的實踐觀照方法：

一者，行戒無色想。二者，行檀無受者。

三者，不厭無亂者。四者，行智無愚者。

持戒時，無有能持之人與所犯之人。行布施時，沒有能布施者與受施者之想，不生起有受施者的念頭。不厭棄世間，而不執取有擾動散亂之人。修習智慧，但無愚者之想。

佛陀又以三十六種現象不落有無二邊，來闡明此三昧的中道第一義：

「復有三十六事，是為三昧所見事。何謂三十六事？不見生、不見死、不減、不增、不出、不入、不在外、不在內、無住、無止、無水色、無火色、無風色、無地色、無痛、無癢、無思、無想、無生、無死、無識、無貪、無婬、無瞋、無恚、無愚、無癡、無慳、無施、無惡、無善、無心、無意、無識行、不起上若干事、不滅上若干事，如一無形相，是為三十六事法華所見事。」

此外《法華三昧經》並論及佛法教化眾生時，「無法、無教、無人」的三輪體空第一義諦，接著以八事行、六事除、七事散的實踐與觀行方法，作為法華三昧的要義。

延伸閱讀

《法華經》：完全了解法華三昧的現觀境界。

《無量義經》：體證如何修證無量義三昧來證入法華三昧。

《觀佛三昧海經》：體悟佛陀的三昧成就樣貌。

51 佛說觀彌勒菩薩上生兜率天經

簡名

《彌勒菩薩般涅槃經》、《觀彌勒上生經》、《觀彌勒經》、《上生經》等，略稱《彌勒上生經》。

經名解釋

彌勒菩薩（梵名 Maitreya），漢譯為彌勒或彌帝隸，菩薩之姓，意譯為慈氏，有時佛亦稱之為阿逸多。將繼釋迦牟尼佛之後，下生人間成佛。

據經中所記載，彌勒菩薩現在兜率天的內院弘法，教化天眾。兜率天上有五百億天子，各以天福力，造作宮殿，發願布施彌勒菩薩，莊嚴兜率天宮。因而使兜率天成為殊勝的國土。

通用版本：本經為宋．沮渠京聲所譯，全文共一卷，收於《大正藏》第十四冊（T14,No.452）。

簡介

本經敘述彌勒菩薩命終往生兜率天、在兜率淨土說法的情景、兜率天宮的各種莊嚴，以及講述十善、念佛等往生兜率天的修行方法，並以此念佛功德可超越九十六億劫生死之罪。如果能修持兜率天莊嚴觀，則可往生彼天，並隨待彌勒菩薩下生人間，得授菩提之記。本經與《彌勒下生經》同為彌勒信仰的重要經典，為彌勒六部經中最晚成立者。

上生彌勒菩薩兜率天淨土的信仰，曾與往生西方的思想同時盛行。由於彌勒菩薩現今於兜率天說法度眾，古來多有發願臨終後往生彌勒淨土者，即是以《觀彌勒菩薩上生兜率天經》為依據。

全經結構

本經內容有二重點：

（一）彌勒天宮兜率淨土的莊嚴

《觀彌勒上生兜率天經》中有著佛陀授記彌勒菩薩成佛的記載：當時佛陀在舍衛國祇樹給孤獨園說法，宣說清淨諸大菩薩甚深不可思議諸陀羅尼法，當時彌勒菩薩在大眾中，聽聞佛陀所說法，應時即得百萬億陀羅尼門。佛陀授記他於十二年後命終，將往生兜率陀天上，成為一生補處菩薩，繼釋迦牟尼佛之後，於人間成佛。

佛陀並為大眾描述兜率天的莊嚴景象：

「是諸寶冠化作五百萬億寶宮，一一寶宮有七重垣，一一垣七寶所成，一一寶出五百億光明，一一光明中有五百億蓮華，一一蓮華化作五百億七寶行樹，一一樹葉有五百億寶色，一一寶色有五百億閻浮檀金光，一一閻浮檀金光中出五百億諸天寶女，一一寶女住立樹下，執百億寶無數瓔珞，出妙音樂，時樂音中演說不退轉地法輪之行。

其樹生果如頗梨色，一切眾色入頗梨色中，是諸光明右旋婉轉流出眾音，眾音演說大慈大悲法。

一一垣牆高六十二由旬、厚十四由旬，五百億龍王圍繞此垣，一一龍王雨五百億七寶行樹，莊嚴垣上，自然有風吹動此樹，樹相振觸，演說苦、空、無常、無我、諸波羅蜜。」

（二）大悲菩薩與大慈菩薩的風貌

在本經中，優波離尊者提出疑問：「世尊！世尊往昔於毘尼中及諸經藏說阿逸多次當作佛，此阿逸多具凡夫身，未斷諸漏，此人命終當生何處？其人今者雖復出家，不修禪定不斷煩惱，佛記此人成佛無疑，此人命終生何國土？」

他認為：彌勒菩薩「具凡夫身，不修禪定，不斷煩惱」，為何能成就無上菩提呢？

優婆離是一個聲聞行者，對真俗二諦的對待是很強烈的。然而，「不修禪定、不斷煩惱」，是否表示彌勒菩薩「沒有禪定力、有煩惱」？絕非如此。如果就第一勝義的慈心三昧而言，我們可以了知禪定力與煩惱亦是假名而已。正如同《心經》所說：「無無明，亦無無明盡。」

「不修禪定、不斷煩惱」正是彌勒菩薩因地修習菩薩行時的特性。他在修證成就菩薩道的德目中，特別著重於布施、持戒、慈悲與智慧。不同於小乘行者汲汲於為斷自己的煩惱，以成就解脫、涅槃。他選擇留惑潤身來從事度眾利生的事業，這是大乘菩薩的典型代表。

彌勒菩薩比釋迦牟尼佛早發心，但是釋迦菩薩卻比彌勒菩薩早九劫成佛，這是大精進力的結果。釋迦菩薩側重悲心，視利他比自利更重要，這種菩薩的大悲心的發露與如來本心一致。釋迦菩薩重悲，拔眾生之苦，彌勒菩薩重慈，給予眾生喜樂，不同的發心，使這兩位菩薩成就不同類型的偉大典範。

延伸閱讀

《彌勒菩薩所問本願經》：讓我們完全體悟彌勒菩薩的修行要旨。

《彌勒下生經》：讓我們了解彌勒菩薩在未來人間下生成佛的樣貌，並追隨他來成就。

《大乘密嚴經》：能夠深刻了解彌勒菩薩在未來世的教法。

52 彌勒下生經

Maitreya-vyākaraṇa-sūtra

簡名

《彌勒下生經》、《彌勒菩薩下生經》、《觀彌勒菩薩下生經》、《彌勒成佛經》、《彌勒當來下生經》，或單稱《下生經》。

版本

各種版本說明：《彌勒下生經》現存的漢譯本如下：

(一)《彌勒下生經》，為西晉．竺法護譯。但也有說本經與《增壹阿含經．十不善品．三經》字句雷同，應該是從《增壹阿含經》抄出的別生經。《增壹阿含經》是由曇摩難提誦出，竺佛念傳譯。本經是各譯本中最常通行的一部，由阿難啟問。

(二)《彌勒來時經》，失譯，附於《東晉錄》。較他經簡略，由舍利弗啟問。

（三）《彌勒下生成佛經》，鳩摩羅什弘始三年（四〇一）於長安譯出，由舍利弗啟問。

（四）《彌勒大成佛經》，鳩摩羅什後秦弘始三年（四〇一）於長安譯出。有記述發菩提心與末法的篇幅，由舍利弗啟問。

（五）《彌勒下生成佛經》，義淨於武周大足元年（七〇一）譯出。偈頌體，由舍利弗啟問。

《彌勒下生經》自古以來頗為流行，梵本現存。另外有藏譯本、于闐語本，及以回鶻文字所書寫之突厥語經等。其中，藏譯本與義淨譯本相符。

通用版本：經為西晉．竺法護所譯，全文共一卷，收於《大正藏》第十四冊（T14,No.453）。

簡介

彌勒信仰可分為二支，一支為求往生於彌勒菩薩現前淨土兜率內院，另一信仰，則是彌勒菩薩經過五十六億七千萬歲，於兜率天壽數竭盡時，下生人間，於龍華樹下成道，說法三會，度盡與釋迦牟尼佛之教法有緣的眾生；期待龍華三會的信仰。這是基於彌勒三經中，《彌勒下生經》的內容而來。

中國彌勒信仰於晉時釋道安法師（三一四—三八五）首倡以來，逐漸盛行。初唐時在天台宗和法相宗高僧的推動和武則天的提倡下，民間「彌勒佛出世」的觀念廣為流傳，許多僧俗佛弟子或有發願往生兜率，或有發願參與未來「龍華三會」，或誦念彌勒佛名。

彌勒佛的信仰起源很早，大小兩乘的經典，均有此說，但是傳到中國、日本的，主要是大乘佛教的信仰。彌勒思想流衍的程度，早期與彌勒、藥師信仰並提，一時呈現出蓬勃發展的信仰盛況。但到後來，阿彌陀佛淨土興起成為淨土信仰的主流後，彌勒信仰則逐漸衰微。

本經敘述佛陀在舍衛國祇樹給孤獨園時，應阿難問法，宣說未來彌勒佛降生人間的景象。

本經為彌勒三經之「下生經」，內容述說彌勒當來下生成佛之事，經中說到：將來久遠時，此閻浮提地將變得平整如鏡，土地豐熟，人民熾盛，街巷成行，伏藏自然發現諸多珍寶，時氣和適，四時順節，此地人民之身無百八病患，人心均平，皆同一意，言辭一類無差別。

當時轉輪聖王出世，君臨翅頭城，以正法治化，並有大臣修梵摩輔佐。彌勒菩薩在兜率天觀察因緣相契者為父母，從天上降生，出生時身體是紫金色，具足三十二相八十種好。長成後出家學道，在龍華樹下成道。

彌勒菩薩成道時，在摩竭國界毘提村中雞足山上，自摩訶迦葉手中接受釋迦牟尼佛所付囑之法衣。最後在龍華三會中，度化釋迦牟尼佛之弟子眾，初會度九十六億人，二會度九十四億人，三會度九十二億人，令皆得阿羅漢果，彌勒佛壽八萬四千歲時滅度。

全經結構

未來人間彌勒淨土城市概況

《彌勒下生經》是佛陀依阿難啟問，宣說未來彌勒菩薩於人間成佛後，人間淨土的概況。經中記載，未來彌勒佛在人間淨土的首都是翅頭末城，長、寬各一千二百由旬，高七由旬，城中自然比生七寶樓閣，窗牖上有寶女，手執真珠羅網，上覆有雜寶、佈滿寶鈴，風吹時叮噹作響，如天樂一般。

《彌勒下生經》中描寫著：「七寶行樹開樹渠泉。皆七寶成，流異色水更相映發，交橫徐逝並不相妨礙。其岸兩邊純布金沙。」

翅頭末城的園林景觀中都是七寶所成，渠中流漾著各種顏色的水。這種水具有多種功用，喝了之後使人善根增長。彩色水流，交互流過，不相妨礙。

優異的環境衛生

《彌勒下生經》中說：「爾時，世尊告將來久遠於此國界當有城郭名曰翅頭，東西十二由旬，南北七由旬，土地豐熟，人民熾盛，街巷成行。爾時，城中有龍王名曰水光，夜雨香澤，晝則清和。是時，翅頭城中有羅剎鬼名曰葉華，所行順法不違正教，每向人民寢寐之後，除去穢惡諸不淨者；常以香汁而灑其地，極為香淨。」

河流兩岸都布滿金沙，街道非常寬廣，清淨如天園一般。這要歸功於兩位維護環境的大功臣：水光龍王和葉華羅剎。他們常在深夜人們熟睡時，降下香雨，除去種種穢惡不淨，守護翅頭末城的環境潔淨、人民安康。

此外，最特殊的是翅頭末城的衛生設備：一般人大小便時，地上會自動裂開，完畢後閉合，並生出赤色蓮花來掩蓋臭氣。

富足和平的生活

《彌勒下生經》中說：「爾時，閻浮地內自然生粳米，亦無皮裹，極為香美，食無患苦。所謂金、銀、珍寶、車璩、馬瑙、真珠、虎珀，各散在地，無人省錄。是時，人民手執此寶，自相謂言：『昔者之人由此寶故更相傷害，繫閉在獄受無數苦惱；如今此寶與瓦石同流，無人守護。』」大地自然會生出香美的粳米食糧，金銀珍寶散在各地，人們手拿著寶物感嘆著，往昔人間因為爭奪寶物相互侵陵，現在這些珍寶與瓦石無異，無人守護。

未來彌勒淨土時代，政治清明，由轉輪聖王蠰佉法王執政，以正法治化，具足輪王七寶：輪寶、象寶、馬寶、珠寶、玉女寶、典兵寶、守藏之寶。……人壽極長，無有諸患，皆壽八萬四千歲。女人年五百歲然後出嫡。」當時的人壽命極長，身體健康沒有疾患，平均壽命八萬四千歲，女子五百歲才婚嫁。

彌勒菩薩於龍華樹下成道

彌勒菩薩下生人間，不久後即出家學道，在龍華樹下成佛。根據本經中記載：「爾時，彌勒在家未經幾時，便當出家學道。爾時，去翅頭城不遠有道樹名曰龍花，高一由旬，廣五百步。時彌勒菩薩坐彼樹下成無上道果。」經中記載，彌勒將於人壽八萬四千歲時，下生人間，出家學道，坐翅頭城華林園中龍華樹下成道。之後，初會說法，度化九十六億人；二會說法，度化九十四億人；三會說法，度化九十二億人。彌勒佛是釋迦牟尼佛在人間授記成佛的弟子，他所教化的世界，也是釋迦牟尼佛所化的世界，所度化者，即是釋迦牟尼佛當時已植善根，但尚未悟道者。

延伸閱讀

《彌勒菩薩所問本願經》：讓我們完全體悟彌勒菩薩的深刻修行。

《彌勒上生經》：理解彌勒菩薩上生兜率天，現在於淨土中說法，在未來淨土中說法，乃至引領我們未來下生成就的因緣。

《解深密經》：了解彌勒菩薩唯識教法的深刻體證。

53 觀佛三昧海經

Buddha-dhyāna-samādhisāgara-sūtra

簡名

本經又稱為《觀佛三昧經》、《觀佛經》、《觀佛三昧海經》，詳稱《佛說觀佛三昧海經》。

經名解釋

本經屬於念佛三昧的法門，而其中所開示的念佛法門主要是以四種念佛（稱名念佛、觀像念佛、觀想念佛、實相念佛）中的「觀像念佛」為根本，所以先觀察佛陀的三十二相，其次觀佛的色相與心念，其次觀佛的四威儀等，然後證入念佛三昧。

版本

各種版本說明：在《開元釋教錄》卷十四單譯闕，本錄舉出鳩摩羅什譯之《觀佛三昧經》一卷，然而其與此經之異同不詳。

通用版本：本經為東晉．佛陀跋陀羅所譯，全文共十卷，收於《大正藏》第十五冊（T15, No. 643）。

簡介

本經內容敘述佛陀安止於迦毘羅城尼拘樓陀林時，為父親淨飯王及姨母開示觀佛三昧法門的經典。從本經文末阿難尊者請問，佛陀的回答，可以看出本經的主旨：

「世尊！當何名此經？此法之要當云何持？」

佛告阿難：「此經名繫想不動，如是受持；亦名觀佛白毫相，如是受持；亦名逆順觀如來身分，亦名一一毛孔分別如來身分，亦名觀三十二相、八十隨形好諸智慧光明，亦名觀佛三昧海，亦名念佛三昧門，亦名諸佛妙華莊嚴色身，亦名說戒、定、慧、解脫、解脫知見、十力、四無所畏、十八不共法果報所得微妙色身經，汝好受持慎勿忘失。」

經中佛陀教導大眾從繫想不動，觀如來白毫相、身分、乃至一一毛孔等三十二相好及種種智慧光明，並憶念此相好，實際上是如來以戒、定、慧、解脫、解脫知見等五分法身，及十力、十八不共法等佛陀特德，所感得之微妙色身相好。如果能依持本經，現觀了悟佛陀的廣大三昧大海，如此就能憶持念佛，永不忘失。

全經結構

本經各品內容如下：

〈六譬喻品〉佛陀安住於尼拘樓陀精舍時，父親淨飯王及姨母來見佛，為後世眾生，請問如何觀佛身色相好光明？佛陀入遍淨色身三昧，並以：獅子在胎喻、栴檀生伊蘭林中喻、金翅鳥王心喻、多勒果喻、波利質多羅樹喻、阿修羅幻力喻，來解說譬喻念佛三昧的境界。

〈序觀地品〉說明眾生樂觀佛相，各有不同，或順或逆等等。

〈觀相品〉此品說明觀察佛身的次第：一、明觀如來頂，二、明如來髮，三、明觀髮際，四、明觀白毫相，從初生乃至成佛，敘事最詳，五、明觀額廣平正，六、明觀眉，七、明觀眼睫，八、明觀耳，九、明觀方頰車，十、明觀師子欠，十一、觀鼻，十二、觀髭，十三、觀脣，十四、觀廣長舌，十五、觀頸相、缺瓫骨滿相、胸臆卍字印相，十六、悉現具足身相，大眾所見，各各不同：其見如灰、如墨等者，是由於往昔惡業所示；應當殷重懺悔，乃見好相，十七、明觀放常光，十八、明觀眉間光明，十九、復明額廣平正、面上三輪、髮際等相。二十、復觀鼻出光明，二十一、復觀面門光明，二十二、復觀耳出五光，二十三、復觀頸出二光，二十四、復觀缺骨滿相光明，二十五、復觀胸卍字相，腋下摩尼珠，皆放光明，二十六、觀寶臂、指縵、掌輪各放光明，二十七、觀臍相，光照十方，二十八、因父王請，現心內境。

〈觀佛心品〉具明大慈悲心，專緣地獄等罪苦眾生。並廣敘地獄苦事。

〈觀四無量心品〉使大眾見佛心中有無數佛，乘大寶船，往來五道，救苦眾生，具足大慈、大悲、大喜、大捨。

〈觀四威儀品〉觀察佛陀的行、住、坐、臥，並說如下因緣：度化老婢事，上忉利天為母說法事，降伏曠野鬼事，降毒龍事，降伏力士事。

〈觀馬王藏品〉為度化宮中諸女所示現相，為度化舍衛國淫女所現相，為度化波羅奈國淫女所現相，為度化伽耶城為尼犍所現相。

〈本行品〉先闡明念佛三昧功德能滅大罪業。接著文殊菩薩、十方十佛、四方四佛、財首菩薩、釋迦如來、阿難尊者等，各自宣說本修念佛三昧。

〈觀像品〉彌勒菩薩為末世眾生請問，佛陀為其廣說觀像念佛除罪的方法。

〈念七佛品〉、**〈念十方佛品〉**佛陀宣說憶念過去七佛與十方佛的三昧境界。

〈觀佛密行品〉佛陀勸戒得三昧者，應當密守身、口、意，莫起邪命，莫生起貢高我慢之心。又說種種譬喻說念佛三昧，結名受持。阿難又問佛陀之無見頂相，佛陀入頂三昧海，現廣大殊勝相，使大眾倍加獲益。

延伸閱讀

《佛說阿彌陀經》：讓我們看到更完整簡潔地顯現極樂淨土的樣貌。

《觀無量壽經》：透過佛陀所教授的禪觀方法，證入極樂世界。

《般舟三昧經》：透過佛立在前三昧進入極樂世界，親見阿彌陀佛。

54 佛說無量壽經

Sukhāvatī-vyūhaḥ-sūtra

經名解釋

「無量壽」為阿彌陀佛名號漢譯。阿彌陀佛（梵名 Amita-buddha）為西方極樂世界之教主。梵語「amita」，意譯為「無量」。另有梵名「Amitāyus」，音譯：阿彌多庾，意譯為「無量壽」；梵名「Amitābha」，音譯：阿彌多婆，意譯為「無量光」。由於此佛光明無量、壽命無量，所以稱為阿彌陀佛。

版本

在世親菩薩造的《無量壽經優婆提舍願生偈》，大約是依此經義而作，由此可看出本經在印度似乎已頗為流行。而北魏．曇鸞的《往生論註》（即前書的註解）中，也說明是正依此經。從南北朝以來，此經在中國盛行弘通。北齊地論宗靈裕、隋淨影寺慧遠、嘉祥寺吉藏、唐西明寺圓測，以及憬興、法位、玄一，乃至清．彭際清等均對此經加以疏釋，而並依據曹魏譯本，可見魏譯本在中國流傳的盛況。

此經過去在朝鮮、越南也傳習頗盛。尤其是在日本，由於淨土宗開創者源空、真宗創立者親鸞均專依此經發揮他力易行念佛的宗義，對於此經的弘揚更形顯著。

各種版本說明：由於本經有二卷，分量多於《阿彌陀經》，因此，相對於《阿彌陀經》之被稱為「小經」，本經則被稱為「大經」，或「雙卷經」。

本經的漢文譯本，相傳前後有十二種，在這題稱魏譯一種而外，現存的異譯本還有：

《無量清淨平等覺經》二卷，後漢．支婁迦讖譯；

《阿彌陀三耶三佛薩樓佛檀過度人道經》二卷，吳．支謙譯；

《無量壽如來會》（即《大寶積經》第五會）二卷，唐．菩提流志譯；

《大乘無量壽莊嚴經》三卷，宋．法賢譯。

以上是五種存本。

此外，各經錄有記載而現在缺本的則有：

《無量壽經》二卷，後漢．安世高譯；

《無量清淨平等覺經》二卷，魏．帛延譯；

《無量壽經》二卷，西晉．竺法護譯；

《無量壽至尊等正覺經》一卷，東晉．竺法力譯；

《新無量壽經》二卷，劉宋・佛馱跋陀羅譯；

《新無量壽經》二卷，宋・寶雲譯；

《新無量壽經》二卷，宋・曇摩蜜多譯；以上是七種缺本。

如《開元釋教錄》卷十四說：「右七經與《大寶積經》〈無量壽如來會〉同本，此經前後經十一譯，四本在藏，七本缺。」加上《開元錄》以後出現的宋法賢譯本，即為五存七缺共十二譯本。

此經的藏文譯本，係由勝友、施戒與智軍共譯出，現存於藏文《大藏經》中。

此經的梵本，於十九世紀中在尼泊爾發現，英國馬克斯・穆勒和日本南條文雄於一八八二年據以刊行。嗣又用英文加以譯出，收於一八九四年出版的《東方聖書》第四十九卷中。

此經的各種譯本敘述彌陀成佛的因果、淨土依正二報、眾生往生的行果大體相同，但在文字記載上互有出入。因此，宋王日休以現存漢譯四本（除唐譯《無量壽如來會》）各有所長，因而校輯會為一本，題名《大阿彌陀經》。

後來清・魏源又在王氏的基礎上，編出《無量壽經會譯》一卷。這是由於淨土念佛在中國盛行，因而此經各譯本文義的異同，遂為一般佛教學人所重視。

此經的主要註疏，現存有隋・慧遠的《義疏》二卷、吉藏的《義疏》一卷、清・彭際清的《無量壽經起信論》三卷。新羅憬興的《連義述文贊》三卷、玄一的《記》一卷、元曉的《疏》一卷、日本源空的《釋》一卷、了慧的《鈔》七卷、聖聰的《直談要注記》二十四卷、道隱的《甄解》十八卷、西吟的《顯宗疏》十卷等。

現今佚傳的重要註疏，尚有靈裕的《義疏》二卷、知玄的《疏》三卷、法位的《義疏》二卷、圓測《疏》三卷、義寂的《疏》三卷、寂證的《述義》三卷等。

通用版本：本經為曹魏・康僧鎧所譯，全文共二卷，收於《大正藏》第十二冊（T12, No. 360）。

簡介

太虛大師曾揭示《無量壽佛經》有六種勝義：

一、因果具：彌陀淨土法門的相關經典，遍及大乘方等經論。但大多從果地而談。本經述及法藏比丘於菩薩因中修種種願行，而獲得今此之淨果。又以此所得之妙果，轉而攝化十方眾生，一切眾生依此修行因地，決定狹阿彌陀佛勝果。這是本經的自行化他，兩重因果。

二、信解具：經中云：「信為道元功德母，長養一切諸善根。」解為修行第一義，亦由信心之所生。此經說明法藏於因地，由於深信勝解而創建彌陀淨土。本經啟發法空無我、唯心如幻之殊勝解悟，令行者明了佛智，明達無惑。

三、願行具：此經既明示阿彌陀佛因中如何發願修行，又明依彌陀之淨果，求往生者當如何以發願修行。願行雙具，為此經第三殊勝也。

四、勸誡具：勸者，所以舉善令生欣慕心也。誡者，指斥諸惡會遠離也。此經痛言娑婆世界如何苦惱，警惕其心，使發厭離之想；尤復廣讚淨土如何莊嚴妙樂，以啟發其信願。激揚叮囑，悲心獨切。此為第四殊勝也。

五、理事具：理者，真如如幻等理。事為事相，如淨土中阿彌陀佛光壽無量，黃金布地，音樂和暢，皆事之勝妙可徵者。此經理事圓明，如信解中所說，故為第五殊勝也。

六、說證具：此說西方淨土諸種功德，無量莊嚴不可思議。本經中佛說此經已，令阿難頂禮西方極樂淨土之阿彌陀佛，即示現極樂淨土莊嚴之相，使與會大眾皆得親見。這是此經第六殊勝義。

全經結構

本經敘述阿彌陀佛在成道以前，原是一位國王，由於受到世自在佛的啟示，乃發起求無上道的願心而出家，名為法藏比丘。在因地修行時，經過五劫長遠的思維，攝取諸佛國土的清淨之行，並發起四十八個莊嚴佛土、利樂眾生的大願，誓願建立一個莊嚴的極樂世界，以救度一切念佛相應的有緣眾生。其中有三個接引眾生的大願是：

（一）設我得佛，十方眾生至心信樂，欲生我國，乃至十念，若不生者，不取正覺。唯除五逆、毀謗正法。

（二）設我得佛，十方眾生發菩提心、修諸功德，至心發願欲生我國。臨壽終時，假令不與大眾圍繞現其人前者，不取正覺。

（三）設我得佛，十方眾生聞我名號，繫念我國，植眾德本，至心回向，欲生我國，不果遂者，不取正覺。

由於阿彌陀佛誓願宏深，三根普被，因此，在他成佛之後，任何人只要具足經中所說的信、願、行，如法念佛，必定會蒙佛接引，往生至真至善至美的極樂佛國。

往生極樂淨土的眾生，有上輩、中輩、下輩三種分別。國中菩薩都得到一生補處，以觀世音菩薩、大勢至菩薩為其上首。眾生生彼國土皆具三十二相，智慧圓滿，神通無礙，殊勝安樂說不能盡。佛勸彌勒並諸天人等，各勤精進，不要懷疑，信心迴向，便能在彼國七寶華中化生，他方十四佛國，乃至十方無量佛國菩薩往生彼國者也無量無數。

延伸閱讀

《佛說阿彌陀經》：讓我們看到更完整簡潔地顯現極樂淨土的樣貌。

《觀無量壽經》：透過佛陀所教授的禪觀方法，證入極樂世界。

《般舟三昧經》：透過佛立在前三昧進入極樂世界，親見阿彌陀佛。

55 寶如來三昧經

簡名

《寶如來三昧經》。

版本

各種版本說明：本經原譯本稱為《無極寶三昧經》，為東晉・竺法護所譯，全文二卷。

通用版本：本經為東晉・祇多蜜所譯，全文共二卷，收於《大正藏》第十五冊（T15, No. 637）。

簡介

本經敘述佛陀示現寶如來三昧，震動九億萬佛剎，舍利佛於是前往寶如來菩薩所請問因緣而開啟了宣說本經的序章。寶如來三昧以「般若寶」、「智慧寶」為體，得證了寶如來三昧，一切大眾皆悉來集。本經宣說寶如來三昧的功德與修證等內容。

全經結構

佛陀說：「如來乃欲決斷十方大生死根。若有善男子善女人，欲使發阿耨多羅三藐三菩提心，當行九法寶。何等為九法寶？一者、見諸天無有處但有名耳。二寶者、世間人民但有字耳。三寶者、五道勤苦但有苦習耳。四寶者、水火風地但有戲耳。五者、當來過去現在如芭蕉無想。六者、現生死無本際也。七者、觀諸三昧寂然無有往來者也。八者、當觀三千大千日月諸佛剎土，見之了無得三昧者。九者、見三千大千日月中人民蠕動，悉欲度之令與佛等。」

佛陀並教導新發意菩薩行八法寶：

一、於佛前發心

二、供養十方諸羅漢

三、供養舍利

四、得四無所畏

五、以身救眾生之命

六、事天下人常如奴事大夫

七、覺知九十六種外道

八、奉行六波羅蜜

最後，寶如來菩薩告訴舍利弗，菩薩有三十二種事，是菩薩的珍寶：「菩薩有三十二事，為寶，如所入。何謂三十二事？一者、欲入響、欲入觀、無所觀，是即為寶。二者、欲入心、離心、於心無主，是即寶。三者、欲入身求脫本無脫者，是即寶。四者、不入十二因緣無有住者，是即寶。五者、欲入斷，離於不斷，是即寶。六者、欲入無常，視之無形，是即寶……」皆是以空性的實相來修一切佛法，作為三昧的核心。

本經以寶如來菩薩為中心，以人顯法。經中以舍利弗與寶如來菩薩的問答為起首，佛陀為寶如來菩薩開示，善男子、善女人發阿耨多羅三藐三菩提心，當行九法寶。

文殊菩薩啟問寶如來菩薩所的佛剎之功德莊嚴，如果有善男子、善女人聞此三昧，即能除去六百四十劫罪盡，且命終之時，即得往生寶如來淨土。佛陀為彌勒菩薩宣說當行九法，能疾得寶如來三昧；並宣說了無數的三昧境界。佛陀同時告訴文殊菩薩說，參與法會者，都能得到寶如來三昧。

延伸閱讀

《如來智印三昧經》：透過如來智印三昧修證，證入如來的實相境界。

《念佛三昧經》：依此念佛三昧的境界來悟入諸法的實相。

《大樹緊那羅王所問經》：讓我們了悟，能運用各種因緣型態來展現佛法證悟的現象。

56 佛說如來智印經

Tathāgatajñānamudrā-samādhi-sūtra

簡名

《如來智印三昧經》。

版本

各種版本說明：

（一）《慧印三昧經》，為吳．支謙所譯，全文共一卷。

（二）《大乘智印經》，為宋．智吉祥等譯，全文共五卷。

通用版本：本經譯者名已佚失，全文共一卷，收於《大正藏》第十五冊（T15, No. 633）。

簡介

本經敘述佛陀為舍利弗等聲聞弟子大眾宣說如來智印三昧，令得觀佛身。

本經述說佛在王舍城迦蘭陀竹園入於佛境界三昧，無色無執，無色無形，不見如來身及身相，不見心及心相。文殊菩薩要舍利弗等諸大聲聞入三昧觀察，還是不見佛身及身相。直到佛陀出定，大眾才得以見佛身。

在此經中，佛陀開示如來智印三昧法門的微妙功德，彌勒菩薩、文殊菩薩、喜王菩薩等六十位菩薩，發願在未來世護持此經，佛陀乃為他們宣說此法的真義。佛陀並告訴文殊師利菩薩，若要成就佛菩提者，應當專心修學此三昧。如來智印三昧（慧印三昧）能成就三十二相、八十種好、十力、四無所畏、大慈、大悲，並成就佛眼。佛陀並宣說，他安住此三昧，見燃燈佛時就已成證菩提；但是為了三事：為眾生作佛事、化度眾生及宣說本願，所以化現於人間。

全經結構

本經結構及內容簡介如下：

一、說法因緣

如來智印經是講佛境三昧，在甚深的空性體悟當中所修證的三昧要門。

爾時佛陀入於「如來智印三昧」時，不見如來身及身相，不見心及心相，不見衣、不見坐，即於此定放大光明，遍照三千大千世界。

於是東方恒沙世界諸佛告訴萬阿僧祇菩薩，應前往娑婆世界，聽聞釋迦牟尼佛宣說如來智印三昧。如果有菩薩聽聞此三昧，勝過百千劫行六波羅蜜。南、西、北方四維上下世界諸佛亦復如是鼓勵弟子前來聞法。

二、如來智印三昧的樣貌

舍利弗啟問佛陀所入三昧境界，為何諸大聲聞慧眼觀察悉不能見？

佛陀告訴舍利弗。此三昧者無緣、無處是佛境界，非一切聲聞緣覺所知。佛陀從甚深空性的實相畢竟空的境界來說明：「佛身真實，非身非作，非起非滅，亦非長養，非化非信，寂滅無為，無跡無行，無此無彼，本性清淨無有一法。」

佛陀並宣說女下偈頌來欲增廣如來智印三昧：

「如身非身身解脫　　無作無壞亦無得
法非相應不相應　　是為顯示善逝身
非合不合無染著　　非執非捨非等長
非造非處非非處　　此身非顯無所欲」

三、如來智印三昧的功德

佛陀告訴舍利弗，如來智印三昧種種不可思議的功德：

（一）悉能滿足十方一切世界菩薩無閡智慧。

（二）能速見十方諸佛及諸菩薩。

（三）能成就如來三十二相八十種好。

（四）能出魔境界，不動不出等行佛行。

（五）能使身口意業皆悉清淨，體解如來密法。

（六）能遍知諸法、知真諦、解十二因緣。

（七）能取淨妙佛國。

（八）能成就相好，辯才無礙。

此三昧者能滿足一切世間與修行的願行。

四、咐囑與流通

爾時世尊宣說此三昧時，有三十恒沙菩薩得此三昧，及無量天、人，聽聞此三昧而發無上菩提心，得不退轉。頻婆羅王大夫人賢首，及夫人金光拘達女，皆發心擁護信解受持讀誦此經者，並以摩訶衍法教化眾生，必如說行不惜身命。爾時頻婆羅王後宮八千女人及摩伽陀國六萬優婆夷，悉發起無上菩提之心，於後末世當護正法。彌勒菩薩、文殊師利菩薩、喜王菩薩等六十菩薩為上首，也都發心護持本經。

爾時世尊說是法時，阿僧祇眾生皆發無上菩提之心，八十那由他天及人皆得不退轉於無上道，六萬三十億天人得無生法忍。無數眾生得阿羅漢，如是十方來會菩薩摩訶薩，證皆得此三昧。如是十方來會菩薩。諸大聲聞及四部眾。天人乾闥婆阿修羅。一切世間聞佛所說皆大歡喜。

延伸閱讀

《寶如來三昧經》：以寶如來三昧與如來智印相互印證，入於甚深的佛境。

《念佛三昧經》：以念佛三昧來圓滿實相智慧。

《悲華經》：以佛陀生生世世修行成佛的經驗來幫助我們圓滿究竟智慧。

57 諸佛境界攝真實經

版本

通用版本：本經為唐．般若所譯，全文共三卷，收於《大正藏》第十八冊（T18, No. 868）。

簡介

本經為佛陀於妙高山頂三十三天帝釋宮中，摩訶摩尼最勝樓閣，三世諸佛常說法處所宣說，敘述佛陀為自受法樂而入於金剛三摩地，說自內證之法門，顯示大日如來悲智二門德性出生三十六智印現三十六尊，又如來為顯示圓融思想，從一毛孔展現無量的佛身佛土，皆不外在顯示法界悉為佛之德相，從外道乃至惡魔邪神，均能方便攝入。

全經結構

本經共分為九品，內容簡說如下：

〈序品第一〉佛陀入於遍滿一切虛空覺悟本性智慧希有金剛三昧，從胸臆中放青色光，照於東方無量世界。無量無邊化佛及海會菩薩大眾圍繞，諦聽如來宣說此大法。又入種種殊勝三昧，放無量光明照耀四方，使黑闇世界無日月處諸有情等，乃至生盲悉蒙光照，得見毘盧遮那如來一切化佛，永盡眾苦，受無量樂。

這是佛陀欲宣說《摩訶瑜伽諸佛祕密心地法門諸佛境界攝真實經》所示現的不可思議瑞象。此法能永斷眾生所有疑網，得成佛道。此法即是諸佛根本，能滅一切惡業，能滿一切所願。

〈出生品第二〉爾時佛薄伽梵大毘盧遮那如來，宣說一切如來真實境界大乘瑜伽微妙勝法。又從化成無量無數圓滿月輪，能令眾生大菩提心皆得清淨。

〈金剛界大道場品第三〉佛陀為金剛手菩薩次第廣說曼陀羅大道場法，說五方如來、四波羅蜜，及金剛薩埵等真言印法。

〈金剛外界品第四〉佛陀為金剛手菩薩宣說五佛如來、四波羅蜜、四方十六大菩薩觀門。二十五契印及真言法則。

〈金剛界外供養品第五〉佛陀宣說金剛嬉等十二菩薩外院供養，以利益安樂求佛道者，使其現獲悉地，當證菩提。

〈修行儀軌品第六〉金剛手菩薩摩訶薩承佛廣大自在神力，宣說真實瑜伽甚深祕密修持法。

〈建立道場發願品第七〉金剛手菩薩摩訶薩為大眾宣說建立道場應如是發願：令一切見聞覺知者，皆令獲得殊勝妙果，一切所願無不隨心。並願我此身生生世世。譬如如意珠能雨眾寶。使一切眾生財、法二寶悉皆充足，乃至速證無上菩提。

〈持念品第八〉爾時金剛手菩薩摩訶薩告大會眾言，瑜伽行者欲得成就一切如來三昧，及一切智智，應當修習曼荼羅成佛之法。

〈護摩品第九〉護摩品第九金剛手菩薩摩訶薩承佛威神力，為修一切瑜伽行者演說真實內護摩法，永為調伏滅煩惱賊及一切鬼神故，分別演說寂靜護摩、調伏護摩、愛敬護摩、增益護摩等四種內護摩法。

延伸閱讀

《大日經》：是密法的根本經典，透過此經能夠對密法完整的掌握。

《金剛頂經》：是密法總持大日如來甚深智慧的完整要典，能幫助我們體證密法修證圓滿成佛的要旨。

《法華經》：能夠理解密法的一切基礎，並全面性掌握佛陀圓滿的境界。

58 金剛頂瑜伽中略出念誦經
Sarvatathāgatatattvasaṃgraha-sūtra

簡名

《金剛頂略出念誦經》、《略出念誦經》、《略出經》。

版本

通用版本：本經為唐．金剛智所譯，全文共四卷，收於《大正藏》第十八冊（T18, No. 866）。

簡介

不空三藏翻譯的《十八會指歸》中說：「《金剛頂經》，瑜伽有十萬偈十八會。初會名一切如來真實攝教王。有四大品，一名金剛界，二名降三世，三名遍調伏，四名一切義成就，表四智印。於初品金剛界品中有六曼荼羅，所謂金剛界大曼荼羅，並說毘盧遮那佛受用身，以五相現成等正覺。成佛後，以金剛三摩地，現發生三十七智度說曼荼羅儀則。為弟子受速證菩薩地、佛地法。」

由本經內容觀之，很明白地，其所指相當於初會中之第一品。又在《金剛頂經大瑜伽祕密心地法門義訣》上作「此略瑜伽，西國得灌頂者說授相付」。故由此可知未入壇灌頂不可對其說示。

其次關於本經所明示的諸多作法，東密於入壇灌頂受法時所使用的三卷式中，金剛界傳法灌頂之根據即為此經。能橫跨金、胎兩部詳細說示其灌頂作法者，諸經之中幾無能出此經之右者，並非過分言之。欲成為密教大闍梨之真言行者，定要精讀本經，且真正地理解經意。

本書對於灌頂等作法有特別詳細的說明，故本書為東密入壇灌頂作法之依據。其註釋有不空《金剛頂王經義訣》一卷及賢寶《略出經釋》一卷等。

本經為東密入壇灌頂作法之主要依據經典，與《金剛頂一切如來真實攝入大乘現證大教王經》同為真言密宗的重要典籍。本經是由十萬頌（廣本）的《金剛頂經》中略出瑜伽祕要而成。

全經結構

本書分為序分及正宗分二部分。各卷內容略如下列：

卷一首揭歸敬序，次明受法者之資格、對入壇者之慰諭、作壇場所之選定、阿闍梨之所作及入三摩地法（諸作法、道場觀、三十七尊出生等）。

卷二明五相成身觀及灌頂。卷三述作曼荼羅法、諸作法及三十七尊、一切成就三摩耶契法，以及總供養等。卷四述讚頌、念誦、別供養、入壇受法（受法者之希願、阿闍梨之慰諭，乃至灌頂等），以及護摩（護摩壇及爐、供物、護摩木、諸作法及慰諭等）。

在本經第一卷中，金剛智三藏言：「我今於百千頌中，金剛頂大瑜伽教王中，為修瑜伽者，成就瑜伽法故。略說一切如來所攝真實最勝祕密之法。」經文中所謂金剛頂大瑜伽教王，是指十萬頌廣本。《金剛頂經》共十八會，將其第一會所說略攝譯出者，即為本經。

延伸閱讀

《大日經》：能夠了解全體密法的完整境界。

《諸佛境界攝真實經》：透過此經可以了悟諸佛境界的真實密義。

《華嚴經》：是諸佛成就的圓滿狀態，透過此經能夠體悟一切智慧的核心根本。

59 大樂金剛不空真實三摩耶經．般若波羅蜜多理趣品

Prajñāpāramitā-naya-śatapañcāśatikā-sūtra

簡名

本經又稱作《大樂金剛不空真實三昧耶經》、《金剛頂瑜伽般若理趣經》、《不空真實三摩耶般若理趣經》，略稱《般若理趣經》或《理趣經》。

經名解釋

「大樂金剛不空」，為金剛薩埵之異名，表示薩埵自證的大樂化他之大喜，猶如金剛的堅固無間斷，「三摩耶」，為本誓之義。「理趣」是道理旨趣的意思，本經說明實相般若之理趣。

版本

各種版本說明：本經異譯本有五本：

(一)《大般若波羅蜜多經．第十會般若理趣分》，一卷，唐．玄奘譯。

(二)《實相般若波羅蜜經》，一卷，唐．菩提流志譯。

(三)《金剛頂瑜伽理趣般若經》，一卷，唐．金剛智譯。

(四)《遍照般若波羅蜜經》，一卷，宋．施護譯。

(五)《最上根本大樂金剛不空三昧大教王經》，七卷，宋．法賢譯。前十五品與唐譯對應。

本經重要的註疏有：

(一)《大樂金剛不空真實三昧耶經般若波羅蜜多理趣釋》，兩卷，唐．不空譯。

(二)《大般若波羅蜜多經般若理趣分述讚》，三卷，唐．窺基撰。

通用版本：本經為唐．不空所譯，全文共一卷，收於《大正藏》第十九冊（T19, No. 1003）。

簡介

《理趣經》不僅是祕密佛教教理之總滙，更「導般若於密教」，可視為般若性空的實踐，所以在密教的經典儀軌之中特別受到重視。從般若空的體悟中，落實到現實生活中對煩惱、欲望的超越，透過般若觀照，了知欲望煩惱與解脫的智慧體性不二，這是大乘空觀思想的重要意旨。

全經結構

本經是大日如來為金剛手菩薩所說，內容共分十七章，說明了實相般若和密教無上祕密。相當於《大般若經》般若十六會中之第十會「般若經理趣分」。

本經相當於般若經理趣分，即般若十六會中之第十會，大般若經第五七八卷。理趣即道理旨趣之意。乃智法身之大日如來為金剛薩埵（梵名 Vajrasattva）所說之般若理趣清淨之理，內容共有十七章，說明密教之極意。智法身，為理法身之對語，即窮盡始覺之智，契合清淨本覺之理，而顯示身心一如之智。金剛薩埵表示大日如來之因位、眾生本具佛性之始發，即以初發菩提心之眾生，悉稱金剛薩埵。

本經是大日如來為金剛手菩薩所說，本文有序說、正宗、流通三分。空海《真實經文句》將本經正宗分十七段標為：初別明中自有十七章。

一、大樂不空初集會品。
二、毘盧遮那理趣會品。
三、降三世品。
四、觀自在菩薩理趣會品。
五、虛空藏品。

六、金剛拳理趣品。
七、文殊師利理趣品。
八、纔發意菩薩理趣品。
九、虛空庫菩薩理趣品。
十、摧一切魔菩薩理趣品。
十一、降三世教令輪品。
十二、外金剛會品。
十三、七母女天集會品。
十四、三兄弟集會品。
十五、四姊妹集會品。
十六、四波羅蜜部大曼荼羅章。
十七、五種祕密三摩地章。

延伸閱讀

《千手千眼觀世音菩薩廣大圓滿無礙大悲心陀羅尼經》：大菩薩眾透過般若智慧所顯現出的廣大威德與加持力的加持。

《蘇婆呼童子所問經》：可以完整了知密法的修證與作用。

《小品般若經》：完整的體悟般若智慧所生起的甚深理趣。

60 佛說大悲空智金剛大教王儀軌經
Hevajra-ḍākinījāla-sambara-tantra

簡名

本經又稱《大悲空智金剛經》、《喜金剛本續王》、《喜金剛本續》，印度、西藏註釋家稱為《二儀軌》（Dvikalpa）。

經名解釋

「空智」是指大悲空智，本旨在敘述空智金剛出生的意義。

版本

通用版本：本經為宋．法護所譯，全文共五卷，收於《大正藏》第十八冊（T18, No. 892）。

簡介

為藏密無上瑜伽祕密部經典中疾速成佛的法門，本經為世尊為金剛藏菩薩所說，內容主要在敘述無上瑜伽某些法門。西藏將密教經典分為四部：事部、行部、瑜伽部、無上瑜伽部，稱為「四祕密部」，《大悲空智經》就屬於無上瑜伽祕密部經典中成佛的疾速法門。

本經屬四種怛特羅中的無上瑜伽部（Anuttarayoga），為般若或瑜伽母本續之代表，在印度及西藏頗受尊崇，修持此法者認為，若正確理解此本續（怛特羅）所說之深義，並依法修持，則能迅速成佛。

本經中純密教思想的發達是在純密成立之後，以空行母之觀想最上最易解脫法。在西藏此類典被置於密教中最高的地位，即無上瑜伽部祕密經典。

全經結構

本經屬於無上瑜伽部經典，在中國並不普遍，但是在西藏極受重視。全經共五卷二十品，以下簡說各品概要：

〈金剛部序品〉一時，佛陀安住於一切如來身語心金剛喻施婆倪數祕密中，祕密出生妙三摩地。時世尊從是三摩地起，讚嘆金剛藏菩薩摩訶薩，其教法皆從大悲空智金剛大菩提心之所開示。此即大悲空智的大教王經的根本意旨。

金剛藏菩薩啟問金剛薩埵及大悲空智的要義。

金剛就是不可壞，薩埵即三有一性；勝慧相應為金剛薩埵。大悲空智，是從大悲心所生空智，大悲現空的智慧；能見知聽聞，即聚足大力，能夠成辦種種事業。

〈拏吉尼熾盛威儀真言品第二〉拏吉尼是空行母之義，就是顯現拏吉尼空行母光明熾盛的威儀，及其真言，因為無我的威力，所以地行跟空行的勾召發遣，都能夠相應，能夠降伏一切惡事不吉，成就諸善事。

〈一切如來身語心勝賢品第三〉本品論說成就一切如來身語意，成就聖賢。首先觀想慈悲喜捨，入於空性菩提當中，然後出現種子，形成形相，繼而觀察字義，依此能夠成就自體成就空智，而現觀本尊，能成就諸事業。

〈賢聖灌頂部品第四〉觀想本尊的灌頂，先由唵字，得到一切如來灌頂，然後佛陀現起空智明王相，持五甘露成辦五種如來的賢瓶，作五種灌頂。

〈大真實品第五〉如來顯現一切真實的體性，一切法自性，於此悉皆無，謂非色非聲，即無聞無見，及非香味觸，亦無能觸者，善解瑜伽者，非心非所緣；於此心性，宣說金剛部、蓮華部、事業部、如來部及寶部等五部咒印，成就解脫因，此印就是金剛祕密印。五部為最上大悲來加持成就五蘊，五部也就是我們五蘊的自性，成就五蘊自性，來顯現五部五方如來的真實妙見，所以能夠從自身中出生一切賢聖。

〈行品第六〉行品是實踐之品，佛陀告訴金剛藏菩薩最上乘到彼岸行，於此先行畢竟成辦；能夠成就金剛空智，觀者當如是行，身心聚足種種的莊嚴與空智相應，於五如來五種色種種和合亦無分別，因為無量相就是一色相，是故分別了不可得；具足如此狀態，在樹下塚間等等地方修行勝法。

〈說密印品第七〉修行瑜伽者，恭敬問訊，一切行住坐臥、身姿動作，都是祕密印，所以要生起勝解，不要再疑惑。此品顯說了各種的手印，代表不同修證的意義。佛陀並說有十二處殊勝的修行之地，能夠遠離魔事，及修證的時間等等。此即修證瑜伽。

〈大相應輪品第八〉此品用地水火風等各種輪相，與修證相應，每個輪相具有其所顯現的如來五智之義及五種智慧的次第等，所以這是標誌輪。所以本品中說：「作意而觀想，如前標幟輪，以摩尼妙光，慧方便自性，一切速成就。」前面就是標幟及象徵；後面則是觀想成色因緣來成就。

〈清淨品第九〉他說：由是說清淨，一切無疑惑，一一賢聖位，後當分別說，五蘊五大種，六根及六處，無知煩惱闇，自性悉清淨；所以五蘊、五大、六根、六處，種種自性皆是清淨，一切體性清淨，一切現空無所執著，現空清淨。所以說每一個佛菩薩的表徵都是他的意義，所以十六臂就是他的十六空清淨，四足就是四魔清淨，八面就是八解脫清淨等等。

〈灌頂品第十〉灌頂須先修造灌頂的曼荼羅，應先找清淨之地，如：殊妙的園林、菩薩聖賢得道之處，畫最上大曼陀羅等等，這是灌頂的次第及儀軌，須體悟一切都是空性所生，一切所現灌頂從體性生，無可執著。

〈金剛藏菩薩現證儀軌王品第十一〉此品以各種的表徵跟標幟，如：憤怒眼、信愛眼，勾召眼，具各種的作用，表達出整個身心的運作所出生的種種妙用。

〈熾盛拏吉尼所說成就品第十二〉佛陀告訴金剛藏菩薩，在無我明妃，或是吉祥呬嚕迦，一剎那頃知彼安住，及於廣大清淨儀軌，若時若處最初修習是故略說，復次持真言者，一心成就三摩呬多；來修行這個智慧之相。用修禪定之心來破壞一切煩惱，成就廣大妙樂。

〈方便品第十三〉本品宣說一切金剛儀軌瑜儗尼（瑜伽士）方便灌頂戒，就是分別剎那飲食喜等，諸佛如來安住於鑁字，正等一相得道灌頂成就。

〈集一切儀軌部品第十四〉本品敘述金剛拏吉尼跟金剛藏有疑惑，佛陀為他們解說，云何為歌舞？云何本尊灌頂？於何等印說瞋等作用？佛陀一一為其解惑。

〈金剛王出現品第十五〉爾時空智大金剛王，開示一切本尊，一切字性身曼荼羅，住極妙樂金剛心種子。出生一切自相曼陀羅王，一十六臂八面四足，戴著大髑髏鬘，現忿怒相。執持五印得大無畏，其身心及種種手印，都代表了微妙的密意，及所具足的各種教法。

〈金剛智熾盛拏吉尼畫像儀式品第十六〉本品宣說畫空智金剛畫像的儀式。

〈飲食品第十七〉本品教授大眾如何書寫、持誦本經，及如何以飲食來供養等等。

〈教授品第十八〉本品說明怎麼選擇弟子及教授弟子。

〈持念品第十九〉說諸法的律儀跟持念的境界，即修持何種法應使用何種相應的法器，例如：息災法使用水晶念珠；信愛法用赤旃檀為念珠；降伏法以木槵子或水牛角為念珠等等。

〈俱生義品第二十品〉本品敘述與本尊相應之相，行者身上具甚麼相，與何本尊相應，修持何種法。

延伸閱讀

《大日經》：讓我們掌握總持一切密法的要義。

《金剛頂經》：能體悟大日如來成佛不可思議的修證境界。

《法華經》：體悟佛陀的實相智慧在法界中所顯現的不可思議境界。

61 佛說一切如來金剛三業最上祕密大教王經

Sarva-tathāgatakāyavāk-cittarahasyoguhyasamāja-nāma-mahākalpa-rāja-sūtra

簡名

《七卷教王經》、《金剛三業經》、《祕密大教王經》。

經名解釋

佛陀宣說凡夫之身、語、意煩惱三業自性，與如來身、語、意三祕密平等無二之理，所以稱為「佛說一切如來金剛三業最上祕密大教王經」。

版本

本經為密教無上瑜伽父怛特羅的代表經典《祕密集會怛特羅》之漢譯本，此《祕密集會怛特羅》

在印度及西藏頗為流行，但在漢地幾乎不受注意，完全沒有註釋書出現。因此，可以說此書在西藏及漢地的流布過程，是極為兩極化的。

各種版本說明：與本經屬同一流派的諸經有《無上等最上瑜伽大教王經》、《一切祕密最上名義大教王儀軌》、《一切如來大祕密王未曾有最上微妙大曼拏羅經》、《瑜伽大教王經》、《幻化網大瑜伽教十忿怒明王大明觀想儀軌經》、《大悲空智金剛大教王儀軌經》等。

通用版本：本經為宋．施護所譯，全文共七卷，收於《大正藏》第十八冊（T18, No. 885）。

簡介

本經內容敘述無上瑜伽部教法。

本經所說眾生身、語、心三業，與如來相應而出生一切法，彰顯中觀第一義諦。而如來的身、語、意三密（三祕密）皆住於眾生的菩提心中。此菩提心是為無性、無所得。

全經結構

本經屬於金剛乘所說的事部、行部、瑜伽部、無上瑜伽部等四部密續中的無上瑜伽部。內容包含自〈安住一切如來三摩地大曼拏羅分〉至〈宣說一切祕密行金剛加持分〉之十八分。

關於本經說法處在《金剛頂經瑜伽十八會指歸》中記載：「第十五會名祕密集會瑜伽，於祕密處說，所謂喻師婆伽處說，號般若波羅蜜宮。此中說教法、壇、印契、真言、住禁戒似如世間貪染相應語，會中除蓋障菩薩等，從座起禮佛白言：『世尊大人不應出麤言雜染相應語。』佛言：『汝等清淨相應語，有何相狀？我之此語，加持文字，應化緣方便語，引入佛道，亦無相狀，成大利益，汝等不應生疑。』從此廣說三摩地，諸菩薩各說四種曼荼羅四印。」其中，說法處稱為喻師婆伽處，或祕密處。

曇寂解釋《大悲空智金剛大教王經》：「大悲為定，以蓮花喻之，空智為慧，以金剛喻之；所謂祕密，即定慧、金剛二者相合，世尊說祕密法，住此喻施婆倪，入於三摩地。」

又，《般若波羅蜜多理趣釋》卷下觀自在菩薩之段中言：「以自金剛與彼蓮華，二禮（體）和合成為定慧，是故瑜伽廣品中，密意說二根交會五塵成大佛事。以此三摩地奉獻一切如來。亦能從妄心所起雜染速滅，疾證本性清淨法門。」二根交會，代表貪染相應，或是代表定慧不二，即是祕密。依此得成大佛事，住此三摩地，能滅由妄心所生起的一切雜染，開發本性清淨的佛心，是成就金剛薩埵身，此大佛事，乃現法樂住則定慧二根相合所生之妙樂，稱金剛薩埵大貪染三昧。

本經建立金剛部、寶部、蓮華部、三昧部、佛部之五部：「五部是為甚深之祕密法門，是即為五種祕密之解脫成就。」金剛部主為阿閦金剛如來，坐於大毘盧遮那金剛如來之東方。寶部主為寶生金剛如來，坐於毘盧遮那南方。蓮花部主為無量壽金剛如來，坐於毘盧遮那西方。三昧部主為不空成就金剛如來，坐於毘盧遮那北方。佛部主為大毘盧遮那金剛如來，坐於中央。此即五部主尊。

本經所說眾生身、語、心三業，與如來相應而出生一切法，彰顯中觀第一義諦。而如來的身、語、意三密（三祕密）皆住於眾生的菩提心中。此菩提心是為無性、無所得。

延伸閱讀

《大日經》：讓我們完整理解密法的要義。

《金剛頂經》：大日如來體證大覺境界中，所顯現的一切偉大的教授。

《華嚴經》：如來在法界實相的智慧中，所顯現的不可思議佛境。

62 佛母大孔雀明王經

Mahāmayūrī-vidyārājñī-sūtra

簡名

《孔雀明王經》、《佛母大孔雀明王經》、《大孔雀明王經》。

經名解釋

孔雀明王（梵名 Mahāmayūrī Vidyārājñī），音譯摩訶摩瑜利羅闍，為密法本尊之一，此尊能瞰食內外諸毒，對於護國、息災、祈雨、除病、安產等都極有效驗。

版本

佛世時，因為僧團中的比丘被毒蛇咬，阿難祈佛救護，而宣說本經，這是孔雀明王咒出現的開始。

各種版本說明：本經有五種異譯本：

《孔雀王經》，為梁．僧伽婆羅所譯。

《佛說大孔雀王經》，為唐．義淨所譯。

《大金色孔雀王經》，譯者人名已佚失。

《佛說大金色孔雀王經》，譯者人名已佚失。

《孔雀王經》，為姚秦．鳩摩羅什所譯。

以上五種異譯本皆收於《大正藏》第十九冊。

本經註疏有《孔雀經音義》，為日僧觀靜所撰。

通用版本：本經為唐．不空所譯，全文共三卷，收於《大正藏》第冊（T19, No. 982）。

簡介

本經敘述佛陀安住在祇園精舍時，有一比丘被毒蛇咬傷暈厥，佛陀教阿難持誦《孔雀明王經》救護的因緣。佛陀並宣說孔雀明王咒的威力，是孔雀明王及其陀羅尼為世人所知的開始。

孔雀明王的法門，對於護國、息災、祈雨、除病延壽、安產等世間利益，都極有效驗。當然最重要的，還是以此尊作為出世間修行的依怙，祛除自心中貪、瞋、癡、慢、疑等各種煩惱毒害，使自身能圓滿智慧、慈悲的菩提，速成無上的佛果。

全經結構

卷首序文有讀誦佛母大孔雀明王經前啟請法。

卷中說住在諸國諸城的藥叉，皆護持佛法，懷慈心，彼等亦以佛母大孔雀明王之真言，常擁護持誦者，攝受饒益之，使得安穩，所有厄難，皆悉消除。或刀杖損傷、或中毒、王賊、水火逼惱，或天龍諸鬼等害，悉皆遠離。經中說：「此佛母大孔雀明王才憶念者，能除恐怖、怨敵、一切厄難，何況具足讀誦受持，必獲安樂。」

修持孔雀明王經之「孔雀明王法」，有止雨、祈雨、消災等功效。經中說：「如果天旱時及雨澇時，讀誦此經，諸龍歡喜；若滯雨即晴，若亢旱必雨，令彼求者隨意滿足。」

本經下卷說，不止於此世，過去七佛也都以佛母明王真言守護行者。其他河神、山神、諸星宿、諸大仙，皆以佛母大孔雀明王守護眾生及諸眷屬，遠離一切毒害，長命百歲。

孔雀明王能噉食內外諸毒。密教修法中，有為息災而以孔雀明王為本尊而修者，稱為「孔雀明王經法」，又稱「孔雀經法」，為密教四大法之一，也是依據本經而修之法。

延伸閱讀

《千手千眼觀世音菩薩廣大圓滿無礙大悲心陀羅尼經》：彰顯菩薩深證大悲智慧所顯示的不可思議

威德與教法。

《海龍王經》：顯示一切眾生皆具佛性，並能成就廣大佛法實證的妙義。

《大日經》：能夠深化一切密法修證及得到圓滿境界。

63 梵網經

Brahmajāla-sūtra（巴利）

簡名

《梵網經》，又稱為《梵網經菩薩心地品》、《梵網戒品》。

經名解釋

本經經名以大梵天王的因陀羅寶網為譬喻，其光明顯耀重重交錯，無相障閡，而諸佛的教法也是如此重重無盡，莊嚴法身無所障閡，代表此經所詮釋之法門重重無盡，譬如梵王之寶網，所以稱為《梵網經》。

版本

本經的傳播，向來都重視下卷說菩薩戒相部分。相傳梁・慧皎曾撰《梵網戒義疏》，似乎本經在梁代即已流行。到了隋代，智顗為了令學人易於了解受持，特提出講說弘揚，有《菩薩戒義疏》傳世，於是本經在大乘律裏開始受到重視，影響於後世，使它成了中國漢地傳授大乘戒主要的典據，且為諸宗同所通用。唐代且由漢文譯成藏文（略稱《法大母經》），現存藏文大藏經《甘珠爾》內。

至於經末「明人忍慧強」偈頌，說持如是法獲五種利，與《菩薩地持經》〈戒品〉末後所說依戒得五種福利相契。特別是本經強調「孝名為戒」，宣揚「孝順父母三寶師僧、孝順至道之法」，很適合於中國封建社會的倫理思想，而有利於本經在當時社會的傳播。因之此經在中國佛教界流傳甚盛，宋、元以後漢族各宗出家比丘受菩薩戒多依此經的菩薩戒本。

本經廣本的卷數，有諸多不同的說法。根據僧肇《梵網經序》所記載，廣本有六十一品百二十卷，此經為第十品。

古來本經多盛行下卷，稱之為《梵網菩薩戒經》、《菩薩戒本》、《多羅戒本》、《菩薩波羅提木叉經》、《梵網經盧舍那佛說菩薩十重四十八輕戒》。本經有許多註釋書，如：隋・智顗的《菩薩戒義疏》二卷、唐・明曠刪補的《天台菩薩戒疏》三卷、唐・法藏所撰《梵網經菩薩戒本疏》六卷、新羅義寂所述《菩薩戒本疏》三卷等。

通用版本：本經為姚秦・鳩摩羅什所所譯，全文共二卷，收於《大正藏》第二十四冊（T24, No.

1484）。

簡介

本經內容敘述菩薩修道的階位及應受持之十重四十八輕的戒相。

本經與《菩薩瓔珞本業經》及《菩薩地持經》，並稱為大乘戒三大聖典。此外，本經另有禁止食肉、食五辛、名利私欲，以及勸放生、行善供養等日常行儀的規定，對後世的影響很大。《菩薩地持經》的瑜伽戒是含有小乘戒律的大乘戒（通三戒），而《梵網經》則是大乘獨有的戒，因此頗受中國、日本佛教重視。講說頻繁，註疏亦多。

全經結構

本經內容，上下兩卷分說菩薩修道階位和菩薩重輕戒相。

上卷說釋迦牟尼佛問盧舍那佛，一切眾生以何因緣得成菩薩十地之道？及所得果是何等相？盧舍那佛為說菩薩修道階位四十法門。初說堅信忍中捨心、戒心、忍心、進心、定心、慧心、願心、護心、喜心、頂心等十種發趣心向果；次說堅法忍中慈心、悲心、喜心、捨心、施心、好語心、益心、同心、定心、慧心等十種長養心向果；次說堅修忍中信心、念心、回向心、達心、直心、不退心、大乘心、無相心、慧心、不壞心等十種金剛心向果；最後說堅聖忍中體性平等地、善慧地、光明地、爾焰地、慧照地、華光地、滿足地、佛吼地、華嚴地、入佛界地等十種地向果。

下卷敘釋迦牟尼佛受教已，示現降生、出家、成道，十處說法，並說無量世界猶如網孔，一一世界各各不同，佛教門亦復如是，以此說明經題取喻梵網之義。

次於菩提樹下，複述盧舍那佛初發心時常所誦的一切佛大乘戒——菩薩十波羅提木叉及四十八輕戒相。十波羅提木叉即菩薩十重戒，順次為：（一）殺戒，（二）盜戒，（三）淫戒，（四）妄語戒，（五）酤酒戒，（六）說四眾過戒，（七）自讚毀他戒，（八）慳惜財法戒，（九）瞋不受悔戒，（十）毀謗三寶戒。四十八輕戒依經文逐段解釋，分為五聚。

此經被視為大乘律的第一經典，特別是下卷所說的大乘戒。《梵網經》所說的戒，稱為梵網戒。其特性是，並無在家與出家的區別，而以開發自己的佛性為目的。因此，此種戒亦可謂為「佛性戒」。即以勸人孝順父母、師僧、三寶等及重慈悲，說「眾生受佛戒即入諸佛位」，以及立於佛子的自覺而行菩薩道等為主。

又，本經除了提到十重、四十八輕戒的大乘戒戒相之外，也論及受戒的作法、大乘菩薩的集會作法等，為一完整的戒經。十重（十波羅夷）就是十波羅夷罪。即：殺生、劫盜、無慈行欲、妄語、酤酒、談他過失、自讚毀他、慳生毀辱、瞋不受謝、毀謗三寶等十條。四十八輕戒是不敬師長、飲酒、食肉、食五辛、不舉教懺、住不請等。

延伸閱讀

《優婆塞戒經》：讓我們了悟在家修行人的一切清淨行為的根本，而圓滿佛法。

《菩薩瓔珞本願經》：修菩薩行者能了解自己，在清淨的戒行中所成就的殊勝行業，並圓滿成就。

《維摩詰菩薩所說經》：展示菩薩行者在人間所示現的微妙勝行。

64 菩薩地持經
Bodhisattva-bhūmi-sūtra

簡名

《菩薩地經》、《菩薩地持論》、《菩薩戒經》、《地持經》、《地持論》。

經名解釋

在本經中說，「持」是指菩薩自種性初發心，以及一切菩提分法。菩薩從初發心開始，修行六度萬行。由於本經是《瑜伽師地論》〈本地分〉中「菩薩地」的異譯，因此稱為「菩薩地持經」。

版本

通用版本：本經為北涼．曇無讖所譯，全文共十卷（或八卷），收於《大正藏》第三十冊（T30, No.

1581）。

簡介

本經是《瑜伽師地論》〈本地分〉中「菩薩地」的異譯。

本經敘述大乘菩薩修行之方便，內容分初方便處、次法方便處、畢竟方便處三部分。因收有大乘戒，故本經古來即倍受重視。本經與《梵網經》、《菩薩瓔珞本業經》，並稱為大乘戒的三大聖典。

大乘戒最初沒有具體的戒相，本經開始具體的以三聚淨戒來含括大乘菩薩戒：（一）律儀戒，（二）攝善法戒，（三）攝眾生戒。

大乘戒法從精神層面開始產生更具體的戒相。

全經結構

本經敘述菩薩修行之方便，全文分初方便處、次法方便處、畢竟方便處三部分，共二十七品。總說菩薩道有持、相、翼、淨心、住、生、攝、地、行、安立等十法。

經中說：「持戒者，心不悔恨，常得歡喜。乃至心定諸自利事，是名自攝；普施眾生一切無畏，是名攝他。」所以持戒是自利利他的大乘法門。

菩薩戒是指大乘佛教菩薩道中菩薩修行者遵守的戒律，又稱為：大乘戒、佛性戒。菩薩戒本最初並沒有特殊的戒相，《法華經》〈安樂行品〉所舉的不親近國王、王子、外道、梵志、凶戲、相撲等十項「不親近處」，可說是大乘菩薩的最初戒相，但當時尚有菩薩戒的名稱。直到《涅槃經》〈師子吼品〉開始把戒律分為聲聞戒和菩薩戒。它說：從初發心乃至得成阿耨多羅三藐三菩提的名為菩薩戒，若觀白骨乃至證得阿羅漢果的名為聲聞戒。這只是從志願和行果的淺深而區別聲聞戒和菩薩戒而已。

漢譯佛經中，最初提到三聚淨戒的類別，並說明其內容的是《菩薩瓔珞本業經》，在〈大眾受學品第七〉說，一切戒的根本是三受門，即攝善法戒，所謂八萬四千法門。攝眾生戒，所謂慈悲喜捨化及一切眾生皆得安樂。攝律儀戒，所謂十波羅夷。

其次說及三聚淨戒的即是《菩薩地持經》。本經中具體地說，一切戒有三種：（一）律儀戒，（二）攝善法戒，（三）攝眾生戒。律儀戒是七眾所受的戒，七眾就是比丘、比丘尼、式叉摩那、沙彌、沙彌尼、優婆塞、優婆夷。攝善法戒是菩薩所受的律儀戒，即上修菩提的一切身口意的善法。攝眾生戒，略說有十一種，即為眾生作饒益事、看病、說法、報恩、救護、勸慰、施予等。

「三聚淨戒」是總括大乘菩薩一切戒律的三個分類，簡說如下：

（一）攝律儀戒：又作自性戒、一切菩薩戒。乃捨斷一切諸惡，涵攝諸律儀的止惡門。為七眾所受持的戒法，隨其在家、出家之異而分別有五戒、八戒、十戒、具足戒等戒條；亦可總歸為別解脫戒、定共戒、道共戒三種。又此戒為法身之因，以法身本自清淨，由於惡覆，因此不能得顯；現在離斷諸惡，則功成德現。

（二）攝善法戒：又作受善法戒、攝持一切菩提道戒，也就是修習一切善法。此戒為修善門，為菩薩所修持的律儀戒，以修身、口、意之善回向無上菩提，例如：常勤精進、供養三寶、心不放逸、守攝根門及行六波羅蜜等，若犯過，則如法懺除，長養諸善法。此即報身之因，以止惡修善成就報身佛的因緣。

（三）攝眾生戒：又作饒益有情戒、作眾生益戒，即是以慈心攝受利益一切眾生，此為利益眾生之門。

以上的此三聚淨戒，是大乘行者不論出家、在家通行的淨戒，而然大乘僧眾始受攝律儀戒，即受二百五十戒，此謂別受；後再總受三聚淨戒，稱為通受。

延伸閱讀

《菩薩瓔珞本願經》：幫助一切菩薩行者，從深刻地了悟自己的心性與圓滿的戒行而成就菩薩行。

《梵網經》：一切戒法中清淨而生，體證從心到一切菩薩行業的核心修證因緣。

《解深密經》：幫助修行人了解從清淨的心性到發心，到圓滿成佛的智慧修證過程。

65 十善業道經
Sāgara-nāga-rāja-paripṛcchā-sūtra

經名解釋

「十善業」又稱「十善道」，是指佛法中十種善行，也是最基本的修行，能守護自身及他人不生煩惱，能斷除一切痛苦，遠離惡道，開啟人天善道。

版本

各種版本說明：本經為《海龍王經》中〈十德六度品〉的抄譯本。

本經有一重譯本為北宋・施護所譯，名為《佛為娑伽羅龍王所說大乘經》，實為西晉・竺法護所譯的《海龍王經》第十一品《十德六度》的異譯本。

此外，清・蕅益大師編有《十善業道經節要》一書，略解本經所說十善業與十惡業，及其果報。

通用版本：本經為唐・實叉難陀所譯，全文共一卷，收於《大正藏》第十五冊（T15, No. 600）。

簡介

本經敘述佛陀在龍宮，為娑伽羅龍王宣說修行十善業的功德。五戒、十善，是皈依三寶的佛弟子基本的修行。五戒能防止過惡，十善則有更積極的揚善意義。十善業總攝世間善行，是守護我們死後不墮惡趣，往生天道的條件。本經敘述永離十惡而修行十善者的無量功德。

全經結構

本經敘述佛陀在娑竭羅龍宮，為龍王所宣說的十善業道因果。若能永離殺生、偷盜、邪行、妄語、兩舌、惡口、綺語、貪欲、瞋恚、邪見等十種惡業，而修習十善者，可得到無量功德，乃至能令十力、四無畏、十八不共法等一切佛法皆得圓滿。譬如一切城邑聚落，皆依止大地而得安住，一切藥草卉木叢林，亦皆依大地而得生長。此十善業亦復如是，一切諸法、菩薩行皆依此十善大地而得成就。

經中指出，諸佛菩薩有一個勝妙的法門，能斷除一切痛苦，遠離惡道。這個方法就是修行十善業道，即從行為上遠離殺生、偷盜、邪淫；從語言上遠離妄語（說謊）、兩舌（挑唆）、惡口（語言粗俗）、綺語（花言巧語）；從思想上遠離貪欲、瞋恚、愚癡。離此十種惡業，就稱之為十善。無論大乘佛教還是部派佛教，都視十善業是佛法修行的最基本方法。

十善業，又稱為十善行、十善、十善業道、十白業道，是佛教中的十種善行，主要是以三種身業（不殺生、不偷盜、不邪淫）、四種語業（不妄語、不惡口、不兩舌、不綺語）及三種意業（不貪欲、不瞋恚、不邪見）所組成。

十善業道所含十支的意義是：不殺生，指不殺害其他眾生的生命。不偷盜，指不侵占奪取他人的財物。不邪淫，指不與配偶之外的人行淫。不妄語，指不講虛誑騙人的話。不惡口，指不說粗暴及使人不悅的話。不兩舌，指不說離間他人的話。不綺語，指不說出於散亂心的雜穢語。不貪欲，指對他人的財物資用不生貪心，不願不求。不瞋恚，指對眾生永捨瞋恨、怨害、熱惱，常思順行、仁慈。不邪見，指心住正見，了解事物不誑不曲。

本經敘述永離十惡而修行十善者，有如下的功德：離殺生者成就十離惱法，離偷盜者得十種可保信法，離邪行者得四種智所讚法，離妄語者得八種天所讚法，離兩舌者得五種不可壞法，離惡口者成就八種淨業，離綺語者成就三種決定，離貪欲者成就五種自在，離瞋恚者得八種喜悅心法，離邪見者得成就十功德法。

五戒、十善，是皈依三寶的佛弟子基本的修行。五戒能防止過惡，十善則有更積極的揚善意義。十善業總攝世間善行，是守護我們死後不墮惡趣，往生天道的條件。如《雜阿含經》卷三十七說：「十善業跡因緣故，身壞命終得生天上。」《中阿含經》卷三〈伽彌尼經〉說：「此十善業道，白有白報，自然升上，必至善處。」

大乘佛法則將十善的意義更加昇華，提出了「十善為總相戒，攝一切戒」的說法。如《大智度論》卷四十六說：「十善為總相戒，別相有無量戒。（中略）說十善道則攝一切戒。」因此，大乘佛教除了認為十善是世間善行的總稱外，並進而將十善視為出世間善行的基礎，如新譯《華嚴經》卷三十五云：

「十善業道是人天乃至有頂處受生因。又此上品十善業道，以智慧修習；（中略）從他聞聲而解了故，成聲聞乘。又此上品十善業道，修治清淨，不從他教，自覺悟故，（中略）成獨覺乘。又此上品十善業道，修治清淨，心廣無量故、具足悲愍故、方便所攝故、發生大願故、不捨眾生故、希求諸佛大智故、淨治菩薩諸地故、淨修一切諸度故，成菩薩廣大行。又此上上十善業道，一切種清淨故，乃至證十力四無畏故，一切佛法皆得成就。」若能受持究竟的十善業道，不但能成證聲聞、緣覺聖者之流，進而能成證菩薩道，最終圓滿佛果。

延伸閱讀

《優婆塞戒經》：了解佛法修行者的一切身心根本，來完成佛法的修行。

《菩薩瓔珞本願經》：體悟菩薩修行的一切根本要義與戒行。

《圓覺經》：體悟修行人依據大乘圓覺深法來自覺與教化眾生的過程。

66 地藏十輪經

Daśacakra-kṣitigarbha-sūtra

簡名

《地藏十輪經》。

經名解釋

本經敘述佛陀依地藏菩薩啟問，由本願力成就十種佛輪，能破除末世之十惡輪。十輪者也就是佛陀的十力，一一力譬如轉輪聖王，因此本經稱為「地藏十輪經」。

版本

各種版本說明：本經的異譯本，為《大方廣十輪經》，全文共八卷，分為十五品，文中缺略之處不少。

三階教典籍中有《十輪依義名》二卷與《十輪略抄》一卷。《釋淨土群疑論探要記》卷六所述，三階師有《十輪鈔》之著述。

通用版本：本經為唐・玄奘所譯，全文共十卷，收於《大正藏》第十三冊（T13, No. 411）。

簡介

本經為佛陀在佉羅帝耶山諸牟尼仙所依住處所宣說，內容為讚嘆地藏菩薩的功德，並敘述如來依地藏菩薩之啟問，而由本願力成就十種佛輪，能破除末世之十惡輪。

隋代信行所提倡的「普佛普法」之三階教義，主要即是根據涼譯本而立論。信行所著《三階佛法》四卷中，共引證涼譯百二十次之多。唐譯本譯出後也被廣為引用，以致有地藏教之稱。

本經所揭示「十種王輪」之說，可能與後世地藏十王信仰有關。《占察善惡業報經》卷上所載「木輪占察法」，應該也是衍生自本經的「十輪說」。

全經結構

地藏菩薩（梵名 Kṣitigarbha）是在六道中示現，於未來際中救度無量苦難眾生，使之得到解脫安樂的菩薩。他更以「地獄不空，誓不成佛」的大願，廣為世人所熟知。也是佛教徒超荐先靈時，作為主尊的大菩薩。

地藏菩薩往昔在忉利天時曾受到釋迦牟尼佛的囑咐，每日晨朝之時，必須入如恆河沙般眾多的三昧禪定，以觀察眾生的機緣，而予以救度。並在釋迦牟尼佛滅度之後，彌勒佛未來之際，二佛之間的無佛世界中，救度教化所有的眾生；所以他更是現前我們世間的大恩依怙。

本經說地藏菩薩名號的來由為：「安忍不動猶如大地，靜慮深祕猶如祕藏。」所以尊名為地藏。而在密教中其密號為「悲願金剛」或「與願金剛」，表現了他如大地之厚載，安住法性，深祕不住六道，而廣度眾生的特德。

本經共有序、十輪、無依行、有依行、懺悔、善業道、福田相、獲益囑累等八品，分別簡介如下：

〈序品第一〉佛在佉羅帝耶山宣說《月藏經》完畢時，南方大香雲、大花雲等來雨下各種供養，演出種種百千微妙大法音聲。爾時與會之大比丘眾、大聲聞僧、菩薩摩訶薩眾等，各自見兩手掌中持如意珠。從此一一如意珠中放諸光明。因光明咒，一一有情皆見十方殑伽沙等諸佛世界。佛為無垢生天帝釋廣說讚嘆地藏菩薩之功德。當時，地藏菩薩與諸眷屬以神通力現聲聞相，從南方來，恭敬頂禮世尊雙足。佛陀又為好疑問菩薩廣說地藏菩薩殊勝特德。

〈十輪品第二〉佛陀應地藏菩薩之啟問，宣說如來由本願力成就十種佛輪，得降諸天魔外道之邪論，摧滅一切諸眾生類堅如金剛相續煩惱。隨其所樂，安置一切有力眾生。令住三乘不退轉位。又以剎帝利種灌頂大王之十種王輪為喻，為會眾開示。

〈無依行品第三〉佛陀為天藏大梵說二種之十無依行法。又說，即使是破戒諸惡比丘，猶能示導一切天、龍、人、非人等。能使諸有情目睹其形相，而生起十種殊勝思惟。所以不得非法加害。佛陀又告訴地藏菩薩，末世有十種惡輪，帝王旃荼羅、宰官旃荼羅等，與破戒惡行比丘互為朋黨。對清淨比丘不能生起真實的信心及希有之想，心中無有恭敬，意懷凌懱百般惱害。地藏菩薩也誓願救拔這些旃荼羅者，遠離十種惡輪，增長十種正法，使這些人不致墮入地獄。

〈有依行品第四〉佛陀回答金剛藏菩薩之問。當時，佛陀勸會眾供養破戒比丘，但金剛藏菩薩卻不以為然，以為彼等並非佛子，不堪消受供養。佛則以為彼等猶現諸佛法幢相，故不得辱害。佛復說三乘法皆為如來度生之方便，故雖修行大乘，亦不得廢棄其餘二乘。佛又說二種十有依行，並教示大乘之無塵垢行輪、無取行輪。

〈懺悔品第五〉與會之大眾中，有無量眾生曾誤聞法要，對空生起錯謬的見解，說一切都無因果，斷滅善根，往諸惡趣。聽聞佛陀宣說此經，才還得正見，深生慚愧，至誠懺悔。佛陀乃為其說十種法，務使一切菩薩等獲得無罪正路。

〈善業道品第六〉佛陀回答金剛藏菩薩啟問，以十善業道即為菩薩之十輪，其為其廣說修十善業道的因果和利益。

〈福田相品第七〉佛陀說菩薩有十種財施、十種法施、淨戒、安忍、精進、靜慮、般若、善巧方便、大慈等大甲冑輪，能普為一切聲聞、獨覺作大福田。

〈獲益囑累品第八〉佛說如是大法門時，大眾各蒙無量法益。佛又以地藏十輪大記法門付囑虛空藏菩薩，使其受持，廣令流布。

延伸閱讀

《地藏菩薩本願經》：透過了解地藏菩薩一切修行的本願，依此更完整地體悟地藏菩薩的勝行。

《虛空藏菩薩經》：從虛空藏菩薩的廣大境界中，更了解一切菩薩的心性與修證所具足的無盡寶藏。

《悲華經》：了解佛陀從發願到修行、廣度眾生到圓滿成就的過程，來總持一切佛法的圓滿。

67 入定不定印經

Niyatāniyatāvatāra-mudrā-sūtra

經名解釋

本經由妙吉祥祈請佛陀宣說「入定不定印法門」，而能以此法印判斷哪些人是不定菩薩，在修道的過程中會退轉；哪些人是決定菩薩，在修道的過程中不會退轉，能疾速成佛。佛陀依五種行來譬喻宣說。因此本經名為《入定不定印經》。

版本

各種版本說明：本經有另一種異譯本：《不必定入定入印經》，由元魏．般若流支所譯。

通用版本：經為唐．義淨所譯，全文共一卷，收於《大正藏》第十五冊（T15, No. 646）。

簡介

本經敘述佛陀於王舍城耆闍崛山時，妙吉祥菩薩啟問菩薩之退行與不退行。佛陀分別以羊車行、象車行、日月神通行、聲聞神力行，及如來神力行來譬喻說明，五種菩薩的根性，哪些是會退轉的，哪些是決定不退的。並敘明原因，教導大眾應如何修行而能不退轉，迅疾成佛。

龍樹菩薩依於此經，在《大智度論》中說，菩薩的根性有利、鈍之分，有的人發心後久久修行，始證得無生忍，有的人初發心即得無生法忍，廣化眾生的，甚至有一發心即得無生法忍，現生成佛的。這種思想，即是出於《入定不定印經》。依止於本經，後世產生了「利根、鈍根」，「頓悟、漸悟」的思想，在中國佛教中產生了重大的影響，尤其是鳩摩羅什的弟子道生（三五五—四三四），主張頓悟成佛，之後，有關覺悟的頓漸，即成為佛教界所關注與論辯的議題。

而在西藏佛教史上著名的「拉薩論諍」，即為北宗禪的法師摩訶衍與印度僧人蓮花戒所進行的一場「頓漸之諍」辯經。後來雖然因為政治因素，摩訶衍被迫離開拉薩回到瓜州（今敦煌），但是其所主張的「頓悟說」，實際上是具有本經《入定不定印經》及龍樹菩薩的思想作為強力的論據基礎。

全經結構

佛陀於王舍城鷲峰山中，與大比丘眾及妙吉祥菩薩、觀自在菩薩、大勢至菩薩等無數大菩薩共聚，妙吉祥菩薩祈請佛陀宣說「入定不定印法門」，而能以此法印判斷哪些人是不定菩薩，在修道的過程中會退轉；哪些人是決定菩薩，在修道的過程中不會退轉，能疾速成佛。

佛陀分別以羊車行、象車行、日月神力行、聲聞神力行、如來神力行，來說明菩薩五種行。並說前二種菩薩於求取佛道的過程中，是不決定的；而後三種菩薩於求取佛道的過程中，是得到決定不退的。

本經主要為佛陀分別解說五種菩薩類型及修行因緣。譬如要遠行的人，有的人乘羊而去，有的人乘象而去，有的人以神通而去者。乘羊的人很久很久才會到，乘大象的人稍微快一些，以神通前去的人則心念一發起就到了。為何會有這些差別？佛陀分別說明：

（一）羊車行菩薩

有的菩薩初發心企求佛道，後來親近學習聲聞教法，智慧微劣而退失無上智慧之道。就像患有眼疾的人，原本經過治療，一個多月就能痊癒，但是怨家就又偷偷在他眼裡撒細末，讓他眼睛又壞了，無法看見。就像菩薩先前雖然修學菩提之心慧根慧眼，但是由於受持聲聞教法的緣故，而使根性變鈍了。

這樣的菩薩，如同乘羊車要前往遠地，經過了長久無量阿僧祇劫的修行，有的成證佛果，有的尚無法成就。因為他的先世福德因緣淺薄，又加上鈍根，發心不堅固，如同乘羊者要前往遠地，要很久很久才能到。

（二）象車行菩薩

有菩薩往世鮮少有福德利根，因為發心的緣故，漸漸行六度波羅蜜，但是過程中又學習聲聞乘的教法而退失大乘心。就像一根巨大的木頭，漂流在大海中，但是被空行夜叉鬼神眾用大鐵鍊牽制住，完全無法發揮利益眾生的作用，就像菩薩修習聲聞乘法，從一切智的大海被牽制住，無法在一切智的大海中，救度有情出脫生死海。

這樣的菩薩，如同乘象車、乘馬車，比乘羊車者快一些抵達目的地。可能經過三大阿僧祇劫，或是十、百阿僧祇劫，得證無上正等正覺佛果。

以神通前往目的地者，心念才發起就抵達了，是羊車和象車的速度無法比擬的。而神通行的菩薩，依力勢不同，又可分為日月神力行、聲聞神力行，及如來神力行三種類型：

（三）日月神力行菩薩

發心希求無上正等正覺，不受學聲聞教法，也不教他人讀誦思惟聲聞乘教。恆常思惟、讀誦、演說大乘教法。這樣的人能成就日月神力行菩薩。

（四）聲聞神力行菩薩

如果有菩薩，發心趣向大乘，除了不受學聲聞乘教法外，恆常讀誦、攝受大乘，對未曾聽聞的大乘經典常樂希求，對說法者生起恭敬心，生起大師想，對於未學的菩薩也生起恭敬心，常樂修行慈、悲、喜、捨四無量心，這樣的人能夠成就聲聞神力行菩薩。

（五）如來神力行菩薩

如果有菩薩摩訶薩，對一切有情周遍生起大慈心，發願為一切無依無怙、無歸無趣、無救護者做救護者，這樣的菩薩即能成就如來神力行菩薩。這樣的菩薩譬如年少力壯的金翅鳥王，具有大勢力，能隨心意飛上妙高山頂。如來神力行菩薩也是如此，具足廣大善根勇疾之力，隨意能趣入佛會中出生，能給予惡趣有情而作救護。

龍樹菩薩在《大智度論》中，分別將以上這五種類型的菩薩，綜攝為鈍根、中根、利根三種類型的菩薩，分別為三種發心：一者、罪多福少（鈍根），二者、福多罪少（中根），三者、行清淨福德（利根）。

而行清淨福德利根者又分二種：一者、初發心時，即得菩薩道；二者、發心之後，供養十方諸佛，通達菩薩道故，入菩薩位，即證阿鞞跋致不退轉地。此外，龍樹菩薩在《大智度論》中又說：「次後菩薩，大厭世間，世世已來，常好真實，惡於欺誑。是菩薩亦利根、堅心，久集無量福德、智慧。初發心時，便得阿耨多羅三藐三菩提，即轉法輪，度無量眾生。」也就是經中所說的如來神力行菩薩。

延伸閱讀

《諸法無行經》：能夠甚深地了解在體悟般若空性之後，佛陀與菩薩眾所顯現的微妙勝行。

《悲華經》：了悟佛陀從發心到修行，開悟教化眾生、圓滿成佛的過程，讓我們能夠依止而圓滿成就。

《首楞嚴三昧經》：能深刻體悟各種根器，從利根、中根到鈍根菩薩的修行狀況，乃至被授記成佛的甚深三昧修行。

68 不退轉法輪經

Avaivartikacakra-sūtra

簡名

《不退轉經》。

經名解釋

本經為文殊菩薩請佛宣說不退之法輪，所以名為「不退轉法輪經」。

版本

各種版本說明：本經有二種同本異譯：

（一）《阿惟越致遮經》，西晉．竺法護所譯。

（二）《廣博嚴淨不退轉法輪經》，劉宋．智嚴所譯。

通用版本：本經譯者名已佚失，全文共四卷，收於《大正藏》第九冊（T09, No. 267）。

簡介

本經敘述文殊師利以神通力與舍利弗同到十方世界供養諸佛，並聚集一切菩薩還至祇園，請佛陀轉不退之法輪。佛陀因而宣說羅漢成就五逆、滿足五欲、遠離正見等之密語，使與會大眾驚疑，文殊菩薩乃加以闡釋。此外，另有菩薩之密語、佛之解釋、菩薩之讚偈等。

本經的主要重點為四聖諦、八正道、十二緣起等教法，聲聞、緣覺二乘、阿羅漢四果等聲聞乘的教理行果，而以大乘佛法的立場詮釋，以融合大小兩乘，加以圓融統攝，形成本經的特色。

全經結構

本經各品簡介如下：

〈序品第一〉為本經序分，文殊菩薩以神通力與舍利弗同到十方世界供養諸佛，又返回祇園精舍，啟請佛陀宣說不退轉法轉的大法輪。

〈信行品第二〉開始是本經的「正宗分」，談「信行」和「法行」、「信施」和「法施」。

〈聲聞辟支佛品第三〉宣說聲聞的四果（即須陀洹、斯陀含、阿那含、阿羅漢）的真義，將之攝於大乘菩薩行中。

〈重釋二乘相品第四〉因前品已說聲聞四果，此品則宣說緣覺的行相——十二緣起。

〈除想品第五〉告誡弟子差別想及平等想中的惡平等為邪見，應遠離惡平等、惡差別之想，安住於正見。

〈降魔品第六〉本品開始是本經的流通分。本品敘說魔王波旬不僅無法擾亂本經，反而因本經得度。

〈受託品第七〉敘述自東方而來的「樂欲如來聲正住」、「樂欲世尊聲正住」、「樂欲佛聲正住」三菩薩的受託，以及諸菩薩的讚嘆。

〈現見品第八〉說受持讀誦解說此經者的功德，和誹謗者的罪過。

〈安養國品第九〉宣說名為師子的童女等五百童女，及五百長者天人等因受持讀誦此經，得到能自在變換男女性別等諸功德，以勸進本經的受持傳承。

延伸閱讀

《法華經》：能夠完整了解佛陀成佛的廣大願力與教法的究竟。

《無量義經》：以無量義三昧來成證佛陀圓滿的境界，體悟如來的甚深妙義。

《文殊般若經》：透過文殊菩薩最深刻的智慧，讓我們安住在不退轉的智慧。

69 六度集經
Ṣaṭpāramitāsaṃgraha-sūtra

簡名

《六度集》、《六度無極經》、《六度無極集》、《雜無極經》。

經名解釋

「六度」（Paramita），即六波羅蜜，指布施、持戒、忍辱、精進、禪定、般若（智慧）等六種菩薩的修行法門。本經集錄佛陀往昔行六度萬行的本生故事，所以稱為「六度集經」。

版本

本經除佛陀之本生譚外，亦有彌勒菩薩之本生譚。經中之本生譚大部分可見於巴利本及其他漢譯本。又本經原典已散佚不傳，然據其內容骨幹推知，應成立於二世紀時。

各種版本說明：本經第一章中的〈普施商主本生〉及〈須大拏經〉分別相當於劉宋．求那跋陀羅所譯的《大意經》、西秦．聖堅所譯的《太子須大拏經》。

第二章中的〈太子墓魄經〉相當於題為東漢．安世高譯的《太子墓魄經》及西晉．竺法護所譯的《太子墓魄經》。〈頂生聖王經〉相當於宋．施護等所譯的《頂生王因緣經》。

第三章中的〈睒道士本生〉相當於西晉譯者佚名的《睒子經》及西晉．聖堅所譯的《睒子經》。

第四章中的〈修凡鹿王本生〉相當於題為吳．支謙所譯的《九色鹿經》。

又，本經共有九則與《雜寶藏經》的主題或題材內容相似，且《雜寶藏經》中的本生故事多與《六度集經》有關。另外，本經共有八則與《賢愚經》的主題或題材內容相似。

在《出三藏記集》卷二〈新集經論錄〉中，竺法護所譯的《摩調王經》，卷三〈安公古異經錄〉中的《彌連經》，〈安公失譯經錄〉中的《薩和檀王經》、《蜜蜂王經》，卷四〈續撰失譯雜經錄〉中的《佛以三事笑經》等二十一經（其中十四經有本），均出自本經。

另有《法經錄》卷六〈西方諸賢所撰集．大乘抄集〉所載的《布施度無極經》等三十七經、《彥琮錄》卷三〈小乘別生抄〉所載的《布施度無極經》以下四十經、《開元釋教錄》卷十六〈支派別行錄．大乘別生經〉所載的《布施度無極經》等四十四經，也均抄自本經。

通用版本：本經為吳．康僧會所譯，全文共八卷，收於《大正藏》第三冊（T03,No.152）。

簡介

本經集錄佛陀在過去世菩薩生時之九十一則本生譚故事，依布施、持戒、忍辱、禪定、精進、智慧等菩薩的六波羅蜜行次第來分類。其特色在於闡揚菩薩行慈悲救苦、捨己利他的故事，為最早漢譯「本生經」的代表。

本經敘述佛陀在往昔本生中，無論是投生為人或動物，累生多世都不斷實踐布施、持戒、忍辱、精進、禪定、智慧六度萬行的故事，是菩薩行的典範。

本經以故事結集的型態呈現，有助於普羅大眾從故事中體會菩薩六度萬行的深義，特別具有教化人心的意義。

本經譯者康僧會三藏法師，原是康居國（今新疆北部）人，世居印度，出家後於三國吳赤烏十年（二四七）來到中國建業，後吳主孫權感其威神，誠心皈依，並為之建立建初寺，傳道譯經，這是佛教傳入中國南方的開始。

而佛教中廣為流傳「割肉餵鷹」、「捨身飼虎」、「九色鹿」等故事，皆出自於本經。本經也成為佛教藝術常見的創作題材，自古即有各種雕刻繪畫變相，如敦煌石窟中存有的本生故事變相圖，多出自於本經。本經也是研究佛教初傳中國的宗教與社會思想之重要資料。

全經結構

本經全文共分八卷六章，簡介如下：

〈布施度無極章第一〉佛陀於王舍城靈鷲山上，為五百羅漢及千位菩薩，講說自身往昔行：布施、持戒、忍辱、精進、禪定、智慧等菩薩六度萬行，最後成證佛果的事跡。

本章中講述：菩薩、薩波達王、貧人、乾夷王、國王、仙歎理家、普施商王、長壽王及《波耶王經》、《波羅㮽國王經》、《薩和檀王經》、《須大拏經》、和默王本生、《四姓經》、維藍梵志、鹿王、鴿鳥、孔雀王、兔子、理家、沙門等二十六則本生因緣，說明布施波羅蜜。

〈戒度無極章第二〉本章講述佛陀本生為清信士、象王、鸚鵡王、法施太子、國王、凡夫、貧商人、貧道士、童子、兄獼猴、長者，及《太子墓魄經》、《彌蘭經》、《頂生聖王經》、《普明王經》等十五則本生因緣，說明持戒波羅蜜。

〈忍辱度無極章第三〉本章講述佛陀本生為菩薩、睒道士、羼提和梵志、童子、國王、獺猴、龍、難王、盤達龍王及《雀王經》、《之裸國經》、《六年守飢畢罪經》、《釋家畢罪經》等十三則本生因緣，說明忍辱波羅蜜。

〈精進度無極章第四〉本章講述佛陀本生為凡人、獼猴王、鹿王、修凡鹿王、驅耶馬王、魚王、龜王、鸚鵡王、鴿王及《蜜蜂王經》、《佛以三事笑經》、《小兒聞法即解經》、《殺身濟賈人經》、童子本生、《調達教人為惡經》、《殺龍濟一國經》、《彌勒為女人身經》、《女人求願經》、《然燈授決經》等十九則本生因緣，說明精進波羅蜜。

〈禪度無極章第五〉本章講述佛陀本生為比丘、菩薩、太子、佛之得禪、常悲菩薩、那賴梵志等八則本生因緣，說明禪波羅蜜。

〈明度無極章第六〉本章敘述佛陀須羅太子本生、《遮羅國王經》、《菩薩以明離鬼妻經》、《儒童授決經》、《阿離念彌經》、《鏡面王經》、《梵摩皇經》等九則因緣。

延伸閱讀

《佛本行集經》：完整了解佛陀從發心到修行，還有在人間的一切妙勝之行，讓我們有所依止而成就。

《法句經》：是顯示佛陀修行的深妙法句，讓我們依止來修證圓滿。

《悲華經》：了悟佛陀從發心修證，到圓滿教化十方世界，乃至對十方世界的諸佛菩薩的勸發成就，與體悟佛陀的偉大勝行。

70 文殊師利所說不思議佛境界經

Acintyabuddhaviṣayanirdeśa-sūtra

經名解釋

本經由文殊師利宣說佛陀境界之不可思議，因此名為《文殊師利所說不思議佛境界經》。

版本

各種版本說明：本經與《大寶積經》第三十五會〈善德天子會〉為同本異譯。

通用版本：本經為唐．菩提流志所譯，全文共二卷，收於《大正藏》第十二冊（T12, No. 340）。

簡介

本經敘述佛陀安止於舍衛城給孤獨園時，令文殊宣說佛的境界，闡明眾生與佛平等無二，超有為、無為，聖諦與俗諦的第一義諦。

本經所揭示的染淨不二，凡聖無別，煩惱即佛，以三乘為佛的方便等，由佛陀與文殊菩薩的對答，顯現第一義諦。

全經結構

本經敘述佛陀安止於舍衛城給孤獨園時，令文殊宣說佛的境界，文殊師利回答，佛境界是超越六境，無所入者雖非思量之境，但應於一切眾生煩惱中求，若能了知眾生煩惱空無自性，則為佛境界。諸佛煩惱的自性即佛境界的自性。一切凡夫起三毒處，即是佛所住，平等無二。

凡夫於空、無相、無願之法起煩惱；但應了知貪、瞋、癡三毒之性，實是平等，是為正住。如果認為安住於正道才是正住，這是不離有為者。聖人應超越有為、無為，聖法非聖法的有無對立。

接著，文殊菩薩和須菩提尊者之間，就境界的得否展開問答。文殊說，他決定住於一切諸地，是雖已入也非入。談到世間法，說世間法即五蘊，了知此五蘊是本空，即是出離世間。

其次，須菩提問諸比丘何所得，以何為證時，佛陀亦問諸比丘增上慢之義，比丘答已，佛陀讚嘆地說，聞此義者，將於彌勒之世發大乘意，得住於堪忍之地。

此時，善勝天子請問，於彌勒淨土兜率天是否有如此說法？文殊菩薩立即以神通化現兜率天宮。佛陀讚嘆其神通無量，為了使眾生得到廣大善利，便要求文殊展現其神通力。看見文殊的廣大神通力現前，惡魔也皈依此法，生起菩提心，唸佛法咒。文殊邀請善勝天子將前往兜率天，善勝天子便與無量諸天一同來到此天。文殊告知大眾：欲成就一切善法之行，應該持戒、修禪、般若、神通、智、調御、不放逸等。若安住於不放逸，則可獲得三種安樂、祛除三種染垢，可斷除行六波羅蜜時的三障，並得到圓滿六波羅蜜的三法。

其次，善勝天子詢問有關菩薩道的修行，文殊便針對此問題加以詳說。善勝天子提出想見一切功德明世界的請求，文殊便使用神通，使見到普賢如來的世界。又為由彼世界前來的諸菩薩大眾說法，然後自天宮隱沒，與彼世界的菩薩一同來到佛所。佛說，文殊使用變化神通是為了成就眾生，此已得深理，已於無量阿僧祇劫施作佛事，但為眾生，故生於世。最後佛陀付囑本經。

本經所揭示的染淨不二，凡聖無別，煩惱即佛，以三乘為佛的方便等，由佛陀與文殊菩薩的對答，顯現第一義諦。

延伸閱讀

《文殊般若經》：讓我們體悟文殊師利菩薩的深刻智慧。

《文殊支利普超三昧經》：透過此經更能體會文殊師利菩薩不可思議的甚深圓滿智慧。

《觀世音菩薩授記經》：讓我們體會透過大悲觀音印證文殊成佛境界。

71 文殊支利普超三昧經

Ajātaśatru-kaukṛtya-vinodana-sūtra

簡名

《普超三昧經》。

版本

各種版本說明：本經有三種異譯本：

《佛說阿闍世王經》，為後漢・支婁迦讖所譯。

《佛說未曾有正法經》，為宋・法天所譯。

《佛說放鉢經》，譯者人名已佚失。

通用版本：本經為西晉・竺法護所譯，全文共三卷，收於《大正藏》第十五冊（T15, No. 627）。

簡介

本經敘述佛陀於王舍城靈鷲山上，與大比丘眾及菩薩大士數萬人俱，隨所應度而為說法。四天王天、帝釋天及餘無數諸天龍八部皆來集會問法。此時文殊菩薩心木在山的彼處，與二十五菩薩講論法要，場景由此開啟。

本經由空觀的立場說明菩薩行無執著、無所學即是菩薩所學，以之闡明空觀的理論。

全經結構

本經全文分為十三品，以下講說各品大意：

〈正士品第一〉本品講述佛陀在王舍城靈鷲山上，與大比丘眾及菩薩數萬人共聚說法，而文殊菩薩則在此山的另一處，與二十五菩薩及兜率天四天子等諸正士，共議法要，如何與「大乘通慧相應」。

〈化佛品第二〉辯積菩薩提議大眾前往覲見如來，請問法要「菩薩大士當興何行？」，於是文殊菩薩化現為如來，回答：不行施、不行禁戒、不行忍辱、不行精進……不造身行、不造言行、心無念行。一切無行亦無因緣，是菩薩行。

〈舉鉢品第三〉由於法會中二百天子欲退大心，於是佛陀化作一人持百味飯食使獻佛，佛即置鉢於地下入地中，經過七十二江河沙等諸佛國土，直至光明如來國界才停下來懸在空中。佛陀遣諸弟子尋找佛鉢，舍利弗等五百大聲聞弟子窮盡神力，歷經八千佛國，都無法求見，最後，由文殊前往求鉢，而其身於道場不動，以手掌至諸佛土索鉢，尋得還獻回佛所。二百天子聞說諸菩薩於娑婆世界行難行道，遂發大心。

〈幼童品第四〉佛陀宣說久遠過去世時，不可計無央數劫前，有「一切達如來」，興出于世，當時三位幼童見佛而歡喜供養，三童一者發願成為如來座下智慧第一的聲聞弟子，一人發願成為如來座下神通第一的聲聞弟，另一人則發願成就圓滿如來。此三幼童即今之舍利弗、目犍連與佛陀。

〈無吾我品第五〉爾時世尊說三幼童本生因緣後，阿闍世王乘駟馬，統帥四部兵象車步騎，前來詣見佛陀問法：「眾生所住，何所依因？何緣而興？何由得罪？」

佛陀告訴大王：「已住吾我、人、壽、命者，眾生由此而造罪釁，由於執著貪戀此身而興起種種因緣顛倒，出生種種災患。」大王深入請問貪身者根源及種種輪迴造罪之因緣。

阿闍世王因為政變奪權殺害父王的罪業，深恐自已墮大地獄，求救於如來。如來遣舍利弗告訴大王，應於王宮設餚供養請文殊菩薩為其說法。

〈總持品第六〉文殊菩薩接受阿闍世王的邀請之後，心想不應太少人前往應供，應到他方佛土邀請諸菩薩，使他們普聞講說經法而斷諸狐疑，一起前往阿闍世王宮應供。

於是文殊菩薩忽然消失，斯須超越八萬佛國，到東方常名聞界，祈請離聞首如來遣諸菩薩一起到娑婆世界，到阿闍世宮應供。於是二萬二千菩薩大士同時發聲願同前往。

到了娑婆世界，正是初夜時分，文殊菩薩為諸菩薩說總持法。

什麼是總持？文殊菩薩以：總持統御諸法、心未嘗忘、所至無亂等五十個要旨，說明總持之法，並以「所謂總持，攝取一切不可思議諸法要誼，持諸法無所行無行，故曰總持」，總攝總持之要義。

〈三藏品第七〉中夜時分，文殊菩薩為菩薩大士講三篋藏菩薩祕典，一切諸經法要無不歸入於此篋藏。如果有人攝取菩薩篋藏菩薩大士，則為攝取一切諸乘，將長養一切眾德之法。

〈不退轉輪品第八〉後夜時分，文殊菩薩為諸菩薩大士，廣宣講說不退轉輪金剛句跡。

以上是文殊菩薩於初夜、中夜、後夜，分別為諸菩薩普分別說法。

〈變動品第九〉清晨，阿闍世備辦供養完備，文殊菩薩邀請正要入城托鉢的大迦葉尊者等五百比丘，共同前往應供。為了使阿闍世王信心清淨，文殊菩薩入於三昧正受，示現神通，使從其室宇至于城門，自然莊嚴，道路平整廣長，自然出生七寶莊飾，以文殊菩薩為首，帶領二萬三千菩薩及五百大聲聞，前往王宮應供。沿途雨下天花，無數伎樂不鼓自鳴，放大光明雨花香熏，諸音樂聲相和而鳴入王舍城。

由於當初舍利弗告訴阿闍世王，應供者為五百人，如今來了二萬三千五百人，大王籌慮著食物、席次遠遠不夠，以為是文殊菩薩故意給他出難題。

進入王宮之後，文殊菩薩命普觀菩薩將宮殿變廣博，能容納二萬三千人，又命法超菩薩嚴辦眾座。於是二萬三千床座自然具足，大眾依序上坐應供。二萬三千菩薩的鉢器自然從空中飛來，而大王所備辦的五百人份飲食供養，竟然使二萬三千人得飽足，食物還是沒減少。餐畢二萬三千菩薩將鉢擲於空中，竟都停在空中。文殊菩薩以「鉢本無立」為阿闍世王宣說「罪性本空」之理。

〈決疑品第十〉應供完畢後，阿闍世王欲聽聞法，請文殊菩薩為其解疑，不料文殊菩薩卻回答：「大王所疑，江河沙等諸佛世尊所不能決。」這時阿闍世王希望斷絕，從榻而墮，如斷大樹摧折擗地。大迦葉安慰他，文殊菩薩善權方便而說此言，可徐而問。於是在往復問法酬答之間，阿闍世王心中狐疑冰釋，入於正法。

〈心本淨品第十一〉文殊菩薩為度化阿闍世王，化現化人逆子害父母之事。佛陀並說往昔久遠劫，文殊菩薩勸發阿闍世王諸持諸佛，使法輪長存。未來彌勒菩薩說法時，將會說能仁佛時代，有一位阿闍世王，因為聽從惡友之言而自害其父，因為聽從文殊聞所說經典，而得柔順法忍，因此除罪令無有餘。

佛陀又授記阿闍世王過於八千不可計劫，當得無上正覺，佛號為淨界如來。

〈月首受決品第十二〉王阿闍世有一位太子，名為月首，年方八歲，解下瓔珞，供養佛陀，發心於淨界如來成道時，願於彼土成為轉輪聖王，盡形壽供養如來及比丘眾，佛滅度後奉持舍利而受經典，然後得成無上正真之道為最正覺！」

佛陀欣然而笑，有無數不可訾限百千光色從其口出。阿難問佛笑因緣，佛陀即授記月首太子未來於淨界如來世界歿後，將投生於兜率天，而後得道，名為月英如來。

〈屬累品第十三〉佛陀咐囑彌勒菩薩應受持此經，為無量人而分別演說。同時也咐囑帝釋天、阿難尊者護持流佈此經。

延伸閱讀

《文殊般若經》：是以文殊菩薩甚深般若，來理解其不可思議的甚深行持與諸佛菩薩的甚深三昧。

《文殊師利所說不思議佛境界》：由文殊菩薩的智慧體證諸佛不可思議的圓滿境界。

《首楞嚴三昧經》：以此經來圓滿修證成佛三昧。

72 占察善惡業報經

簡名

《占察經》、《地藏菩薩業報經》、《地藏菩薩經》、《大乘實義經》、《漸刹經》。

經名解釋

本經闡明使用木輪相占察善惡宿世業，及現世苦樂吉凶等事的方法，及禮懺地藏菩薩滅罪除障之修法，所以名為「占察善惡業報經」。

版本

自隋以來，依據本經而行滅罪之法者甚多，可知我國民俗與佛教思想相結合之一斑。

通用版本：本經為隋．菩提燈所譯，全文共二卷，收於《大正藏》第十七冊（T17, No. 839）。

簡介

本經敘述堅淨信菩薩向佛陀啟問，設何種方便來開示、化導這一切眾生，使他們生出信心，得到可以除去不吉祥和所有的煩惱？而佛陀請地藏菩薩說之。地藏菩薩隨後說出木輪相法，占察善惡宿世之業、現在苦樂吉凶等事，兼示懺悔之法，次示一實境界二道之觀道事理具備。

本經是佛陀為了度眾方便而教授的占察法，占卜現世吉凶，並以禮懺地藏菩薩來滅罪除障。而在本經下卷，進而以勸發學人歸向大乘，如實觀法界實相。

了知占卜之相也是因緣所生，性空如幻，無可執著。

全經結構

本經的上卷詳說占察善惡業報之法，闡明使用木輪相占察善惡宿世業、現世苦樂吉凶等事的方法。並說若有惡業、苦果、凶事出現，禮懺地藏菩薩，便能滅罪除障。

下卷闡述大乘實義，謂欲歸向大乘者，首先應知所行根本的一實境界。而學習此境界的方法，有唯心識觀及真如實觀二種觀道。如果有意樂往生他方淨土者，也能依此如實觀察而生彼國。並說明作佛有「信滿作佛」、「解滿作佛」、「證滿作佛」、「一切功德行滿足作佛」等四種。

用木輪相以占察此人在宿世善惡之業及現世之苦樂吉凶等事。其作法，乃將十善十惡分別刻在一小木片上，並寫上身口意之名，畫上長短粗淺之畫，以及一至十八等數字，投於淨物上，以其所現文字占卜吉凶，下卷所述大乘實義之觀法，謂欲向大乘者，須先知所行根本的一實境界，學習的方法，有唯心識觀及真如實觀二種觀道。若能依此信解進趣者，也能隨願往生他方淨佛國土。

延伸閱讀

《地藏菩薩的本願經》：從地藏菩薩的本願，來體證一切因緣業報與菩薩的清淨願行。

《地藏十輪經》：從地藏菩薩的深刻願行與不可思議的境界，來完整體悟菩薩的大行。

《大乘本生心地觀經》：了解一切菩薩甚深的行持與修證圓滿的心行成就。

73 央掘魔羅經
Aṅgulimālīya-sūtra

經名解釋

央掘魔羅（梵名 Avguli-mālya），意譯為「指鬘」，又被稱為「指鬘大盜」。他在皈依佛陀之前，因誤信邪師，犯下殺害千人的罪行，每殺一人就取其一指，串成指鬘，因而有此稱。本經即是講述指鬘大盜受佛度化悟道的故事，而題為「央掘魔羅經」。

版本

各種版本說明：此經梵本已佚失。央掘魔羅的故事，原見於《增壹阿含經》卷三十一、《雜阿含經》卷三十八及巴利文本《中部》第八十六經，隨著大乘佛教的發展，也演成了這部大乘經。

此外，另有西晉．竺法護所譯的《鴦掘摩經》、西晉．法炬所譯的《鴦崛髻經》，二者皆為《增壹阿含經》卷三十一及巴利文《中部經》第八十六經之同本，亦收於《大正藏》第二冊。

通用版本：本經為劉宋．求那跋陀羅所譯，全文共四卷，收於《大正藏》第二冊（T02, No. 120）。

簡介

本經敘述央掘魔羅犯下殺害千人的重大惡業，最後受佛陀度化悟道的故事，及如來以此對弟子的教誨。

本經之教旨謂一切眾生皆有如來藏佛性，佛法為唯一究竟乘，其餘皆為方便法門，可見本經與《妙法蓮華經》、《大般涅槃經》之旨趣相同。

此經的主要思想，首先是發揮了一切眾生皆有如來藏佛性之義。如來藏即指眾生本淨的心性，由於客塵煩惱所染，故未能成佛。本經特別將此一思想，聯繫到「心為法本」的兩個頌（原出《增壹阿含經》卷五十一），顯示它的來源。其次說明二乘為方便皈依，如來方是第一義皈依，這樣區別大小乘，與《法華經》的說法一致（卷二）。再次說明一乘的中道離於二邊，是名大乘，此與《寶積經》所說相通（卷四）。

本經說明一切眾生皆有如來藏佛性之義，因此漢傳佛教學者談及眾生皆有佛性時，經常引用本經。

全經結構

卷一

佛陀在舍衛國祇樹給孤獨園，當時央掘魔羅受婆羅門邪師摩尼跋陀羅的指示，欲殺掉千人並取其指做成指鬘，誤以為由此可得證得涅槃。最後他甚至要殺害其母來湊足千人之數。佛陀悲愍之而前往度化。本經即是講述央掘魔羅放下屠刀，立地成佛的故事。

卷二

梵王、護世四王、魔及樹神等說種種偈來供養佛陀和央掘魔羅，也各受到央掘魔羅的批評；聲聞弟子大目犍連等，亦皆受其責難；並與文殊討論不空義，說主張偏空與有我者，二種人都顛覆固有思惟。解脫實在不空，如來也不空，只因離一切煩惱及諸天人障蔽，故說名空。佛陀為央掘授三歸五戒，央掘說一歸無三，並說殺害煩惱、取善提等義。

卷三

佛陀又問以一學之義，央掘以偈答，從一增至十法，說明大乘與聲聞的差別，佛陀讚許。央掘成證阿羅漢，隨佛同入涅槃。這時十方菩薩來集，央掘問佛為何住無生際而復住此世間。佛陀命與文殊同往十方問於十佛，最後仍來問佛，佛陀為其廣說多次捨身來此世間的七十九句原因。

卷四

其次佛陀告訴央掘魔羅，要成就五種八相，即四十種功德，方能受持說如來藏的大乘經。最後波斯匿王興兵來至佛所，佛陀為大王說央掘魔羅與文殊過去生本生事蹟。而原先設計陷害鴦掘魔羅的邪師摩尼跋陀羅及其妻子，也在佛陀前懺悔發起無上菩提心。

延伸閱讀

《文殊般若經》：透過文殊般若的甚深體悟，讓放下屠刀立地成佛的深義得以慧解。

《首楞嚴三昧經》：甚深的意旨，讓有意願修持者能獲得超越性的成就。

《悲華經》：透過此經更能體悟佛陀教法的大悲願力與大方便力。

74 正法念處經

Saddharmasmṛty-upasthāna-sūtra

簡名

《正法念經》。

經名解釋

本經以佛陀為比丘宣講三界、六道的因果關係，並教導比丘應安住於正法，觀察六道生死因果，生起厭離之心。因而本經名為「正法念處經」。

版本

本經與高麗《大藏經》之同經相較，〈觀天品〉、〈地獄品〉中有若干文句脫漏。又關於本經的譯者，據《開元釋教錄》卷六載，譯者為般若流支；《歷代三寶紀》卷九指出翻譯年代為東魏興和元年（五三九），然麗本法經錄卷三，僅謂譯者為北魏之留支；宋、元、明三本則謂，係北魏菩提流支。

此外，宋．法天所譯的《妙法聖念處經》內容大意與本經相同。

通用版本：本經為元魏．瞿曇般若流支所譯，全文共七十卷，收於《大正藏》第十七冊（T17, No. 721）。

簡介

本經敘述外道以身、口、意三業諸問題，質問新出家的比丘，佛陀乃對此廣說「正法念處法門」，闡明三界六道之因果關係。

本經中佛陀為比丘講授三界六道之因果關係，即依於〈十善業道品〉、〈生死品〉、〈地獄品〉、〈餓鬼品〉、〈畜生品〉、〈觀天品〉、〈身念處品〉等次第，觀察六道生死因果，而詳說厭離之道。

全經結構

本經的組織十分簡單，開始由外道遮羅迦波離婆闍迦就身、口、意三業，向新出家的比丘等質問而發其端，世尊針對此問題廣說「正法念處法門」，其中敘述經文描寫大地獄的深廣，亦暗示著內心深處與內觀的深廣。貫穿本經的主題者，即世尊在說明六道相時，必定一再提醒弟子：「又修行者內心思惟，隨順正法，觀察法行」，在觀察法界萬相時，應隨順於正法，觀察如法之行。

本經論及帝釋、阿修羅的關係等六道眾相，最後匯歸於萬法唯心造之理。

本經思想係以比丘修道為主，雖屬小乘範疇，然構思雄奇，筆致奔放，時時顯露大乘思想之端倪，如卷三十六有「益與不益無異，縛與脫亦如是。放逸與不放逸，功德與過皆平等」的敘述，頗類似大乘理趣。經中亦有自利利他、六波羅蜜等內容，尤其對六道輪迴之因果關係，有著極為詳盡的描述。

延伸閱讀

《大方等大集經》：透過深刻的空性，來聚集一切深法。

《大寶積經》：讓我們從這些深法中得到大寶，圓滿福德智慧。

《大樹緊那羅王所問經》：讓我們知道如何運用智慧所具足的方便。

75 摩訶摩耶經

Mahāmāyā-sūtra

簡名

《摩耶經》。

經名解釋

佛陀的母親名為摩耶夫人（梵名 Māyādevī），在佛經中又被尊稱為摩訶摩耶（梵名 Mahāmāyā），本經描述佛陀與母親的因緣，因此稱為「摩訶摩耶經」。

版本

通用版本：本經為蕭齊．曇景所譯，全文共二卷，收於《大正藏》第十二冊（T12, No. 383）。

簡介

本經敘述的內容為前半部記述佛陀升忉利天，為其生母摩耶夫人說法，令得初果。後半部記述佛陀遊化諸國，後於拘尸那揭羅之娑羅雙樹間入涅槃，摩訶摩耶由天上降下，悲號慟絕，時佛陀開金棺與之訣別；經末記述佛懸記關於法住法滅之情形。

佛陀往昔於忉利天為母親說法，使其悟道，涅槃時從金棺現身勸慰母親，在經文間流露無比的母子情深，為後世眾生奉行孝道做了最光明的典範。因此，本經又稱為「佛臨涅槃母子相見經」。

全經結構

本經前半部記述佛陀升忉利天，為其生母摩耶夫人說法，使其證入初果聖者。後半部記述佛陀遊化諸國，後於拘尸那揭羅之娑羅雙樹間入涅槃，摩訶摩耶由天上降下，悲號慟絕，時佛陀開金棺與之訣別；經末記述佛懸記關於法住法滅之情形。

佛母摩耶夫人，原來是中印度天臂城善覺王的女兒，後來嫁給迦毗羅衛城淨飯王為王妃。在《方廣大莊嚴經》卷一〈勝族品〉中描寫：「王之聖后，名曰摩耶，善覺王女，年少盛滿，具足相好，未嘗孕育，端正無雙，姿色妍美，猶如彩畫，無諸過惡。」

摩耶夫人懷孕後，臨產前依時俗返回娘家待產，途中於其父王的別宮藍毘尼園（梵名 Lumbini）

休息時，於無憂樹下生下太子，然而摩耶夫人卻於分娩七日後即往生。

根據《雜阿含經》卷十九、《增壹阿含經》卷二十八、《佛昇忉利天為母說法經》等記載，佛陀成道後，嘗於一夏上昇忉利天為母說法。

本經《摩訶摩耶經》卷下中記載著佛入滅時，摩耶夫人從天而降，悲泣不已，佛陀從金棺現身勸慰，為母親說法的故事：

佛陀入滅時，摩耶夫人從忉利天降臨拘尸那揭羅娑羅樹林，遙見佛棺即悲傷而悶絕暈倒，諸天女為其以水灑臉後方才甦醒，向前到佛棺頂禮。一回頭看見如來生前所穿的袈裟及所持的缽、錫杖，悲傷的用手拍頭，舉身投地如太山崩，悲號慟絕地說：「我的兒子昔日拿著這些法物，廣大福佑世間，利益人天，現在這些東西已經空無有主！」現場無數天龍八部眾等一切護法，倍加悲切，淚下如雨，幾乎匯成了大河。

這時，佛陀為了安慰母親，以大神力使棺蓋自動開啟，從棺中合掌而起——猶如獅子王初出洞窟時的奮迅威勢，從身上毛孔中放出千種光明，一一光明中都有千化佛，一齊合掌向摩訶摩耶，以和軟悅耳的音聲問候摩耶夫人：「母親！委屈您從天上來到人間。這一切是諸行無常之法，願您勿悲傷哭泣。」於是佛陀為母親宣說如下偈頌：

「一切福田中，佛福田為最；
一切諸女中，玉女寶為最。

今我所生母，超勝無倫比，
能生於三世，佛、法、僧之寶。
故我從棺起，合掌歡喜嘆，
用報所生恩，示我孝戀情。
諸佛雖滅度，法、僧、寶常住，
願母莫憂愁，諦觀無上行。」

以此勸慰摩耶夫人，教導她諦觀諸法無常實相。

延伸閱讀

《大般涅槃經》：讓我們回觀佛陀教化眾生的偉大因緣。

《法華經》：更能體悟佛陀不生不滅的真實境界。

《阿含經》：了解佛陀在世間的行道，唯有幫助父母成就開悟才是無上的報恩。

76 佛說四諦經

Catuḥsatya-sūtra

簡名

《四諦經》。

經名解釋

四聖諦，指佛陀所宣說之苦、集、滅、道四種真實不虛的道理，能使眾生解脫輪迴，悟入聖者之流，因此稱為四聖諦。佛陀教導弟子，苦當滅，集當斷，道當修，滅當證，四聖諦的教誨是本經經名由來。

版本

通用版本：本經為後漢．安世高所譯，全文共一卷，收於《大正藏》第一冊（T01, No. 32）。

簡介

本經敘述佛陀於舍衛國祇樹給孤獨園，為諸比丘宣說苦、集、滅、道四聖諦之法。四諦即苦集滅道四諦，「諦」謂真實不虛，為如來親證。佛成道後，至鹿野苑為五賢者始說此法，是為佛轉法輪之初，故稱初轉法輪。

全經結構

本經說明苦、集、滅、道四聖諦，「諦」是指真實不虛的道理，為如來親證。佛陀成道後，至鹿野苑為五比丘始說此法，是為佛轉法輪之初，故稱初轉法輪。四聖諦就是佛陀成道後在人間首次說法的內容。

「苦諦」是指苦的現象，「集諦」是指苦生起、積聚的原因，「滅諦」是指苦的止息、滅除之後的寂靜涅槃，「道諦」是通向涅槃的道路，也就是種種修道的方法。

（一）苦諦

佛陀總結出人生的八大痛苦（八苦法）：生、老、病、死、愛別離、怨憎會、求不得、五蘊熾盛。世間有情悉皆是苦，有漏皆苦，即所謂「苦諦」，是大乘佛教常用的教法，以此說明世間有情悉皆是苦，即所謂有漏皆苦。佛陀把以上這些苦歸納為「五取蘊即苦」（五陰盛苦、五蘊熾盛苦）。

（二）苦集諦

人生之所以有這種種痛苦，是因為有產生痛苦的根源，主要是貪、瞋、癡三毒，這就是「集諦」。造成苦的原因，粗分「貪」、「瞋」、「癡」三毒，根源則是眾生的本心為「無明」所障蔽。

（三）苦滅諦

要袪除痛苦，就要消滅產生痛苦的原因「貪、瞋、癡」，也就是「滅諦」種種煩惱相應的止息。這些痛苦的止息也稱為涅槃，即明集諦理，斷盡煩惱業，則得解脫。

（四）苦滅道諦

佛陀提出八正道，作為一個修行者的生活指導原則。

八正道是指正見、正思惟、正語、正業、正命、正精進、正念、正定。

正見，是正確的見解、見地，也就是以三法印、四聖諦等見地為正見，了知一切無我，皆是由緣起條件和合生成。

正思惟是正確的思惟，時時以正見來思惟、面對生活中的一切因緣。

正語，是正確的語言，是依於正思惟之後所說出的言語。

正業是依於正見、正思惟之後產生的正確行為。

正命，是正確生存選擇，也就是正確的職業。

正精進，是依正見、正思惟之後所發起的恰當的精進。

正念，是時時生起正確的意念。

正定，是正確的禪定。

佛陀在初轉法輪時，以三個層次來宣說四諦，

第一說：此是苦，此是集，此是滅，此是道。這是說明四諦的定義。

第二說：苦當知，集當斷，滅當證，道當修。這是勸發我們修行四諦。

第三說：苦者我已知，集者我已斷，滅者我已證，道者我已修。此是佛陀舉自己已證得四諦之例，合稱為「三轉十二行相」。

四聖諦將生命痛苦煩惱的現象、原因，煩惱止息之後的涅槃境界，以及到達涅槃的方法，建立了清楚的次第及修持方法。

延伸閱讀

《雜阿含經》：讓我們對一切佛法的根本得以完整的理解。

《中阿含經》：獲得更完整體會佛陀的根本教法。

《法華經》：對如來的實相教法中最深意境得以深入體悟。

77 達摩多羅禪經

Dharmatara-dhyāna-sūtra

簡名

《達磨多羅禪經》、《禪經修行方便》、《禪經修行方便》、《修行地不淨觀經》、《修行道地經》、《修行方便禪經》、《不淨觀經》。

經名解釋

達摩多羅（梵名 Dharmatrāta），又作曇摩多羅、達磨多羅。屬說一切有部之師，為禪法之傳持者。據《出三藏記集》卷九載，師於富若密羅之後出世，與佛陀斯那（佛大先）共於罽賓地方弘宣大乘禪法，並共著本經。又依梁《高僧傳》卷三《智嚴傳》，智嚴至罽賓，於摩天陀羅精舍親受禪法，由此推知東晉隆安年間（三九七—四〇一）師仍健在。

版本

本經於五世紀初，由西域僧達摩多羅與佛大先兩人共著。

佛陀跋陀羅為東晉譯經僧，是迦維羅衛城甘露飯王的後裔，廬山十八高賢之一。十七歲出家，特精禪、律。應智嚴之請，於後秦弘始十年（四〇八）入長安，弘傳禪術之學。後滯廬山慧遠處數年，譯出《達摩多羅禪經》。

通用版本：本經為東晉．佛陀跋陀羅所譯，全文共二卷，收於《大正藏》第十五冊（T15, No. 618）。

簡介

本經敘述修習數息、不淨等根本禪觀的修持方法。

佛陀跋陀羅與鳩摩羅什約為同時代的人，因受廬山慧遠之請而將本經譯出。鳩摩羅什所譯的《坐禪三昧經》稱為「關中禪經」，本經則稱「廬山禪經」；此二禪經總合大小二乘禪觀。本經對禪觀實修的心理尤有詳論，可作為禪修者實用的指導書。本經因為冠上「達摩多羅」的名字，後世誤認為是禪宗祖師達摩大師所說的，而對本經珍視並加以論究。

全經結構

本經共分為十七品，首八品為「數息觀」（安般念），其次四品為「不淨觀」，後五品如下：「界觀」、「四無量觀」、「五蘊觀」、「六入觀」、「十二因緣觀」。

（一）數息觀

本經以「數息觀」所費篇幅最多，共占上卷的全部。首先分為方便道及勝道，詳述「數息觀」次第的心理及狀態。方便道相當於「數息觀」的六妙門、十六特勝。

（二）不淨觀

其次，談到「不淨觀」，僅說明方便道的四分而省略了勝道。因為方便道是行相的方法，故須詳述「不淨觀」觀法之規定、心理過程及其與「數息觀」之區別。而勝道是指禪定境界中所產生的觀智，所以無需說明「數息觀」與「不淨觀」勝道之區別。

（三）界觀

至於「界觀」等五觀，並不區分為方便、勝道等二道，亦不辨別退、住、升進、決定四義，而僅說明各觀法的特色，避免繁複冗長的敘述。「界觀」這個名稱取自分析界（Dhatu）的要素，其範圍可廣達世界，主要是指分析身體各部組合要素，說明其真實存在與否之實際觀。以地、水、火、風、空、識等六大觀為基本，說明各部之組成要素。

（四）四無量觀

「四無量觀」以慈、悲、喜、捨四無量心及忍辱慈心愛念眾生，闡明人不可存有瞋恚害心的實觀。

（五）五蘊觀

「五蘊觀」是思惟觀察色、受、想、行、識等五蘊義，說明宇宙人生為空、無常的觀法。

（六）六入觀

「六入觀」為破內六根與外六境接觸所產生之迷情意識，而使修行者堅守淨戒、克制貪欲，此是對於六入產生真實智見的觀法。

（七）十二因緣觀

「十二因緣觀」是種破無明愚癡生正智見之觀法，主要是以十二因緣的連縛、流注、分段、剎那四種觀法，經由聲聞、緣覺、菩薩、佛四聖來說明客觀法之深淺及由來，且敘述「十二因緣觀」與各種觀法之關係。

延伸閱讀

《金光明經》：讓我們悟入佛法的甚深意旨與方便的教化。

《楞伽經》：體悟眾生的心性真實與轉識成智的意旨。

《坐禪三昧經》：透過實踐禪觀來圓滿智慧解脫。

78 佛說盂蘭盆經

Ullambana-sūtra

簡名

《盂蘭盆經》。

經名解釋

「盂蘭盆」是梵語 Ullambana 的音譯，音譯為「烏藍婆拏」，為「解倒懸」之義，意思是將惡道眾生從倒懸般的痛苦中超拔。眾僧結夏安居期間，修持成就者眾多，以供養僧眾功德，能超拔惡道眾生，解其倒懸之苦。

版本

各種版本說明：《佛說報恩奉盆經》，又名《報象功德經》。其文字更短，約三百餘字。此外《開元釋教錄》卷十八〈疑惑再詳錄〉中有《淨土盂蘭盆經》一卷五紙。此經已佚。《法苑珠林》卷六十二引用其文，稱為《大盆淨土經》，說十六國王聞佛說目連救母脫苦之事，各造種種寶盆以盛飲食，獻佛及僧事。

《盂蘭盆經》有許多註解。現存的有唐・慧淨《盂蘭盆經講述》一卷、唐・宗密《盂蘭盆經疏》一卷、宋・元照《盂蘭盆經疏新記》二卷、宋・普觀《盂蘭盆經疏會古通今記》二卷、宋・遇榮《盂蘭盆經疏孝衡鈔》二卷、宋・日新《盂蘭盆經疏鈔餘義》一卷、明・智旭《盂蘭盆經新疏》一卷、清・靈耀《盂蘭盆經折中疏》一卷、清・元奇《盂蘭盆經略疏》一卷。

通用版本：本經為西晉・竺法護所譯，全文共一卷，收於《大正藏》第十六冊（T16, No. 685）。

簡介

本經敘述目犍連尊者為了救度墮落於餓鬼道的母親，向佛陀請示救度之法，後以供養僧眾之功德力而超拔惡道。

本經闡明為超荐救拔先亡而供養僧寶的功德不可思議。

漢傳佛教每年的重要法會「盂蘭盆會」，即源於本經。

本經也被認為是佛教闡揚孝道的代表性經典。

全經結構

本經敘述佛陀安止於祇園精舍時，神通第一的目犍連尊者以天眼觀見亡母投生於餓鬼道，飽受飢渴之苦，即使他窮盡神通之力，取食物供養母親，仍然到口邊即燃燒成火炭，痛苦無比，目犍連尊者非常悲痛，求教於佛陀。

佛陀告訴目犍連，因為他母親罪業之深重，非以尊者一人便可度脫，要解救母親脫離痛苦必須在十方眾僧在夏安居，解夏之日（農曆七月十五日），備辦上妙飲食供養僧眾。由於結夏安居是僧團一心精進修持的期間，以僧眾的福德力，解除先亡惡道倒懸之苦。

佛陀並告訴目犍連尊者，一切眾生都應該為他們現世的父母、過去的七世父母，於七月十五日、佛歡喜日、結夏安居圓滿這天，以種種上妙飲食供養僧眾，祈願現世的父母長壽無病、無一切苦惱，乃至於過去七世的父母脫離餓鬼道之痛苦，得生天人中享無量的福樂。

延伸閱讀

《摩訶摩耶經》：了解一切修行人對父母恩德的回報。

《地藏經》：體悟佛法真實的孝道，乃至讓父母解脫成就的因緣。

《地藏十輪經》：了知一切菩薩如何修行甚深的境界。

79 佛說華手經

Kuśalamūlasamparigraha-sūtra

簡名

《華首經》、《攝諸善根經》、《攝諸福德經》、《攝善根經》、《攝福德經》。

經名解釋

本經佛陀由於華德藏法王子之請問而開演大法，經中說他方來之菩薩以華作佛事，持華供佛，因此經題名稱為「華手經」。

版本

在《佛名經》卷一、《大智度論》卷十、卷三十三、卷四十六、卷一百等，都曾揭示此經之經名，可知此經為甚為古遠的經典。

通用版本：本經為姚秦・鳩摩羅什所譯，全文共十卷，收於《大正藏》第十六冊（T16, No. 657）。

簡介

本經敘述佛陀在王舍城迦蘭陀竹園，現神通力，攝四眾，十方菩薩都來聚集，手持蓮花供養佛陀，佛陀為斷除彼等的疑惑而宣說大乘菩薩得道經過、毀謗大乘行者的苦報及護持佛法、造像功德等。

這部經從各個面向提供了菩薩道的種種修行法門與正見，是佛陀特地為了鼓勵、安慰並啟發修行菩薩道的眾生而說。

全經結構

本經全文共十卷，分為三十五品。

本經敘述佛陀在王舍城，對舍利弗、目犍連等大阿羅漢尊者，及跋陀婆羅、寶積等菩薩，示現大神變。十方世界的菩薩，各自見光聞聲而來會集，供養禮覲佛陀。

佛陀為這些菩薩說明本經的功德，也說明修行法門，解釋真菩薩心者，不可思量、不可宣示，具足以下三者，才名為真菩薩心：一、能捨一切所有而不望報；二、求法無所貪惜，寧失身命而不捨法；三、不逆甚深之法，以信解力於佛菩提不生疑惑。

佛陀強調「諸佛法、如來法，一切皆因菩薩道生」。所以一方面強調如果有人想要破壞菩薩心而作障礙，將導致種種過失罪業；一方面從各個面向提供了菩薩道的種種修行法門與正見。

最後，佛告阿難，此經亦名「攝諸善根」，亦名「福德所依」，亦名「安慰諸菩薩心」，亦名「菩薩所問」，亦名「斷一切眾生疑」。

由最後的結語，可以得知此經是佛陀以性空如幻的正見教授，勸發菩薩修行，圓滿菩薩道，並授記成佛。此經亦是為斷除眾生疑惑而能攝持一切善根所說。

延伸閱讀

《寶雲經》：深刻體悟菩薩妙行與修行。

《楞伽經》：了解眾生從修行的心性轉化，乃至成就無上智慧圓滿的過程。

《悲華經》：了解佛陀如何從初發心到成佛，乃至廣度眾生的因緣。

80 大品般若經

Pañcavijśati-sāhasrikā-prajñāpāramitā-sūtra

簡名

《大品般若經》、《新大品經》、《大品經》、《摩訶般若經》。

經名解釋

摩訶是大的意思，摩訶般若波羅蜜，就是大般若之意。

版本

般若部經典，是《大藏經》中最大部之經典，約占全部「經藏」三分之一；而《大般若經》即占般若部四分之三，其餘四分之一則為《大品般若》、《小品般若》、《金剛般若》等般若諸經。在經典成立的發展過程中，般若部諸經的先後次第，以《道行般若》、《小品般若》為最早，其次為《大品般若》、《金剛般若》等，其後乃為《大般若經》及其餘諸部般若之續出，其時約於大乘經典成立之中期。

據多羅那他《印度佛教史》所述，八千頌的《小品般若》在旃陀羅苃多王時出世，約於西元前四世紀之末流傳。後於一七九年（漢光和二年）由竺佛朔和支婁迦讖譯為十卷《道行般若》。

三國時，潁川朱士行認為《道行般若》義理不具足，而於二六〇年西行，到于闐國，取得《般若經》的梵書正本，凡九十章，於二八二年遣弟子弗如檀（法饒）送經到洛陽，後來遇竺叔蘭和無羅叉，遂在二九一年共譯為《放光般若經》三十卷（或二十卷）。在這以前，竺法護曾在二八六年譯出《光讚般若波羅蜜經》三十卷（殘），品目開合和《放光般若》有些不同。這兩部般若內容大同於《大品般若》。

姚秦時代，鳩摩羅什大宏龍樹一系的學說。他在翻譯《大智度論》的同時，譯出《大品般若經》，經文有疑，即依釋論勘正，文義既具足，而且經論並翻，所以《般若》的傳譯極為完美。後來，初唐時玄奘曾據二萬五千頌本重譯為《大般若經》第二會七十八卷（六六二年），辭義更為圓滿，但對於中國佛學的影響終未如羅什所譯《大品》來得大。

《大般若經》據《大智度論》卷一百所說，應為二萬二千頌，但印度南方另有二萬頌的本子（即《現觀莊嚴論》所據本）流行，而玄奘所譯《大般若經》第二會則是二萬五千頌。這些都是因時因地流傳而有增減，現今大都以二萬五千頌為經名。

各種版本說明：《大品般若經》有兩種異譯本：

一、《光讚般若經》，為西晉‧竺法護所譯。
二、《放光般若經》，為西晉‧無叉羅所譯。

本經即《大般若經》之第二分（卷四〇一—四七八）。梵文二萬五千頌般若與本經相當，分為八品，印度稱之為中般若。

龍樹菩薩所著的《大智度論》為本經的釋論。此外，中國、日本對本經所作注釋書亦甚多。

通用版本：本經為後秦‧鳩摩羅什所譯，全文共二十七卷，收於《大正藏》第八冊（T08, No. 223）。

簡介

本經敘述般若波羅蜜之法門，為大乘佛教初期闡說般若空觀的根本典籍。

全經結構

《大品般若經》的經文次第可分為五周。自〈序品〉以下至第五品為〈舍利弗般若〉，佛與舍利弗談菩薩智慧，說菩薩二諦。

第六品至第二十六品為〈須菩提般若〉，佛與須菩提談菩薩三解脫門，說摩訶衍摩訶薩。

第二十七品至第四十四品為〈信解般若品〉，佛與帝釋說般若福德，令初發心者都生信解。又為彌勒說菩薩行，令已成熟者入甚深般若。

第四十五品至第六十六品為〈實相般若〉，說魔幻魔事和阿鞞跋致（不退轉）相，令久修人功深不退。

第六十七品至經末為〈方便般若〉，詳說菩薩境行果而以方便為指歸。

從全經來看，第六十六品以前很明顯自成一部分（有〈囑累品〉）。而《小品般若》和唐譯《大般若經》的〈四分〉、〈五分〉以及宋譯的《佛母寶德藏般若波羅蜜經》（三卷，宋法賢譯）都是這一部分的略本。從《小品般若》中可以看出〈信解般若〉和〈實相般若〉兩周更是全經的重心。

延伸閱讀

《文殊般若經》：理解悟入般若的偉大菩薩行持。

《仁王般若波羅蜜經》：了解般若如何對國家、國土的實踐，來讓智慧福德圓滿呈現。

《楞伽經》：了解般若在整個修行的心識，從無明到智慧的轉換過程。

81 佛說離垢施女經

Vimaladattāparipṛcchā-sūtra

經名解釋

離垢施女（Vimāladattā）為波斯匿王之女，為本經主要人物，所以稱為「離垢施女經」。

版本

各種版本說明：《大寶積經》第三十三〈無垢施菩薩應辯會〉，一卷，與《離垢施女經》及《得無垢女經》同本。

通用版本：本經為西晉・竺法護所譯，全文共一卷，收於《大正藏》第十二冊（T12, No. 338）。

簡介

本經敘述波斯匿王女離垢施與聲聞迦葉、舍利弗等大聲聞弟子，及菩薩文殊、觀音等菩薩大士問答法要。

本經彰顯中道實相之義，對女性成佛的議題也有深入的探討。

本經被列為探討女性修行、女身成佛的代表性經典之一。

全經結構

佛陀安止於舍衛國祇樹給孤獨園時，某一天清晨，弟子大眾中的舍利弗、大目犍連、大迦葉、須菩提、邠耨文陀弗、離越、阿那律、阿難等，以及溥首童真、不虛見、寶英、棄諸惡趣、棄諸陰蓋、光世音、辯積、超度無虛跡等八位大聲聞弟子及八位大菩薩弟子，於清晨著衣持缽，準備進入城托缽。他們各自發起善願之後，一起進入城中。

他們在路途中巧遇波斯匿王的公主：十二歲的離垢施女，與五百侍女乘著御駕，還有五百位婆羅門梵志隨從，準備往祠壇，進行大祠祀。

婆羅門看見佛弟子比丘迎面而來，認為不祥而勸離垢施女取消祠祀，但是在她的無礙辯才下，對佛陀也生起欣慕之心。

不久，波斯匿王也來了。詢問離垢施女貴為公主嬌貴之身，享用不盡的榮華富貴，為何心向修行？父女間的對答，代表了世間父母的心意，而離垢施女也以人身無常，世間一切不可依怙，稟明自身出離修行的心意。

離垢施女對舍利弗等八位大聲聞弟子的法義詰問，及目連詰問她為何不轉女相成男身？與《維摩詰經》中，摩詰居士與大聲聞弟子間的問答，及舍利弗問天女為何不轉男身，有著相類的情境。最後離垢施女轉女身成男身，證明未來自身將成證如來所言不虛，與《法華經》、《須摩提菩薩經》中，主張女性能成佛，有著相同的旨趣。

大眾對離垢施女一位小女孩能有如此智慧辯才與神通變化，都感到極為不可思議。佛陀告訴弟子大眾，離垢施女往昔隨從六十億諸佛世尊行空三昧；又隨從八十億佛陀啟受奉行不起法忍；隨從三十億諸佛啟問甚深微妙的菩薩道品；並曾供養奉事八十億佛陀飲食餚膳、衣服、缽器等。

佛陀並授記離垢施女，經過恆沙等百千阿僧祇劫，當成證佛道，佛號名為「離垢光英王如來」。

延伸閱讀

《勝鬘經》：對女性修行證悟實相的境界，能夠尊仰禮敬與體悟。

《妙慧童女經》：展現女性修行者在各種因緣中的自在。

《解深密經》：了解修行者的心性，從無明轉化成圓滿佛智的狀態。

82 佛藏經

Buddhapiṭakaduḥśīlanirgraha-sūtra

經名解釋

此經如佛法之寶藏，能使大眾發起精進，揀擇諸法、降伏破戒，故名為「佛藏經」。

版本

通用版本：本經為姚秦．鳩摩羅什所譯，全文共三卷，收於《大正藏》第十五冊（T15, No. 653）。

簡介

本經敘述佛陀安住於王舍城耆闍崛山中，與大比丘僧及大菩薩眾無量無數。由舍利弗尊者啟問，請佛為比丘宣說破戒的憂惱及罪相，及體悟諸法實相、無生無滅之真實戒。

全經結構

論述諸法的無生、無滅、無相、無為，與諸法實相；並謂破戒比丘有十憂惱箭，而訶責其種種罪相；又告誡「不淨說法」的大罪報。

經中認為，若是不理解諸法實相係無生無滅者，即使其人能持二百五十戒，仍是破戒。且主張遠離戲論分別是名持戒。對生起「我是持戒，餘人不爾」、「我是多聞，彼非多聞」的我慢心者，予以徹底的彈訶與譏斥。

本經並未特別論說菩薩律儀，這是異於其他戒本之處。但是強調若不理解諸法實相、無生、無滅等，則雖受持二百五十戒，亦形同破戒，並說遠離一切戲論分別始得稱持戒，如同禪宗所說之禪戒、佛戒，只有安住於實相，才是圓滿的持戒。

延伸閱讀

《月燈三昧經》：讓我們真實悟入佛法的寶藏。

《觀佛三昧海經》：體證諸佛圓滿的狀態。

《楞嚴經》：體悟菩薩的圓通修行是源自於清淨心性，只有對實相的體悟才是真正無缺的菩薩之甚深戒品。

83 法句經 Dharmapada-sūtra

簡名

《法句集經》、《法句集》、《法句錄》、《曇鉢經》、《曇鉢偈》。

經名解釋

本經敘述諸經中佛陀的自說偈，編集而成的經典（巴利名 Dhammapada），意思是「真理的語言」，是佛陀隨緣應機，為僧俗二眾弟子所宣說之法語。

版本

各種版本說明：

（一）巴利《法句經》（Dhammapada，簡稱 Dhp），全本，二十六品四百二十三偈。

（二）犍陀羅語《法句經》（Gāndhārī Dhammapada，簡稱 GDhp），現知犍陀羅語本有三本，都不全。于闐出土的那本法句經二十六品，以〈婆羅門品〉（Brahmaâ）為首，末後四品佚失不知其名，現存三百五十四偈，估計原有五百二十至五百六十偈。

（三）Patna《法句經》，複件存於巴特那地區的佛教混合梵語版本，原件來自西藏寺院，二十二品四百一十四偈，從雙品（Jama）至蛇品（Uraga）。

（四）梵文《法句經》有以 Udānavarga（自說品）為名的版本，和說一切有部或根本說一切有部關係密切。

漢譯有四個不同版本：

（一）《法句經》，東吳天竺沙門維祇難、竺將炎所傳，由竺將炎、支謙共譯，是混編了維祇難及竺將炎分別所出偈頌的綜合本，序稱共三十九篇七百五十二章，實算則有七百五十八首偈頌。其三十九篇中有二十六篇，篇名和巴利本二十六品可相對應，不過偈頌數則有落差。另外，末後的吉祥品則對應收錄於小部經集的《吉祥經》。

（二）《法句譬喻經》，又作《法句本末經》，西晉沙門法炬共法立譯，主要依從支謙編譯的《法句經》而增添譬喻故事，三十九品；

（三）《出曜經》，僧伽跋澄執梵本，姚秦涼州沙門竺佛念譯，三十三品（或分為三十四品，乃誤將第四品拆分為兩品）。

（四）《法集要頌經》，北宋中印度惹爛馱囉國（Jalandhar）密林寺沙門天息災譯，三十三品。

通用版本：本經為法救撰，吳・維祇難等所譯，全文共二卷，收於《大正藏》第四冊（T04, No. 210）。

簡介

本經敘述諸經中佛陀的自說偈編集而成的經典（巴利名 Dhammapada），意思是「真理的語言」，是佛陀隨緣應機，為僧俗二眾弟子所宣說之法語，其內容涉及有關佛教戒律和修行的清淨生活，為教導佛法戒、定、慧的言說，於佛滅度後首次結集時合誦而流傳。

佛陀教導弟子佛教如何安住於智慧的正見，並以持戒遠離煩惱，身心自然安定，入於解脫。

本經對現實人生體驗深刻，充滿敏銳的洞察力，被視為最佳的佛教入門經典，是傳播廣泛，相當知名的佛教經典。

全經結構

此經原有一千頌、九百頌、七百頌、五百頌等數種版本，吳大帝黃武三年（二二四），維祇難齎來二十六品五百頌，後又增十三品，合為三十九品七百五十二頌（今計有七百五十八頌）。

經文摘錄：

咄嗟老至，色變作耄，少時如意，老見蹈藉。
雖壽百歲，亦死過去；為老所厭，病條至際。
是日已過，命則隨減，如少水魚，斯有何樂？
老則色衰，所病自壞，形敗腐朽，命終自然。
是身何用？恒漏臭處，為病所困，有老死患。
嗜欲自恣，非法是增，不見聞變，壽命無常。
非有子恃，亦非父兄，為死所迫，無親可怙。

南傳《法句經》經文摘錄：

諸法意為導，意主、意造作。

人若清淨意、或語或〔身〕行，樂事則隨彼，如影之隨形。
「彼罵我擲我，敗我奪取我」，於懷如此念，忿怨事不息。
「彼罵我擲我，敗我奪取我」，不懷如是念，忿怨終自息。
實於此世中，非以怨止怨，唯以〔忍〕止怨，此為古常法。
彼人不曉悟：「我等終毀滅」。惟有此悟者，彼諍自然息。

延伸閱讀

《六度集經》：了解佛陀生生世世修持六度、圓滿度眾的狀態。
《佛本行集經》：讓我們現觀如來從發心、修行到成佛的典範。
《悲華經》：理解佛陀的發心、修行及勸發所有眾生成就的偉大圓滿過程。

84 大法鼓經

Mahā-bherī-hāraka-parivarta-sūtra

經名解釋

佛陀所說之法如鼓，能教誡眾生向善；就猶如軍隊行進時，擊鼓可使士兵前進。本經經名具有「擊大法門之鼓，宣說深妙之義趣」的意涵。

版本

各種版本說明：也有說《佛說菩薩行方便境界神通變化經》為本經的異譯本，然其內容與本經幾乎完全不同。

通用版本：本經為劉宋．求那跋陀羅所譯，全文共二卷，收於《大正藏》第九冊（T09, No. 270）。

簡介

本經敘述佛陀在祇園精舍宣說有非有的一乘實相妙理，當時正好波斯匿王擊鼓吹法螺而來。佛陀即說：我當說《大法鼓經》。經中並記述一切世間樂見離車童子於佛陀入滅後傳持正法的預記。

本經最初所說的「如來祕密法藏難解難信」，和我慢自矜者退座之事，和迦葉對佛的「三請」之事，與《法華經》的順序近似。到了正宗分，斷定如來的隱覆之說是指如來的常住不滅，說「未般涅槃示般涅槃，未生示生」，是同於《涅槃經》的法身常住之說。而此法身常住之說是二乘所不能了解的，但佛為了顯此一乘，故開示三乘，便成為法華的「開會思想」。

又，本經中有「開示三乘，現二涅槃，又說一乘」，及「離苦樂有涅槃第一樂」、「般若空」之語，故知本經之要旨類似《法華》、《涅槃》、《般若》諸經。

全經結構

本經內容記載：佛陀在舍衛國祇樹給孤獨園，說有、非有二法門時，波斯匿王擊鼓吹法螺往詣佛所，佛陀因此自說此《大法鼓經》。後依阿難之請問，宣說此經世間希有，如優曇鉢羅華，是諸如來祕密法藏，甚深微妙，難解難信。如擊戰鼓時，非一切聞聲者皆喜，有怯弱者聞而恐怖，因此《大法鼓經》是為利根者所宣說，而非二乘行者所能信解。

當時有不堪聽受此經的會眾離席而去，於是佛陀告訴迦葉，當於佛般涅槃後廣說護持此經；並依其請問而略說地水火風四大及入處五根，乃至十三緣起及善、不善、無記等有為法；並說涅槃第一樂是無為法，是佛之境界。最後佛陀又說，法欲滅之前八十年，唯有「一切世間樂見離車童子」能堪任護持如來正法。

延伸閱讀

《法華經》：了解佛陀的甚深圓滿教法。

《不退轉法輪經》：幫助我們理解如何修證成就不退轉法輪。

《觀無量壽經》：了解修行人是如何在甚深的智慧與願心中，圓滿莊嚴一切諸佛淨土。

85 禪法要解經

簡名

《禪法要解經》、《禪要經》。

經名解釋

本經內容解說不淨觀、四無量心等各種禪法之教授，及有利於禪修的心態，所以稱為「禪法要解經」。

版本

各種版本說明：另有《禪法要解》為北涼·沮渠京聲所譯，現已不存。

通用版本：本經為姚秦．鳩摩羅什所譯，全文共二卷，收於《大正藏》第十五冊（T15, No. 616）。

簡介

本經敘述菩薩習禪之要法，初敘淨觀、不淨觀，次述除五蓋修四禪之相，次說明慈、悲、喜、捨等四無量心，及四空定、四諦觀之修習；並述心專正、質直、慚愧等十事，及四如意足、五神通之法。

全經結構

全書內容，初明不淨觀、淨觀，其次說明除五蓋、修四禪，後說修四無量心、四空定、四諦觀。此外，又述及入門之初應修習十事，即（一）心專正、（二）質直、（三）慚愧、（四）不放逸、（五）遠離、（六）少欲、（七）知足、（八）心不繫著、（九）不樂世樂、（十）忍辱。其次又說明修習四如意足、五神通之法。

（一）不淨觀

梵語 a-śubhā-smṛti，巴利語 asubhānupassin。又作不淨想。為五停心觀之一。即觀想自他肉體不淨，以對治貪欲煩惱之觀法。人的屍體隨時間而變化為醜惡令人恐懼之相狀。

本經卷上載，若淫欲多者，應修習二種不淨觀。即：

一、觀死屍臭爛不淨，取此不淨之相，至閒靜處以自觀不淨。

二、雖眼不見死屍，然從師受法而憶想分別，自觀身中充滿髮、毛、涕、淚、汗、垢、痰、膠等三十六種不淨物。

經中又舉出修習不淨觀能對治眾生對於色、形容、威儀、言聲、細滑、人相等六種欲望之執著，且將不淨分為惡厭之不淨與非惡厭之不淨二種。對於執著前五種欲望者，令觀惡厭之不淨；對於執著人相者，則令觀白骨人相。又觀死屍為不壞，能斷除威儀、言聲二種欲望，觀死屍為已壞，則悉斷六種欲望。

（二）四無量心

四種廣大的利他心。即為令無量眾生離苦得樂，而起的慈、悲、喜、捨四種心，或入慈、悲、喜、捨四種禪觀。又稱四無量、四等心、四等、四梵住、四梵行、無量心解脫。所謂慈，即友愛之心。悲，即同情他人的受苦。喜，即喜悅他人之享有幸福。捨，即捨棄一切冤親之差別相，而平等親之。經中說：如凡夫離欲行諸功德，能有利用，生四無量心。

（三）四禪與四空定

四空定為：一、空無邊處定：又名空處定。謂超越第四靜慮，滅眼識相應之色想，耳等四識相應之有對想，及所有不善想，乃至障定的一切想，唯思惟「空無邊之相」而安住之。二、識無邊處定：又名識處定。謂超越空無邊處，更思惟「識無邊之相」而安住之。三、無所有處定：又名少處定。謂超越識無邊處，破其識相，更思惟「無所有之相」而安住之。四、非想非非想處定：又名非有想非無想定。謂超無所有處，更思惟「非想非非想之相」而安住之。此「非想非非想定」無明勝之想，故異於滅盡定，又非無想，故不同於無想定。

（四）四諦觀

四諦觀，經中記載：「云何為四諦，答曰：苦諦、集諦、滅諦、道諦。苦有二種，一者身苦，二者心苦。集亦二種，一者使，二者惱纏。滅亦二種，一者有餘涅槃，二者無餘涅槃。道亦二種，一者定，二者慧。」

（五）修禪入門十要點

此外，又述及入門之初應修習十事，即一、心專正；二、質直；三、慚愧；四、不放逸；五、遠離；六、少欲；七、知足；八、心不繫著；九、不樂世樂；十、忍辱。其次又說明修習四如意足、五神通之法。

延伸閱讀

《坐禪三昧經》：讓我們得到所有禪法的鞏固基礎。

《禪密要法經》：對禪密要法的深密體悟。

《法華經》：讓我們體證、現證圓滿成就教法。

86 無上依經

Anuttarāśraya-sūtra

經名解釋

本經敘述佛身相好及特德巍巍不可思議，為人天大福田，為無上依止之處，故名為「無上依經」。

版本

各種版本說明：本經之梵文原典未明，有三種漢譯本。

（一）梁紹泰三年（或言陳永定元年）所譯之本經。

（二）《佛說未曾有經》一卷，譯出年代為東漢，然譯者不詳。

（三）《甚希有經》一卷，唐貞觀二十三年由玄奘三藏所譯。此中，第二、三兩譯本之內容，幾乎完全相同，均與本經的序說相應，且極簡潔。

通用版本：本經為梁．真諦所譯，全文共二卷，收於《大正藏》第十六冊（T16, No. 669）。

簡介

本經敘述造佛像、佛塔的功德，及佛陀的三十二相、八十種好，及十八不共等特德。

本經為繼《涅槃經》、《勝鬘經》等經之後，主張如來藏思想的經典。世親的《佛性論》及堅慧的《究竟一乘寶性論》等，都多處引用本經，在大乘教理史上，有關法身論、佛性論等的發展，本經占有重要地位。

全經結構

本經內容包含：〈校量功德品〉、〈如來界品〉、〈菩提品〉、〈如來功德品〉、〈如來事品〉、〈讚嘆品〉、〈囑累品〉等七品。敘述造佛像的功德，並說明了佛的三十二相、八十種好、六十八法、十八事等功德。

〈校量功德品〉可說是全篇的序論。第二品〈如來界品〉承前品而以「如來乃希有不可思議」為造佛像之功德較勝的理由，又將其分成四種加以說明。說如來界的性質，為不生不滅常恆寂住本性清淨，更將其與煩惱相連，而說有如下的三種相。第三〈菩提品〉則分成十種項目來說明菩提。第四〈如來功德品〉，則舉百八十不共法以說明如來之功德不可思議，所謂的百八十不共法，若大略分別之則為三十二相、八十種好和六十八法。第五品〈如來事品〉舉無比最妙的十八種利益說明如來事之不可思議。第六、第七品都可謂是結論，其中的〈讚嘆品〉則由聞佛之說法而歡喜踴躍的阿難，以清淨心讚美如來的偈頌而成的。於最後之〈囑累品〉，如來將本經付囑予阿難，名此經為無上依、未曾有，且命作攝善法、清淨行、究竟行。

延伸閱讀

《金光明經》：體會一位究竟智慧者所展現出的圓滿教法。

《楞伽經》：展現在甚深清淨心性當中，修證圓滿的過程。

《小品般若經》：讓我們依據般若的修持，來成證圓滿開悟。

87 佛本行集經

Abhiniṣkramaṇa-sūtra

簡名

《本行集經》。

經名解釋

本經是以曇無德部所傳的佛傳為主，集合摩訶僧祇、薩婆多、迦葉維（一作迦葉遺，迦葉惟）、尼沙塞（一作彌沙塞）四部所傳，以及《譬喻經》等異說而成的一部綜合佛傳，並以曇無德部的《釋迦牟尼佛本行》的經名為本書名，而稱為《集經》。

版本

各種版本說明：印度古來部派佛教中曇無德等五部戒律並行的地點大約在烏仗那等一帶（見《西域記》卷三、《南海寄歸傳》卷一），所以這樣綜合五部律師之說來集成一書，可能也在那些地方。現在還未發現其他梵本。

通用版本：本經為隋・闍那崛多所譯，全文共六十卷，收於《大正藏》第三冊（T03, No. 190）。

簡介

本經敘述佛陀誕生、出家、成道等事蹟，及佛弟子歸化之因緣，是佛陀一生行道的足跡，可以作為修行者典範。

本經可說是佛傳相關經典中集大成者，除了本經之說法，並保存了各部律藏有關佛傳的異說：

《佛所行贊》：摩耶夫人見所生子端正如天童，過喜不自勝，命終生天上，可在本經卷一中查見。

《過去現在因果經》：知優婁頻螺迦葉心念，往詣北鬱單越七日七夜停彼不現，可見於本經卷四。

《中本起經》：迦蘭陀施佛竹園，則和本經的迦葉維師說相似。

《佛本行集經》保存了各部律藏有關佛傳的異說。

本經原典至今尚未發現，而漢譯本之修辭文飾甚少。歷史記載原有彥琮制序，今已佚失。

全經結構

本經是佛傳中內容最繁博的一種，共有六十品。

其內容分三部六十章。第一部敘述佛陀之本生譚，即發菩提心生於兜率天，託胎於摩耶夫人，計有五章。第二部言佛陀誕生、學習、結婚生子，至懷抱出世思想之在俗期；出家後，訪仙苦行之出家修行期；以及成道後初轉法輪之成道期。以上三期計有三十二章。第三部則是記傳道、教化生活，即記弟子列傳之傳道期，計有十五章。

內容大體分成兩部分：第一部分三品，從〈發心供養品〉到〈賢劫王種品〉，敘述有關釋迦牟尼佛出身的兩種世系：

（一）宗教中佛佛相傳的法統，（二）世俗中王室相傳的王統。第二部分五十七品，從〈上托兜率品〉乃至〈阿難因緣品〉，敘述佛陀的生平事蹟到成道後行化說法六年為止，以及一些過去的因緣，連帶敘述六年中所教化弟子的事蹟與因緣。

第一部分法統中又集合四個系統：（一）從三十億同號「釋迦如來」的一組起直到一位名「示誨幢如來」的一組止，除中間八萬八千億辟支佛不計外，共列十六組佛的法統，大都是釋迦佛往昔當轉輪聖王時所遇到而曾經供養的。同時也有彌勒菩薩往昔所供養的。

第一部：從《發心供養品》到《賢劫王種品》，敘述關於釋迦牟尼佛出身的世系，即發菩提心生於兜率天，托胎於摩耶夫人，共計五章。

第二部：從《上托兜率品》乃至《阿難因緣品》，敘述佛陀托胎、降生、學藝、競婚的生平事蹟。略分為懷抱出世思想的在俗期、出家後，訪仙苦行的出家修行期，以及成道後初轉法輪的成道期。以上三期計有三十二章。

第三部：則是記傳道、教化生活，即記弟子列傳的傳道期，計有十五章。

延伸閱讀

《悲華經》：讓我們能夠透觀如來從發心到修證圓滿過程的最深密意。

《六度集經》：看到佛陀生生世世教化眾生的因緣。

《觀佛三昧海經》：了解佛陀成就之後，其甚深三昧所展現的廣大成就。

88 摩訶般若波羅蜜道行經

Aṣṭasāhasrikā-prajñāpāramitā-sūtra

簡名

《道行般若波羅蜜經》、《道行般若經》、《般若道行品經》。

版本

各種版本說明： 據《出三藏記集》卷七所收「本經後記」，知本經係於東漢靈帝光和二年（一七九）十月譯出，但據《開元釋教錄》《貞元新定釋教目錄》等記載，本經是在光和二年七月八日譯出，今用後者。其梵本為竺朔佛所攜來。

本經有五種異譯本：

（一）《大明度經》，為吳．支謙所譯。

（二）《摩訶般若鈔經》，為前秦．曇摩蜱、竺佛念所共譯。

（三）《小品般若波羅蜜經》，為姚秦．鳩摩羅什所譯。

（四）《大般若經》第四分（《八千頌般若經》，Aṣṭasāhasrikā Prajñāpāramitā Sūtra），為唐．玄奘所譯。

（五）《佛母出生三法藏般若波羅蜜多經》，為宋．施護所譯。

其中以支謙的譯本與本經最近似，施護的譯本則與現存梵文八千頌般若（梵名 Astasāhasrikā-prajñāpāramitā）及西藏譯本，其分品完全相同。

本經的註疏有：東晉．支遁所著的《道行指歸》、東晉．道安所著的《道行品集異注》《道行指歸》、竺僧敷所著的《道行義疏》，今皆不傳。

通用版本：本經為後漢．支婁迦讖所譯，全文共十卷，收於《大正藏》第八冊（T08, No. 224）。

簡介

闡明各種般若波羅蜜的實相教法，及受持奉行之功德。經中並詳細說明種種不利於修學般若教法的障礙魔事，應行能增長體悟般若教法的功德利行，及古來修學的菩薩典範等。

本經屬於早期般若系的經典，從本經譯文的風格，可以窺見格義佛教時期的不同經典譯文風貌，佛經漢譯過程的演化。

全經結構

本經全文共十卷，分為三十品。開場是佛陀在和弟子、比丘、無數菩薩齊聚的大會中，要須菩提說說般若波羅蜜的實相。舍利弗聽到，對為什麼由須菩提來說感到好奇，於是和須菩提展開談論。此後全經不斷經由須菩提和其他人的談論，以及佛陀對大家的說法，從各個面向來解釋「般若波羅蜜」的實相，以及功德。

〈道行品第一〉、**〈難問品第二〉**敘述佛陀與須菩提、舍利弗等諸大聲聞弟子及諸大菩薩，共聚大會講說般若波羅蜜法，闡明一切法不可得而行一切法之理。帝釋天王釋提桓因也率諸天子前來與會聞法。

〈功德品第三〉、**〈漚惒拘舍羅勸助品第四〉**釋提桓因讚嘆般若波羅蜜，視行般若波羅蜜之菩薩如佛。彌勒菩薩、須菩提尊者、釋提桓因，與佛陀共論菩薩以無所得心迴向於無上菩提，而行一切法，功德最為上之理。

〈泥犁品第五〉敘述於般若波羅蜜能信解受持者，甚為可貴。並說於般若波羅蜜作障礙因緣者，所致種種惡果報。

〈清淨品第六〉敘述不著於五蘊，於一切皆不著，是為淨，是為行般若波羅蜜。

〈嘆品第七〉、**〈持品第八〉**敘述彌勒菩薩成佛時，亦如是說般若波羅蜜。五蘊等清淨故，般若波羅蜜清淨。敘述菩薩不住於五蘊，行般若波羅蜜。

〈覺品第九〉說明於般若修行時應覺知種種障礙魔事。

〈照明品第十〉以母親病時，眾子憂心做為譬喻，敘說十方諸佛皆念如其母般若般羅蜜。

〈不可計品第十一〉、**〈譬喻品第十二〉**說明諸法恰如　空無作無相，常住不變。並以海土難為譬喻，如果不能證得般若波羅蜜，在中途就會退失而墮於二乘。

〈分別品第十三〉、**〈本無品第十四〉**闡明諸法甚深，不來不去，不可得、無障礙。並說因般若力可不墮於二乘，最後說明「如是三乘如中無差別」，滙歸於一佛乘。

〈阿惟越致品第十五〉本品闡明阿惟越致相，即使是惡魔化作沙門，意圖迷惑菩薩，菩薩仍然不為所動。

〈怛竭優婆夷品第十六〉、**〈守空品第十七〉**佛陀闡明阿惟越致菩薩之甚深功德，並授記怛竭優婆夷當來之世成佛因緣。

〈遠離品第十八〉、**〈善知識品第十九〉**、**〈釋提桓因品第二十〉**以上闡明阿惟越致菩薩相及其應遠離之魔事。勸發菩薩應行六波羅蜜行。

〈貢高品第二十一〉、**〈學品第二十二〉**、**〈守行品第二十三〉**、**〈強弱品第二十四〉**、**〈累教品第二十五〉**、**〈不可盡品第二十六〉**、**〈隨品第二十七〉**以上闡明菩薩若遠離般若波羅蜜、貢高我慢，惡魔遂得其便。菩薩若學習一切智，則能獲種種功德利益，不生煩惱心、慳心等，能獲大利益，為諸佛所護念。

〈薩陀波倫菩薩品第二十八〉、**〈曇無竭菩薩品第二十九〉**、**〈囑累品第三十〉**敘述二位修學般若波羅蜜的菩薩典範行持。最後佛陀付囑阿難尊者守護流布此經。

延伸閱讀

《楞嚴經》：了解從清淨心性，到用圓滿智慧發心，來修證成就圓通法門的過程。

《仁王般若經》：理解智慧跟整個國家、國土相互之間清淨圓滿的甚深因緣。

《大品般若經》：更完整的體會一切般若真實的實相。

89 諸佛要集經

Buddha-savgīti-sūtra

簡名

《要集經》。

經名解釋

本經為佛陀宣說六種要集法：諸法空、諸法常住、初發菩薩心、六度無極、菩薩十地所入處、佛不可得，而以「諸佛要集經」為經名。

版本

目前考古學上發現最早紀年漢文佛經，為新疆吐魯番地區出土，元康六年（二九六）的《諸佛要集經》寫本殘片距今已有一千七百多年的歷史，是世界上已知最早的漢文佛經。

版本

通用版本：本經為西晉．竺法護所譯，全文共二卷，收於《大正藏》第十七冊（T17, No. 810）。

簡介

本經敘述佛陀在摩竭陀國弘化，因眾生不肯聽聞奉行，佛陀因而於帝樹石室中入定三個月，以神通力至普光世界天王佛處，宣說諸佛要集之法。

本經中的一段描寫，成為禪門參究「女子出定」的公案：文殊菩薩傾其神力，未能動搖天王如來右側之離意女入定一事，最後由下方世界的罔明菩薩於離意女面前作一彈指，離意女即從定中而出。

文殊菩薩為過去七佛之師；相較之下，罔明菩薩只是初地菩薩。這種與常理思惟不符的情境，引發大眾的疑情。

全經結構

本經敘述佛陀在帝樹石室中入定三個月，以神通力至普光世界天王佛處，宣說諸佛要集之法，佛陀所宣說之要集法有六：（一）諸法空，（二）諸法常住，（三）初發菩薩心，（四）六度無極，（五）菩薩十地所入處，（六）佛不可得。

《諸佛要集經》是一部法義十分深遠的經典，共分為上下二卷，以下簡介內容大要：

一、說法因緣

本經首先宣說佛陀在因沙舊的石室（又名帝樹石室）入定三個月。佛陀之所以會在帝樹石室中入定三個月，是因為當時佛陀察覺四眾弟子不精進，不肯讀誦如來法教、聽聞經典，修行退墮。因四眾弟子不精進之緣由，佛陀就準備前往他方國土與諸佛眾會。

佛陀自念：我不自現形到他方國土，共與諸佛宣講諸佛之要集。所以諸佛要集這部經典就是因為這個因緣而來。

後來佛陀觀察：眾多諸佛世尊要在東方八萬四千億諸佛世界外的普光世界聚會，普光世界的佛陀名稱為天王如來，現在說法。

佛陀要離開前往普光世界前就交代阿難，要為大眾宣講甚深的教法：十二因緣，四聖諦、八正道、四意止、三十七道品……等等諸多法要，而這些法要都是基於甚深空性來解說、宣講。

佛陀教敕阿難後，進入了帝樹石室中，佛陀便變身到了天王如來的普光世界。這時候十方佛土的諸佛，也同樣因為其佛國中有很多的眾生，在五濁惡世中，也都是不精進，不聞法、不修行，所以十方諸佛都用不可思議的善權方便前往普光世界的天王佛所講說分別諸佛的要集。

二、「諸佛要集」的深義

什麼是諸佛的要集呢？如經中所說「諸佛世尊，所載眾行以備無所，復進最後究竟，愍愛眾生故」、「則如真諦遵崇諸法。何謂諸法？一切諸法悉為一法，此諸法者亦無有法亦無非法、亦不可說……何謂遵？諸法常住住於法界，能奉行如是法者，是謂為遵」，整部經典就是以諸佛要集為核心，但是諸佛要集的核心都是以甚深的畢竟空來解說。

諸佛要集經中也談到，諸佛要集不止是修證最後的境界，也是初發心菩薩的言教，說明了甚麼是初發心菩薩。又若初發菩提心菩薩者堅固其意，於此菩薩的發心當猶如金剛。經中分別解說菩薩發心有十種行為堅固猶如金剛。菩薩另有六種發心，奉行布施、持戒、忍辱、精進、禪定、般若六波蘿蜜，這六般若羅密，包含了世間與出世間的修行。

諸佛要集經中提到菩薩地所入之處，一住、二住、三住，乃至十住菩薩，十住菩薩，等同於十地的菩薩，這裡面講說十地菩薩所行，諸佛要集其實就是在講空，一切甚深的空性。

三、離意女入定因緣

卷下描寫在天王如來的普光世界，諸佛共說無上的諸佛要集深法，文殊菩薩在娑婆世界，也要去普光世界參與這法會，但是邀約彌勒菩薩等諸位菩薩，卻無人同行，於是文殊菩薩只好隻身前往天王如來的普光世界。

本經中有一個離意女出定的故事，後來成為禪宗重要的公案「女子出定」。有一個叫作離意女在天王如來的右面，離意女入於普月離詬光明三昧正受禪定，入定安住在天王如來的右面，文殊菩薩看到離意女在天王如來的旁邊入定，感覺不恰當，於是想請她起定，天王如來示意文殊菩薩可自行導引離意女起定，不料文殊菩薩竭盡神力，甚至動搖了三千大千世界，還是無法使離意女出定。最後天王如來令棄諸陰蓋菩薩（即除蓋障菩薩）來此，彈指才使此女出定。

在本經《諸佛要集經》中，佛陀告訴文殊菩薩：「往昔你因離意女而初發心，而此女人因棄諸陰蓋菩薩而初發心，因此你無法使她出定。這是因為你於諸佛三昧中功未滿。是諸菩薩三昧中得自在，佛三昧中少多入，但尚未得自在，所以才會如此。」龍樹菩薩在《大智度論》中也說：「有二種三昧：一者、佛三昧，二者、菩薩三昧。是諸菩薩於菩薩三昧中得自在，非佛三昧中。」

四、咐囑與流通

彌勒菩薩讚嘆本經深妙，發願廣為流布此經。

延伸閱讀

《四十二章經》：了解佛法中的基本要旨。

《正法念住經》：理解如何以身、語、意的清淨修行來悟入佛法的實相。

《藥師七佛經》：體悟正法修持者的發心、發願與諸佛願心相應的因緣。

90 諸法無行經

Sarva-dharmāpravṛtti-nirdeśa-sūtra

經名解釋

本經以佛陀宣說：邪見諸愛慢、嫉妒瞋恚性即是道，煩惱與般若空不二之理，如人於夢中行業，而實無所行，故名「諸法無行經」。

版本

本經經由文宣王的抄經而廣為流布，到隋譯為止，重合三譯，更以《佛說大乘隨轉宣說諸法經》而由宋．紹德等譯成第四譯，由此事可知大乘法門的流行狀況。尤其，在日本佛教方面，當比叡山天台宗新僧團獨立之際，此經便成顯戒論主張的重要典據。亦可視為使大乘僧團得以獨立的根源經典。

各種版本說明：

（一）《佛說諸法本無經》，為隋．闍那崛多所譯。

（二）《佛說大乘隨轉宣說諸法經》，為宋．紹德等所譯。

以上譯本也收於《大正藏》第十五冊。

通用版本：本經為姚秦．鳩摩羅什所譯，全文共二卷，收於《大正藏》第十五冊（T15, No. 650）。

簡介

本經敘述佛陀安在王舍城耆闍崛山中，共大比丘僧及菩薩等數萬人共聚說法，其中師子遊步菩薩見是大會因緣具足，啟問佛陀：邪見諸愛慢、嫉妒瞋恚性即是道，般若性空不二之理。諸法實相，超越善惡、有無等對立分別，本經以般若空思想之立場，破除眾生心中有無、染淨、善惡等種種分別，闡明中道第一義實相。

全經結構

本經敘述佛陀與師子遊步菩薩、文殊菩薩等問答。說一切法性，畢竟空寂。

一、說法因緣

本經是佛陀在靈鷲山上，與比丘及菩薩共聚，由師子遊步菩薩說偈啟問，請佛陀宣說諸法畢竟空、如響無作者、無生無無生的甚深之法。

佛陀說這法太深奧了，甚為稀有，一切世間知所難行，所以告訴他：「止止勿問。」恐怕新發意菩薩，於此空見、無相見等深法，不但無法信受，還可能會斷善業，於佛道中則行邪道。就像佛陀當初要宣說法華經時，開始前的三止三請。

二、宣說甚深空義的第一諦法

但是師子遊步菩薩還是祈請佛陀述說這個甚深的法要。並說：「如是諸菩薩，雖隨眾生所能信解，以方便力而為說法，而自信解一相之法，所謂空、無相、無作、無生、無所有、無取相。世尊！惟願說是不可思議方便之法，一切聲聞、辟支佛與新發意菩薩所不能及，但為信解甚深一相法者說之。」

佛陀於是答應其請求而說法，並以偈領宣說：「若人欲成佛，勿壞於貪欲，諸法即貪欲，知是則成佛。貪欲及恚癡，無有能得者，是法皆如空，知是則成佛。」染淨不二的空、無相甚深法義。

三、以甚深空義觀四聖諦、四念處、八正道等道品

佛陀以甚深空義來解說四聖諦：「若行者能見一切法即是無生性，是名見苦。若能見一切法不集

不起，是名斷集。若能見一切法畢竟滅相，是名證滅。若能見一切法無所有性，是名修道。」

及真觀四念處法門：

「若行者見身如虛空，是為身念處；

若行者見受不得內外兩間，是為受念處；

若行者知心唯有名字，是為心念處；

若行者不得善法不得不善法，是為法念處。

文殊師利！應如是觀四念處。」

文殊菩薩又啟問佛陀，應如何觀八聖道分？

佛陀告訴文殊師利：

「若行者見一切法平等無二無分別，是名正見。

見一切法無思惟無分別，以是見故是名正思惟。

見一切法無言說相，善修語言平等相故，是名正語。

見一切法不作相，作者不可得故，是名正業。

不分別正命邪命，善修習平等命故，是名正命。

不發不起一切法，以無所行故，是名正精進。

於一切法無所憶念，諸憶念性離故，是名正念。見一切法性常定，以不散不緣不可得故，是名正定。」

佛陀說：「若行者能如是見四聖諦、四念處、八聖道分、五根、七菩提分，我說是人名為已得度者，到於彼岸。」

四、貪瞋痴性不可得

文殊菩薩啟白佛陀：「世尊！一切諸佛皆入貪欲平等法中故，遠離諍訟通達貪欲性故。世尊！貪欲即是菩提。何以故？知貪欲實性說名菩提，是故一切諸佛皆成就貪欲，名不動相。世尊！一切諸佛皆成就瞋恚，名不動相。」

文殊菩薩以道性不可得故，自稱是「三毒所覆」、「外道」、「邪行人」說是法時萬天子皆得無生法忍。

當時有一位喜根比丘法師，不稱讚少欲知足細行獨處，但教眾人諸法實相，所謂一切法性即貪欲之性，貪欲性即是諸法性。

喜根菩薩於眾僧前，宣說如下諸偈：「貪欲是涅槃，恚癡亦如是，如此三事中，有無量佛道。若有人分別，貪欲瞋恚癡，是人去佛遠，譬如天與地。」

佛陀告訴文殊師利菩薩：「若得佛十力，若有聞是經者，等無有異；若得無生法忍，聞是經者亦等無異。」

延伸閱讀

《不必定入定入印經》：理解利根、鈍根與中根菩薩的發願修行，與其頓悟與漸悟的修證，更能掌握修證最迅疾的因緣。

《無上依經》：從諸法無行的深智當中，乃至依止無上的佛陀成就福智的因緣。

《大方等大集經》：讓我們透過大乘心要的諸法修行來證悟圓滿。

91 金剛三昧經
Vajra-samādhi-sūtra

經名解釋

金剛三昧為能通達一切諸法之三昧（即定）。因其堅固能斷破一切煩惱，猶如金剛堅固能摧破他物，所以稱為「金剛三昧」。

版本

各種版本說明：本經之西藏本乃譯自漢本。又本經有三種註疏：

（一）《金剛三昧經注解》，為明．圓澄所撰。

（二）《金剛三昧經論》，為新羅國元曉所述。

（三）《金剛三昧經通宗記》，為清．寂震所撰。

通用版本：本經譯者名已佚失，全文共一卷，收於《大正藏》第九冊（T09, No. 273）。

簡介

本經敘述佛在王舍大城耆闍崛山中，與舍利弗、大目犍連、須菩提等大阿羅漢比丘，及解脫菩薩、心王菩薩、無住菩薩等，還有天龍八部眾等六十萬億大眾集會。佛陀為諸大眾宣說《一味真實無相無生決定實際本覺利行》大乘經典，後入於金剛三昧。

本經雖然僅僅一卷，但卻已賅攝如來藏、無相波羅蜜，及菩薩禪法等各種大乘思想，實在是菩薩出世度人之法寶。

全經結構

本經為佛陀在王舍城靈鷲山上，為無量大眾集會，宣說《一味真實無相無生決定實際本覺利行經》，並說，如果聽聞此經，乃至受持四句偈，此人則為入佛智地，能以方便教化眾生，為一切眾生作大知識。於是佛說此經已，即正身端坐，結跏趺坐，入於金剛三昧，身心不動。在《涅槃經》卷二十四中說：「菩薩摩訶薩！修大涅槃，得金剛三昧，安住是中，悉能破散一切諸法。」

本經共分為八品：

〈序品第一〉一時，佛陀於靈鷲山上與大眾共聚說法，以舍利弗為首的阿羅漢萬餘人，及解脫菩、梵行長者、天龍八部眾等數十萬億。佛陀為大眾「一味真實無相無生決定實際本覺利行經」，後，跏趺坐入金剛三昧。

〈無相法品第二〉佛陀從三昧起，解脫菩薩啟問，請佛為末世眾生宣說一味決定真實，使眾生等同解脫。佛陀宣說一切心相本來無本，本無本處，空寂無生，若心無生即入空寂，空寂心地即得心空。無相之心無心、無我，一切法相亦復如是。

佛陀並教以一切眾生若有我者、若有心者，令觀十二因緣覺令彼眾生出離斯縛，及如何行六波羅蜜無相無為等要義。

〈無生行品第三〉本品由心王菩薩啟問佛陀，云何有生，得無生忍？

佛陀為其闡明「無生法忍法本無生，諸行無生非無生行，得無生忍即為虛妄。」之要義。

〈本覺利品第四〉大會中的無住菩薩，聞佛所說一味真實之法不可思議，從較遠的坐位走近前來，親近如來座，專念諦聽，入清白處，身心不動。

爾時，佛陀問無住菩薩：「汝從何來？今至何所？」

無住菩薩回答：「尊者！我從無本來，今至無本所。」

佛陀讚嘆：「汝本不從來，今本不至所。汝得本利不可思議，是大菩薩摩訶薩。」

接著應無住菩薩啟問請問佛陀，如何使一切眾生煩惱情識轉入清淨佛性，佛陀告訴他：「一切眾生本覺，常以一覺覺諸眾生，令彼眾生皆得本覺，覺諸情識空寂無生。何以故？決定本性本無有動。」

〈入實際品第五〉大會中有一位名為大力的菩薩名請問如來：「五空出入無有取捨。云何五空而不取捨？」

佛陀告訴他：「五空者：三有是空、六道影是空、法相是空、名相是空、心識義是空。菩薩！如是等空，空不住空，空無空相，無相之法，有何取捨？入無取地，則入三空。」並闡明三空、二入、六行等義理。

〈真性空品第六〉舍利弗尊者請問佛陀，如果修菩薩道無有名相，三戒無儀。如何攝受為眾生說？

佛陀回答：「善不善法，從心化生。一切境界，意言分別，制之一處，眾緣斷滅。何以故？善男子！一本不起，三用無施；住於如理，六道門杜；四緣如順，三戒具足。」以下闡明四緣如順及三戒具足之理，並與舍利弗尊者對答「不住事相，不無功用，具三十七道品法」的深義。

佛陀說：「四念處、四正勤、四如意足、五根、五力、七覺分、八正道等，多名一義，不一、不異。以名數故，但名、但字，法不可得。不得之法一義無文，無文相義，真實空性。」

〈如來藏品第七〉本品由梵行長者從本際起，啟問如來「一切法數無量無邊，無邊法相一實義性唯住一性」之理。佛陀以大海與眾流為譬喻，一味實義如一大海，一切眾流無有不入。一切法味猶彼眾流，名數雖殊，其水不異。若住大海則括眾流，住於一味則攝諸味。

〈總持品第八〉地藏菩薩從眾中起至于佛前，合掌胡跪請問佛陀：「一切諸法云何不緣生？」

佛陀以偈頌回答：

「若法緣所生，離緣可無法。

云何法性無，而緣可生法？」

後阿難啟問佛陀，應云何名此經？何種人應受持此經？受持功德為何？

佛陀回答：此經名《攝大乘經》、又名《金剛三昧》、又名《無量義宗》。若有人受持是經典者，即名受持百千諸佛如是功德，譬如虛空無有邊際不可思議。

受持是經者，是人心無得失，常修梵行。若於戲論，常樂靜心；入於聚落，心常在定；若處居家，不著三有。

是人現世有五種福：一者、眾所尊敬，二者、身不橫夭，三者、辯答邪論，四者、樂度眾生，五者、能入聖道。

最後佛陀咐囑大眾流通本經。

延伸閱讀

《大方等大集經》：由此經來悟入真實金剛三昧的意旨。

《無量義經》：體悟如來教法的無量深義。

《法華經》：從中體悟諸法境界究竟的真實樣貌。

92 寶雲經

Ratna-megha-sūtra

經名解釋

本經描寫除蓋障菩薩帶領無量菩薩從東方的蓮華自在淨土，前來印度伽耶山參訪釋迦牟尼佛。當菩薩大眾抵達山頂時，發生了種種瑞象，虛空中出現種種不可思議的寶雲降下諸寶物供養：蓮華雲雨下蓮華、妙果雲雨下各種妙果、華鬘雲雨下美麗的華鬘、香雲雨下種種妙香、衣服雲雨下種種美好衣服、寶蓋雲雨下種種莊嚴寶蓋……如是各種眾雲雨下不同妙好供養，因而本經名為「寶雲經」。

版本

各種版本說明：本經有三種異譯本：

(一)《大乘寶雲經》，為梁．曼陀羅仙與僧伽婆羅所共譯。

(二)《佛說寶雨經》，為唐．達摩流支所譯。

（三二）《佛說除蓋障菩薩所問經》，為宋．法護所譯。
梵本不傳，但是在梵本菩薩學論中，有引用到本經的部分。
通用版本：本經為梁．曼陀羅仙所譯，全文共七卷，收於《大正藏》第十六冊（T16, No. 658）。

簡介

本經敘述菩薩所具備之德行，經中有東方蓮華眼佛世界除蓋障菩薩來到娑婆世界，以一百二十個問題請教佛陀，而每一個問題佛陀都以十法回答，形成細密而具體教導菩薩行的法門。

本經敘述佛陀應除蓋障菩薩所問，為眾人開示菩薩道之次第，並解說菩薩之修持、功德、本質、證量與事業。佛陀於此經中使用了許多譬喻故事來解釋甚深的教義，其中關於禪修、空觀以及心性的內容被廣泛引用於印度及西藏諸論著中。

全經結構

本經敘述佛陀應除蓋障菩薩所問，為眾人開示菩薩道之次第，並解說菩薩之修持、功德、本質、證量與事業。

除蓋障菩薩率領無量菩薩，從東方蓮華自在世界來到人間參訪釋迦牟尼佛，以菩薩如何布施、持戒、忍辱、精進、禪定、智慧、方便、願、力、智等十波羅蜜，及菩薩如何像大地、像水、像火等一百零二個菩薩行問題，啟問佛陀。

佛陀以善巧的譬喻為其解說菩薩行：

〈菩薩譬如日出〉「善男子！菩薩復有十法名為如日。何等為十？能除無明黑闇、能令信心開敷、能令十方周匝皆暖、能令善法生長、能令有漏滅沒、能作照明、能使邪道異見蔽障不現、能令高下丘坑悉顯、能令善業皆悉得起、能令智者喜樂愚者增惡。」

〈菩薩譬如獅子〉「善男子！菩薩復有十法譬如師子。何等為十？無所畏、不畏大眾、去終不還、能師子吼、具足辯才、樂處林野、在於山窟、摧伏大眾、具勇猛力、善能守護。」

〈菩薩譬如蓮華〉「如蓮華開敷能令眼見快樂、香氣充滿、身觸柔軟、心得喜悅、則意受樂；菩薩摩訶薩亦復如是，智慧成熟、慧光明相，能令見時眼得清淨、聞時耳得清淨、戒香遠聞鼻得清淨、觸身供養身得清淨、思惟功德意得清淨。」

延伸閱讀

《金光明經》：體悟如來的究竟實相與法界演化的因緣。

《華手經》：此經完整展現菩薩道。

《悲華經》：讓我們理解如來從發心到成道的過程而有所依止。

93 蘇婆呼童子請問經
Suvāhu-paripṛcchā-sūtra

簡名

《蘇婆呼童子經》、《蘇婆呼請問經》、《蘇磨呼律經》、《蘇磨呼經》。

經名解釋

蘇婆呼（Subahu）童子，譯作妙手或妙臂菩薩，由於本經由此童子啟問，而以此為經名。

版本

本經為輸波迦羅（別名：善無畏）所譯，為密教祖師之一，東印度烏荼國人，十三歲嗣位，因內亂而讓位出家，至南方海濱，遇殊勝招提，得悟法華三昧。復至中印度那爛陀寺，投達摩鞠多，學瑜伽三密之法，盡得其傳。唐開元四年（七一六）至長安，玄宗禮為國師，詔住興福寺南塔院。譯經出《虛空藏求聞持法》、《大日經》、《蘇婆呼童子經》等。

各種版本說明：宋．法天所譯的《妙臂菩薩所問經》為此經的異譯本，但該經有四卷十二品，其品名與本經不同，收於《大正藏》第十八冊（T18, No.896）。

此外，在《大正藏》第十八冊另收一別本，譯者不詳，亦題為《蘇婆呼童子請問經》，但分為二卷十三品，品名及內容亦與本經有異。

通用版本：本經為唐．輸波迦羅所譯，全文共三卷，收於《大正藏》第十八冊（T18, No. 895）。

簡介

本經述及持誦真言者之身、口、意三業的戒法及滅罪法，除障之法，蘇婆呼童子請問經，讓修行者完整理解密法的修法內容與作用。

全經結構

本經敘述對於蘇婆呼之問，而說示有關修法之諸種事項的經典。

上卷

〈律分品第一〉蘇婆呼童子祈請執金剛手之許可而問，對童子所舉七十七個問題，執金剛首先開示持誦真言者之身、口、意三業之戒法，及滅罪法。

〈分別處所分品第二〉在前問中，對於不得處所或處所不淨等問，而明示應選擇真言行者之所住處及族姓。

〈除障分品第三〉對於前之結界是否為不如法？或於大供養因魔得便等等之問，而說示念珠、禮拜、食物等，廣答除障之法。

〈分別金剛杵及藥證驗分品第四〉對於是否不具上法及結界不如法、護身不如法及藥味不周備等之問，執金剛明示金剛杵造作法，及十七種相應物之藥分成就法及其之驗證，和障礙鬼神，障礙的種類及供養法等。

中卷

〈分別成就相分品第五〉執金剛主對於因上述真言字句或有加減故、漱口不淨、洗淨不如法等問題，而詳說護摩、成就相應之十種類等。

〈念誦真言軌則觀像印等夢證分品第六〉明示念誦真言之軌則，若行人之心散亂，則觀本尊或手印等之法，及夢之好相七十五種。換言之，此品列舉行者修行之精要，如依教而修，必成就悉地。

〈悉地相分品第七〉對於妙臂童子的請問，明示斷食、持戒，及溫氣、煙烟相和火光三種悉地相。

〈下鉢私那分品第八〉說示請降鉢私那，依附於人，以此來判別三世、吉凶、禍福、善惡等事。

〈分別遮難分品第九〉明示業報、懺悔滅業、不更造罪、不禮拜雜類天神。

下卷

〈分別道分品第十〉首先辯八正道、持戒、其次說示護摩作法。

〈分別諸部分品第十一〉敘述諸明王、諸天，及其真言。

〈分別八法分品第十二〉敘述成真言法、成金水法、成長年法……等之八成就法，澡浴、淨手之法。其次，明示十三蛇毒、鬼魅病苦，及療治法、滅罪法。

延伸閱讀

《大日經》：完整體會密法的根本。

《金剛頂經》：了解大日如來展現密法的究竟實相。

《楞嚴經》：了解依於一切的因緣，能夠入於究竟圓通的深密要旨。

94 觀世音菩薩授記經

Avalokiteśvara-bodhisattva-mahāsthāma-prāpta-bodhisattva-vyākarana-sūtra

簡名

《觀世音授記經》、《觀音授記經》。

經名解釋

本經敘述觀音菩薩、大勢至菩薩從極樂世界來到鹿野苑，聽聞佛陀說法。在法會上，佛陀也敘說二位菩薩往昔發心因緣，並授記觀世音菩薩未來將於極樂世界補處成佛，因此本經名為「觀世音菩薩授記經」。

版本

劉宋永初年間（四二〇—四二二），招集同志僧猛、曇朗等二十五人，備幡蓋供養之具，往西域求經。後於罽賓國求得《觀世音授記經》梵本一部，歸國後在揚州譯出本經《觀世音菩薩授記經》。

各種版本說明：本經共有三種異譯本：

(一)《光世音大勢至受決經》，為西晉．竺法護所譯，已佚失。

(二)《觀世音授記經》，為西晉．聶道真所譯，已佚失。

(三)《如幻三摩地無量印法門經》，為宋．施護等所譯，內容大致上與曇無竭譯本相同，只有末後一段敘述有一女人發心，即轉身為男子而受菩提之記，此則為曇無竭譯本所未記載。

通用版本：本經為宋．曇無竭所譯，全文共一卷，收於《大正藏》第十二冊（T12, No. 371）。

簡介

本經敘述佛陀在鹿野苑為華德藏菩薩宣說如幻三昧，放光普照極樂世界，觀音菩薩、大勢至菩薩前來，佛陀為其宣說他們過去世發心的因緣，並授記其未來將於極樂世界補處成佛。

全經結構

本經初敘佛陀在波羅奈國鹿苑中，華德藏菩薩請問：菩薩如何得如幻三摩地，能以異常的力量教化眾生，速證菩提？佛陀宣說以無依止一法得如幻三昧時，彌勒菩薩、文殊菩薩，及極樂世界的觀世音菩薩和大勢至菩薩等六十大士，都證得此三昧。

佛陀並宣說觀音、大勢至二位菩薩發菩提心的因緣，佛陀為說過去久遠世中無量功德寶莊嚴普現妙樂世界有師子遊戲金光王佛，時有勝威王發心修行得無量印法門。一時生出二子，一名寶嚴，一名寶上。二童子見佛發菩提心。寶嚴童子即今觀世音菩薩，寶上童子即今大勢至菩薩，勝威王即今阿彌陀佛是。將來阿彌陀佛壽命不可稱計。涅槃之後，正法住世八萬四千那由他劫，然後觀世音菩薩次補佛處，並授記觀世音於阿彌陀佛滅度後，將於極樂世界成等正覺，號普光功德山王如來。

延伸閱讀

《法華經》：了解佛法究竟的實相。

《大悲心陀羅尼經》：理解觀世音菩薩，依於一切眾生的因緣，來救度的廣大威德方便。

《無量壽經》：讓我們能夠往生極樂世界依止觀世音菩薩修行。

95 思惟要略法經

簡名

《思惟要略法》、《思惟要略法經》、《思惟經》。

經名解釋

禪（梵文 Dhyāna），音譯為禪那、馱衍那，漢譯為：靜慮、思惟修、棄惡、功德叢林等。本經經名「思惟」即是指禪修之意，略要地教授各種禪觀法門，所以名為「思惟略要法」。

版本

通用版本：本經為姚秦．鳩摩羅什所譯，全文共一卷，收於《大正藏》第十五冊（T15, No. 617）。

簡介

本經內容從四無量心觀法到法華三昧觀法，是一篇略述十種觀法的禪經。

本經初說求佛道者應當先祛除貪、瞋、癡三病，破除亂想，進而修習四無量等禪觀，或是觀察五欲種種過患而證入初禪，用智、定祛除心垢，並依次略敘十種觀法。

其他禪經大都以根本禪法為主，在其後附加大乘禪法，本經則將大乘禪觀置於主要地位，是其獨特之處。

全經結構

內容所揭示的十種觀法為：

（一）四無量觀法、（二）不淨觀法、（三）白骨觀法、（四）觀佛三昧法、（五）生身觀法、（六）法身觀法、（七）十方諸佛觀法、（八）觀無量壽佛法、（九）諸法實相觀法、（十）法華三昧觀法。

本經內容雖然與《坐禪三昧經》、《五門禪經要用法》略有相同，但是本經中的「生身」、「法身」二觀，及「觀無量壽佛法」、「諸法實相觀法」以及「法華三昧觀法」，則是本經不同之處。

本經特別之處，是除了基本的五門禪觀之外，特別講授大乘禪觀「觀無量壽佛法」，「諸法實相觀法」以及「法華三昧觀法」。其中觀無量壽佛法受到《觀無量壽經》所影響，內容是以觀想念佛為主，是融攝了禪宗與淨土法門的禪觀。「法華三昧觀法」明顯的是以《法華經》中所說的方法做為禪觀修持。

延伸閱讀

《坐禪三昧經》：讓我們在禪法修證得到更好的基礎。

《禪密要法經》：於禪法的深密境界中，得致深刻的體悟。

《圓覺經》：在修證禪法時，成就菩薩禪法的廣大方便。

96 大般若波羅蜜多經

Mahā-prajñāpāramitā-sūtra

簡名

《大般若經》。

經名解釋

大般若波羅蜜多（梵語：Mahā-Prajñā-pāramitā），又稱為摩訶般若波羅蜜多、摩訶般若波羅蜜、般若波羅蜜，佛教術語。摩訶（mahā）言「大」；般若（prajñā）言「慧」；波羅蜜多（pāramitā）即波羅密（pāramit），言「到彼岸」、「度（渡）」或「菩薩至上法」。

「般若波羅蜜多」（梵語：Prajñāpāramitā）直譯為「以佛法的智慧到達解脫的彼岸」，代表由文字聞修而親證般若智慧，超越生死輪迴苦海，到達不生不滅的究竟解脫的境界。復次加「大」表其廣博無上。

版本

玄奘之前，已有若干般若經的漢譯，但是未能周備，所以玄奘大師乃集眾重譯，校合三種梵文原本，以嘉尚、大乘欽、大乘光、慧朗、窺基等人任「筆受」之職，玄則、神昉等人任「綴文」之職，慧貴、神泰、慧景等人任「證義」之職，於玉華宮寺，自高宗顯慶五年（六六〇）正月至龍朔三年（六六三）十月譯成。翌年二月，玄奘即示寂於玉華宮寺。

據《法苑珠林》卷一〇〇、《開元釋教錄》卷十一等所載，第一會的梵本共有十三萬二千六百頌。相當於現存的梵文十萬頌般若（梵語 Aṣṭasāhasrikā-prajñāpāramitā）。根據《大正藏》的對校，梵本凡有六章七十二品，內缺〈啼菩薩〉、〈法涌菩薩〉、〈結勸〉等三品，其餘諸品的開合與漢譯本相異處頗多。西藏譯的各版本亦多同於梵本，惟奈塘（藏語：Snar-than）版中具有〈常啼菩薩〉等三品，而共計七十五品。

第二會共有八十五品，共七十八卷。與第一會相較，文略而義同，各品的廢立亦異，並缺〈常啼菩薩〉等三品。相當於現存的梵文二萬五千頌般若（梵語：Pañcaviṃśatisāhasrikā Prajñāpāramitā），《法苑珠林》卷一〇〇、《開元釋教錄》卷十一等，亦載其梵本有二萬五千頌。西藏譯本分為七十六品，內有〈常啼品〉等。另據西明寺玄則所撰〈第二會序〉等載，西晉無羅叉所譯的《放光般若經》二十卷、竺法護所譯的《光讚經》十卷（缺後半）、姚秦鳩摩羅什所譯的《摩訶般若波羅蜜經》二十七卷（大品）等諸經，皆為此會的同本異譯。

據《法苑珠林》卷一〇〇、《開元釋教錄》卷十一載，第三會梵本有一萬八千頌。相當於西藏譯一萬八千頌般若（藏語：es-rab-kyiPha-rol-tu-phyin-pa khri-brgyad-stov-pa），西藏譯本共分八十七品，具有〈常啼菩薩品〉等。

據玄則〈第四會序〉、《法苑珠林》、《開元釋教錄》等所載，後漢．支婁迦讖所譯的《道行般若經》十卷、吳．支謙所譯的《大明度經》六卷、後秦．鳩摩羅什所譯的《小品般若波羅蜜經》十卷等諸經，都為此會的同本異譯（宋施護所譯的《佛母出生三法藏般若波羅蜜多經》二十五卷，亦與此會為同本），梵本共有八千頌。相當於現存的梵文八千頌般若。

第五會，《法苑珠林》及《開元釋教錄》等書，皆記載其梵本為四千頌。

第六會與陳月婆首那所譯的《勝天王般若波羅蜜經》七卷為同本。《法苑珠林》及《開元釋教錄》等，載其梵本共有二千五百頌。

第七會，相當於梵文七百頌般若（梵語：Saptaśatikā-prajñāpāramitā），不另立品名。此會與梁．曼陀羅仙所譯的《文殊師利所說摩訶般若波羅蜜經》二卷（收載於《大寶積經》第四十六會）、僧伽婆羅所譯的《文殊師利所說般若波羅蜜經》一卷為同本。《法苑珠林》、《開元釋教錄》等，載其梵本共有八百頌。

第八會與宋．翔公所譯的《佛說濡首菩薩無上清淨分衛經》二卷為同本。《法苑珠林》及《開元釋教錄》等，說其梵本共有四百頌。

第九會，相當於梵文金剛能斷般若波羅蜜多（Vajracchedikā-prajñāpāramitā）。此會與後秦．鳩摩羅什、元魏．菩提流支、陳．真諦所譯的《金剛般若波羅蜜經》各一卷，及隋．笈多所譯的《金剛能斷般若波羅蜜經》一卷、唐．義淨所譯的《能斷金剛般若波羅蜜多經》一卷等皆屬同本。《法苑珠林》及《開元釋教錄》等，說其梵本有三百頌。

第十會，相當於梵文般若理趣百五十頌（Prajñāpāramitā-naya-śatapañcāśatikā）。唐．菩提流志所譯的《實相般若波羅蜜經》、金剛智所譯的《金剛頂瑜伽理趣般若經》、不空所譯的《大樂金剛不空真實三摩耶經》、宋．施護所譯的《佛說遍照般若波羅蜜經》各一卷，都與此會為同本。《法苑珠林》及《開元釋教錄》等，載其梵本凡三百頌。至元法寶《勘同總錄》卷一則說此會與現存梵本相同，都為一百五十頌。

第十一會至第十五會，相當於西藏譯 Pha-rol-tu-phyin-pa lva-bstan-pa。據《開元釋教錄》載，第十一、十二兩會的梵本各為二千頌，第十三、十四兩會各為四百頌，第十五會為八百頌。《法苑珠林》則謂十四會的梵本為八百頌。

第十六會，《法苑珠林》及《開元釋教錄》等，載其梵本為二千五百頌。此會相當於現存梵文 Suvikrāntavikrāmi-pariprcchā，西藏譯分為七章。

此十六會中，已有部分刊行出版其梵本及西藏譯本，如初會、第四會、第七會、第九會等。本經傳譯之後，西明寺玄則對十六會各別製序，大慈恩寺窺基所撰的《大般若波羅蜜多經理趣分述讚》三卷、新羅元曉所撰的《大慧度經宗要》一卷。

般若部是《大藏經》中最大部頭的經典，約占全部「經藏」的三分之一；而《大正藏》《大般若經》

即占般若部四分之三，其餘四分之一則為《大品般若》、《小品般若》、《金剛般若》等般若諸經。在經典成立的發展過程中，般若部諸經的先後次第，以《道行般若》、《小品般若》為最早，其次為《大品般若》、《金剛般若》等，其後則為《大般若經》及其餘諸部般若之續出，大約是大乘經典成立的中期。

另有宋大隱所撰的《大般若經關法》六卷、清．葛鬠所提綱的《大般若經綱要》十卷等。又《大藏經綱目指要錄》卷一、卷二上，《大藏聖教法寶標目》卷一、《閱藏知津》卷十六至卷二十三等，亦各記述本經的綱要。

通用版本：本經為唐．玄奘所譯，全文共六〇〇卷，收於《大正藏》第五、六、七冊（T05、06、07, No.220）。

簡介

本經敘述佛陀在王舍城鷲峰山頂，與大苾芻眾千二百五十人俱，皆是諸漏已盡的大阿羅漢，及無量無數已得陀羅尼門的菩薩大眾，宣說空、無相、無得實相。本經為諸部般若集大成之經典。

全經結構

本經共有四處、十六會、六百卷。四處，是指佛陀宣說本經的四個處所：王舍城鷲峰山（靈鷲山）、給孤獨園、他化自在天王宮、王舍城竹林精舍。十六會中，第一、三、五、十一、十二、十三、十四、十五、十六等九會為玄奘新譯，共計四八一卷，其餘七會為重譯。

第一會共七十九品，共四百卷。此會詳述般若觀的開闡與習行、菩薩的願行進趣、般若的甚深殊勝，敘說諸大弟子、諸天、釋梵的供養讚嘆因緣及受持一句的廣大功德，並由常啼、法涌二菩薩受般若的因緣，說明聽聞般若波羅蜜甚為難得。

九部般若	**四處**	**《大般若經》中卷數**	**備註**
上品般若	鷲峰山（靈鷲山）	初會七十九品（一—四〇〇卷）	十萬頌般若
中品般若		第二會八十五品（四〇一—四七八卷）	二萬五千頌般若／大品般若經
		第三會三十一品（四七九—五三七卷）	一萬八千頌般若／略同於大品般若
下品般若		第四會二十九品（五三八—五五五卷）	八千頌般若／小品般若經
		第五會二十四品（五五六—五六五卷）	四千頌般若／略同於小品般若
天王般若		第六會十七品（五六六—五七三卷）	勝天王般若經
文殊般若	祇樹給孤獨園	第七會（五七四—五七五卷曼殊室利分）	七百頌般若／文殊說般若經
那伽室利般若		第八會（五七六卷那伽室利分）	濡首菩薩經
金剛般若		第九會（五七七卷能斷金剛分）	三百頌般若／金剛經

理趣般若	他化自在天	第十會（五七八卷般若理趣分）	理趣百五十頌／理趣般若經
六分般若	祇樹給孤獨園	第十一會（五七九卷—五八三卷布施波羅蜜多分）	一千八百頌般若／五波羅蜜多經
六分般若	祇樹給孤獨園	第十二會（五八四卷—五八八卷淨戒波羅蜜多分）	一千八百頌般若／五波羅蜜多經
六分般若	祇樹給孤獨園	第十三會（五八九卷安忍波羅蜜多分）	一千八百頌般若／五波羅蜜多經
六分般若	祇樹給孤獨園	第十四會（五九〇卷精進波羅蜜多分）	一千八百頌般若／五波羅蜜多經
六分般若	鷲峰山（靈鷲山）	第十五會（五九一—五九二卷靜慮波羅蜜多分）	一千八百頌般若／五波羅蜜多經
六分般若	竹林精舍	第十六會（五九三—六〇〇卷般若波羅蜜多分）	二千五百頌般若／善勇猛般若經

此經的內容分十六會，前五會義同文異，均為所顯《般若》教義的全面敘述。其中初會四百卷文義最為詳廣，二會以下，順次簡略。

初會分七十九品。

〈緣起品〉述佛在王舍城鷲峰山頂，放光照十方佛土，一切世界上首菩薩各以金色蓮花來獻，佛散花遍諸佛界，花台化佛說大般若，大眾歡喜，嘆未曾有。

〈學觀品〉佛知大眾都來集會，對舍利子說般若波羅蜜的學、修，謂當圓滿三十七品、三解脫門乃至大慈悲喜捨等無量佛法，以無所得為方便，而無住無著。世出世法、有漏無漏、有為無為等皆不可得。如是菩薩智慧超勝二乘，為真福田。

〈相應品〉又為舍利子說菩薩和一切法空相應，及和般若波羅蜜多相應，不著一切法有、空等，也不見有諸法和空相應等，如是菩薩不見有所修般若。

〈轉生品〉說安住般若的菩薩轉生處所等，無量大苾芻眾聞已發心受記，又有無量有情發願往生十方淨土，也得受記。

〈讚勝德品〉舍利子等同讚菩薩般若，佛加以印可。

〈現舌相品〉佛現廣長舌相，放光照十方世界，十方菩薩和諸天來供養佛，無量有情得到受記。

〈教誡教授品〉佛令善現為諸菩薩說般若的相應法。佛又為說菩薩、般若但是假名，不可得故；菩薩於一切法住無分別，能修六度等。又不著色等，乃至不著方便善巧，能著、所著、著處、著時皆不可得等。又就菩薩、般若、一切法不可得、一切法無所見等義和善現相問答、印證。

〈勸學品〉善現向佛及舍利子說菩薩為成滿六度、遍知及修得一切佛法，當學般若等。

〈無住品〉說於諸法無所住，也非不住，諸法因緣假合，皆不可說，應以性空觀一切法，於諸法無所取，而能成辦一切事業。

〈般若行相品〉說菩薩於修行般若，觀察一切法無所有、不可得，由內空乃至無性自性空故。又般若及一切法離相，亦離自性，無所取，名於一切無所取著，三摩地，無得無為，名畢竟淨。

〈**譬喻品**〉說一切法即幻，及善友攝受，以無所得為方便而勤修諸善等。

〈**菩薩品**〉佛又為解說菩薩的句義，及善、非善、有記、無記等，並說菩薩於如是自相空法不應執著，應以無二為方便，覺一切法。

〈**摩訶薩品**〉廣說摩訶薩義，舍利子、善現、滿慈子也各說摩訶薩義。

〈**大乘鎧品**〉說菩薩擐六度、十二禪、三十七品、二十空等大乘之鎧，遍照諸界令息諸苦，奉持佛法，而實皆如幻，作者不可得故。善現又述所領解義，並答滿慈子說一切法性無所有乃至性無淨，應勤修學一切無縛無解法門，乃至如是成熟菩提、嚴淨佛土。

〈**辨大乘品**〉佛更為善現解說六度二十空等大乘相，及發趣大乘的十地的行業，觀一切法無所有，以無所得為方便，出三界生死，至一切智智，利樂有情至無盡際等。

〈**讚大乘品**〉廣讚菩薩所住的大乘相，超勝一切世間。

〈**隨順品**〉明大乘和般若無二無別義。

〈**無所得品**〉善現說菩薩、般若都畢竟不生，無所有、不可得，菩薩但有假名，諸法也無自性，離畢竟不生，也無菩薩能行菩提等。更為舍利子廣加解說。

〈**觀行品**〉善現又說菩薩修行般若，觀諸法時，無受、無取、無執、無著；又諸法性空，不生不滅，非二非不二等。又為舍利子廣釋菩薩、摩訶薩、般若，觀諸法及諸法不生、不滅、不二等義。

〈**無生品**〉善現又說菩薩修行般若，觀我、人、諸法乃至如來法無生，畢竟淨故，並為舍利子廣解其義。

〈淨道品〉善現又說菩薩修行六度，須淨諸法乃至淨菩提道；又六度由有所得和無所得為方便而有世間，有出世間；般若為一切善法母，普能出生、攝受一切善法；菩薩聞般若心無疑惑，常不捨離一切有情大悲作意；此種作意無自性，故空無覺知等。佛加以讚印，三千大千世界震動，無量天人得忍發心。

〈天帝品〉述諸天來會，善現為帝釋說菩薩般若：發菩提心、離聲聞地、以應一切智智心、用無所得為方便的思惟、觀、修，雖觀諸法而都無所見。又為舍利子說菩薩雖住般若，於一切法都無所住、亦非不住等。

〈諸天子品〉善現又為未理解所說的諸天子說般若離語言文字，應住無說無聽無解的甚深般若修學不捨，乃至欲為如幻夢有情說如幻夢法，幻夢事與一切法乃至涅槃無二無別。

〈受教品〉更為舍利子說甚深般若在住不退地菩薩和已見諦的聲聞等人能信受。般若教中廣說三乘法，於我、法等以無所得為方便，由內、外空故乃至無自性空故等義。

〈散花品〉述諸天聞法化花散供佛，善現和帝釋論說花不生、諸法不生，乃至無上乘亦不生等義。

〈學般若品〉又為帝釋說菩薩知諸法但是假名而不離法性，如是學般若時不於色等學、不於空學、不見若生若滅等而學般若，以無所學無所成辦為方便等。

〈求般若品〉說菩薩求般若當以如來為依處，亦非依處，但隨順世俗說為依處，非如來、真如、法性等可得，亦非如來與真如、法性等相應不相應，般若不應於一切法求、不應離一切法求等。

〈嘆眾德品〉稱嘆菩薩般若是大波羅蜜與無量、無邊波羅蜜。

〈攝受品〉諸天聞說稱善，佛也加以讚印，說菩薩以無所得為方便修學一切法，不離一切佛法。又述受持、讀誦、修習、思惟、演說、流布般若的功能，及般若能攝受一切善法、能滅諸惡。帝釋又讚般若調伏菩薩令不高心，行六度時以無所得為方便，能令回向一切智智。佛更為說般若是一切咒王，於我及法雖無有所得，而能使自他得大饒益等。

〈校量功德品〉分別校量般若的功德。以般若故有一切勝因勝果及菩薩，菩薩所有方便善巧皆以般若增長，依此成就一切功德勝利。時外道惡魔欲來尋求佛的過失，帝釋念誦般若使外魔退卻。佛又為慶喜說般若於一切法為尊為導，以無二無生無所得為方便修習六度等回向一切智智。並說般若及般若供養乃至流布等功德，及較量書寫施他等種種功德，而勸以無所得慧和巧妙文義宣說六度，並分別有所得相似般若和無所得的真正般若行六度等的區別。更廣為較量功德而勸修學菩薩般若等。

〈隨喜回向品〉彌勒與善現論說菩薩隨喜有情的福業，回向菩提，以無得為方便，超勝異生、二乘，於所緣事及一切法皆不取相，而能發起隨喜回向無上菩提。善現又承彌勒的意旨，為帝釋說新學菩薩修善根回向，與隨喜行諸福業等的無得無相方便。彌勒又和善現問答菩薩不取相而能隨喜回向等事。佛加以讚印，更為善現說菩薩無倒的隨喜回向。

〈讚般若品〉舍利子廣讚般若，佛為說一切善法皆由般若出現。舍利子更為帝釋說般若殊勝，五度如盲，般若如導。佛更為舍利子說菩薩應引發般若，於一切法無所得故。更為善現說菩薩信般若則不信色等諸法，觀一切法不可得故。善現領解，因說菩薩般若名大波羅蜜等。

〈謗般若品〉佛又為舍利子說信解般若的人是從十方如來的法會來生、久發菩提心、常修六度的。

又為善現說般若無能聞見者，也無所聞見。並說有菩薩初發心即能修學甚深般若，有菩薩不敬般若，造作惡業，墮三惡道，及愚癡人毀謗般若有四因緣等。

〈難信解品〉又為說不勤精進、未種善根、具不善根為惡知識所攝受的人，於甚深般若難信難解。由於諸法非解非縛，以無所有性為自性、諸法清淨與果清淨、般若清淨、一切智清淨乃至見清淨無二無別無壞無斷、無不淨不相應等。

〈讚清淨品〉又為舍利子說如是清淨的甚深意義，清淨般若於一切法無所執受等。又為善現廣說一切畢竟淨義。

〈著不著相品〉又為說菩薩以有所得為方便的不能證得實相般若，以無所得為方便的得證實相般若。善現又為舍利子及帝釋分別執著不執著相等，佛加以印可，更說其微細相，顯示般若甚深無性無作不可得等。善現又說般若修行甚難，如修虛空都無所有、無可施設等。又為帝釋說護持般若人如護虛空，菩薩修行般若雖知諸法如幻而亦不執為幻等。

〈說般若相品〉時三千大千世界諸天由佛的神力各見千佛宣說般若，各見請說的上首善現，問難的上首帝釋。佛又為善現說彌勒等當來諸佛宣說般若的行相，當證當說諸法畢竟淨等。善現又述讀誦、演說般若的功德，時諸天散花，佛又為解說般若轉法輪義。

〈波羅蜜多品〉善現更廣讚般若波羅蜜多的大、無邊等，佛一一加以印證。

〈難聞功德品〉這時帝釋心念般若殊勝難聞，舍利子也說聞已信解不信解由於夙因，佛為帝釋宣說一切智智皆從般若生故，菩薩應學般若。又菩薩修行般若，於五蘊乃至諸佛無上菩提等法不住不習、亦非住非不住、非習非不習、所住習諸法不可得等。又為舍利子說般若甚深無量。舍利子也說聞是般若信受修行，當是善根成熟，不久當受菩提記，如行曠野已近王都等，佛加以讚可。並為說菩薩的四攝，及離我法等見著修行般若、速得圓滿等。又般若是大寶聚、清淨聚，受持讀誦書寫宣說般若的功德，乃至佛滅度後般若當盛行於東南，漸傳至東北方等。

〈魔事品〉佛為善現具說修行般若時的魔事留難等。

〈佛母品〉佛為善現說佛護念般若，如子護母，般若能示世間諸法實相，為諸佛母；般若雖能生諸佛、示世間相，而無所生、亦無所示，復能為諸佛示世間空相乃至無相、無願相等。

〈不思議等品〉善現又說甚深般若為大事故而現於世，為不可思議事，乃至無等等事而現於世。佛加以印可，並說諸法乃至諸佛無上菩提也不可思議乃至無等等。會中四眾各得法益，菩薩得忍受記。

〈辦事品〉佛為善現說般若能成辦六度、二十空等，佛以三乘法付囑般若，般若於五蘊乃至無上菩提無所取著、出現世間、能成辦一切事業，菩薩亦於諸法無所取著等。諸天並讚菩薩般若所成就忍。

〈眾喻品〉佛更為說信解修習般若的菩薩所從來處。菩薩若不攝受般若和方便善巧，從初發心，住我我所執修行施等，墮二乘地；若從初發心離我我所執修行施等，便能攝受一切善法，不墮二乘，疾證菩提。

〈真善友品〉佛更為說初業菩薩應先親近真善知識，修行善法，普施有情，回向無上菩提，勿於諸法而生貪愛，自性空故。又菩薩雖知一切法空，而為世間令得義利、安樂等故發趣菩提。

〈趣智品〉佛又為說於般若生信解的菩薩的性、相、狀、貌、所趣，並所擐的甲冑等。善現又述般若甚深無能修、所修、修處等，於此甚深義中無少法實法可得，如修虛空乃至修除遣，佛加以印可。又說於般若等不生執著是不退菩薩，不為貪瞋癡慢等雜染心所牽引，相續隨順趣向臨入一切智智等。

〈真如品〉時諸天散花禮佛讚嘆般若，並說般若經中說一切法即是一切智智，一切法即真如，皆一真如無二無別，佛加以印可，並說甚深般若即佛所證無上菩提，無能證、所證、證處、證時、非世間一切所能比度。菩薩若起我我所執，為攝取五蘊乃至一切佛法，或為棄捨諸法而行，即不能修六度證二十空等。善現又說隨順般若乃至三智等一切法，以無礙為相，一切法真如平等無二。善現更說一切法都無所有，諸隨生者或所隨生及隨生處皆不可得，舍利子也說五蘊乃至真如亦不可得，佛皆加以印可。會中苾芻、苾芻尼、菩薩多得法益，有六萬菩薩成阿羅漢。佛為舍利子說菩薩取聲聞果，由於遠離般若及方便善巧力的因緣，並說菩薩不應取相，不見有少法可得，以無得為方便修六度住二十空等。又為諸天說現覺一切法相證得菩提，而都不得勝義法相的能證、所證、證處、證時等可說，以一切畢竟空故。又善現、舍利子各述所解，佛均加以讚印。

〈菩薩住品〉善現又說菩薩欲得菩提，當於一切有情住平等心，起大慈等心乃至空、無相、無願心，自他共離十惡、修一切善，則於五蘊乃至一切佛法住無障礙等。

〈不退轉品〉佛為善現說不退轉菩薩以無得為方便，如實知異生、二乘、菩薩、佛地諸法真如無二無別，並為說不退轉菩薩的行相等。

〈巧方便品〉佛又為說不退菩薩依深般若相應理趣、如應而住、如應而學，攝取廣大無數功德，共諸有情，回向菩提；由此回向巧方便力，證得無上菩提等。

〈願行品〉說菩薩修行施等，見有情苦，作願勤修六度等相。

〈殑伽天品〉述會中有一殑伽天女，發願修行六度成佛後也宣說般若，並散花供佛，蒙佛授記。

〈善學品〉佛為善現說行深般若的菩薩修習證入空等三三摩地等行相。又菩薩觀法空時，為學而觀，不為證而觀，不退六度二十空等，不證漏盡，不住於空，並廣說不退轉相及魔嬈亂相、傲慢的過患、真遠離行、真勝善友、菩薩應修的一切法相等，及般若以虛空為相、無相為相乃至性空為相、遠離為相等。又一切法空，由諸有情有我我所執而流轉生死，既有雜染亦有清淨。並廣說般若相應作意的功德等。

〈斷分別品〉說菩薩不離般若及一切智智相應作意，因皆自性空、遠離、無增、無減等。又非即般若或離般若能行般若，乃至非即諸法離諸法能行般若，並就諸法空虛、不實、即、離等義廣作問答。並及菩薩成無生忍、得不退地、證得菩提等問題。

〈巧便學品〉帝釋說於般若自修、教他至於菩提不雜餘心心所的功德成就，佛加以印可。又為阿難分別惡魔嬈亂的有無，乃至菩薩和菩薩間的共住。更為善現說菩薩學義，及一切法本性清淨，菩薩於中修學般若，離諸雜染復得清淨，並以善巧方便令諸有情證此清淨，不起慳貪執取心等。

〈願喻品〉時帝釋心念菩薩般若殊勝，佛又為說隨喜的福不可數量。又為善現說般若等法畢竟離，菩薩依止它能得無上菩提。善現又說菩薩所證的法義、能證的般若、證法、證者、證處、證時都不可得，如虛空、幻士等於一切法無分別。又為舍利子說一切法本無分別，但因有情顛倒造業感異熟果而有五趣差別及三乘聖位，菩薩應行如是無分別相的般若，得證無分別相所求的菩提。

〈堅等讚品〉善現又為舍利子說行般若為行無堅實法，也不見有無堅實和堅實可得。時諸天子心念菩薩知諸法及有情皆不可得，而發心擐功德鎧，度令究竟涅槃、心不沉沒，甚為希有。善現又說菩薩行深般若心不沉沒的因緣。佛說如是菩薩為釋梵乃至十方佛所護念，當令一切功德圓滿，乃至證得一切智智。並說諸法實性不可得，菩薩觀一切法空，如佛所化，安住真如精進修學、疾證菩提等。

〈囑累品〉帝釋讚善現所說般若殊勝，諸天散花，六千苾芻得菩提記，佛以般若付囑慶喜，並為說般若行的要義，及般若於諸法中最勝，等如虛空無量無邊無盡。佛又出廣長舌相，顯示所說不虛，並說受持般若陀羅尼，即為總持一切佛法。

〈無盡品〉佛為善現宣說般若及一切法如虛空無盡，觀十二緣起等，遠離二邊，不見有法生、滅、有我、有情、常、無常乃至遠離、不遠離等，以無所得為方便，如是修行般若，魔不能嬈等。

〈相引攝品〉佛為善現廣說六波羅蜜多互相引攝，乃至安住般若，引攝布施諸度等。

〈多問不二品〉善現與佛廣泛問答菩薩久已發心，善根無不圓滿；而般若照餘五度，最居先導；菩薩依諸法自性空，而為有情修行六度；又依世俗言說般若最勝，而實無勝劣差別。又般若於諸善法無有取捨，菩薩以般若無執著、無安住為方便，遍攝受善法，引發殊勝功德，為諸有情回向菩提，乃至證得一切智智。又應勤學般若與略廣六度相應法，如實了知五蘊乃至無上菩提實際相法界相略廣相等。如是等法門，利根乃至不定根人能入，由此能證六度、二十空等。應當於般若無間地行、引、修，不起餘作意；般若及一切法不可施設，佛依世俗方便說法，假說諸法法性，以三乘法度脫有情，及三智與三乘道與涅槃的性相差別，菩薩修行般若及般若的名義和甚深義趣等。

〈實說品〉說菩薩雖不見有有情佛果，而為除有情我執顛倒、修滿六度、證得菩提。一切法、有情、佛、菩薩真如皆無異，菩薩圓滿修學真如，故名如來。又初心菩薩應思惟一切法以無性為性，乃至以無相為相，而常精勤成熟有情嚴淨佛土，以行般若為最勝方便，觀一切法非無非有，世俗、勝義也非有異，為愍有情分別諸法，令知非實有。

〈巧方便品〉說於五蘊乃至無為界空行菩薩行，於諸法中不作二相。又菩薩行深般若時，於諸法不為益、損、生、滅、染、淨，廣說善巧方便，修行六度及一切善法等。

〈遍學道品〉佛又為善現說菩薩於五蘊乃至無上菩提的無性自性無所動，離諸戲論，用菩薩道入正性離生，起一切淨道相智，以三十七品乃至三智、三乘道及因果安立有情，修此無相不著二邊等義。

〈三漸次品〉說菩薩行深般若，不住有無等想，無性即菩薩現觀；又如來昔修菩薩道時，無倒修行六度，入四靜慮，而無執著、無得、無分別。又於無性為自性法中，有漸次業、漸次學、漸次行，為趣菩提度有情等。

〈無相無得品〉說一切法無性故無得、無差別；為令有所得者離染著故，方便說有六度等差別相。菩薩修般若時，一心具攝一切佛法，以離相無漏心修行六度，圓滿一切佛法。

〈無雜法義品〉說菩薩安住如夢響等無性無相的諸法中修行六度、圓滿佛法。

〈諸功德相品〉說菩薩住畢竟無際二空，修行般若，而方便善巧撈濟有情，令修六度等一切佛法，令住三乘。又一切有情一切法和此等施設皆不可得，即由於內空乃至無自性空等都無所得，而能安立有情，住所應住，令解脫妄想顛倒執著，依世俗諦安立黑法白法、因果差別，於一切處皆得無礙等。

〈諸法平等品〉說菩薩善達諸法實相，於法性都無分別，知諸法如幻化，而安立有情於無漏法；當學般若，亦學靜慮，以方便善巧為諸有情施設名相等。

〈不可動品〉說菩薩安立有情於實際中，令離顛倒，謂諸法性空，而亦不壞色等，無二無相，也無分別；於一切法及諸有情住本性空，而修諸功德令證菩提，這是依世俗說，不依勝義等。

〈成熟有情品〉說菩薩方便善巧修行六度，安住內空等，而為有情說法令得三乘。並廣說布施、淨戒及餘大菩提道等。

〈嚴淨佛土品〉說六度、三十七品、二十空等總一切法皆菩薩道。知諸法性空而常學無倦，及常清淨自他三業粗重，嚴淨佛土，令所化有情往生彼土、成就菩提等。

〈淨土方便品〉說菩薩住佛乘正定聚，但為利樂有情願生惡趣。又由觀空方便善巧引發神通自在、成熟有情、嚴淨佛土等。

〈無性自性品〉說菩薩法即是佛法，由般若證四諦平等性，即是涅槃，如實見一切法空，能入菩薩正性離生等。

〈勝義瑜伽品〉說一切法平等性是清淨法，是依世俗說，勝義諦中無分別無戲論，菩薩於一切法不取為有為無，知皆如夢等。佛於無相中方便善巧，建立佛法差別，而於平等法性都無所動。

〈無動法性品〉說菩薩不動於法性空，而令有情離妄想顛倒，住無為界，脫生死苦。又一切法皆如化，即自性空，無生無滅無一非化等。

〈**常啼菩薩品**〉說初業菩薩當信解諸法自性畢竟皆空的方軌，欲求般若當如常啼菩薩不惜賣血、髓、心，欲從法涌菩薩求受般若的故事。

〈**法涌菩薩品**〉繼說法涌為常啼演說般若法義，乃至常啼以血灑地供養、獲得法益等。

〈**結勸品**〉佛告善現，結勸菩薩應學習聞思讀誦書寫流布般若，更以此法付囑慶喜。

以上初會七十九品、四百卷，實為全經的主流。次則第二會八十五品、七十八卷，內容大同於初會，而品名的開合稍有差別，文字亦比初會簡略，且無有最後的〈常啼〉、〈法涌〉、〈結勸〉三品。第三會三十一品、五十九卷，第四會二十九品、十八卷，第五會二十四品、十卷，文義逐會簡短，但內容大同。

第六會有十七品，八卷。述佛在鷲峰山，為最勝天王說菩薩修學般若，能通十波羅蜜一切佛法，及說般若的相，菩薩學深般若能通達法界，行深般若、修四念住，能證如來法性，具諸功德。並為光德菩薩示現淨土。為最勝說法性平等義，並為他授記。最勝為舍利子說菩薩示現苦行等相，為善思菩薩說雖授記而實無所得。佛又為最勝說過去燃燈佛求法得忍的故事，為曼殊室利說最勝天王的宿因。最勝又為善思說佛所化身及所說法無起、盡、生、滅。曼殊室利和寂靜慧菩薩說陀羅尼，佛說寂靜慧過去的本事，為曼殊室利說受持功德、毀謗過患，又說菩薩化他、自行二種般若等。

第七會，《曼殊室利分》，二卷。述佛在誓多林給孤獨園和曼殊室利、舍利子等問答演說觀佛即真如相，無生、滅、去、來、染、淨、二、不二等，無見、無取、無得，於諸有情及涅槃界非二非不二相俱不可得，觀身實相，觀佛亦然，乃至涅槃無差別相，及修甚深般若一相莊嚴三摩地等事。

第八會，《那伽室利分》，一卷。述佛在誓多林給孤獨園，妙吉祥菩薩將入城乞食，與龍吉祥、無能勝菩薩答問甚深般若，觀一切非實，皆如谷響等。龍吉祥、善現、舍利子先後聞法入海喻定、滅定等三昧，乃至施食的近事女也受化得果，顯示般若的勝德等。

第九會，《能斷金剛分》，一卷。述佛在誓多林給孤獨園，為善現說住無所住而生其心，不住我、人、眾生、壽者相行施、戒等波羅蜜，無住、無得、離一切相，欲以三十二相見如來不可得，一切法如幻、露、泡、夢等。

第十會，《般若理趣分》，一卷。述佛在他化自在天宮，為金剛手菩薩等說一切法甚深微妙般若理趣清淨法門，即菩薩句義，總四十一門清淨句義。又為宣說寂靜法性理趣現等覺門，乃至最勝第一甚深理趣無上法門。廣說菩薩般若理趣境行果德等。

第十一會，《布施波羅蜜多分》，五卷。述佛在給孤獨園，舍利子承佛意旨為諸菩薩廣說布施波羅蜜多，應緣一切智智以大悲心為上首而行施，即能攝受一切智智、得證無上菩提。更為滿慈子喻說菩薩、聲聞行施的勝劣，並廣說有巧方便行施，及隨喜回向所引善根，常於有情作大饒益。應起決定的施心及無染布施，不起二乘相應作意。佛又為滿慈子說一切法非實有、無捨、無得、無所損益等義。舍利子又為滿慈子說應觀一切法性空寂，一切智智具勝功德，以財、法施諸有情，隨順菩提，廣作饒益等。

第十二會，《淨戒波羅蜜多分》，五卷。述佛在給孤獨園，舍利子承佛意旨，為滿慈子演說菩薩持戒犯戒的相，以住二乘作意名菩薩犯戒，又見有少法名為作者，名犯戒菩薩，隨修六度皆以大悲為首，發起隨順，回向一切智智相應之心名具戒菩薩。並稱心無分限普度有情求大菩提引發淨戒的菩薩，應對其他菩薩乃至一切有情供養恭敬，了達一切法空無實，於六度乃至三智無味著等。

第十三會，《安忍波羅蜜多分》，一卷。述佛在給孤獨園，滿慈子承佛意旨，為舍利子演說菩薩忍和聲聞忍的差別，及菩薩修行般若，觀身心如虛空，於境無分別，堪修安忍。又觀蘊處界常無常等為行他行處，以平等心修行六度一切智智相作意為行自行處等。

第十四會，《精進波羅蜜多分》，一卷。述佛在給孤獨園，為滿慈子分別精進和懈怠的相狀，菩薩從初發心，身心為他作饒益事，常應精進修六度等。

第十五會，《靜慮波羅蜜多分》，二卷。述佛在給孤獨園，為舍利子演說菩薩方便入四禪、四定而不味著，觀一切法不可得而不棄捨一切智智。又為滿慈子說安住靜慮、攝受般若、精進、忍、戒、施等相，更為舍利子說三界靜慮順逆次第等。

第十六會，《般若波羅蜜多分》，八卷。述佛在王舍城竹林園白鷺池側，為善勇猛菩薩廣說般若的修行、圓滿、安住等事。顯示般若於一切法都無所依，與一切法非離非合，非相應非不相應，非一切法攝，也非離一切法，如夢幻焰影等。又為舍利子說於一切境皆無住著，以無邊法為所行境，當精進行，自他俱利，是為菩薩般若行等。又為善勇猛說菩薩修行般若，於一切法都無所行，遍知一切所緣而行，遣除一切所緣而行，又一切法以無性為性，故無可修，也無可遣，於一切法無取執住著，當得成就功德智慧大威神力降伏魔等。

延伸閱讀

《金剛經》：從《大般若波羅蜜多經》中得到攝要與甚深的智慧。

《小品般若經》：從廣大般若裡面得到甚深般若的核心基礎。

《華嚴經》：將廣大般若通透到法界實相，體證法界實相的圓滿實現。

97 禪祕要法經

簡名

《禪經祕要法》、《禪祕要法》。

版本

通用版本：本經為姚秦・鳩摩羅什等所譯，全文共三卷，收於《大正藏》第十五冊（T15, No. 613）。

簡介

本經是佛陀安止於王舍城迦蘭陀竹園時所宣說。當時有位摩訶迦絺羅難陀比丘，極為聰慧多智，對四毘陀論、違世羈經、日月星辰、一切技藝無不通達。但卻是遲遲無法悟道。

他遍禮舍利弗尊者及五百大聲聞聖者，乃至佛陀為他說四聖諦法，一遍乃至七遍，連旁聽的五百天子都已悟道成證初果聖人，感恩讚嘆如來，摩訶迦絺羅難陀比丘仍未悟道。他心懷慚愧，悲咽無言，在佛前四體布地向佛懺悔，請佛陀教他繫於正念。佛陀因而宣說「能滅亂心賊甘露正法、三世諸佛治煩惱藥」的禪祕要法。

本經內容大約陳述了三十種觀法，最後說明了為得阿羅漢道之數種觀法及坐禪行者的正確用心。

全經結構

本經並無分品、章，結構大約可分為三段大意：

一、不淨觀：第一觀至第十八觀

這是佛陀為聰慧多智卻又憍慢放逸之人說明了不淨觀法的種種形式。其中至第十一觀為止，重點在教導不淨觀的方法；十二至十七此四大觀則敘述如何使不淨觀逐漸遍滿於三千大千世界；第十八觀中更進一步略述了觀佛三昧，並指示觀法之得果，以連結前述的十八觀全體。

二、觀佛三昧：第十九至二十觀

這是佛陀為亂心、破戒、罪業深重者所宣說，為了袪除其罪法而說觀佛三昧。第十九觀為觀佛像之法，即觀佛像之相好、四威儀，並觀其為行者說法、灌頂等。在其次的第二十觀中，則針對觀佛三昧法尚未心穩之人，再加以補敘了數息觀；若以前面的不淨觀為基礎再加上數息觀，則依此即可對治貪欲，而成就觀佛法。

三、白骨觀、四大觀：第二十一觀至三十觀

這是佛陀為愚癡貢高又散亂放逸之人，將白骨觀法與四大觀法相互配合教授。其中至第二十五觀主要在教導由白骨觀漸次朝向四大觀前進之道程，以及於此進程中可得的煖法、頂法；第二十六觀之後則專門以白骨觀為依據而說明四大觀，並逐次地講解朝向聖賢果位四向四果的階程。

四、由三果聖位進入四果的禪法

以上的三十觀結束以後，即進入另一段次，指出由第三阿那含果進到第四羅漢果的方法，故簡單地說明了忍辱慈心觀、念佛觀（因念佛而致的法身觀）、十二因緣觀、數息觀、四大觀、空三昧等，以指導得以進致羅漢果之法門。其次舉出本經的數種名稱，並敘述依本經所示之觀法而行所能具有的功德。

延伸閱讀

《雜阿含經》：能夠將一切佛法通透體證。

《修行道地經》：將一切禪法的修行過程方便做圓滿的匯通。

《首楞嚴三昧經》：讓我們成證最深廣的三昧境界直至成佛。

98 藥師琉璃光七佛本願功德經

Ārya-sapta-tathāgata-pūrva-praṇidhāna-viśesa-vistara-nāma-mahāyāna-sūtra

經名解釋

七佛藥師，即七尊藥師。又作七躬醫王。此七佛即：善名稱吉祥王如來、寶月智嚴光音自在王如來、金色寶光妙行成就如來、無憂最勝吉祥如來、法海雷音如來、法海勝慧遊戲神通如來、藥師琉璃光如來。

版本

通用版本：本經為唐・義淨所譯，全文共二卷，收於《大正藏》第十四冊（T14, No. 451）。

簡介

本經敘述的七佛藥師，安住於東方四恆河沙乃至十恆河沙之世界，各於因位發願拔濟眾生之苦惱。誠心祈求修持七佛藥師法，能滅五無間罪，祛病延命，生產安穩，或遇日月蝕等天變、風雨之災，及時節不順時，皆能修持七佛藥師息災或增益法。

全經結構

本經共上下二卷，並無分品、章，以下略述內文要點：

【卷上】

一、本經宣說處與對法眾

（一）本經的宣說之處與聞法大眾。

（二）本經之啟請者曼殊師利法王子（文殊師利菩薩）。

（三）本經是為未來世像法眾生所宣說。

二、藥師七佛所發的大願

（一）東方過四殑伽河沙佛土的光勝世界，有善名稱吉祥王如來，行菩薩道時立八大願。
（二）東方過五殑伽河沙佛土的妙寶世界，有寶月智嚴光音自在王如來，建立有八大願。
（三）東方過六殑伽河沙佛土的圓滿香積世界，有金色寶光妙行成就如來，建立有四大行願。
（四）東方過七殑伽河沙佛土的無憂世界，有無憂最勝吉祥如來，建立有四大行願。
（五）東方過八殑伽河沙佛土的的法幢世界，有法海雷音如來，建立有四大行願。
（六）東方過九殑伽河沙佛土的的善位世界，有法海勝慧游戲神通如來，建立四大行願。
（七）東方過十殑伽河沙佛土的淨琉璃世界，有藥師琉璃光如來，建立十二行願。

【卷下】

（一）淨琉璃世界之淨土功德及與極樂世界關聯。
（二）聽聞藥師琉璃光如來名號的功德。
（三）教授藥師琉璃光如來真言及宣說功德利益。
（四）宣說七佛供養之法及其功德。
（五）讚嘆七佛如來甚深功德。
（六）依藥師法燃燈造幡供養七佛，修諸福業，得延壽命。
（七）藥師十二藥叉大將發願護持本經。

（八）為後世薄福為病惱災厄所苦眾生，宣說如來定力琉璃光大神咒。

（九）執金剛菩薩發願守護持此經者，而宣說執金剛陀羅尼呪。

（十）咐囑流通：七佛將本經咐囑菩薩、帝釋天、梵天及四大天王，於未來世後五百歲，法滅時護持此經。

延伸閱讀

《藥師如來本願功德經》：能夠理解藥師佛修證的根本因緣。

《阿閦佛國經》：幫助我們了解東方諸佛的修行要旨。

《悲華經》：了解釋迦牟尼佛從發心、修行到成就的相互印證，同時理解釋迦牟尼佛對十方諸佛與菩薩的教化的因緣。

99 無量義經
Amitartha-sūtra

經名解釋

本經旨趣，是基於眾生「性欲無量故，說法無量；說法無量故，義亦無量；無量義者從一法生，其一法者即無相也。」（〈說法品〉）。本經經名之由來，除了依經內多處有佛稱此經為《大乘無量義經》外，也依本經旨趣而得名。

《法華經義疏》卷二中說，無量義有二種，即：一是指「體無量」，實相之體不可限量，稱為體無量。二是指「用無量」，從實相一法而生出一切法，所以稱為用無量。此體、用皆有深義，故稱義。《無量義經》以一切諸法各別具有無量無數之義理，所以稱無量義。

版本

各種版本說明：

《無量義經》，為劉宋．求那跋陀羅所譯，早已佚失。

本經有兩種註疏：

(一)《無量義經疏》，為蕭齊．劉虯所撰。

(二)《無量義經疏》，為唐．圓測所撰。

通用版本：本經為蕭齊．曇摩伽陀耶舍所譯，全文共一卷，收於《大正藏》第九冊（T09, No. 276）。

簡介

本經敘佛陀在王舍城耆闍崛山，為數萬位大比丘眾、大菩薩眾，及王族眷屬、長者等四眾弟子，及天龍八部眾，宣說能令菩薩疾得阿耨多羅三藐三菩提的「無量義」法門。

本經敘述基於有情之煩惱無量，所以佛陀說法無量；說法無量，故義亦無量；無量義生自一法，此一法即無相。

本經內容多以《法華經》為中心。本經與《法華經》、《觀普賢經》合稱「法華三部經」。

依《法華經》〈序品〉所載：「為諸菩薩說大乘經，名無量義，教菩薩法，佛所護念。佛說此經已，結跏趺坐，入於無量義處三昧，身心不動。」。

另從本經〈說法品〉云：「種種說法以方便力，四十餘年未曾顯實，是故眾生得道差別，不得疾成無上菩提。」亦可得知，本經是由《法華》以前的《方便經》（權經）一轉為《法華真實經》（實經）的先聲，亦即本經具有開權顯實的樞紐地位，在教判上占有重要位置，所以古來以本經為《法華》的開經，為法華三部經之一。

全經結構

本經內容分為〈德行品〉、〈說法品〉、〈功德品〉等三品。

〈德行品第一〉敘述法會大眾讚歎佛德，以「大哉！大悟大聖主！」為始的偈頌，是讚佛頌之名品。

〈說法品第二〉以大莊嚴菩薩為對法眾說迅疾得以成佛的法門——「無量義三昧」。本經的特色就存在此品之中。如來為大眾宣說：本、來、今皆是性相空寂，超越生滅變化的，說實相為無相法空，然而眾生不知，墮於差別見，輪迴六趣，受諸苦毒。於是，佛陀觀察眾生的種種根性志向，應其根欲之不同，宣說無量義法。法無量、義無量，為根性不同的眾生宣說無量之法，最終仍滙歸於無相之一法實相。證此義能速成無上佛道。

由此不久就開展出法華的諸法實相、三乘開會、萬善同歸一乘、速成就佛身等之深義，這是本經之所以成為法華經開經的理由。

〈十功德品第三〉佛陀宣說本經有十種不可思議的功德力，能令人速成無上菩提，並將本經付囑大莊嚴菩薩及八萬大菩薩，諸大菩薩也誓願滅後弘揚本經。

從結構上來看，〈德行品第一〉可視為序分，〈說法品第二〉可視為正宗分，〈十功德品第三〉可視為流通分。

延伸閱讀

《法華經》：了解從無量義進入到法華，來展現《無量義經》的圓滿。

《華嚴經》：展現出法界實相中另外的圓滿形式。

《大法鼓經》：幫助所有的菩薩精進勇猛地修證成就。

100 佛說觀普賢菩薩行法經

Samantabhadra-bodhisattva-dhyāna-caryādharma-sūtra

簡名

《觀普賢經》、《普賢觀經》、《普賢經》、《觀經》，又本經另有別名為《出深功德經》。

經名解釋

本經是佛陀為未來世欲行大乘無上法者的眾生，欲學習普賢菩薩的大願行者，宣說憶念普賢菩薩的方法，所以本經稱為「觀普賢菩薩行法經」。

版本

關於《觀普賢菩薩行法經》的傳譯，一般認為前後共有三種譯本：

第一種譯本：東晉時代，西域沙門祇多密譯出《普賢觀經》一卷。

第二種譯本：姚秦時代，鳩摩羅什譯出《觀普賢菩薩經》一卷。

第三種譯本：劉宋元嘉年中，罽賓國沙門曇無蜜多所譯《佛說觀普賢菩薩行法經》一卷。其中，第一、第二兩譯沒有流傳下來，今現存僅第三譯。

各種版本說明：據《歷代三寶紀》所載，本經前後有三譯：初譯為東晉．祇多密所譯的《普賢觀經》；第二譯為姚秦．鳩摩羅什所譯的《觀普賢菩薩經》，然此二譯皆缺而不傳，第三譯即是本經。

本經的註釋有：《普賢行法經疏》、《普賢經文句》、《普賢經記》、《普賢經私記》等。

通用版本：本經為劉宋．曇無蜜多所譯，全文共一卷，收於《大正藏》第九冊（T09, No. 277）。

簡介

本經宣說的時代，依經中所述是在《法華經》之後不久，本經的「普賢觀」被視為《法華經》最後〈普賢菩薩勸發品〉的延長，尤其是由「十方分身釋迦牟尼佛一時雲集，廣說如妙法華經。」、「釋迦牟尼佛與諸大眾在耆闍崛山，說法華經，演一實義」，或「多寶佛及釋迦牟尼佛」、「釋迦牟尼佛、分身諸佛及多寶佛塔」等文句可看出，以及其他類似文句更能說明這點。在本經最初所說：一時，佛在毘舍離國大林精舍重閣講堂，告諸比丘：「卻後三月，我當般涅槃。」由此可知本經的說時，是佛入滅最後所說的法——《涅槃經》之前不久。

本經在經典中的地位，自智者大師判定此經以來，即被確定。本經被判為法華的結經，為其流通分的後分；原因之一是依據前述的宣說時代，但最主要還是由於其內容承繼《法華經》最後部分的〈普賢菩薩勸發品〉，宣說觀普賢菩薩的行法及功德，勸進大眾受持讀誦大乘經典以及廣為流布。

全經結構

本經是為一品一經，組織簡單，但內容包含了許多方面。在序分，由阿難、摩訶迦葉、彌勒菩薩等三聲聞一菩薩，請問世尊：「如來滅後，云何眾生起菩薩心，修行大乘方等經典，正念思惟一實境界？云何不失無上菩提之心？云何復當不斷煩惱，不離五欲，得淨諸根，滅除諸罪；父母所生清淨常眼，不斷五欲而能得見諸障外事？」佛陀針對這些問題，在正宗分中，一一予以回答，這是本經的結構。

正宗分若進一步細分，則可分為「開正說宗分」及「勸物令修分」。「開正說宗分」內容包括：「普賢菩薩觀」和「六根懺悔法」；「勸物令修分」內容包括：「大乘經典之讀誦」、「菩薩戒和善戒之受持」及「破戒的懺悔」三大部分。其中「如來昔於耆闍崛山及餘住處，已廣分別一實之道。」或「此大乘典，諸佛寶藏，十方三世諸佛眼目，出生三世諸如來種。持此經者，即持佛身，即行佛事，當知是人即是諸佛所使，諸佛世尊衣之所覆，諸佛如來真實法子。汝行大乘，不斷法種。」等文句，與《法華經》所說有密切關係。又另有「佛三種身從方等生，是大法印、般涅槃海。」或「一切業障海，皆從妄想生，若欲懺悔者，端坐念實相，眾罪如霜露，慧日能消除。」等，皆是大眾經常讀誦之名句。

延伸閱讀

《法華經》：展現整個普賢行法的究竟。

《不退轉法輪經》：彰顯佛陀深妙智慧。

《無量義經》：與本經相應，來圓滿釋迦牟尼佛的究竟妙德。

附錄

佛經地圖表

講經處

說法處	經名	百經編號	大正藏經號	約當今日何處
王舍城鷲峰山	心經	1	251, 253, 255, 250	靈鷲山
	金光明經	15	665	
王舍城耆闍崛山	法華經	8	262, 263	
	首楞嚴三昧經	11	642	
	觀無量壽佛經	13	365	
	悲華經	28	157	
	大乘本生心地觀經	29	159	
	小品般若波羅蜜經	30	227	
	月燈三昧經	31	639	
	念佛三昧經	35	414	
	大寶積經	36	310	

經名			地點	今地
如來藏經	41	666	王舍城耆闍崛山	靈鷲山
大樹緊那羅王所問經	45	625	王舍城耆闍崛山	靈鷲山
妙慧童女經	49	336	王舍城耆闍崛山	靈鷲山
無量壽經	54	360	王舍城耆闍崛山	靈鷲山
入定不定入印經	67	645	王舍城耆闍崛山	靈鷲山
占察善惡業報經	72	839	王舍城耆闍崛山	靈鷲山
佛說未曾有經	77	688	王舍城耆闍崛山	靈鷲山
大品般若經	80	223	王舍城耆闍崛山	靈鷲山
佛藏經	82	653	王舍城耆闍崛山	靈鷲山
諸法無行經	90	650	王舍城耆闍崛山	靈鷲山
佛說海龍王經	43	598	王舍城靈鷲山	靈鷲山
文殊師利普超三昧經	71	627	王舍城靈鷲山	靈鷲山
佛說華手經	79	657	王舍城迦蘭陀竹園	竹林精舍／印度比哈爾邦那蘭達縣
無上依經	86	669	王舍城迦蘭陀竹園	竹林精舍／印度比哈爾邦那蘭達縣

說法處	經名	百經編號	大正藏經號	約當今日何處
王舍城迦蘭陀竹園	禪祕要法經	97	613	竹林精舍／印度比哈爾邦那蘭達縣
王舍城迦蘭陀鳥竹林	佛本行集經	87	917	無
王舍國鷂山 舍衛國祇樹給孤獨園、優梨聚	六度集經	69	152	靈鷲山 祇樹給孤獨園，印度北方邦北部，拉普底河南岸的謝拉瓦斯蒂縣
王舍城遊那羅陀婆羅門村	正法念處經	74	721	印度北方邦北部，拉普底河南岸的謝拉瓦斯蒂縣
王舍大城羅閱祇耆闍崛山	如來智印三昧經	56	632, 634	印度比哈爾邦那蘭達縣 靈鷲山（或竹林精舍，取王舍城）
王舍大城耆闍崛山	金剛三昧經	91	273	靈鷲山
舍衛國祇樹給孤獨園	金剛經	2	235, 236a, 236b, 237 ,238, 220, 239, 366	祇樹給孤獨園 印度北方邦北部，拉普底河南岸的謝拉瓦斯蒂縣
	阿彌陀經	3	366	
	勝鬘經	16	353	
	文殊般若經	46	233	祇樹給孤獨園印度北方邦北部，拉普底河南岸的謝拉瓦斯蒂縣

舍衛國祇樹給孤獨園	觀彌勒菩薩上生兜率天經	51	452	祇樹給孤獨園 印度北方邦北部，拉普底河南岸的謝拉瓦斯蒂縣
	彌勒下生經	52	453	
	不退轉法輪經	68	267	
	文殊師利所說不思議佛境界經	70	340	
	央掘摩羅經	73	120	
	佛說四諦經	76	32	
	佛說盂蘭盆經	78	685	
	佛說離垢施女經	81	338	
	大法鼓經	84	270	
舍衛國勝林給孤獨園、王舍城竹林迦蘭哆園等處	中阿含經	23	26	地點眾多
舍衛國祇樹給孤獨園、羅閱祇毗訶羅山七葉樹窟等處	長阿含經	24	1	
舍衛國祇樹給孤獨園、羅閱城迦蘭陀竹園所等處	增壹阿含經	25	125	

說法處	經名	百經編號	大正藏經號	約當今日何處
舍衛國祇樹林中阿那邠坻精舍	優婆塞戒經	40	1488	祇樹給孤獨園 印度北方邦北部，拉普底河南岸的謝拉瓦斯蒂縣
舍衛國祇樹給孤獨園、舍衛國東園鹿子母講堂、王舍城迦蘭陀竹園等處	雜阿含經	7	99	
神通大光明藏	圓覺經	4	842	
毘耶離菴羅樹園	維摩詰經	5	475	印度比哈爾邦首府巴特那的北邊
廣嚴城（毘耶離）	藥師經	6	450	
摩竭提國阿蘭若法菩提場	華嚴經	9	279	菩提伽耶
室羅筏城，祇桓精舍	楞嚴經	10	945	祇樹給孤獨園
如來加持廣大金剛法界宮	大日經	12	848	
忉利天	地藏經	14	412	
羅閱祇加鄰竹園	般舟三昧經	17	418	竹林精舍／印度比哈爾邦那蘭達縣
大海畔摩羅耶山頂上楞伽城中	楞伽經	18	671	斯里蘭卡
出過欲色無色無想於一切法自在無礙	大乘密嚴經	19	682	

披祇國。妙華山中恐懼樹間鹿所聚處	彌勒菩薩所問經	20	349	又稱焚祇國，現今何地不確定
最勝光曜七寶莊嚴，放大光明，普照一切無邊世界	解深密經	21	676	
阿迦尼吒天王宮中大摩尼殿	金剛頂經	22	874	色究竟天
補陀落迦山觀世音宮殿寶莊嚴道場	千手千眼大悲心陀羅尼經	26	1060	泰米爾納德邦提納弗利（Thanjavur，或譯蒂魯內爾維利）縣有一座山峰亦名Papanasam，譯為帕帕納薩姆山或巴波那桑山，即佛教傳說中的補怛洛伽山（普陀洛迦山）
鹿野苑	四十二章經	32	784	鹿野苑 印度北方邦瓦拉納西以北約十公里處
拘尸那羅城附近的娑羅雙樹間	遺教經	34	389	
拘尸那國力士生地阿利羅跋提河邊娑羅雙樹間	大般涅槃經	37	374, 375	印度北方邦戈勒克布爾鎮凱西亞（Kasia）村
1. 王舍城耆闍崛山中往古諸佛本所住處大塔 2. 佉羅帝耶山依牟尼仙住處	大集經	39	397	靈鷲山 佉羅帝耶山
洴沙（頻婆娑羅）王國道場樹下成正覺處	菩薩瓔珞本業經	42	1485	菩提迦耶
佉羅底翅山依牟尼仙所住之處	虛空藏菩薩經	48	405	七金山之一，位於最近須彌山處

說法處	經名	百經編號	大正藏經號	約當今日何處
羅閱祇耆闍崛山	阿閦佛經	44	313	靈鷲山
	佛說仁王般若波羅蜜經	47	245	
	法華三昧經	50	269	
	道行般若經	88	224	
迦毘羅城尼拘樓陀精舍	觀佛三昧海經	53	643	大雪山南麓，尼泊爾與印度的交界處
羅閱祇竹園	寶如來三昧經	55	637	竹林精舍／印度哈爾邦那蘭達縣
妙高山頂三十三天帝釋宮中摩訶摩尼最勝樓閣	諸佛境界攝真實經	57	868	忉利天
金剛頂大瑜伽教王	金剛頂瑜伽中略出念誦經	58	866	
欲界他化自在天王宮	理趣經	59	243	欲界他化自在天
一切如來身語心金剛喻施婆倪數祕密中祕密出生妙三摩地	大悲空智經	60	892	體性／三摩地
一切如來神通加持一切如來金剛三業一切如來正智出生變化清淨境界	佛說一切如來金剛三業最上祕密大教王經	61	885	

室羅伐城逝多林給孤獨園	孔雀明王經	62	982	祇樹給孤獨園 印度北方邦北部，拉普底河南岸的謝拉瓦斯蒂縣
第四禪地中摩醯首羅天王宮	梵網經	63	1484	四禪天摩醯首羅天王宮
娑竭羅龍宮	十善業道經	65	600	娑竭羅龍宮
佉羅帝耶山諸牟尼仙所依住處	大乘大集地藏十輪經	66	411	七金山之一，位於最近須彌山處
摩竭國奈叢樹間，於其鄉土北有山，名因沙舊（晉言帝樹石室）	諸佛要集經	89	810	摩竭國奈叢樹間，於其鄉土北有山，名因沙舊（晉言帝樹石室），約在摩揭陀國北方即可奈叢樹（可能是芒果樹，菴摩羅，意譯為奈樹）
伽耶山	寶雲經	92	658	孟加拉巴特那市（Patna）西南九十六公里處之伽耶市，臨恆河支流之尼連禪河（今 Phalga 河）靠近菩提迦耶
波羅奈仙人鹿苑中	觀世音菩薩授記經	94	371	鹿野苑 印度北方邦瓦拉納西以北約十公里處
鷲峰山、給孤獨園、竹林精舍、他化自在天	大般若經	96	220	摩揭陀國王舍城鷲峰山、竹林精舍；舍衛國祇樹給孤獨園、他化自在天
廣嚴城在樂音樹下	藥師七佛經	98	451	印度比哈爾邦首府巴特那的北邊
經中無記載	坐禪三昧經	27	614	
	八大人覺經	33	779	

說法處	經名	百經編號	大正藏經號	約當今日何處
經中無記載	修行道地經	38	606	
	菩薩地持經	64	1581	
	法句經	83	210	
	禪法要解	85	616	
	蘇婆呼童子請問經	93	895a, 895b	
	思惟略要法	95	617	

刻經處

名稱（別名）	屬性	年代	編纂／刻板／存藏處	約當今日何處
房山石經	石刻	歷經隋、唐、遼、金、明五個朝代	房山	北京房山
西明藏（西明寺寫經、一切經）	寫經	唐	長安西明寺（大中六年改為福壽寺）	長安西明寺
開寶藏（蜀板、開寶大藏經）	刻經	北宋	板木特產地益州（四川成都），開板雕造大藏經於汴京（開封）印經院印刷	益州（成都）雕版汴京（開封）印刷
契丹藏（遼藏、遼本、契丹板、丹藏、丹本）	刻經	遼	遼南京（今北京）	遼南京（今北京）
崇寧藏（崇寧萬壽大藏經、福州東禪寺等覺院板、福州本、閩本、越本）	刻經	北宋	福州東禪寺（福建）	福州東禪寺（福建）
毗盧藏（福州藏、開元寺本）	刻經	北宋	福州開元寺（福建）	福州開元寺（福建）
圓覺藏（湖州本、湖州版、思溪圓覺藏、前思溪藏）	刻經	北宋	湖州思溪（浙江吳興）圓覺禪院	湖州思溪（浙江吳興）圓覺禪院
趙城藏（金藏、趙城金藏）	刻經	金	山西解州天寧寺	山西解州天寧寺
資福藏（思溪資福藏、後思溪藏、安吉州思溪資福禪寺大藏經）	刻經	南宋	安吉州法寶資福寺（浙江吳興）	安吉州法寶資福寺（浙江吳興）

名稱（別名）	屬性	年代	編纂／刻板／存藏處	約當今日何處
磧砂藏（平江府磧砂延聖院大藏經、延聖院版、延聖寺版）	刻經	南宋—元	平江府磧砂延聖院（江蘇蘇州磧砂禪寺）雕版地點在平江府陳湖磧砂延聖院，後來改名為（今江蘇吳縣陳湖）	平江府磧砂延聖院（今江蘇吳縣陳湖）
普寧藏（杭州餘杭白雲宗南山大普寧寺大藏經、大普寧寺本、元版白雲宗門藏經、杭州本、元藏、元本）	刻經	元	餘杭南山大普寧寺（浙江）	餘杭南山大普寧寺（浙江）
弘法藏	刻經	元	大都弘法寺	北京
延祐藏	刻經	元	北京智化寺收藏	北京智化寺
洪武南藏（初刻南藏）	刻經	明	南京蔣山寺（江蘇）	南京蔣山寺
永樂南藏（再刻南藏、南藏）	刻經	明	刻藏的地點和經版收藏處在南京大報恩寺	南京大報恩寺
永樂北藏（北藏）	刻經	明	刻藏的地點在北京，經版由司禮監掌管，藏於祝崇寺內的漢經廠（寺內還建有收藏明版藏文《大藏經》的番經廠）	北京
武林藏（昭慶藏）	刻經	明	刻於浙江武林（即今之杭州）昭慶寺	杭州
嘉興藏（徑山藏、萬曆藏、楞嚴寺版）	刻經	明—清	山西五臺山、浙江餘杭徑山等地，由嘉興楞嚴寺集中經版印刷流通	山西五臺山、浙江餘杭徑山等地

龍藏（乾隆版大藏經、清藏）	刻經	清	北京賢良寺	北京賢良寺
百衲藏：又稱百衲本	刻經	清	金陵刻經處發起，隨後磚橋、杭州、蘇州、長沙、揚州藏經院、常州天寧寺、北平、天津等十餘個刻經處相繼設立	南京等處
頻伽藏（頻伽精舍校刊大藏經）	鉛印本	清—民	上海頻伽精舍	上海
普慧藏	印刷	民	上海普慧大藏經刊印會	上海
中華大藏經（中華藏）	印刷	民	北京中華書局	北京
西夏				
西夏文大藏經			西夏初主元昊自宋乞得《大藏經》後，乃製西夏文字，並請回鶻僧翻譯佛典，將佛教三藏悉翻譯為西夏語	定都興慶府（今銀川市）元代移至杭州萬壽寺雕印
元代管主八於浙江大萬壽寺開版河西字（西夏字）大藏經				浙江大萬壽寺
日本				
聖語藏（正倉院聖語藏寫本一切經）	寫經		日本正倉院	正倉院
天海版（寬永寺版、東叡山版）	木活字		最初所用木活字之部分現存於寬永寺	寬永寺
黃檗版藏經（鐵眼版）	刻版		宇治黃檗山萬福寺版木共有四八二七五片，今藏於日本黃檗山萬福寺寶藏院內	宇治黃檗山萬福寺

名稱（別名）	屬性	年代	編纂／刻板／存藏處	約當今日何處
縮刷藏經（大日本校訂縮刻大藏經、縮刻藏、縮藏、弘教本、弘教藏；歐美稱為 Tokyo Edition）	活字印刷		東京芝公園地弘教書院出版	東京
卍字正續藏經（卍字大藏經＋卍字續藏經）（卍字大藏經、大日本校訂訓點大藏經+大日本續藏經）	印刷		京都藏經書院 民國十二年（1923），上海涵芬樓影印續藏經本，略為縮小。 臺灣流通之影印本改為精裝一百五十冊。	京都
大正新脩大藏經（大正藏、大正本、正藏）	印刷		高楠順次郎、渡邊海旭、小野玄妙等人成立之東京大正一切經刊行會（後稱大藏出版株式會社）編輯出版	東京
高麗				
《高麗藏》之初雕大藏經	刻版		大邱符仁寺	大邱符仁寺
《高麗藏》之續藏（初雕大藏經）			板木原放在大興王寺教藏堂內，高宗十九年（一二三二），蒙古軍入侵所有的經板亦付之一炬。	大興王寺
《高麗藏》之再雕大藏經 附錄《高麗國新雕大藏校正別錄》 三十卷 （板數計有八萬餘板，故又稱八萬大藏經）	刻版		開雕時，高麗政府置大藏都監於江華島，分司都監於南海地域 經板置於京城西門外大藏經板堂；板木今仍保存於慶尚南道陝川郡之海印寺	慶尚南道陝川郡之海印寺

高麗契丹藏仿刻本	刻版		已全部佚失	
西藏				
舊奈塘藏（奈塘古版）	刻版			西藏
里塘藏（里塘版）	刻版		勤優（Hjav-yul）地方	西藏
德格藏	刻版		此一雕版尚存於德格寺日本之東洋文庫、河口慧海氏文庫、高野山大學、東北大學等處，共藏有印本五部	四川甘孜德格
新奈塘藏	刻版		經版現存於日喀則西南約二十九公里處之奈塘寺。日本大正大學、河口慧海氏文庫、京都帝國大學、大穀大學等處，共計收藏此版之印本五部	日喀則
卓尼藏	刻版		卓尼地處甘肅洮洲地方，一說在青海境內	甘肅省甘南藏族自治州
布那克藏	刻版		現存經版於不丹之布那克	不丹之布那克
傑昆彭藏	刻版		甘肅之昆彭寺刻版	甘肅的昆彭寺
卻姆陀藏	刻版		原藏於卻姆陀寺。經版亦失，僅有甘珠爾	卻姆陀寺
永樂藏（永樂版）	刻版		明成祖永樂八年（一四一〇）於內地根據奈塘古版複刻之甘珠爾部。經版已失	

名稱（別名）	屬性	年代	編纂／刻板／存藏處	約當今日何處
北京藏	刻版		於北京開刻，印本一部藏於法國巴黎國家圖書館，一部藏於日本京都大谷大學（摺本）	北京
拉薩藏	刻版		為十三世達賴喇嘛開版，經版尚存	拉薩
蒙古文之西藏大藏經	刻版			蒙古
滿洲文之西藏大藏經	刻版			滿洲
南傳大藏經				
南傳大藏經（巴利文）	書寫		錫蘭無畏山精舍	錫蘭無畏山
南傳大藏經（傣文）	書寫		西雙版納傣文、德宏傣文、傣崩文	
南傳大藏經（巴利文）	石刻			緬甸
南傳大藏經（巴利文）	印刷		英國倫敦巴利聖典協會	英國倫敦
南傳大藏經（巴利文）	印刷		泰國正法協會	泰國
南傳大藏經（巴利文）	印刷			緬甸仰光

南傳大藏經（巴利文）	印刷		高楠博士功績記念會	日本
漢譯南傳大藏經（中文）	印刷		台灣高雄市鼓山區元亨寺妙林出版社出版	台灣

譯師

譯經者	譯經時間	時代	來處	主要譯經地點	譯著代表	重要事蹟
攝摩騰	明帝永平十年（六七）	東漢明帝	中印度	河南洛陽白馬寺	《四十二章經》	•相傳系是最早將佛法輸入中國，且首度翻譯佛經之印度僧人 •東和明帝永平七年（六四），帝曾夜夢金人飛行殿庭。因此乃詔遣郎中蔡愔等十八人，前往西域訪求佛法。愔等至大月氏國遇師與竺法蘭，遂請同歸洛陽。其實，師攜來《寶積》等經及畫像，並以白馬馱之 •東漢永平十年。名帝甚加嘉賞，因建白馬寺於洛陽西雍門外館之。師與竺法蘭共譯《四十二章經》一卷，是為中國譯經事業之始
支婁迦讖	一七八—一八九	東漢靈帝	月支（貴霜帝國）	洛陽	《道行般若經》、《般舟三昧經》、《阿閦佛國經》、《阿闍世王經》、《雜譬喻經》、《首楞嚴經》、《無量清淨平等覺經》、《寶積經》	•中國第一位在我國翻譯及傳布大乘佛教般若學理論之僧人 •所譯術語多用音譯，譯文晦澀難懂，以無為等老子道家詞語來譯《般若經》，支敏度說他「凡所出經，類多深玄，貴尚實中，不存文飾」
安世高	約二世紀	東漢桓帝	安息國太子	洛陽	《大安般守意經》、《陰持入經》、《道地經》、《人本欲生經》、《阿毘曇五法經》、	•所譯的佛經是上座部教典 •譯出首部禪經

					經》等等日本天野山「金剛寺寫卷」發現大小《十二門經》	
嚴佛調	一八一—一八八	後漢靈帝	臨淮（安徽盱眙）	洛陽	《法鏡經》、《阿含口解十二因緣經》、《濡首菩薩無上清淨分衛經》、《沙彌十慧章句》	•中國最早的出家人 •撰有《沙彌十慧章句》一書 •《沙彌十慧章句》乃浮調所撰，此亦中國撰述之最早者 •《法鏡經》者筆受。《十慧章句》自撰
康僧會	二五一	曹魏	康居，世居印度	建業大報恩寺（建初寺）	《六度集經》八卷、《雜譬喻經》二卷，現均存為《安般守意經》、《法鏡經》、《道樹經》作註	•赤烏十年（二四七）抵達建業 •因感得佛舍利，孫權為其始建江南首座寺院建初寺 •文筆通暢有力
竺法護	二六六—三一三	西晉	月支世居敦煌	沿路傳譯	《般若經》類、《華嚴經》類、《寶積經》類、《大集經》類、《涅槃》、《法華經》類、《大乘經集》類、《大乘律》類、《本生經》類、又有西方撰述類等，種類繁多	•通曉西玉各國三十六種語言文字，搜集大量經典原本，帶回長安 •譯出一百五十餘部經論 •武帝末年（約二四七），他曾一度隱居山中，隨後在長安青門外立寺修行，聲名遠揚，各地僧俗從學的達千餘人。他又去各地宏化，並隨處譯經 •法護因原居敦煌，化洽各處，時人又稱他為敦煌菩薩。後來孫綽作〈道賢論〉，盛讚他「德居物宗」，並將護和竹林七賢中的山巨源相比

譯經者	譯經時間	時代	來處	主要譯經地點	譯著代表	重要事蹟
釋道安	三一二—三八五	魏晉南北朝	常山扶柳（今河北冀縣）	長安	綜理眾經目錄	•中觀般若學在中國的先驅 •彙編我國第一本佛典目錄書《綜理眾經目錄》 •將經典解釋分為序分、正宗分、流通分等三科 •於僧團儀式、行規、禮懺等，多所制立，且定釋氏為僧姓 •開創東土最先彌勒淨土信仰及引入具體修行方法
鳩摩羅什	四〇二—四一三	姚秦	印度龜茲國（新疆疏勒、庫車一帶）	長安中寺	《阿彌陀經》、《大智度論》、《百論》、《大品般若》、《十誦律》、《百論》、《佛藏經》、《菩薩藏經》、《法華經》、《維摩詰經》、《華手經》、《小品般若經》、《中論》、《十二門論》、《成實論》	•七歲隨他的母親一同出家。即開始從佛圖舌彌誦習阿毗曇，能通大義 •九歲前往罽賓，師事當地著名大德、罽賓王從弟盤頭達多，從受《雜藏》、《中》、《長》兩部阿含 •沙勒國王請羅什升座說《轉法輪經》，年輕的羅什從此聲譽益著 •弘始四年，羅什應姚興之請，住逍遙園西明閣，開始譯經。他先譯出《阿彌陀》等經，接著就著手創譯《大智度論》和《百論》 •為《維摩經》譯文作註 •在譯經論的內容上第一次有系統地介紹了根據般若經類而成立的大乘性空緣起之學，而且在翻譯文體上也一變過去樸拙的古風，開始運用達意的譯法，使中土誦習者易於接受理解，

						•而為義學方面開闢了廣闊的園地。 •譯文以「曲從方言，極不乖本」（見慧觀〈法華宗要序〉）為原則 •相傳有《實相論》二卷為他有系統的著述，現已佚
僧伽提婆	三六五—三九七	東晉	北印度罽賓	長安、洛陽、廬山	《阿毗曇八犍度論》、《阿毗曇心論》、《三法度論》、《八犍度論》、《中阿含經》、《增壹阿含經》	•頭一位來中古弘傳毗曇的學者 •所譯的《三度法論》，還介紹了犢子部「勝義我雖執受五蘊而有解脫可能」之說，對慧遠一系的主張和實踐起了很大的啟發作用 •在建康講《阿毗曇心論》，遂開南地毗曇學的端緒
求那跋摩	三六七—四三一	南朝	北印度罽賓	祇洹寺	《優婆塞五戒相經》、《優婆塞五戒威儀經》、《優婆離問佛經》、《四分比丘尼羯磨法》、《沙彌威儀》、《龍樹菩薩為禪陀迦王說法要偈》、《菩薩內戒經》、《菩薩善戒經》、《三歸及優婆塞二十二戒》、《曇無德羯磨》、《經律分異記》、《雜阿毗曇心論》	•二十歲出家受戒，洞明九部，博小四含，誦經百餘萬言。深達律品，妙入禪要，時號曰三藏法師 •師即於祇洹寺譯經，並開講《法華》及《十地》

譯經者	譯經時間	時代	來處	主要譯經地點	譯著代表	重要事蹟
曇無讖	四二一—四二九	北涼玄始	中天竺	姑臧 今甘肅武威	《方等大集經》、《悲華經》、《方等大雲經》、《金光明經》、《優婆塞戒經》、《佛本行經》、《菩薩地持經》、《海龍王經》、《菩薩戒優婆塞戒壇文》、《大涅槃經》、《佛本行經》、《大方廣三戒經》、《腹中女聽經》、《文陀竭經》、《勝鬘經》、《羅摩伽經》、《楞伽經》、《須真天子經》、《功德寶光菩薩經》	•弘揚佛教以《涅槃經》為主 •北涼．玄始十年（四二一）河西王請他翻譯《大涅槃經》 •總計所譯現存本和缺本共十一部一一二卷。翻譯文辭華麗，尤其是他所譯的《大涅槃經》和《佛本行經》富於文藻，且能婉轉表達出本旨，不曾走樣。
求那跋陀羅	三九四—四六八	劉宋	中天竺	建康祇洹寺	《雜阿含經》、《大法鼓經》、《勝鬘獅子吼一乘大方便方廣經》、《楞伽經》、《無憂王經》、《過去現在因果經》、《相續解脫經》	•四五三年來中國 •廣大演大乘教法，譯經弘化，世稱「摩訶衍」

佛馱跋陀羅	三九八—四二一	西晉義熙	北印度迦毗羅衛國（今尼泊爾）	盧山楊都	《修行方便禪經》、《大般泥洹經》、《摩訶僧祇律》、《僧祇比丘戒本》、《雜藏經》、《出生無量門持經》、《大方等如來藏經》、《文殊師利發願經》、《觀佛三昧海經》、《淨六波羅蜜經》	‧在廬山為慧遠譯出了有關修禪的專著《修行方便禪經》二卷 ‧隨劉裕去陽都（今南京），住道場寺（在南京中華門外，一稱門場寺；寺為司空謝時所建，後人又稱謝司空寺）。義熙十四年受孟顗、褚叔度啟請和沙門法業、慧嚴等一百餘人於三年中譯出《大方廣佛華嚴經》 ‧佛馱跋陀的傳譯為大乘瑜伽學說東流開先河，在中國佛教義學的歷史上是有意義的
佛陀耶舍	四〇四—四一二	姚秦	北印度罽賓	長安中寺	《四分律》、《四分僧戒本》、《十住經》	‧姚秦弘始十年（四〇八），師應鳩摩羅什之請，抵長安住其譯出《十住經》
竺難提	四一九—四七九	約東晉	西域	廣州、建業等地	《大乘方便經》、《請觀世音菩薩消伏毒害陀羅尼咒經》、《咸革長者六向拜經》	自東晉恭帝元熙元年（四一九）至劉宋時代，譯出大乘方便經三卷、請觀世音菩薩消伏毒害陀羅尼咒經一卷、咸革長者六向拜經一卷。餘不詳
僧伽婆羅	五〇三—五二四	南齊	扶南國	梁都壽光殿、華林園、正觀寺、占雲館及扶南館等五處譯經	《阿育王經》、《孔雀王陀羅尼經》、《文殊師利問經》、《度一切諸佛境界智嚴經》、《菩薩藏經》、《解脫道論》、《阿育王傳》等十一部三十八卷	‧聞齊提倡佛法，乃乘舶至楊都，住於正觀寺。師事求那跋陀羅 ‧梁天監二年（五〇三），有曼陀羅仙自扶南國來朝，奉命與之從事譯經

譯經者	譯經時間	時代	來處	主要譯經地點	譯著代表	重要事蹟
真諦	五四八—五六九	梁武帝—陳代	西印度優禪尼國	晉安（今福建省晉江縣）	《十七地論》、《中論》、《金光明經》、《解節經》、《大乘唯識論》、《俱舍論》、《律二十二明了論》	•在華期間，雖因世亂，不遑寧處，但他隨方譯出經典部卷之多，仍為同時諸譯師所不及 •從所譯經論的內容來看，他所弘揚的主要是瑜伽學系無著、世親之學
達摩笈多	五九〇—六〇六	隋文帝開皇十年（590）	南印度羅囉國	洛陽大興善寺	《大方等大集菩薩念佛三昧經》、《大方等善住意天子所問經》、《緣生初勝分法本經》、《藥師如來本願經》、《起世因本經》、《金剛能斷般若波羅密經》、《菩提資糧論》、《攝大乘釋論》、《緣生論》。	•二十三歲，於中印度鞬拏究撥闍城究牟地僧伽藍出家 •二十五歲受具足戒。旋從普照學大小乘經論三年 •後隨普照前往吒迦國，滯留提婆鼻何囉五年 •復歷遊諸大小乘國及僧寺 •於隋文帝開皇十年（五九〇）抵達長安
那提	六六三	唐	印度	長安　大慈恩寺	《師子莊嚴王菩薩請問經》、《離垢慧菩薩所問禮佛法經》、《阿吒那智咒經》	•於唐高宗永徽六年（六五五）抵達長安，敕住大慈恩寺 •顯慶元年（六五六），奉敕赴崑崙諸國求異藥，既至南海，諸王歸敬，為其立寺，遂於該地度人授法 •相傳為龍樹之傳人，著有《大乘集儀論》四十餘卷

玄奘	六四五—六六四	唐	偃師	長安弘福寺、西明寺；玉華寺	《瑜伽師地論》、《藥師琉璃光如來本願功德經》、《心經》、《說無垢稱經》、《十一面神咒心經》、《大般若經》、《解深密經》、《大菩薩藏經》、《大毗婆沙論》、《成唯識論》、《俱舍論》等	•十三歲，入淨土寺出家 •印度護法系唯識學在我國的主要奠基者 •四大譯師之一 •玄奘口述《大唐西域記》乃今重要考古史料
金剛智	七一九—七三一	唐開元年間	南印度摩賴耶國	洛陽慈恩寺、薦福寺、資聖寺、大薦福寺	《金剛頂瑜伽中略出念誦經》、《佛說七俱胝佛母准提大明陀羅尼經》、《曼殊室利五字心陀羅尼》、《觀自在瑜伽法要》、《金剛頂瑜伽休習毗盧遮那三摩地法》、《千手千眼觀世音菩薩大身咒本》、《千手千眼觀世音菩薩廣大圓滿無礙大悲心》、《陀羅尼咒本》、《不動使者陀羅尼祕密法》	•漢傳密宗的祖師，開元三大士之一，主要弘傳金剛界一系 •十歲時在那爛陀寺出家，依止寂靜智師學習聲明 •二十歲時受具足戒，花六年時間學習了大小乘各種戒律 •三十一歲時前往南印度 •金剛智在而後七年時間哩，依止龍智學習了《金剛頂瑜伽經》、《毗盧遮那總持陀羅尼法門》等大乘經點，以及各種五明論著，並受五部灌頂，顯祕通達

譯經者	譯經時間	時代	來處	主要譯經地點	譯著代表	重要事蹟
一行	六八三—七二七	唐	魏州昌樂縣（河南省南樂縣）		《大衍玄圖》、《義訣》、《大毗盧遮那成佛神變加持經》、《大衍曆》、《大日經疏》	・中國古代有數的天文學家，也是密宗教理的組織者，密宗要典《大日經疏》的作者 ・二十歲左右已博覽經史，精於曆象陰陽五行之學。寫成《大衍玄圖》、《義訣》各一卷，闡釋楊雄的《太玄經》，得到名藏書家尹崇的獎譽而聲名大震 ・草擬《大衍曆》是在開元九年（七二一），到開元十五年（七二七）完成的。
實叉難陀	六九五—七一〇	唐	于闐（新疆和闐）	洛陽大遍空寺	《華嚴經》八十卷、《大乘入楞伽經》、《入如來智德不思議經》、《如來不思議境界經》、《普賢菩薩所說經》、《文殊師利授記經》、《十善業道經》、《觀世音菩薩祕密藏神咒經》、《右繞佛塔功德經》、《楞伽經》、《大乘起信論》	・來華的主要工作就是翻譯于闐所傳的大本《華嚴經》 ・所譯的《華嚴經》和《楞伽經》，都是時人公認的要典

義淨	七〇〇—七一一	唐	齊州（今山東省濟南地區）	洛陽內道場、福先寺及長安大薦福寺翻經院	《光明經》、《根本說一切有部毗奈耶》、《掌中論》、《大孔雀咒王經》、《稱讚如來功德神咒經》、《一百五十贊佛頌》、《勝光天子》、《浴象功德經》、《稱贊如來功德神咒經》 參加實叉難陀法師主持的《華嚴經》翻譯	•往來各地參學，經曆三十餘國，留學那爛陀寺曆時十一載，今晉過那爛陀寺寶師子等當時著名大德，研究過瑜伽、中觀、因明和俱舍，並和道琳屢入壇場，最後求得梵本三藏近四百部，合五十餘萬頌 •武周·垂拱三年（六八七），他歸途重經室利佛逝，就停留二年多，從事譯述 •永昌元年（六八九）隨商船回到廣州，獲貞固等的相助，仍餘是年十一月返回室利佛逝，隨授隨譯，並抄補梵本。共于闐·實叉難陀、大福先寺主復禮、西崇福寺主法藏等譯《華嚴經》 •久視元年（七〇〇）以後，他才組織譯場，自主譯事。 •在譯籍和撰述上介紹了印度當時的綜合學風，並表明他對於佛學得認識 •在福先寺、西明寺譯《金光明最勝王》等二十部佛經 •武則天親制以表其功《聖教序》
善無畏	七一七—七二四	唐	中印度摩揭陀國	長安、洛陽	《虛空藏菩薩求聞持法》、《大毗盧遮那神變加持經》、《虛空藏菩薩能滿諸	•唐代來華之密教高僧 •皈依那爛陀寺內以禪、密著名的長老達磨鞠多，研習密教、受到鞠多的賞識，將總持瑜伽三密及諸印契完全

譯經者	譯經時間	時代	來處	主要譯經地點	譯著代表	重要事蹟
					願最勝心陀羅尼求聞持法》、《金剛頂經成就一切義品》、《大日經》、《蘇悉地羯羅供養法》、《蘇悉地經》、《金剛頂毗盧遮那一百八尊法身契印》一卷，與一行共譯、《釋迦文尼佛金剛乘修行儀軌法品》、《尊勝佛頂修瑜伽法儀軌》、《大毗盧遮那成佛神變加持經》	傳授給他，得了灌頂，號為三藏 ・玄宗開元四年（七一六）到達長安，被禮為國師。先住興福寺南塔院，後遷西明寺；玄宗并嚴飾內廷道場，尊為教主 ・善無畏是漢地真言教之奠基者，所譯經典全屬於祕密部 ・善無畏的撰述，除上述密教儀軌，還傳有《無畏三藏禪要》一卷，這是他和嵩嶽會善寺敬賢對論佛法，而由西明寺慧警紀錄的 ・長工巧藝術，相傳他自製模型，鑄造金銅靈塔，備極莊嚴 ・所畫的曼荼羅，尤其精妙。他這一法系的傳布，對於漢地工巧藝術，有一定影響 ・真言宗在唐武宗廢佛（八四五）以後，中土傳承即已衰竭。為善無畏所傳胎藏部密法，後由不空的弟子慧果傳於日本空海，而和金剛智所傳的金剛部密法相并傳習，在日本一直到現在還存在著
不空	七四六—七七四	唐	師子國（今斯里蘭卡）	長安淨影寺 武威開元寺 大興善寺	理趣釋經、仁王般若經、	・十四歲（有說十三歲）在闍婆國（今印度尼西亞爪哇）遇見金剛智三藏，隨來中國，隨金剛智譯語

	施護
	九八三—一〇一七
	宋
	北印度烏填曩國
	太平興國寺
	《如來莊嚴經》
・唐玄宗開元二十九年金剛智圓寂，不空奉朝廷令，齎送國書往師子國。他先到廣州，率弟子含光、惠辯等僧俗三十七人，攜國書於十二月附昆侖舶，經訶陵國（在今爪哇中部），未滿一年到師子國。時師子國王以殊禮接待大唐來使，把他安置在佛牙寺。不空遂依止普賢阿闍黎，他和弟子含光、惠辯同時入壇受學密法，前後三年，期間獲得《金剛頂瑜伽經》等八十部，大小乘經論二十部，共計一千二百卷（依不空於七七四年奏表） ・師子國王尸羅迷伽時，不空同使者彌陀攜獻物和梵夾等回唐，於天寶五年（七四六）到達長安 ・天寶十二年奉詔往河西武威開元寺從事灌頂譯經 ・晚年使弟子含光到五台山造金閣寺、玉華寺，並奏請於金閣寺等五寺，各置定額僧二十一人，自後遂成密教重心	・賜施護「顯教大師」號，命梵學僧法進、常謹、清沼等人筆受綴文，光祿卿揚說，兵部員外郎張洎潤飾文稿，殿直劉素監護

譯經者	譯經時間	時代	來處	主要譯經地點	譯著代表	重要事蹟
法護	一〇〇四—一〇五四	北宋	西天竺	譯經院	《大乘大方廣佛冠經》	•真宗景德元年（一〇〇四）入宋，進獻佛舍利、貝葉梵經 •仁宗天聖元年（一〇二三）奉詔譯南海駐輦國使進貢的金葉天竺梵經 •帝賜紫衣，敕駐譯經院從事譯經 •慶曆七年（一〇四七）復賜〈譯經頌〉 •至和元年（一〇五四），帝感師之戒德高聖，特賜「普名慈覺傳梵大師」號 •謚號「演教三藏」。
日稱	一〇四六—一〇八四	北宋	中印度	汴京	《大乘集菩薩學論》、《十不善業道經》、《諸法集要經》、《父子和集經》、《福蓋正行集經》、《事師法五十頌》、《尼乾子問無我義經》、《六趣輪迴經》	•曾任朝散大夫試鴻臚少卿，不久改敘大卿，賜號「宣梵大師」

譯經處

譯經地	譯師	譯出經典	始建朝代	約今日地點
大佛光殿（經文為佛光內寺）	義淨	《藥師琉璃光七佛本願功德經》	唐	陝西省西安市蓮湖區
江蘇揚州天寧寺	佛陀跋陀羅	《大方等如來藏經》	東晉	江蘇省揚州市邗江區
太平興國寺大殿西所建的譯經院（官立翻譯機構）	法護	《佛說大悲空智金剛大教王儀軌經》	宋	河南省開封市
	天息災	《法集要頌經》（《法句經》）	宋	河南省開封市
竹園寺、上定林寺（別名：定林上寺）	沮渠京聲	《觀彌勒菩薩上生兜率天經》、《迦葉禁戒經》、《進學經》、《淨飯王般涅槃經》、《摩達國王經》、《末羅王經》、《五恐怖世經》、《五無反復經》、《佛說五無返復經》、《耶祇經》、《旃陀越國王經》、《佛大僧大經》、《弟子死復生經》、《八關齋經》	劉宋	河南省洛陽市瀍河回族區、江蘇省南京市玄武區
東亭寺	僧伽提婆	《中阿含經》	東晉	山西省太原市古交市邢家社鄉康家社村
武昌	維祇難、竺律炎	《法句經》 《阿差末菩薩經》	吳	湖北省鄂州市鄂城區
長安	竺法護	《佛昇忉利天為母說法經》	西晉	陝西省西安市未央區
	竺佛念	《菩薩瓔珞本業經》	姚秦	陝西省西安市未央區

譯經地	譯師	譯出經典	始建朝代	約今日地點
長安大慈恩寺	玄奘	《藥師琉璃光如來本願功德經》等玄奘法師受朝廷聖命，為首任上座主持，並在此地潛心翻譯佛經十餘年。	唐	陝西省西安市雁塔區內有玄奘督建的大雁塔，清康熙五十七年重修。
長安大興善寺	不空	《金剛頂經》 《佛母大孔雀明王經》 《大樂金剛不空真實三摩耶經》	唐	陝西省西安市雁塔區
長安大薦福寺（小雁塔）	義淨	義淨譯經活動大致可以分為三個階段，第一階段自入抵印度那爛陀寺至室利佛逝返國前，他試譯了《根本說一切有部毗奈耶頌》、《一百五十贊佛頌》。 第二階段是回國後至自主譯場之前，主要是整理原來的譯著，並參加於闐三藏實叉難陀法師主持的《華嚴經》的翻譯。 第三階段，在則天久視元年（七〇〇）以後義淨自設譯場，親自翻譯佛經，先後在洛陽、長安諸寺譯出的佛經有幾百卷之多。義淨的翻譯活動得朝廷和僧眾的大力支持。在福先寺、西明寺譯《金光明最勝王》等二十部佛經時，印度沙門阿	唐	陝西省西安市碑林區南門外的友誼西路上。 寺內坐落著著名的小雁塔，現在是西安博物院的一部分。

長安大薦福寺（小雁塔）

義淨

儞真那，中國僧人波侖、復禮、慧表、智枳、法寶、法藏、德感、勝莊、神英、仁亮、大儀、慈訓等分別為證梵文義、筆受、證義，朝廷的成均（即國子監）和太學助教許觀監護，譯文經繕寫後進呈朝廷。武則天十分高興，親制《聖教序》，對義淨的功業大加稱贊。中宗神龍元年（七〇五），義淨在東都洛陽翻譯《孔雀王經》、在大福先寺譯《勝光天子》等經時，兵部侍郎崔湜、給事中盧粲潤文正字，祕書監駙馬都尉楊慎交監護。景雲元年（七一〇），義淨在大薦福寺譯《浴象功德經》等二十餘部佛經時，吐火羅（今阿富汗）沙門達磨末磨、中印度沙門拔弩、罽賓（今克什米爾地區）沙門達磨難陀、居士東印度伊捨羅、沙門惠積、文綱、惠詔、利貞、勝莊、愛同、思恆、玄傘、智枳等中外僧人為證梵文、證梵本、讀梵本、證義、筆受、證譯，而修文館大學士李嶠、兵部尚書韋嗣立、中書侍郎趙彥昭、吏部侍郎盧藏用、兵部侍郎張說、中書捨人李乂等二十餘人次文潤色，左僕射韋巨源、右僕射蘇環監護、祕書大監嗣號

譯經地	譯師	譯出經典	始建朝代	約今日地點
		王邕同監護。景雲二年（七一一），在大薦福寺譯《稱贊如來功德神咒》等經。		
長安弘福寺	玄奘、地婆訶羅（日照）	唐玄奘：《菩薩藏經》、《佛地經》、《六門陀羅尼經》、《解深密經》、《顯揚聖教論》等、撰大唐西域記。唐地婆訶羅（日照）：《大乘顯識經》、《大乘五蘊論》等十八部經文。	唐	陝西省長安縣 原址在右領軍大將軍彭國公王君的故宅建寺，明洪武二年（一三六九），移至現址。
長安玉華寺	玄奘	《大般若經》、《寂照神變三摩地經》	唐	陝西省銅川市西北郊玉華鎮
長安白馬寺	摩騰、竺法蘭	竺法蘭譯有《十地斷結經》、《佛本生經》、《佛本行經》、《法海（藏）經》等計四部十五卷；與迦葉摩騰合譯《四十二章經》	後漢	河南省洛陽市洛龍區白馬寺
長安西明寺	玄奘、僧般若	罽賓僧般若《佛說般若波羅密多心經》。《貞元新定釋教目錄》卷十三載長安年間有《金光明最勝王經》、《能斷金剛般若波羅蜜多經》、《曼殊室利菩薩咒藏中一字咒王經》、《掌中論》、《取因假設論》、《六門教授習定論》、《根本說一切有部毗奈耶》、《根本說一切有部尼陀那目得迎》、《根本說一切有部百一揭磨》等經律	唐	陝西省西安市碑林區

		在西明寺譯出，卷十四載開元五年於西明寺菩提院譯有《虛空藏菩薩能滿諸願最勝心陀羅尼求聞持法經》一卷。		
長安西明寺（大中六年，改為福壽寺）	義淨、般若、利言	《守護國界主陀羅尼經》、《大乘理趣六波羅蜜多經》、《大花嚴長者問佛那羅延力經》、《諸佛境界攝真實經》、《大乘本生心地觀經》、《般若波羅蜜多心經》、《金光明最勝王經》。	唐	陝西省西安市碑林區別名：福壽寺、福祐寺。原為隋權臣楊素宅，占延康坊西南四分之一。後為太宗子魏王李泰宅。顯慶元年（六五六）高宗為孝敬太子李弘病癒立為西明寺，分十院。會昌六年（舊誤「大中六年」）改為福壽寺，《唐會要》作「西明寺請改為福祐寺」。玄奘法師於高宗顯慶三年至四年由大慈恩寺移此譯經。
長安西崇福寺	菩提流志	《大寶積經》	唐	僅存遺址
長安草堂寺（聖恩寺、清涼建福院）	鳩摩羅什、佛陀耶舍、竺佛念	《莊嚴菩提心經》、《諸法無行經》、《坐禪三昧經》、《自在王菩薩經》、《雜譬喻經》、《佛說須摩提菩薩經》、《小品般若波羅蜜經》、《文殊師利問菩提經》、《維摩詰所說經》、《首楞嚴三昧經》、《十住經》、《善臂菩薩經》、《思梵天所問經》、《佛說仁王般若波羅蜜經》、《清淨毘尼方廣經》、《千佛因緣經》、《菩薩訶色欲法經》、《摩訶般若波羅蜜經》、《摩訶	姚秦	陝西省西安市戶縣圭峰北麓草堂營村十六國前秦國主苻堅派遣呂光迎鳩摩羅什，後秦姚興建逍遙園，迎鳩摩羅什入園中草堂寺譯經講經唐時，草堂寺曾改名為「棲禪寺」。天寶年間，飛錫法師主持寺務，傳播佛法。元和年間，唐憲宗敕令重修，宗密禪師在此弘

譯經地	譯師	譯出經典	始建朝代	約今日地點
		富般若波羅蜜大明呪經》、《妙法蓮華經》、《觀世音菩薩普門品經》、《彌勒下生成佛經》、《彌勒大成佛經》、《金剛般若波羅蜜經》、《集一切德三昧經》、《華手經》、《海八德經》、《樓那問經》、《佛藏經》、《佛垂般涅槃略說教誡經》、《放牛經》、《燈指因緣經》、《大樹緊那羅王所問經》、《孔雀王咒經》、《持世經禪祕要法經》、《不思議光菩薩所說經》、《阿彌陀經》、《梵網經盧舍那佛說菩薩心地戒品第十》、《禪法要解》、《思惟略要法》、《長阿含經》。		揚佛法。宋朝初年重修，改稱「清涼建福院」，金、元、明時仍稱草堂寺。清雍正十二年（一七三四），僧肇被封為「大智圓正聖僧」，草堂寺因此又改名為「聖恩寺」。
長安資聖寺	金剛智	《金剛頂瑜伽中略出念誦經》、《七俱胝佛母准提大明陀羅尼經》	唐	山西省晉城市澤州縣西北四十里
長安翠微寺	玄奘	《般若波羅蜜多心經》	唐	陝西省西安市長安區灃峪灤鎮南淺山上的黃峪填充村
南康	真諦	無上依經	梁	江西省贛州市南康市
建初寺	康僧會	六度集經	吳	江蘇省南京市秦淮區現存遺址。吳交趾國沙門康僧會所建，歷代曾多次易名。至順重修，元末毀於兵。明永樂初，於原址建大報恩寺。清末太平天國事件時，全

				部化為灰燼。今僅留下遺址。
建康	佛陀跋陀羅	《觀佛三昧海經》	東晉	江蘇省南京市鼓樓區
	求那跋陀羅	《勝鬘經》	南朝劉宋	江蘇省南京市
	曼陀羅仙、僧伽婆羅	《寶雲經》	梁	江蘇省南京市鼓樓區
	功德直	《菩薩念佛三昧經》、《無量門破魔陀羅尼經》	劉宋	江蘇省南京市鼓樓區
	曇無竭	《觀世音菩薩授記經》	劉宋	江蘇省南京市鼓樓區
建康瓦官寺	求那跋陀羅	《央掘摩羅經》、《大法鼓經》	劉宋	江蘇省南京市秦淮區集慶路南側
建康東安寺	慧嚴	《大般涅槃經》	劉宋	
建康枳園寺	智嚴	《佛說法華三昧經》	劉宋	江蘇省南京市市轄區現存遺址
建康祇洹寺（一說瓦官寺）	求那跋陀羅	《雜阿含經》	劉宋	瓦官寺位於江蘇省南京市秦淮區集慶路南側
建康鐘山的道林精舍（道林寺）	畺良耶舍	譯出《觀無量壽佛經》、《觀藥王、藥上二菩薩經》	劉宋	紫金山，又名鍾山，位於中國江蘇省南京市內。毀於清代，遺址已不可考。
建業壽光殿（南京）	僧伽婆羅	《文殊師利所說般若波羅蜜經》	梁	江蘇省南京市鼓樓區古代南梁皇城。
洛陽	菩提留支	譯有《金剛般若波羅蜜經》、《彌勒菩薩所問經》、《勝思惟梵天所問經》、《深密解脫經》、《入楞伽經》、《	元魏（北魏）	河南省洛陽市偃師市

譯經地	譯師	譯出經典	始建朝代	約今日地點
洛陽		大薩遮尼乾子所說經》、《彌勒菩薩所問經論》、《究竟一乘寶性論》、《法華經論》、《寶積經論》等共三十餘部。		
	法炬、法立	《法句譬喻經》（《法句經》）	西晉	河南省洛陽市
	安世高、支婁迦讖	《八大人覺經》、《佛說四諦經》、《道行般若經》、《般舟三昧經》、《阿閦佛國經》、《阿闍世王經》、《雜譬喻經》、《首楞嚴經》、《無量清淨平等覺經》、《寶積經》。	後漢（東漢）	河南省洛陽市
洛陽大偏空寺、佛授記寺	實叉難陀	武則天初年，由於認為舊譯《華嚴經》等經書的翻譯不夠完整，實叉難陀又於証聖元年（六九五）在洛陽大偏空寺開始譯經，至聖歷二年（六九九）結束，完成了新譯華嚴經等十九部的翻譯，武則天本人十分重視《華嚴經》的翻譯，「親受筆削，施供食饌」。五年譯畢，共八十卷，世稱《八十華嚴》，武則天親製〈大周新譯《大方廣佛華嚴經》序〉	唐	河南省洛陽市市轄區、河南省洛陽市洛龍區
洛陽大福先寺	善無畏、一行	善無畏受到唐玄宗的禮遇恭敬，被尊為國師，先後在興福南院、菩提院、大聖善寺等處，翻譯經典，教	唐	河南省洛陽市瀍河區唐寺門村今名：古唐寺，位於河南省洛陽市東郊唐寺門村內，原名福先寺，

洛陽大福先寺	
善無畏、一行	菩提流志
授弟子。 《虛空藏求聞持法》一卷，沙門悉達譯語，無著筆受綴文； 《大毗盧遮那成佛神變加持經》（即《大日經》）七卷，沙門寶月譯語，一行筆受綴文； 《蘇婆呼童子經》三卷、《蘇悉地揭羅經》三卷，介紹密宗的戒律；《七俱胝佛母准提大明陀羅尼經》一卷； 撮要抄譯《金剛頂經》： 《金剛頂瑜伽中略出念誦法》四卷，開元十一年（七二三）於資聖寺譯 《金剛頂經曼殊室利菩薩五字心陀羅尼品》一卷，開元十八年（七三〇）於大薦福寺譯 《觀自在如意輪菩薩瑜伽法要》一卷，開元十八年（七三〇）於大薦福寺譯 《無畏三藏禪要》，這是善無畏和嵩岳會善寺敬賢對論佛法的記錄。	《妙慧童女經》、《文殊師利所說不思議佛境界經》
	唐
始建於唐朝，原址在今瀍河區塔灣村西頭唐寺崖處。明朝洛河泛濫，將寺沖毀。洪水過後，鄉民將寺中留存的部分遺物北移數里，重建寺院。一九二二年，重修寺院後，軍閥吳佩孚的參謀長張佐民為山門額題「古唐寺」三字，保留至今。	河南省洛陽市瀍河區唐寺門村 今名：古唐寺，位於河南省洛陽市東郊唐寺門村內，原名福先寺，始建於唐朝，原址在今瀍河區塔灣村西頭唐寺崖處。明朝洛河泛濫，將寺沖毀。洪水過後，

譯經地	譯師	譯出經典	始建朝代	約今日地點
洛陽大福先寺	菩提流志			鄉民將寺中留存的部分遺物北移數里，重建寺院。一九二二年，重修寺院後，軍閥吳佩孚的參謀長張佐民為山門額題「古唐寺」三字，保留至今。
洛陽白馬寺	佛陀多羅	《大方廣圓覺修多羅了義經》	唐	河南省洛陽市洛龍區白馬寺鎮洛鎮洛白路六號
	康僧鎧	《無量壽經》 《郁伽長者所問經》	曹魏	河南省洛陽市洛龍區白馬寺鎮洛鎮洛白路六號
涼州（姑臧）	曇無讖	《文陀竭王經》、《悲華經》、《佛所行讚經》、《大方廣三戒經》、《大般涅槃經》、《大方等無想經》、《大方等大集經》、《瓔珞經》、《腹中聽經》、《金光明經》、《優婆塞戒經》、《菩薩地持經》	北涼	甘肅省武威市涼州區
敦煌	竺法護	《修行道地經》	西晉	甘肅省西北部，是酒泉市代管的一個縣級市
敦煌寺	竺法護	《法華經》、《光贊般若經》、《漸備一切智經》、《彌勒成佛經》	西晉	西安市未央區青西村南側
廣州制止寺，即是法性寺	般剌密諦	相傳他於唐中宗神龍元年（七〇五）於廣州的「制止道場（今光孝寺）」誦出《楞嚴經》十卷，時由烏萇國沙門彌伽鑠佉譯語，沙門懷迪	唐	廣州市越秀區光孝路 今名：光孝寺

		譯出，居士房融筆受		
鄴城天平寺	那連提耶舍	《月燈三昧經》	高齊	河北省邯鄲市臨漳縣鄴城舊宮為天平寺
鄴縣	般若流支	《正法念處經》	元魏	河北省邯鄲市臨漳縣境鄴城遺址
鄴縣金華寺、昌定寺	般若流支	《不必定入定入印經》	元魏	河北省邯鄲市臨漳縣境鄴城遺址
罽賓國	佛陀耶舍	《虛空藏菩薩經》	姚秦	位於印度北部。即今喀什米爾一帶之地。
廬山	僧伽提婆	《增壹阿含經》	東晉	江西省九江市廬山區
	佛陀跋陀羅	《達摩多羅禪經》	東晉	江西省九江市廬山區
關洛一帶	聶承遠	《佛說超日明三昧經》	西晉	
	竺法護	《佛說海龍王經》、《彌勒下生經》、《文殊支利普超三昧經》、《佛說盂蘭盆經》、《諸佛要集經》、《佛說離垢施女經》	西晉	
	支謙	《慧印三昧經》、《菩薩本緣經》	吳	
	智吉祥	《佛說大乘智印經》	宋	
	祇多蜜	《寶如來三昧經》	東晉	
	竺佛念	《出曜經》（《法句經》）	姚秦	
	伽梵達摩	《千手千眼觀世音菩薩廣大圓滿無礙大悲心陀羅尼經》	唐	

譯經地	譯師	譯出經典	始建朝代	約今日地點
關洛一帶	般若	《諸佛境界攝真實經》	唐	
	實叉難陀	《十善業道經》	唐	
	善無畏	《無畏三藏禪要》	唐	
	菩提燈	《占察善惡業報經》	隋	

參考書目

藏經文獻

1《般若波羅蜜多心經》，大正藏第八冊（T8, No.251）
2《金剛般若波羅蜜經》，大正藏第八冊（T8, No.235）
3《佛說阿彌陀經》，大正藏第十二冊（T12, No.366）
4《大方廣圓覺修多羅了義經》，大正藏第十七冊（T17, No.842）
5《維摩詰所說經》，大正藏第十四冊（T14, No.475）
6《藥師琉璃光如來本願功德經》，大正藏第十四冊（T14, No.450）
7《雜阿含經》，大正藏第二冊（T2, No.99）
8《妙法蓮華經》，大正藏第九冊（T9, No.262）
9《大方廣佛華嚴經》，大正藏第十冊（T10, No.279）
10《大佛頂如來密因修證了義諸菩薩萬行首楞嚴經》，大正藏第十九冊（T19, No.945）

11《首楞嚴三昧經》，大正藏第十五冊（T15, No.642）
12《大毘盧遮那成佛神變加持經》，大正藏第十八冊（T18, No.848）
13《觀無量壽經》，大正藏第十二冊（T12, No.365）
14《地藏菩薩本願經》，大正藏第十三冊（T13, No.412）
15《金光明經》，大正藏第十六冊（T16, No.663）
16《勝鬘經》，大正藏第十二冊（T12, No.353）
17《般舟三昧經》，大正藏第十三冊（T13, No.417）
18《楞伽經》，大正藏第十六冊（T16, No.672）
19《大乘密嚴經》，大正藏第十六冊（T16, No.681）
20《彌勒菩薩所問本願經》，大正藏第十二冊（T12, No.349）
21《解深密經》，大正藏第十六冊（T16, No.676）
22《金剛一切如來真實攝大乘現證大教王經》，大正藏第十八冊（T18, No.865）
23《中阿含經》，大正藏第一冊（T1, No.26）
24《長阿含經》，大正藏第一冊（T1, No.1）
25《增壹阿含經》，大正藏第二冊（T2, No.125）
26《千手千眼觀世音菩薩廣大圓滿無礙大悲心陀羅尼經》，大正藏第二十冊（T20, No.1060）
27《坐禪三昧經》，大正藏第十五冊（T15, No.614）

28《悲華經》，大正藏第三冊（T3, No.157）

29《大乘本生心地觀經》，大正藏第三冊（T3, No.159）

30《小品般若經》，大正藏第八冊（T8, No.227）

31《月燈三昧經》，大正藏第十五冊（T15, No.639）

32《四十二章經》，大正藏第十七冊（T17, No.784）

33《八大人覺經》，大正藏第十七冊（T17, No.779）

34《佛垂般涅槃略說教誡經》，大正藏第十二冊（T12, No.389）

35《念佛三昧經》，大正藏第十三冊（T13, No.414）

36《大寶積經》，大正藏第十一冊（T11, No.310）

37《大般涅槃經》，大正藏第十二冊（T12, No.374）

38《修行道地經》，大正藏第十五冊（T15, No.606）

39《大方等大集經》，大正藏第十二冊（T12, No.397）

40《優婆塞戒經》，大正藏第二十四冊（T24, No.1488）

41《大方等如來藏經》，大正藏第十六冊（T16, No.666）

42《菩薩瓔珞本業經》，大正藏第二十四冊（T24, No.1485）

43《佛說海龍王經》，大正藏第十五冊（T15, No.598）

44《阿閦佛國經》，大正藏第十一冊（T11, No.313）

45《大樹緊那羅王所問經》，大正藏第十五冊（T15, No.625）
46《文殊般若經》，大正藏第八冊（T8, No.232）
47《仁王般若波羅蜜經》，大正藏第八冊（T8, No.245）
48《虛空藏菩薩經》，大正藏第十三冊（T13, No.405）
49《妙慧童女經》，大正藏第十二冊（T12, No.336）
50《佛說法華三昧經》，大正藏第九冊（T9, No.269）
51《佛說觀彌勒菩薩上生兜率天經》，大正藏第十四冊（T14, No.452）
52《彌勒下生經》，大正藏第十四冊（T14, No.453）
53《觀佛三昧海經》，大正藏第十五冊（T15, No.643）
54《佛說無量壽經》，大正藏第十二冊（T12, No.360）
55《寶如來三昧經》，大正藏第十五冊（T15, No.637）
56《如來智印三昧經》，大正藏第十五冊（T15, No.633）
57《諸佛境界攝真實經》，大正藏第十八冊（T18, No.868）
58《金剛頂瑜伽中略出念誦經》，大正藏第十八冊（T18, No.866）
59《金剛頂瑜伽理趣般若經》，大正藏第八冊（T8, No.241）
60《大悲空智經》，大正藏第十八冊（T18, No.892）
61《佛說一切如來金剛三業最上祕密大教王經》，大正藏第十八冊（T18, No.885）

62《佛母大孔雀明王經》，大正藏第十九冊（T19, No.982）
63《梵網經》，大正藏第二十四冊（T24, No.1484）
64《菩薩地持經》，大正藏第三十冊（T30, No.1581）
65《十善業道經》，大正藏第十五冊（T15, No.600）
66《地藏十輪經》，大正藏第十三冊（T13, No.411）
67《不必定入定入印經》，大正藏第十五冊（T15, No.645）
68《不退轉法輪經》，大正藏第九冊（T9, No.267）
69《六度集經》，大正藏第一冊（T3, No.152）
70《文殊師利所說不思議佛境界經》，大正藏第十二冊（T12, No.340）
71《文殊支利普超三昧經》，大正藏第十五冊（T15, No.627）
72《占察善惡業報經》，大正藏第十七冊（T17, No.839）
73《央掘魔羅經》，大正藏第二冊（T2, No.120）
74《正法念處經》，大正藏第十七冊（T17, No.721）
75《摩訶摩耶經》，大正藏第十二冊（T12, No.383）
76《佛說四諦經》，大正藏第一冊（T1, No.32）
77《佛說未曾有經》，大正藏第十六冊（T16, No.688）
78《佛說盂蘭盆經》，大正藏第十六冊（T16, No.685）

79《佛說華手經》，大正藏第十六冊（T16, No.657）
80《摩訶般若波羅蜜經》，大正藏第八冊（T8, No.223）
81《佛說離垢施女經》，大正藏第十二冊（T12, No.338）
82《佛藏經》，大正藏第十五冊（T15, No.653）
83《法句經》，大正藏第四冊（T4, No.210）
84《大法鼓經》，大正藏第九冊（T9, No.270）
85《禪法要解》，大正藏第十五冊（T15, No.616）
86《無上依經》，大正藏第十六冊（T16, No.669）
87《佛本行集經》，大正藏第三冊（T3, No.190）
88《道行般若經》，大正藏第八冊（T8, No.224）
89《諸佛要集經》，大正藏第十七冊（T17, No.810）
90《諸法無行經》，大正藏第十五冊（T15, No.650）
91《金剛三昧經大正藏》，第九冊（T9, No.273）
92《寶雲經》，大正藏第十六冊（T16, No.658）
93《蘇婆呼童子請問經》，大正藏第十八冊（T18, No.895）
94《觀世音菩薩授記經》，大正藏第十二冊（T12, No.371）
95《思惟略要法》，大正藏第十五冊（T15, No.617）

96《大般若波羅蜜多經》，大正藏第五冊（T5, No.220）
97《禪祕要法經》，大正藏第十五冊（T15, No.613）
98《藥師琉璃光七佛本願功德經》，大正藏第十四冊（T14, No.451）
99《無量義經》，大正藏第九冊（T9, No.276）
100《觀普賢菩薩行法經》，大正藏第九冊（T9, No.277）
101《異部宗輪論》，世友菩薩著、唐．玄奘譯，大正藏第四十九冊
102《歷史三寶紀》，隋．費長房，大正藏第四十九冊
103《付法藏因緣傳》，元魏．吉迦夜共曇曜譯，大正藏第五十冊
104《法苑珠林》，唐．道世，大正藏第五十三冊
105《釋氏要覽》，宋．道誠，大正藏第五十四冊
106《一切經音義》，唐．慧琳，大正藏第五十四冊
107《翻譯名義集》，宋．法雲，大正藏第五十四冊
108《出三藏紀集》，梁．僧祐，大正藏第五十五冊
109《眾經目錄》，隋．法經，大正藏第五十五冊
110《眾經目錄》，隋．彥琮，大正藏第五十五冊
111《眾經目錄》，隋．靜泰，大正藏第五十五冊
112《大唐內典錄》，唐．道宣，大正藏第五十五冊

113《續大唐內典錄》，唐．道宣，大正藏第五十五冊
114《古今譯經圖紀》，唐．靖邁，大正藏第五十五冊
115《續古今譯經圖記》，唐．智昇，大正藏第五十五冊
116《大周刊定眾目錄》，唐．明佺，大正藏第五十五冊
117《開元釋教錄》，唐．智昇，大正藏第五十五冊
118《貞元新定釋教目錄續貞元釋教錄》，唐．元照，大正藏第五十五冊
119《續貞元譯教錄》，南唐．恒安，大正藏第五十五冊
120《大正新脩大藏勘同目錄》，大正藏第一冊
121《至元法寶勘同總錄》，元．慶吉祥，大正藏第二冊
122《大藏聖教法寶標目》，宋．王古，大正藏第二冊
123《閱藏知津》，明．智旭，大正藏第三冊
124《北宋〈開寶大藏經〉雕印考釋及目錄還原》，童球編著，書目文獻出版社，1991年
125《宋版思溪藏經目錄》，中國國家圖書館藏本
126《磧砂、嘉興大藏經分冊目錄、分類目錄、總索引》，新文豐出版公司，1988年
127《對校黃檗版大藏經並新續入藏經目錄》，日本株式印刷同朋舍，1989年
128《房山雲居寺石經》，文物出版社，1978年
129《敦煌大藏經》，前景出版社、中國星星出版公司，1989年

130《新編漢文大藏經目錄》，呂澂編，齊魯書社，1980年

參考資料及辭書

《大藏會閱》，會性法師，天華出版事業公司，1995年

《佛典解題事典》，水野弘元主編，地平線出版社，1977

《三十一種藏經目錄解說》，蔡念生 現代佛教學術叢書（十七）—大藏經研究彙編（下），大乘文化出版社，1977年

《二十五種藏經目錄對照考釋》，蔡運辰編著，新文豐出版公司，1983年

《二十二種大藏經通檢》，童瑋編，中華書局，1997年

《佛教經典總論》，小野玄妙著、楊白衣譯，新文豐出版公司，1983年

《中國大藏經翻譯刻史》，釋道安，中華大典編印會，1978年

《中國大藏經雕刻史話》，釋道安、周邦道，中華大典編印會，1978年

《原始佛教聖典之集成》，印順法師，正聞出版社，2002年

《初期大乘教之起源與開展》，印順法師，正聞出版社，1980

《說一切有部為主的論書與論師之研究》，印順法師著，正聞出版社，1968年

《原始佛教聖典之集成》，印順法師，正聞出版社，1968年

《初期大乘佛教之起源與開展》，印順法師著，正聞出版社，1981年
《雜阿含經會編》，印順法師，正聞出版社，1983年
《雜阿含經刊定記》，呂澂著，齊魯書社，1991年
《南傳佛教史》，淨海法師，法鼓文化出版社，2014年
《佛典漢譯之研究》，王文顏著，天華出版公司，1984年
《漢文佛教大藏經研究》，李富華、何梅著，宗教文化出版社，2003年
《翻譯名義大集》，榊亮三郎編，收於《世界佛學名著譯叢》，華宇出版社，1985年
《中華佛教百科全書》，中華佛教百科全書編輯委員會編、藍吉富主編，中華佛教百科文獻基金會，1994年
《佛光大辭典》，佛光出版社，1988年
《密教大辭典》，林光明、林怡馨合編，嘉豐出版社，2005年
《梵漢大辭典》，林光明、林怡馨合編，嘉豐出版社，2005年

其他參考資料

《妙法蓮華經．無量義經》，洪啟嵩主編，全佛出版社出版，1996年
《悲華經》，洪啟嵩主編，全佛出版社出版，1996年

《大乘本生心地觀經．勝鬘經．如來藏經》，洪啟嵩主編，全佛出版社，1996 年
《小品般若波羅密經》，洪啟嵩主編，全佛出版社，1996 年
《金光明經．金光明最勝王經》，洪啟嵩主編，全佛出版社，1996 年
《楞伽經．入楞伽經》，洪啟嵩主編，全佛出版社，1996 年
《楞嚴經》，洪啟嵩主編，全佛出版社，1996 年
《解深密經．大乘密嚴經》，洪啟嵩主編，全佛出版社，1996 年
《大日經》，洪啟嵩主編，全佛出版社，1996 年
《金剛頂經．金剛頂瑜伽念誦經》，洪啟嵩主編，全佛出版社，1996 年
《阿彌陀佛經典》，洪啟嵩主編，全佛出版社，1995 年
《藥師佛．阿閦佛經典》，洪啟嵩主編，全佛出版社，1995 年
《普賢菩薩經典》，洪啟嵩主編，全佛出版社，1995 年
《文殊菩薩經典》，洪啟嵩主編，全佛出版社，1995 年
《觀音菩薩經典》，洪啟嵩主編，全佛出版社，1995 年
《地藏菩薩經典》，洪啟嵩主編，全佛出版社，1995 年
《彌勒菩薩．常啼菩薩經典》，洪啟嵩主編，全佛出版社，1995 年
《維摩詰菩薩經典》，洪啟嵩主編，全佛出版社，1995 年
《虛空藏菩薩經典》，洪啟嵩主編，全佛出版社，1995 年

《無盡意菩薩．無所有菩薩經典》，洪啟嵩主編，全佛出版社，1995 年
《白話華嚴經》，洪啟嵩譯，全佛出版社，2012 年
《如何修持心經》，洪啟嵩，全佛出版社，2003 年
《如何修持金剛經》，洪啟嵩，全佛出版社，2004 年
《如何修持阿彌陀經》，洪啟嵩，全佛出版社，2004 年
《如何修持藥師經》，洪啟嵩，全佛出版社，2004 年
《如何修持大悲心陀羅尼經》，洪啟嵩，全佛出版社，2004 年
《如何修持阿閦佛國經》，洪啟嵩，全佛出版社，2005 年
《如何修持華嚴經》，洪啟嵩，全佛出版社，2005 年
《如何修持圓覺經》，洪啟嵩，全佛出版社，2005 年
《如何修持法華經》，洪啟嵩，全佛出版社，2006 年
《如何修持楞嚴經》，洪啟嵩，全佛出版社，2006 年
《禪觀祕要》，洪啟嵩，全佛出版社，2005 年
《密法總持》，洪啟嵩，全佛出版社，2005 年

For2 47

佛經地圖：百經卷

The Guide to Reading Sutras

作者：洪啓嵩
責任編輯：彭婉甄、Y. Z. CHEN
編輯協力：Leah Kuo、Ann Huang
美術設計：張士勇
內文排版：薛美惠
校對：呂佳眞

出版者：英屬蓋曼群島商網路與書股份有限公司臺灣分公司
發行：大塊文化出版股份有限公司
105022 臺北市松山區南京東路四段 25 號 11 樓
www.locuspublishing.com
TEL：(02)8712-3898　FAX：(02)8712-3897
讀者服務專線：0800-006689
郵撥帳號：18955675　戶名：大塊文化出版股份有限公司
法律顧問：董安丹律師、顧慕堯律師

總經銷：大和書報圖書股份有限公司
地址：248020 新北市新莊區五工五路 2 號
TEL：(02)8990-2588　FAX：(02)2290-1658
製版：瑞豐實業股份有限公司

初版一刷：2021 年 2 月
定價：新臺幣 880 元
ISBN：78-986-98990-3-1

Printed in Taiwan

國家圖書館出版品預行編目(CIP)資料

佛經地圖：百經卷 /洪啟嵩著. -- 初版. -- 臺北市：英屬蓋曼群島商網路與書股份有限公司臺灣分公司出版：大塊文化出版股份有限公司發行, 2021.02
面；　公分.-- (For2 ; 47)

ISBN 978-986-98990-3-1（平裝）

1.佛經 2.研究考訂

221.01　　109021894